Cathleen Grunert
Heinz-Hermann Krüger
Kindheit und Kindheitsforschung
in Deutschland

Cathleen Grunert
Heinz-Hermann Krüger

Kindheit und Kindheitsforschung in Deutschland

Forschungszugänge und Lebenslagen

Verlag Barbara Budrich, Opladen 2006

Gedruckt auf säurefreiem und alterungsbeständigem Papier.

Die Deutsche Bibliothek – CIP-Einheitsaufnahme
Ein Titeldatensatz für die Publikation ist bei Der Deutschen Bibliothek erhältlich.

© 2006 Verlag Barbara Budrich, Opladen
www.budrich-verlag.de

        ISBN 10:   3-86649-023-2
        ISBN 13:   978-3-86649-023-9

Umschlaggestaltung: disegno visuelle kommunikation, Wuppertal – www.disenjo.de
Druck: DruckPartner Rübelmann, Hemsbach
Printed in Germany

Inhalt

1 Einleitung

Der Titel des hier vorgelegten Buches deutet bereits die verschiedenen thematischen Facetten an, die in diesem Band angesprochen werden. Zum einen wird ein einführender Überblick über das Forschungsfeld der Kindheitsforschung, über die Geschichte, die Theorieansätze, die Arbeitsschwerpunkte, die Forschungsmethoden sowie zukünftige Entwicklungsperspektiven dieses Forschungsgebietes gegeben. Zum anderen wird der Wandel der Lebenslagen, der Sozialisationsumwelten sowie der Biographieverläufe von Kindern in Ost- und Westdeutschland skizziert. Obwohl sich dieses Buch schwerpunktmäßig mit den Veränderungen und der aktuellen Situation von Kindheit in Deutschland beschäftigt, wird der Blick auch über die nationalen Grenzen hinaus auf die Bedingungen des Aufwachsens von Kindern in Europa gerichtet.

Im Folgenden wird zunächst im zweiten Kapitel die historische Entwicklung der Kindheitsforschung seit dem 18. Jahrhundert in groben Umrissen rekonstruiert. Nach ersten Anfängen am Ende des 18. Jahrhunderts und einer Blütezeit der Kindheitsforschung in den ersten Jahrzehnten des 20. Jahrhunderts im Kontext der Psychologie und der Pädagogik erlebte insbesondere in den vergangenen beiden Jahrzehnten eine inzwischen stärker sozialwissenschaftlich orientierte Kindheitsforschung einen enormen Aufschwung, der sich in einer Ausdifferenzierung der Theoriebezüge, in einer Verfeinerung der methodischen Instrumentarien sowie in einer Ausweitung der Forschungsfelder manifestierte.

Im dritten Kapitel werden dann die aktuellen kindheitstheoretischen Ansätze in der Erziehungswissenschaft sowie der Psychologie und Soziologie genauer dargestellt. Dabei wird systematisch zwischen einer sozialisationstheoretischen und entwicklungspsychologischen, einer sozialökologischen, einer gesellschaftstheoretischen und einer biographietheoretischen Perspektive unterschieden. Außerdem werden zentrale Forschungsschwerpunkte der aktuellen Kindheitsforschung vorgestellt, die sich um die Themenbereiche kindliche Biographieverläufe, Kindheit und Familie, Kindheit in pädagogischen Institutionen, kindliche peer-cultures sowie kindliche Alltagsorganisation gruppieren.

Im Zentrum des vierten Kapitels steht die Darstellung der Erhebungs- und Auswertungsmethoden der qualitativen und der quantitativen Kindheitsforschung. Zudem werden verschiedene Möglichkeiten der Triangulation qualitativer und quantitativer Verfahren in der Kindheitsforschung diskutiert. Dabei werden die verschiedenen methodischen Verfahren jeweils an empirischen Beispielen illustriert und insbesondere danach gefragt, welche spezifischen methodischen Probleme sich bei der Anwendung dieser Verfahren im Umgang mit der Altersgruppe der Kinder ergeben.

Im fünften Kapitel wird dann der Blick auf die konkrete Lebenssituation von Kindern in Ost- und Westdeutschland gerichtet. Zunächst werden die familialen Lebensbedingungen und Umgangsformen sowie der Weg von ost- und westdeutschen Kindern durch die Bildungsinstitutionen von der Kinderkrippe bis zur Sekundarstufe I rekonstruiert. Des Weiteren werden die Freizeitbedingungen und Freizeitaktivitäten sowie die Bedeutung der Gleichaltrigen im Leben von Heranwachsenden im Ost-West-Vergleich ebenso analysiert wie der Weg ost- und westdeutscher Kinder in die Jugendphase. Außerdem wird die Frage diskutiert, welche Partizipationschancen Kinder in pädagogischen Institutionen und im öffentlichen Leben haben und welche Zukunft Kindheit und Kindheitspolitik angesichts der sich abzeichnenden demographischen Entwicklung in Deutschland überhaupt noch hat.

Das Verhältnis der Heranwachsenden zum politischen Raum Europa, der Stand und zukünftige Aufgaben einer europäischen Kindheits- und Jugendforschung sowie einer europäischen Forschungs- und Bildungspolitik werden im sechsten Kapitel thematisiert. Außerdem werden ausgewählte Ergebnisse eines eigenen Forschungsprojektes vorgestellt, das sich mit den Lebenslagen von Kindern und jüngeren Jugendlichen in drei europäischen Regionen beschäftigt hat. In einem abschließenden Ausblick wird im siebten Kapitel eine Bilanz zum gegenwärtigen Entwicklungsstand der Kindheitsforschung gezogen und einige Herausforderungen und Perspektiven für die theoretische und methodische Weiterentwicklung der Kindheitsforschung sowie wichtige zukünftig zu untersuchende Forschungsfelder werden aufgezeigt.

Wichtige Vorarbeiten für dieses Buch haben wir in den vergangenen Jahren in einer Reihe von Handbuchartikeln (vgl. etwa Krüger/Grunert 2002; Grunert/Krüger 2001) entwickelt. Außerdem stützen sich die empirischen Argumentationen und Beispiele in diesem Band auf eine Reihe von quantitativen und qualitativen Studien zur Kindheit im Ost-West-Vergleich sowie im interkulturellen Vergleich (vgl. Krüger/Ecarius/Grunert 1994; Ecarius/Grunert 1998; Krüger/Pfaff 2000), die wir im vergangenen Jahrzehnt gemeinsam durchgeführt haben. Auch wenn wir das Gesamtkonzept und die Einleitung für dieses Buch gemeinsam entwickelt haben, so wurden die einzelnen Kapitel bzw. Abschnitte arbeitsteilig verfasst. Autorin von Kapitel 2, 3 und 5.1 bis 5.4 ist Cathleen Grunert, Autor der Kapitel 4, 5.5., 6 und 7 ist Heinz-Hermann Krüger.

Zu danken haben wir zudem Katrin Volkmann, die wichtige Zuarbeiten für das fünfte Kapitel geliefert hat sowie Ulrike Deppe und Petra Essebier für die umsichtige Mithilfe bei den vielfältigen Redaktionsarbeiten. Schließlich haben wir auch unserer Verlegerin Barbara Budrich-Esser zu danken, die uns zur Erstellung dieser Monographie ermuntert hat.

2 Geschichte der Kindheitsforschung

2.1 Ursprünge und Blütezeiten – Kindheitsforschung im Aufbruch

Die Suche nach den Anfängen der Kindheitsforschung führt zunächst zurück in das 18. Jahrhundert. Denn hier wurde mit Jean Jacques Rousseaus autobiographischem Erziehungsroman „Emile" (1772:1971) zum einen der Grundstein für eine Betrachtung von Kindheit als eigenständige Lebensphase gelegt, zum anderen wurde damit die Aufmerksamkeit der Pädagogik auf den individuellen Lebensverlauf gelenkt. Dem folgten Ende des 18. Jahrhunderts erste Versuche, eine moderne, empirisch orientierte wissenschaftliche Pädagogik zu begründen, die vornehmlich von Ernst Christian Trapp und August Hermann Niemeyer ausgingen. Sie betonten vor allem die grundlegende Bedeutung biographischer und ethnographischer Ansätze für eine Theorie und Praxis der Erziehung und sahen in der Sammlung und Auswertung von Autobiographien und in der Beobachtung von Heranwachsenden die empirische Grundlage pädagogischen Denkens (vgl. Krüger 2000). Niemeyer, ein Hallenser Theologieprofessor und Direktor der Franckeschen Waisenhäuser, stellte in seinem 1796 erschienenen Kompendium „Grundsätze der Erziehung und des Unterrichts für Eltern, Hauslehrer und Erzieher" die Anleitung zukünftiger Pädagogen zur Selbstbeobachtung und Analyse der eigenen Kindheitserfahrungen als zentrales Element neben dem theoretischen Studium für die Vorbereitung auf pädagogische Berufe heraus (vgl. Herrmann 1991, S. 46). Zum anderen sah Trapp, der den ersten deutschen Lehrstuhl für Pädagogik in Halle innehatte, in der teilnehmenden Fremdbeobachtung von Kindern eine wichtige Erkenntnisquelle der wissenschaftlichen Pädagogik (vgl. Trapp 1780:1977). Um eine „Innenansicht" vom kindlichen Leben und Erleben zu gewinnen, müßte man die Kinder nach Trapp „...auf allen ihren Schritten und Tritten belauschen, und zusehen was sie wollen und was sie thun. Man müßte dabei die Kunst verstehen, sie auszufragen, wie ihnen dieser Einfall oder Gedanke, diese oder jene Begierde gekommen sei..." (ebd., S. 68). Auch in anderen Disziplinen kam es im 18. Jahrhundert zu einer wissenschaftlichen Auseinandersetzung vor allem mit dem Gegenstand der Biographie (vgl. Krüger 2000). Insbesondere für die Psychologie und den Bereich der autobiographischen Kindheitsforschung von Bedeutung sind die Arbeiten von Karl Philipp Moritz, der 1785 seinen autobiographischen Entwicklungsroman „Anton Reiser" veröffentlichte und hierbei die Aufmerksamkeit darauf lenkte, dass „dasjenige...was anfänglich klein und unbedeutend schien...oft im Fortgange des Lebens sehr wichtig werden kann..." (Moritz 1785:1997, S.

3). Gerade in Erinnerungen und Selbstbeobachtungsprotokollen vor allem aus der frühen Kindheit sah Moritz ein herausragendes Quellenmaterial für eine empirisch fundierte „Erfahrungsseelenkunde" (vgl. Heinritz 1997, S. 342).

Kann man vor dem Hintergrund dieser Befunde von einer ersten Blütezeit, insbesondere einer qualitativ orientierten Kindheitsforschung am Ende des 18. Jahrhunderts sprechen, so wurden im 19. Jahrhundert derartige Ansätze kaum weiterverfolgt. In dieser Zeit lag der Fokus erziehungswissenschaftlicher Theoriebildung auf bildungsphilosophischen und unterrichtswissenschaftlichen Ansätzen (Humboldt, Herbart). Auch in der Soziologie blieb die Anerkennung einer solchen Forschung bis in das 20. Jahrhundert hinein aus. Hauptthema soziologischer Überlegungen war im 19. Jahrhundert in erster Linie der Nachweis der gesellschaftlichen Bestimmtheit des Individuums.

Erst um die Jahrhundertwende sind es vor allem Vertreter der experimentellen Psychologie und Pädagogik, die gemeinsam mit den Lehrervereinen eine wissenschaftliche Erforschung von Kindheit und Jugend fordern. Gleichzeitig spielten die reformpädagogischen Bestrebungen dieser Zeit eine nicht unerhebliche Rolle für die Etablierung einer empirisch orientierten Kindheitsforschung. Aufgrund der Betonung der Selbstbestimmungsrechte der Heranwachsenden in diesen Ansätzen entwickelte sich auch ein starkes Interesse an der Entdeckung der Eigenwelt der Kinder (vgl. Krüger 2000).

Zu dieser Zeit lässt sich noch keine klare Trennung zwischen einer Kindheits- und einer Jugendforschung ausmachen. Gründe hierfür liegen wohl vor allem in dem starken Interesse der Psychologie an diesen Thematiken. Dabei sind kinderpsychologische Studien, die mit qualitativen Methoden, zumindest in ersten Ansätzen, arbeiten, schon vor der „Entdeckung" der Jugend als Forschungsfeld durchgeführt worden. Jugend als Lebensphase gerät also, auch aufgrund der oben genannten Ursachen, erst später in den Blick psychologischer Forschung. So sehen es auch Hildegard Hetzer und Charlotte Bühler, die in einem Beitrag zur Geschichte der Kinderpsychologie die moderne Kinderpsychologie mit Wilhelm Preyers Studie „Zur Seele des Kindes" von 1882 beginnen lassen und den Zugang zum Feld der Jugendforschung zeitlich später einordnen: „Ein Forscher wie W. Stern, der in der Kinderpsychologie selbst zu den bedeutendsten Begründern exakter Methodik und systematischer Forschung gehörte, begann tastend gleichzeitig in dieser neuen Jugendpsychologie den Lebensforderungen, zunächst unabhängig von System- und Methodenfragen, nachzugehen." (Bühler/Hetzer 1929, S. 216; zit. nach Dudek 1990, S. 27).

In den 1920er-Jahren kommt es schließlich zu einer institutionellen Konsolidierung wissenschaftlich orientierter Kindheitsforschung. Bis dahin haben sich im deutschsprachigen Raum bereits 26 Institute gegründet, die sich mit einer solchen Thematik beschäftigten. Die Hochburgen der Kindheits-

und auch Jugendforschung lagen in dieser Zeit in Hamburg und in Wien. In Hamburg führte William Stern das von Ernst Meumann gegründete Institut für Jugendkunde weiter und in Wien leiteten Karl und Charlotte Bühler das Institut für Kindheits- und Jugendforschung. An beiden Instituten arbeiteten Forschergruppen an einer theoretisch ausgewiesenen und für unterschiedliche Methoden offenen Kinder- und Jugendpsychologie und integrierten auch soziologische und (sozial-)pädagogische Fragestellungen in ihre Forschungsarbeit (vgl. Dudek 1990). In diesen Instituten wurde vor allem versucht, biographische und ethnographische Methoden für die Psychologie wie auch für die Pädagogik fruchtbar zu machen.

Von Beginn an ging mit der Diskussion um eine wissenschaftlich begründete Kindheitsforschung auch eine intensive Methodendiskussion einher. Waren es zunächst die Methoden der von Wilhelm Wundt begründeten naturwissenschaftlich orientierten experimentellen Psychologie, die in Experimenten und Tests ihren Niederschlag fanden und die auch Anhänger unter den Pädagogen hatten (etwa bei Meumann oder Lay), so rückten in der Folgezeit zunehmend qualitative Methoden in den Mittelpunkt der damaligen Forschungsaktivitäten. Allgemein kann man in dieser Zeit von einer Skepsis gegenüber quantitativen Verfahren sprechen. Jedoch wurden auch die anfänglich angewandten Methoden der Fremd- bzw. Selbstbeobachtung nicht als ausreichend empfunden, um dem „verschlossenen Seelenleben der Jugendlichen auf die Spur" (Dudek 1990, S. 198) zu kommen. Um diese Frage bearbeiten zu können wurden in den 1920er-Jahren Selbstaussagen der Heranwachsenden, etwa in Form von Tagebüchern, Briefen, Aufsätzen oder Autobiographien zur wissenschaftlichen Bearbeitung genutzt.

An den Instituten in Hamburg und Wien lässt sich aber allgemein eine Methodenvielfalt ausmachen, die von der Analyse von Aufsätzen über Interviews und teilnehmende Beobachtungen bis hin zu quantitativen Erhebungen reichte. Am Hamburger Institut für Jugendkunde wurde neben den eigenen Arbeiten von William Stern und denen seiner zahlreichen Schüler, die sich auch auf qualitatives Material stützten, von Martha Muchow eine Studie zur Lebenswelt und Raumaneignung von Großstadtkindern durchgeführt, die als einer der ersten fundierten Beiträge für eine ökologisch orientierte Lebensweltforschung zur Straßensozialisation von Kindern bezeichnet werden kann (vgl. Muchow/Muchow 1935:1980).

Vorherrschend in den theoretischen Ansätzen zu Kindheit und Jugend in der Zwischenkriegszeit war die Betonung der entwicklungspsychologischen Dimension des Kindes- und Jugendalters. Grob klassifizierend kann man die erkenntnisleitende Sichtweise der Theorieansätze dieser Zeit als individualpsychologischen Blick mit organismischer Orientierung charakterisieren (vgl. Krüger 1993). Entwicklung wurde in erster Linie als naturwüchsiger Prozess begriffen, der nach bestimmten erkennbaren Regelmäßigkeiten verläuft und auf einen organismusimmanenten Ziel- bzw. Endpunkt hinausläuft.

Kritik an der Annahme einer einheitlichen Grundstruktur der Kindheits- und Jugendentwicklung äußerte in den 1930er-Jahren etwa Martha Muchow, die vor dem Hintergrund ihrer Untersuchung zur Lebenswelt und Raumaneignung von Großstadtkindern die Notwendigkeit einer „systematischen kulturtypologischen Orientierung der Erforschung des Kindes und seiner Welt" (Muchow 1931, S. 195, zit. nach Dudek 1990) betonte.

Ein Blick auf die Entwicklung der Kindheitsforschung in den ersten beiden Jahrzehnten des 20. Jahrhunderts macht somit deutlich, dass in dieser Zeit noch keine klare Trennung zwischen Kindheits- und Jugendforschung auszumachen ist. Insbesondere das starke Interesse der Psychologie an diesen Themenbereichen sowie die entwicklungspsychologische Ausrichtung der Forschungsfragen können hierfür als Gründe angesehen werden.

2.2 Kindheitsforschung in der Nachkriegszeit bis zum Beginn der 1980er-Jahre – Die Dominanz von Entwicklungspsychologie und quantitativen Methoden

Im kindheits- und jugendtheoretischen Diskurs der Nachkriegsjahre lässt sich dann aber eine deutliche Entwicklung hin zu einer Trennung der beiden Forschungsfelder erkennen. Während auf dem Gebiet der Jugendforschung die entscheidenden Impulse für eine theoretische Diskussion um Jugend vor allem aus dem Lager der Jugendsoziologie kamen, die bis zum Beginn der 1970er-Jahre dieses Forschungsfeld dominierte (vgl. Hornstein 1970; Oerter 1979), avancierte die Kindheitsforschung zu einer Domäne der Entwicklungspsychologie, so dass sich in der Nachkriegszeit eine sozialwissenschaftlich orientierte Kindheitsforschung kaum etablieren konnte. Theoretisch knüpften die entwicklungspsychologischen Ansätze in den 1950er- und 1960er-Jahren an den organismischen Modellvorstellungen der 1920er-Jahre an. Bis in die 1970er-Jahre hinein waren hier Reifungs- und Stufenmodelle, wie sie etwa von Oswald Kroh, Sigmund Freud oder Jean Piaget formuliert worden waren, dominierend. Eine der einflussreichsten Konzeptionen, die spätestens seit Beginn der 1960er-Jahre den entwicklungstheoretischen Diskurs bestimmte, war die von Jean Piaget (1948, 1972) herausgearbeitete Theorie der geistigen Entwicklung. Damit wandte man sich einem Erklärungsansatz zu, der im Gegensatz zu den bisherigen Theorien die kognitive Seite der Entwicklung in den Vordergrund stellte. Der Prozess der geistigen Entwicklung weist nach Piaget verschiedene Stadien auf, die zusammengenommen eine unveränderliche Sequenz bilden, indem die einzelnen Phasen aufeinander aufbauen und das Durchlaufen einer Phase gleichzeitig die Voraussetzung für das Erreichen der nächsthöheren bildet. Persönlichkeitsentwicklung wird hier also als systematischer Prozess verstanden, in dem schrittweise Fähigkeiten aufgebaut werden, die eine flexible und aktiv gesteuerte Anpassung

12

an Umweltbedingungen ermöglichen (vgl. auch Flammer 2002; Geulen 2002). Forschungsthematisch ging es einer an solchen Stufenmodellen orientierten Entwicklungspsychologie vor allem um die Beschreibung alterstypischer Entwicklungsniveaus und -veränderungen (vgl. Oerter/Montada 1998).

Diese Dominanz der Entwicklungspsychologie auf dem Gebiet der Kindheitsforschung hatte auch methodische Konsequenzen für den Zugang zum Thema Kindheit. Obwohl sich die methodische Orientierung der Entwicklungspsychologie zu Beginn des 20. Jahrhunderts vorrangig durch qualitative Verfahren, wie die Analyse von Tagebuchaufzeichnungen und Beobachtungen, auszeichnete, wurde in der Nachkriegszeit kaum an derartige methodische Vorgehensweisen angeknüpft. Ein Grund dafür war die Orientierung an Entwicklungen und Standards in der nordamerikanischen Psychologie, die sich vorrangig auf eine quantitative Methodenlehre stützte. Auch in Deutschland konnten sich in den 1950er- und 1960er-Jahren quantitative Verfahren in der Entwicklungspsychologie immer mehr etablieren und ausbreiten, so dass qualitative Arbeiten zunehmend an Bedeutung verloren und als „anekdotisch" und „unwissenschaftlich" eingestuft wurden (vgl. Mey 2001). Zwar gab es auch in den 1950er-Jahren vereinzelte Bemühungen, die biographische Methode für Fragestellungen der Entwicklungspsychologie nutzbar zu machen und als anerkanntes Verfahren zu etablieren (vgl. etwa Thomae 1956), diese waren jedoch kaum von Erfolg gekrönt. Qualitative Forschungsansätze wurden vom Mainstream in der Entwicklungspsychologie allenfalls als explorative Vorstudien zu quantitativen Untersuchungen, wie Entwicklungstests und Längsschnittstudien, akzeptiert.

2.3 Die 1980er-Jahre – Die „erziehungswissenschaftliche Wende" und die Renaissance qualitativer Verfahren in der Kindheitsforschung

Die 1980er-Jahre sind für die Kindheitsforschung durch eine deutliche Trendwende gekennzeichnet. Dabei erfolgt eine Umorientierung sowohl in theoretischer als auch in methodischer Hinsicht zunächst in den 1970er-Jahren vor allem in der Jugendforschung, während die Kindheitsforschung Anfang der 1980er-Jahre beginnt, ähnliche Ansätze zu verfolgen.

Seit den frühen 1980er-Jahren bildet sich nämlich allmählich eine sozialwissenschaftlich orientierte Kindheitsforschung neu herauszubilden. Ebenso wie in der Jugendforschung ist es ein veränderter Blick auf diese Lebensphase, der die wissenschaftliche Auseinandersetzung mit Kindheit in neue Bahnen lenkt. Die bis dahin dominante entwicklungspsychologische Perspektive auf Kindheit betrachtete Kinder in erster Linie als zukünftige Erwachsene einer Gesellschaft. Ein solches einseitiges Forschungsparadigma gerät jedoch in den 1980er-Jahren zunehmend in die Kritik. Kinder lediglich als „unfertige Erwachsene" oder als Menschen in Entwicklung zu betrachten wird zumindest als unzureichend empfunden (vgl. Markefka/Nauck 1993). Die neue Perspektive auf Kindheit betont in erster Linie die Eigenständigkeit dieser Lebensphase. Kinder sind nicht nur werdende Erwachsene, sondern auch „Personen aus eigenem Recht" (Honig/Leu/Nissen 1996). Der verkürzten Perspektive auf Kindheit als Vorbereitungsphase auf das Erwachsensein wurde so eine neue Sichtweise von Kindheit als eigenständiger Lebensphase und als kulturelles Muster entgegen- bzw. zur Seite gestellt. Damit wird das Interesse in der Erziehungswissenschaft sowie in der Soziologie auf die alltägliche Lebensführung der Kinder gelenkt. Kindliche Alltagserfahrungen, Sozialbeziehungen und Lebensbedingungen sollen nun im Mittelpunkt einer Forschung stehen, die wenn möglich die Perspektive der Kinder selbst zum Gegenstand ihrer Analysen macht. Auch hier sind es die Vertreter einer sozialwissenschaftlich orientierten Erziehungswissenschaft, die die Notwendigkeit einer veränderten Sichtweise auf Kindheit sowie einen interdisziplinären Zugang zu kindheitstheoretischen Fragestellungen betonten. So forderte Flitner in einem programmatischen Beitrag bereits 1978 die Beschäftigung mit den Ausdrucks-, Tätigkeits- und Erlebnisweisen, mit den Lebensläufen und dem Alltag von Kindern wieder in den Mittelpunkt einer pädagogischen Kindheitsforschung zu stellen (Flitner 1978, S. 185). Dadurch konnten vielfältige Verbindungslinien zu neueren Ansätzen in der Entwicklungspsychologie der Kindheit und zu einer sich parallel herausbildenden Soziologie der Kindheit hergestellt werden (vgl. Zinnecker 1990, S. 21).

Begründet liegt diese Neuorientierung in der Anknüpfung an die theoretischen Diskussionen um den Begriff der Sozialisation bzw. der sich entwickelnden Sozialisationsforschung. Zwar wurden amerikanische Forschungs- und Theorieansätze auf diesem Gebiet in der Bundesrepublik bereits in den 1960er-Jahren diskutiert (vgl. Claessens 1962; Wurzbacher 1963), jedoch blieben diese ersten Rezeptionsversuche bis zum Beginn der 1970er-Jahre weitgehend folgenlos. Seitdem entwickelte sich Sozialisationsforschung als ein interdisziplinäres Arbeitsgebiet mit maßgeblicher Beteiligung von Soziologie, Psychologie und Erziehungswissenschaft (vgl. Hurrelmann 1986; Oerter/Montada 1998). In diese sozialisationstheoretische Diskussion flossen Grundansätze bzw. Basistheorien sowohl aus der Psychologie (vor allem lerntheoretische Konzepte, etwa Bandura; entwicklungstheoretische Konzepte, etwa Piaget) als auch aus der Soziologie (interaktionistische Konzepte, etwa Mead; struktur-funktionalistische Konzepte, etwa Parsons) ein, die die Annahme gemeinsam haben, dass Persönlichkeitsentwicklung in einem Prozess der Auseinandersetzung mit der inneren und äußeren Realität (vgl. Hurrelmann 1986, S. 63) des Individuums geschieht. Diese Grundannahme wurde in den verschiedenen Ansätzen jedoch in sehr unterschiedlicher Weise berücksichtigt. Eine solche Sichtweise schärfte in der Kindheitsforschung den Blick für die Eigentätigkeit des Subjektes auf der einen Seite und die Ein-

14

flüsse gesellschaftlich vermittelter Umweltbedingungen auf der anderen Seite und forcierte eine interdisziplinäre Ausrichtung. In den 1980er-Jahren wurde insbesondere der ökologische Kontext als wirksame Bedingung für die Entwicklung von Kindern zunehmend in das Zentrum der theoretischen Diskussionen um Kindheit gerückt (vgl. etwa Bertram 1982; Vaskovics 1982). Hier wurden die Arbeiten Bronfenbrenners und das von ihm entwickelte Konzept einer „ecology of childhood" aufgegriffen, die entscheidend zu einem neuen Umweltverständnis für die Erklärung kindlicher Entwicklungsverläufe beigetragen haben (vgl. Engelbert/Herlth 1993). Bronfenbrenner (1981) fasst Umwelt als einen Satz ineinander geschachtelter Strukturen, in deren Zentrum sich das Kind als sich entwickelnde Persönlichkeit befindet. Die Person-Umwelt-Interaktion wird als ein Prozess der gegenseitigen Anpassung aufgefasst, in dessen Verlauf der sich entwickelnde Mensch das Milieu, in dem er lebt, fortschreitend in Besitz nimmt und umformt (vgl. Hurrelmann 1986). Damit fanden zum einen die räumlich-dinghaften Merkmale der Umwelt von Kindern und zum anderen die Einflüsse der personalen Beziehungen von Kindern, insbesondere die Gruppe der Gleichaltrigen, zunehmende Beachtung in der Diskussion um die kindliche Sozialisation (vgl. etwa Krappmann/Oswald 1989; Zeiher/Zeiher 1991).

Zu einem Forschungsschwerpunkt in der Kindheitsforschung wurden in den 1980er-Jahren die langfristigen Veränderungen in den Sozialisationsbedingungen von Kindern. Damit rücken hier eher umfassendere Fragestellungen in den Mittelpunkt (vgl. Preuss-Lausitz u.a. 1983; Fend 1988; Rolff/Zimmermann 1985), so etwa die Frage nach den Veränderungen der kindlichen Lebenswelt seit der Nachkriegszeit. Dabei diente eine generationenvergleichende Perspektive als Interpretationsfolie für den Einfluss gesellschaftlicher Entwicklungstendenzen auf die Lebensphase Kindheit. Diagnostiziert wurden in diesem Zusammenhang Modernisierungstendenzen von Kindheit und kindlichen Lebensbedingungen, die sich als veränderte Aufwachsbedingungen auf das Kinderleben niederschlagen und zum Wandel der kindlichen Normalbiographie beitragen (vgl. Büchner 1990). Kindheit, so die These, ist von Individualisierungstendenzen betroffen, die gesteigerte Ansprüche an die Entscheidungs- und Handlungskompetenzen der Kinder in immer früherem Alter stellt. Gleichzeitig verändern sich die kindlichen Erfahrungsräume derart, dass es durch das Zerfallen städtischer Räume in Teilräume, die nicht mehr multifunktional genutzt werden können, sondern nur noch einzelnen Aktivitäten dienen, zu einer „Verinselung" des kindlichen Lebensraums kommt (vgl. Zeiher 1983).

Mit der stärker in den Vordergrund tretenden sozialwissenschaftlich orientierten Kindheitsforschung seit den 1980er-Jahren veränderte sich auch die methodische Zugangsweise zum Gegenstand Kindheit. Insbesondere die neue Sichtweise auf Kindheit, die Kinder nicht mehr nur als Menschen in Entwicklung begreift, sondern die Eigenständigkeit dieser Lebensphase betont und Kindheit auch als ein spezifisches kulturelles Muster wahrnimmt, trug zu einem Umdenken in den methodischen Zugängen zu diesem Lebensabschnitt bei. Wesentliche Anstöße dafür kommen in den 1980er-Jahren auch aus dem Bereich der phänomenologischen Pädagogik. Hier sind es etwa die Arbeiten von Wilfried Lippitz u.a. (vgl. Lippitz/Meyer-Drawe 1986; Lippitz/Rittelmeyer 1989), die vor dem Hintergrund einer kritischen Auseinandersetzung mit den Studien von Langeveld (1964) zum Selbst- und Welterleben von Kindern, zur Wiederbelebung einer subjekt- und alltagsorientierten Kindheitsforschung beigetragen haben. Kindheit wird dabei als sinnkonstituierende und sinnaneignende Tätigkeit begriffen, die den Erwachsenen als eine fremde Eigenwelt entgegentritt (vgl. Krüger 1997, S. 121).

Diese theoretisch veränderten Sichtweisen führten in der Kindheitsforschung zu einer Betonung der Notwendigkeit, biographische und ethnographische Methoden wieder in das Zentrum der Erforschung von Kindheit zu rücken. Mit einigen Ausnahmen (vgl. etwa Krappmann/Oswald 1989; Zeiher 1989) blieben jedoch die Forderungen nach einer Kindheitsforschung, die sich aus der Perspektive der Kinder selbst ihren Alltagserfahrungen und Lebensbedingungen nähert in den 1980er-Jahren noch eher Programmatik als weitläufig realisierte Forschungspraxis (vgl. Büchner 1990).

Seit Ende der 1970er-Jahre werden Daten von Kindern auch über Surveystudien erhoben. Während dies in der Jugendforschung bereits seit längerer Zeit eine Rolle spielt, lässt sich nun ein Sinken der befragten Altersjahrgänge auch in der Umfrageforschung beobachten. So wurden etwa im Konstanzer Schülerlängsschnitt auch 11- bis 13-Jährige befragt (vgl. Fend 1990). Zudem wurde 1980 der erste deutsche Kindersurvey mit 8- bis 10-Jährigen durchgeführt (vgl. Lang 1985).

2.4 Die letzten zehn Jahre im 20. Jahrhundert – Ausweitung der Kindheitsforschung

Im theoretischen Diskurs der Kindheitsforschung wird in den 1990er-Jahren zum einen an die Entwicklungen der 1980er-Jahre angeknüpft, zum anderen werden aber auch neue, etwa konstruktivistische Ansätze verfolgt und für die Kindheitsforschung fruchtbar gemacht.

So sind es einerseits die sozialökologischen Sichtweisen auf Kindheit, die sich, anschließend an die Diskussion in den 1980er-Jahren, in der erziehungswissenschaftlichen und soziologischen Kindheitsforschung etabliert haben. Untersucht werden vor diesem Hintergrund die verschiedenen ökologischen Dimensionen von kindlichen Lebenswelten bzw. die Raumaneignung von Kindern (vgl. etwa Zeiher/Zeiher 1994).Gleichzeitig wird andererseits der sich bereits in den 1980er-Jahren herauskristallisierende Blick auf Kindheit aus einer modernisierungstheoretischen Perspektive auch in der

Folgezeit beibehalten und nicht mehr nur auf die langfristigen Veränderungen kindlicher Sozialisationsbedingungen bezogen. Vielmehr wird ein solcher theoretischer Zugang gewählt, um die Pluralisierungsprozesse von familialen und kindlichen Lebenslagen, den Wandel von Verhaltensstandards in Eltern-Kind-Beziehungen oder soziale Ungleichheiten in den kulturellen Freizeitpraxen von Kindern analysieren zu können (vgl. Bois-Reymond/ Büchner/Krüger 1994; Sünker 1993; Zinnecker 1995).

Die gesamtgesellschaftlichen Bedingungen von Kindheit spielen auch bei der sich in den 1990er-Jahren neu herausbildenden, strukturbezogenen Kindheitsforschung eine wesentliche Rolle. Hervorgegangen ist diese Perspektive auf Kindheit, die Kinder als eine sozialstrukturelle Bevölkerungsgruppe fasst, für die ein spezifischer Wohlfahrtsstatus kennzeichnend ist (vgl. Honig 1999), aus einer massiven Kritik an der Praxis der Sozialberichterstattung zur Kindheit. Die Tatsache, dass Kinder in den meisten amtlichen Statistiken entweder überhaupt nicht oder lediglich als Haushalts- und Familienmitglieder erscheinen (vgl. Bertram 1993), führte zu einer verstärkten Forderung nach einer Analyse des Sozialstatus Kind und der Untersuchung der Lebensverhältnisse von Kindern. Kindheit sollte zu einer eigenständigen Untersuchungseinheit gemacht werden, um so ein angemesseneres Bild über Kinder als soziale Kategorie zu gewinnen (vgl. Qvortrup 1993, S. 119). Vor diesem Hintergrund kommt es in den 1990er-Jahren vermehrt zu Berichterstattungen über die Lebenslagen von Kindern in der Bundesrepublik (vgl. etwa Nauck 1995; BMFSFJ 1998). Demgegenüber werden in Kindersurveys auch die Kinder selbst als individuelle Meinungsträger ernst genommen, so dass die subjektive Sichtweise der Kinder selbst zunehmend Eingang in die Berichterstattung über Kindheit findet (vgl. etwa Zinnecker/Silbereisen 1996).

Ein ebenfalls in den 1990er-Jahren in der Kindheitsforschung neu aufgegriffener Ansatz ist die biographietheoretische Perspektive. Dabei steht die Analyse von Kindheit als Teil des Lebenslaufes und der Versuch, die biographischen Wege des Erwachsenwerdens zu rekonstruieren im Zentrum des Forschungsinteresses. Hier geht es also darum, den Wandel von Kindheit biographieanalytisch zu untersuchen und die subjektiven, biographisch geformten Erfahrungen und Werte von typischen Kindheiten herauszuarbeiten. Ähnlich wie die sozialisations- und entwicklungspsychologischen Ansätze begreift auch das biographietheoretische Konzept Kinder als aktive Subjekte ihrer Realitätsverarbeitung und Lerntätigkeit. Darüber hinaus wird versucht, biographieanalytische Perspektiven mit modernisierungstheoretischen Ansätzen zu verknüpfen, um den Wandel von Kinderbiographien vor dem Hintergrund der Chancen und Risiken von Modernisierungs- und Individualisierungsprozessen verorten zu können (vgl. Krüger/Ecarius/Grunert 1994, S. 221; Zinnecker 1990, S. 31).

Seit den späten 1980er- und vor allem im Verlauf der 1990er-Jahre lässt sich aber auch ein neues Verständnis von Kindheit und Kindheitsforschung beobachten. Diese so genannte „Neue Kindheitsforschung", die in erster Linie von der sich neu herausbildenden Soziologie der Kindheit forciert wurde und an der mittlerweile verschiedene Wissenschaftsdisziplinen, wie die Soziologie, die Psychologie und vor allem auch die Erziehungswissenschaft beteiligt sind, lässt sich als konsequente Fortschreibung der sozialisationstheoretischen Ansätze der 1980er-Jahre bezeichnen. Vor deren Hintergrund fiel der Blick in der Kindheitsforschung in erster Linie auf die aktive Auseinandersetzung der Kinder mit ihrer Umwelt. Dieser Gedanke vom Kind als produktivem Verarbeiter seiner Realität wird nun noch stärker in das Zentrum der wissenschaftlichen Aufmerksamkeit gerückt. Kinder werden hier als Personen betrachtet, die spezifische eigene Muster der Verarbeitung ihrer Lebensumwelt ausbilden und ihre Sozialbeziehungen selbst mitgestalten (vgl. Zeiher 1996; Honig/Leu/Nissen 1996). In diesem Zusammenhang kommt in der Kindheitsforschung ein neuer Denkansatz auf, der sich gleichzeitig aber auch als Kritik an der bisherigen Sozialisationsforschung versteht, der vorgeworfen wird, Kinder nicht bereits als Mitglieder der Gesellschaft, sondern immer noch als zukünftige Erwachsene zu betrachten (vgl. Honig/Leu/Nissen 1996). Wie bereits in der Abwendung vom Entwicklungsbegriff wird nun also auch der Sozialisationsbegriff in Frage gestellt. Beiden wird die Zielperspektive einer Integration des Subjektes in die Gesellschaft vorgeworfen, durch die der Blick auf die spezifischen kinderkulturellen Muster mit ihren je eigenen Handlungsregeln und Bedeutungszuschreibungen verdeckt wird (vgl. Breidenstein/Kelle 1998).

Thematisch beschäftigt sich die Kindheitsforschung bspw. mit den Formen kindlicher Alltagsorganisation und fragt nach den Veränderungstendenzen im Alltag von Kindern (vgl. etwa Büchner/Fuhs 1994; Lange 1996; Zeiher/Zeiher 1994). Weiterhin werden in Untersuchungen zu schulischen Handlungszusammenhängen etwa Lerngewohnheiten und Lernschwierigkeiten, Schüler-Lehrer-Beziehungen und -Interaktionen sowie Denkweisen und Verarbeitungsmuster von SchülerInnen herausgearbeitet (vgl. etwa Petillon 1993; Ziegler 1996). Der Frage nach den Interaktionsprozessen zwischen Gleichaltrigen, deren spezifischen Regeln, Erfordernissen und Funktionen als Ausdruck kinderkultureller Praxis widmet sich die Kindheitsforschung vor allem aus der ethnographischen Perspektive (vgl. etwa Breidenstein/Kelle 1998; Krappmann/Oswald 1995). Einen weiteren Forschungsschwerpunkt bilden Studien, die sich mit den familialen Bedingungen des Aufwachsens auseinandersetzen. Hier werden Modernisierungstendenzen vor allem im Hinblick auf familiale Beziehungsmuster untersucht (vgl. etwa Bois-Reymond 1994, 1998). Während in der Jugendforschung zu Beginn der 1990er-Jahre deutsch-deutsche Vergleiche sowie Reanalysen von Daten aus der Forschung in der DDR einen zentralen Forschungsschwerpunkt bildeten, spielte dies in der Kindheitsforschung kaum eine Rolle. Im Gegensatz zur Jugendforschung gab es auf dem Gebiet der Kindheitsforschung in der DDR keine sozialwissenschaftliche Forschungstradition. Ausnahmen bilden hier etwa die Greifswalder Studie zur Genese des Selbstbildes bei 9- bis 13-jährigen SchülerInnen (Krause 1991, S. 95) und die Leipziger Intervallstudie zum Freizeitverhalten von 9- bis 13-jährigen SchülerInnen (Günther/Karig/Lindner 1991, S. 192). Während es aber auf dem Gebiet der Jugendforschung zu zahlreichen Vergleichsstudien zwischen ost- und westdeutschen Jugendlichen kam, blieb die Kindheitsforschung in dieser Perspektive zunächst weitgehend unbeachtet. Erst im Verlauf der 1990er-Jahre widmete sich die Kindheitsforschung auch der Analyse der unterschiedlichen Aufwachsbedingungen von Kindern in beiden Teilen Deutschlands (vgl. etwa Nauck 1993; Krüger/Ecarius/Grunert 1994; Büchner u.a. 1998; Kötters 2000).

Auch in methodischer Hinsicht zeichnet sich auf dem Gebiet der Kindheitsforschung zu Beginn der 1990er-Jahre ein Perspektivenwechsel ab, der sich in einer verstärkten Hinwendung zu detaillierteren und fallbezogenen Forschungsdesigns ausdrückt (vgl. Fölling-Albers 1995). Damit wird der Anspruch einer Bezugnahme auf die Perspektive der Kinder selbst zunehmend eingelöst. Kindheitsforschung greift für die Untersuchung des kindlichen Alltagslebens und der Kultur der Kinder nun immer mehr auf qualitative Forschungsmethoden, wie Interviewverfahren oder ethnographische Zugänge zurück. Forciert wurden diese Entwicklungen durch die Einsicht, dass sich die in den 1980er-Jahren herausgearbeiteten globaleren Wandlungstendenzen kindlicher Aufwachsbedingungen nicht gleichmäßig und in derselben Intensität vollziehen, sondern, dass sich diese Veränderungen, soziokulturell bedingt, sehr unterschiedlich auf die kindlichen Lebensverläufe auswirken.

Im Gegensatz zur Jugendforschung ist bisher der Zugang zu Kindern und Kindheit auf der Basis von Surveyerhebungen in der Kindheitsforschung vergleichsweise selten. Jedoch wurde auch hier an die Entwicklung der 1980er-Jahre angeknüpft. Die schriftliche Befragung von Kindern zu ihren Lebensbedingungen, Einstellungen und Bewertungen ist, wie bereits angedeutet, für die neue Kindheitsforschung von großem Interesse. Indem sie sich vor dem Hintergrund ihrer Forderung nach Anhebung des politischen und gesellschaftlichen Status von Kindern auch einem Kampf um die Rechte der Kinder verschrieben hat (vgl. Zinnecker 1999), gewinnen Kindersurveys als eine Form der Kinderberichterstattung, die die subjektive Sichtweise von Kindern hervorhebt, an Bedeutung. In den 1990er-Jahren sind in diesem Zusammenhang etwa der 1993 durchgeführte Kindersurvey „Kindheit in Deutschland" (vgl. Zinnecker/Silbereisen 1996) oder der in verschiedenen Regionen erhobene Kindersurvey von Büchner/Fuhs/Krüger (1996) zu nennen, der sich mit 11-15-Jährigen aus Ost- und Westdeutschland beschäftigt.

3 Theorieansätze und Forschungsschwerpunkte in der Kindheitsforschung

3.1 Kindheitstheoretische Diskurse

Versucht man die aktuellen kindheitstheoretischen Diskurse in der Erziehungswissenschaft und den Nachbardisziplinen, der Psychologie und der Soziologie, systematisch zu bündeln, so lassen sich vor allem vier verschiedene theoretische Annäherungen an die Welt der Kinder unterscheiden: eine sozialisationstheoretische und entwicklungspsychologische Perspektive (vgl. Hurrelmann 1986; Krappmann 1991, Silbereisen 1986) sowie eine sozialökologische Perspektive (vgl. Nickel/Petzold 1993, Zeiher/Zeiher 1994), eine gesellschaftstheoretische Perspektive (vgl. Nauck u.a. 1996; Sünker 1993) und eine biographietheoretische Perspektive (vgl. Krüger/Ecarius/Grunert 1994).

a)   Sozialisationstheoretische und entwicklungspsychologische Perspektive

Die sozialisationstheoretische und entwicklungspsychologische Perspektive berücksichtigt den Prozess der Entstehung und Entwicklung der kindlichen Persönlichkeit in wechselseitiger Abhängigkeit von der gesellschaftlich vermittelten Umwelt. Dieses Konzept von Sozialisation und Entwicklung gefasst als Handlung im Kontext, das an interaktionistische und handlungstheoretische Traditionen in der Soziologie und Psychologie anknüpft, ist im Verlaufe der 1980er-Jahre gleichzeitig in der sozial- und erziehungswissenschaftlichen Sozialisationsforschung und der Entwicklungspsychologie herausgearbeitet worden (vgl. Hurrelmann 1986; Oerter/Montada 1982). In diesen Ansätzen werden einerseits sämtliche Umweltfaktoren als gesellschaftlich beeinflusste interpretiert und in ihren Auswirkungen auf kindliche Wahrnehmungsmuster analysiert. Andererseits werden Kinder als aktive Subjekte ihrer Realitätsverarbeitung begriffen, die in Auseinandersetzung mit ihrer sozialen und materiellen Umwelt, elementare kognitive, sprachliche und soziale Handlungskompetenzen herausbilden und spezifische kindheitstypische Entwicklungsaufgaben zu bewältigen haben (vgl. Hurrelmann 1986, S. 164).
Sozialisationstheoretische Entwicklungsmodelle gehen zum einen davon aus, dass sich die kindliche Persönlichkeitsentwicklung im Wechselspiel von Anlage- und Umweltfaktoren vollzieht. Hurrelmann (2002) fasst vor diesem Hintergrund Sozialisation als die produktive Verarbeitung von innerer und äußerer Realität:

Abbildung 1: Sozialisation als produktive Verarbeitung von innerer und äußerer Realität

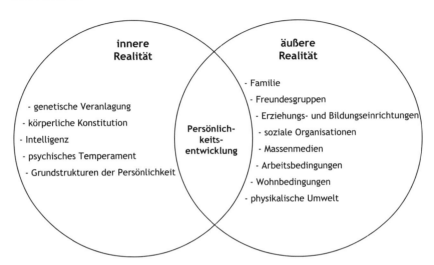

Quelle: Hurrelmann/Bründel 2003, S. 16

Abbildung 1 verweist zwar auf das Wechselverhältnis von Anlage und Umwelt im Prozess der kindlichen Persönlichkeitsentwicklung, lässt aber einen bedeutenden Faktor, von dem sozialisationstheoretische Ansätze ausgehen, außen vor. Sozialisation wird als ein dynamischer Prozess verstanden, in dem das Kind als aktiv handelnd auftritt und sich produktiv mit seiner inneren und äußeren Realität auseinandersetzt. Sozialisation ist also kein passives Geschehen, sondern vollzieht sich individuell spezifisch in der produktiven Verarbeitung der Realität durch das Individuum (vgl. Hurrelmann/Bründel 2003) und wird so zum Wechselspiel von Anlage, Umwelt und individueller Selbsttätigkeit.

Das Konzept der Sozialisation zielt damit primär auf die wechselseitigen Beziehungen zwischen Subjekt und gesellschaftlich vermittelter Realität und fasst das Individuum als produktiven Verarbeiter dieser Realität. Die soziale Umwelt wird somit als konstitutives Element der Persönlichkeitsbildung betrachtet, die von den in ihr handelnden Subjekten permanent beeinflusst und verändert wird und gleichzeitig auf deren Aneignungs-, Verarbeitungs- und Gestaltungsprozesse von Realität wirkt.

Sozialisation im so verstandenen Sinne ist nicht einzig auf die Lebensphase Kindheit beschränkt, sondern findet über die gesamte Lebensspanne hinweg statt. Sie ist damit „nicht als eine einmalige Prägung, aber auch nicht als eine bloße Ansammlung punktueller Erfahrungen" (Geulen 2002, S. 84) anzusehen. Jedoch haben gerade die in der Kindheit gemachten Sozialisationserfahrungen eine besondere Bedeutung, indem sie ein Grundgerüst der kindlichen Persönlichkeitsentwicklung bilden, an dem alle weiteren sozialisatorischen Einflüsse anknüpfen müssen.

Ein solches Konzept von Sozialisation integriert sowohl psychologische als auch soziologische Theorieansätze, die dazu beitragen können, das komplexe Gefüge von Entwicklungseinflüssen auf die kindliche Persönlichkeit näher zu beleuchten. Eine herausragende Rolle spielt hier zunächst der von Sigmund Freud entwickelte psychoanalytische Erklärungsansatz der kindlichen Psychogenese, der auf die Komplexität und den häufig unbewussten Vorgang der innerpsychischen Erfahrungsverarbeitung verweist und den großen Einfluss frühkindlicher Erfahrungen auf die Persönlichkeitsentwicklung betont (vgl. Geulen 2002). Die Wechselwirkung zwischen Person und Umwelt findet im Freudschen Modell als Verinnerlichung der vor allem durch die Eltern, insbesondere die Mutter, repräsentierten gesellschaftlichen Normen statt, die eine zunehmende Kontrolle und Kanalisation der Triebbedürfnisse zur Folge hat. Der psychoanalytische Ansatz Freuds geriet jedoch gerade wegen der beiden Grundannahmen des Unbewussten sowie des übergeordneten Einflusses der frühkindlichen Erfahrungen auf die Persönlichkeitsentwicklung in die Kritik. Die neuere Entwicklungspsychologie führt zudem den Blick weg von der starken Betonung des Einflusses dyadischer, insbesondere Mutter-Kind-Beziehungen und wendet sich den sozialen Netzwerken zu, an denen Kinder im Prozess ihres Aufwachsens teilhaben (vgl. Salisch/ Seiffge-Krenke 1996). So werden etwa Phasen von Autonomie und Nähe (Hopf 2005) in der Beziehung zwischen Eltern und Kindern sowie die spezielle Bedeutung der Gleichaltrigengruppe für ausgewählte Entwicklungs- und Kompetenzdomänen herausgearbeitet. An psychoanalytische Ansätze und deren Weiterentwicklungen (etwa Leithäuser/Volmerg 1988; König 2000) schließen aber auch solche Untersuchungen in der Kindheitsforschung an, die sich mit der Herausarbeitung von Tiefenstrukturen in kindlichen Lebensäußerungen befassen (vgl. etwa Leuzinger-Bohleber/Garlichs 1993, 1997).

Die mit der starken Betonung unbewusster Prozesse verbundene Vernachlässigung der Erforschung der Entwicklung des ICHs in der Kindheitsforschung wird dann etwa in solchen Ansätzen aufgehoben, die die Persönlichkeitsentwicklung des Kindes als einen aktiv gesteuerten Prozess der Anpassung an Umweltbedingungen betrachten. Dabei ist in erster Linie der strukturgenetische Ansatz Jean Piagets (1948, 1972) zu erwähnen, der nach dem Prozess der kognitiven Entwicklung des Menschen fragt. In seinen Forschungen arbeitete Piaget verschiedene Entwicklungsstufen heraus, die die schrittweise Entwicklung des menschlichen Denkens charakterisieren und betont deren Gebundenheit an die aktiv handelnde Auseinandersetzung des Kindes mit seiner Umwelt (vgl. Geulen 2002; Hurrelmann/Bründel 2003). Neben dem logisch-mathematischen Denken, widmete sich Piaget in seinen Forschungen auch der Entwicklung des sozial-kognitiven Denkens, insbesondere der Entwicklung des moralischen Bewusstseins (Piaget 1973). Deutlich wurde in diesen Arbeiten, dass Kinder zunächst von der Unumstößlichkeit insbesondere über die Eltern vermittelter Normen und Werte überzeugt sind, jedoch im Verlauf der kindlichen Sozialisation vor allem durch die Auseinandersetzung mit Gleichaltrigen zunehmend mit der Relativität moralischer Maßstäbe konfrontiert werden.

In der Kindheitsforschung ist dieser Befund in verschiedenen Untersuchungen aufgegriffen worden. So wurde etwa in den ethnographischen Untersuchungen von Krappmann und Oswald (1995) nach dem Einfluss der Gleichaltrigen auf die kindliche Entwicklung gefragt und die kindlichen Aushandlungsprozesse im Hinblick auf die Ausbildung sozialer Regeln und moralischer Maßstäbe innerhalb der Kinderkultur untersucht. In Anlehnung an die Arbeiten von Youniss (1982, 1994) betonen Krappmann und Oswald die spezifische Bedeutung der Gleichrangigkeit der sozialen Beziehungen zwischen Gleichaltrigen, die die Ausbildung der Fähigkeit zur reziproken Perspektivenübernahme ermöglicht und somit Potenziale bietet, die die Moralentwicklung der Heranwachsenden beeinflussen (Krappmann 2001). So konnte in Anlehnung an die Arbeiten Piagets und deren Weiterentwicklung durch Lawrence Kohlberg (1974) in verschiedenen Studien festgestellt werden, dass Kinder im Umgang mit anderen Gleichaltrigen Regeln nicht nur passiv übernehmen, sondern diese miteinander aushandeln (vgl. etwa Krappmann/Oswald 1995). Ähnliches gilt etwa für das Aushandeln von Regeln bei Spielen der Kinder, indem äußere Vorgaben nicht lediglich übernommen, sondern im gemeinsamen Interaktionsprozess häufig auch modifiziert werden (vgl. etwa Nentwig-Gesemann 2002).

Einen weiteren großen Bereich innerhalb der entwicklungspsychologisch orientierten Kindheitsforschung bilden Studien, die sich mit der Entwicklung kindlicher Kompetenzen befassen. So knüpft etwa die Münchner Grundschulstudie SCHOLASTIK (Helmke/Weinert 1998) u.a. an die Arbeiten Piagets und deren Weiterentwicklungen (vgl. zusammenfassend Case 1992) an und untersucht die Genese kognitiver Kompetenzen, moralischer Urteilsfähigkeit und motivationaler Tendenzen bei Kindern vom Kindergartenalter bis zum sechsten Schuljahr (ebd., S. 3).

Die bereits erwähnte Fähigkeit zur wechselseitigen Perspektivenübernahme und deren Relevanz für die kindliche Entwicklung findet sich auch deutlich in dem aus der soziologischen Tradition stammenden theoretischen Ansatz George Herbert Meads (1968) wieder. Mead betont insbesondere die zentrale Bedeutung der Beziehungen zu anderen für die menschliche Entwicklung. Nur durch soziale Kontakte und die damit verbundenen wechselseitigen Verhaltenserwartungen kann sich die eigene Persönlichkeit entwickeln. Eine zentrale Rolle spielt dabei die Sprache, durch die das Kind die Absichten und Erwartungen anderer erkennen und die Bedeutung von Handlungen erschließen kann. Bedeutungsvoll für die Kindheitsforschung ist hierbei

24

das Modell des aktiven, seine Lebenswelt reflektierenden und interpretieren-den Menschen, der damit soziale Wirklichkeit immer auch neu hervorbringt.

An diese aktive Rolle des Kindes in der Auseinandersetzung zwischen Individuum und Umwelt knüpft die so genannte „Neue Kindheitsforschung" an, die sich in interdisziplinärer Perspektive als Fortschreibung sozialisati-ons- und entwicklungstheoretischer Ansätze charakterisieren lässt. Der be-reits bei Piaget und Mead auftauchende und von Hurrelmann u.a. weiterge-führte Ansatz vom Kind als produktivem Verarbeiter seiner inneren und äu-ßeren Realität wird hier konsequent fortgeführt. Kritisiert werden aus dieser Perspektive vor allem Konzepte, die Kinder lediglich als Menschen in Ent-wicklung betrachten und damit die spezifische Eigenständigkeit dieser Le-bensphase außer Acht lassen. Insbesondere gilt diese Kritik denjenigen Ent-wicklungskonzepten, die – wie etwa der strukturgenetische Ansatz Piagets – von festgelegten, hierarchischen Stufen der Persönlichkeitsentwicklung aus-gehen und damit Kinder allererst als unfertige Erwachsene betrachten (vgl. Honig/Leu/Nissen 1996). Die „Neue Kindheitsforschung" betont demgegen-über vielmehr die spezifischen eigenen kindlichen Verarbeitungsmuster der sozialen Wirklichkeit und damit auch die Eigenständigkeit dieser Lebenspha-se im Verhältnis zu anderen (vgl. Qvortrup 1993). Kinder werden vor diesem Hintergrund vor allem als kompetente soziale Akteure im Hier und Jetzt ge-sehen (James/Jenks/Prout 1998), die ihre Sozialbeziehungen selbst mitgestal-ten und spezifische kinderkulturelle Muster mit eigenen Handlungsregeln und Bedeutungszuschreibungen hervorbringen (vgl. Krappmann/Oswald 1995; Breidenstein/Kelle 1998; Hengst 2002; Honig/Leu/Nissen 1996).

Die Konstruktion subjektiver Strukturen, so die Annahme einer solchen sozial-konstruktivistischen Perspektive, findet permanent in jedem sozialen Kontakt statt, erfolgt also über interaktives Handeln mehrerer Subjekte (vgl. Schulze/Künzler 1991). Damit wird die Aufmerksamkeit verstärkt auf die ak-tuellen Konstruktionsleistungen der Kinder und ihre spezifischen Inter-aktionsstrukturen gelenkt. Kinder, so die Forderung, sollen nicht als „Wer-dende", sondern als jetzt so „Seiende" betrachtet werden (vgl. Lange 1999). Empirische Studien, die eine solche Auffassung konsequent verfolgen, sind vor allem im Kontext einer ethnographisch orientierten Kindheitsforschung entstanden und widmen sich in erster Linie der Interaktion von Kindern in der Gleichaltrigengruppe (vgl. Breidenstein/Kelle 1998; Krappmann/Oswald 1995). Gleichwohl werden auch die Konstruktionsleistungen von Kindern bei der Konstituierung ihres Alltags etwa innerhalb der Familie auch mittels schriftlicher Befragungen untersucht (vgl. etwa Brake 2005).

b)   *Sozialökologische Perspektive*

Einige Ansätze der neueren Entwicklungspsychologie rücken in den letzten Jahren zunehmend den ökologischen Kontext als wirksame Bedingung für die Entwicklung von Kindheit ins Zentrum ihrer Analyse. Dabei werden aus psychologischer Sicht Umwelten stets als räumlich und zeitlich strukturiert gefasst, wobei sie weniger im Sinne einer physikalischen und geographischen Größe, sondern eher subjektiv-personal und sozial verstanden werden (vgl. Nickel/Petzold 1993, S. 85). Ähnliche ökologische Sichtweisen haben sich im vergangenen Jahrzehnt auch in der erziehungswissenschaftlichen und soziologischen Kindheitsforschung etabliert, wo die verschiedenen ökologischen Dimensionen von kindlichen Lebenswelten bzw. die Raumaneignung von Kindern untersucht werden (vgl. Baacke 1993; Zeiher/Zeiher 1994; vgl. zusammenfassend Grundmann/Lüscher 2000).

In der Geschichte der Kindheitsforschung ist es wohl die Untersuchung von Martha Muchow zum Lebensraum von Großstadtkindern (1935:1980), die als erste eine solche Perspektive auch analytisch verfolgte. Hier konnte bereits in den 1930er-Jahren gezeigt werden, wie sich Kinder Räume aneignen und für ihre Interessen nutzbar machen. In den 1940er-Jahren ist es dann Kurt Lewin (1946), der den Begriff „Lebensraum" prägt und mit diesem nicht nur die räumliche Komponente verbindet, sondern auch dessen subjektive Bedeutung für das darin handelnde Individuum betont. Davon ausgehend betrachtete er die kindliche Entwicklung als eine schrittweise Ausdifferenzierung des Lebensraumes.

Trotz dieser vereinzelten Ansätze erhielt die ökologische Perspektive in der soziologischen, entwicklungspsychologischen und erziehungswissenschaftlichen Kindheitsforschung erst mit den Arbeiten Urie Bronfenbrenners stärkeres Gewicht. In der von ihm entwickelten Theorie einer „Ecology of childhood" (1981) verweist Bronfenbrenner auf die unterschiedlichen ökologischen Systeme, in die der Mensch eingebettet ist und mit denen er sich im Laufe seines Lebens auseinandersetzen muss. Dafür entwickelte er ein System von ökologischen Kontexten der menschlichen Entwicklung, die als hierarchisch ineinander verschachtelte Gruppen von Umwelten gefasst werden. Bronfenbrenner unterscheidet in diesem Modell zwischen:

a) dem Mikrosystem,
b) dem Mesosystem,
c) dem Exosystem,
d) dem Makrosystem und
e) dem Chronosystem.

Das Mikrosystem beschreibt die unmittelbare Umgebung des Kindes, in der die Familie die wichtigste Rolle spielt. Um die Familie herum finden sich weitere Mikrosysteme, in denen das Kind agiert. Hierzu gehören etwa der Kindergarten, der Spielplatz oder die Straße als Räume, in denen das Kind tätig ist und sowohl deren materielle Bedingungen erfährt als auch die soziale Dimension in Form von Personen mit ihren zwischenmenschlichen Beziehungen und Rollen. In der Perspektive dieser Mikrosysteme ist vor allem die

Familie und deren Einflüsse auf die kindliche Entwicklung ein zentraler Gegenstand in der Kindheitsforschung (Pinquart/Silbereisen 2005). Bronfenbrenner betont, dass diese Mikrosysteme nicht isoliert voneinander betrachtet werden können, sondern sich wechselseitig beeinflussen. Diese „Wechselbeziehungen zwischen den Lebensbereichen, an denen die sich entwickelnde Person aktiv beteiligt ist" (1981, S. 42) nennt Bronfenbrenner Mesosystem. Das Mesosystem bildet also die Gesamtheit der jeweils relevanten Mikrosysteme, in die das Kind eingebunden ist und umfasst dabei auch soziale Netzwerke, wie Freundes- und Bekanntenkreise (vgl. Geulen 1991). Für die Kindheitsforschung ergeben sich hieraus etwa Fragen nach dem Einfluss der Familie auf die Wahl der Freunde oder die Eingebundenheit in schulische Aktivitäten des Kindes. Neben den unmittelbaren Lebensbereichen des Kindes (Mikro- und Mesosysteme) werden in diesem theoretischen Ansatz auch die Lebensbedingungen und Umweltereignisse außerhalb der Bereiche mit erfasst, in denen das Kind nicht unmittelbar aktiv ist (Exo- und Makrosystem). So beschreibt das dritte System, das Exosystem, Lebensbereiche, an denen das Individuum nicht direkt beteiligt ist, die aber seine Mikro- und Mesosysteme beeinflussen. So kann etwa die Qualität der elterlichen Integration in den Arbeitsmarkt Einfluss auf die kindliche Entwicklung haben. Das Makrosystem schließlich umfasst alle anderen Systeme und beeinflusst diese auf der Ebene einer Gesamt- oder Subkultur in Form und Inhalt (z.B. gesellschaftliche Überzeugungssysteme und Ideologien, rechtliche, ökonomische und politische Rahmenbedingungen). Bronfenbrenner betont nicht nur die wechselseitige Beeinflussung dieser unterschiedlichen Systeme, sondern verweist auch auf die Veränderung der Relevanz dieser Systeme im Laufe der menschlichen Individualentwicklung. Diesen Wandel beschreibt das Chronosystem (Bronfenbrenner 1986), in dem die Übergänge zwischen verschiedenen Mikrosystemen, etwa vom Kindergarten in die Grundschule, zusammengefasst werden (vgl. auch Pinquart/Silbereisen 2005).

Eine solche Perspektive macht darauf aufmerksam, dass in den jeweiligen Settings, an denen das Kind beteiligt ist, unterschiedliche soziale Regeln und Handlungsanforderungen herrschen. Entwicklung in diesem Sinne bedeutet dann, „die Fähigkeit, sich immer neue Handlungskompetenzen in verschie-denen Settings zu verschaffen und die Anpassung an die veränderten Umweltanforderungen zu bewältigen" (Hurrelmann/Bründel 2003, S. 29).

Angeregt durch eine solche Perspektive sind in der Folge nicht nur Forschungen entstanden, die sich dem Einfluss der Familie als Beziehungsgeflecht auf die kindliche Entwicklung widmen und dabei auch die wechselseitigen Einflüsse zwischen Eltern und Kindern berücksichtigen (vgl. etwa Gerris/Grundmann 2002). Einen wichtigen Forschungsbereich bilden in diesem Zusammenhang auch diejenigen Untersuchungen, die sich mit dem kindlichen Raumbezug befassen und die Wirkung und Bedeutung der räumlich-dinghaften Umwelt sowie der darin vorfindbaren sozialen Beziehungen im kindlichen Entwicklungsprozess herausarbeiten. Eine solche sozialräumliche Perspektive nehmen etwa die Arbeiten von Helga und Hartmut Zeiher (Zeiher/Zeiher 1994) ein. In ihrer qualitativen Studie zum sozialen Leben im Alltag von Großstadtkindern widmen sie sich den kinderkulturellen Praxisformen und der kindlichen Alltagsorganisation in unterschiedlichen großstädtischen Sozialmilieus. Dabei gelangen sie zu der These von der „Verinselung" der kindlichen Lebenswelt, die darauf verweist, dass Kinder heute ihre Umwelt nicht mehr schrittweise erkunden und damit ihren Handlungsraum allmählich erweitern, sondern dass der kindliche Lebensraum in mehrere voneinander unabhängige Teilräume zerfällt. Ursächlich für diese Entwicklung ist sowohl der vermehrte Aufenthalt von Kindern in Institutionen, die kinderausgrenzende Stadtentwicklung sowie die dichteren Verkehrsnetze. Dies führt zu einem Zerfallen städtischer Räume in Teilräume, die nicht mehr multifunktional genutzt werden können, sondern nur noch einzelnen Aktivitäten dienen (vgl. Zeiher/Zeiher 1992). Das heißt, die nähere Wohnumgebung kann von den Kindern nicht mehr so vielfältig genutzt werden wie noch im Muster der Straßenkindheit. Eine Vielzahl der Orte, die von Kindern genutzt werden (z.B. Sportverein, Musikschule), befindet sich wie Inseln verstreut in einem größer gewordenen Gesamtraum (vgl. Zeiher/Zeiher 1994). Dieser Gesamtraum jedoch bleibt als Ganzes bedeutungslos, er wird von den Kindern nicht mehr erfahren, sondern nur noch durchquert. In der Untersuchung von Zeiher und Zeiher (1994) wird aber auch deutlich, dass ein solches Kindheitsmodell nicht für alle Kinder in gleichem Maße gilt, sondern abhängig ist von der elterlichen Unterstützung kindlicher Aktivitäten, die nicht nur in Form von Transportleistungen, sondern auch finanziellen Aufwendungen zum Tragen kommen (vgl. auch Wilk 1996; Lange 1996).

c) Gesellschaftstheoretische Perspektive

Grundsätzlich richten gesellschaftstheoretische Ansätze in der Kindheitsforschung den Blick auf das spezifische Verhältnis von Kindheit und Gesellschaft und fokussieren so vor allem auf die Kindheit als gesellschaftlich beeinflusste Lebensphase. Eine solche Perspektive nahmen zunächst historisch vergleichende Untersuchungen wie die von Philippe Ariès (1960) oder Lloyd deMause (1977) ein, die sich mit der Genese und dem Wandel von Kindheit seit dem Mittelalter beschäftigen. In ähnlicher Weise befassen sich auch die Arbeiten von Postman (1983) zum „Verschwinden der Kindheit" und Preuss-Lausitz u.a. (1983) mit gesellschaftlichen Wandlungsprozessen und deren Wirkungen auf die moderne Kindheit. Deutlich wurde durch diese Analysen, dass Kindheit keine gegebene natürliche Größe ist, sondern als gesellschaftliche Konstruktion betrachtet werden muss, die beeinflusst von gesellschaftlichen Wandlungsprozessen steten historischen Veränderungen unterliegt (vgl. Mierendorff/Olk 2002).

28

An Bedeutung gewannen in der Folgezeit sozialwissenschaftlich orientierte Ansätze in der Kindheitsforschung, die sich mit dem Wandel kindlicher Lebensverhältnisse und dem sozialen Status Kind unter modernisierungstheoretischen Gesichtspunkten näherten. Die Veränderungen in der Lebensphase Kindheit werden dabei im Zusammenhang mit gesellschaftlichen Individualisierungstendenzen (vgl. Beck 1986) und dementsprechend veränderten kindlichen Lebenswelten betrachtet.

Individualisierung als gesellschaftstheoretische Kategorie zur Erfassung der Veränderungen von Lebenslagen und Biographiemustern richtet den Blick grundsätzlich darauf „was mit den Menschen geschieht" (Beck 1986, S. 207), die in Modernisierungsprozesse eingebunden sind. Becks Verständnis von Individualisierung bezieht sich auf die makrosozialen Prozesse der Veränderung von Gesellschaftsstrukturen und Verhaltensformen. Primär konzentriert er sich dabei auf die Entwicklung in Westdeutschland seit der Nachkriegszeit, in der er einen neuen Individualisierungsschub ausmacht. Individualisierung bedeutet aus seiner Sicht zum einen „die Auflösung vorgegebener sozialer Lebensformen" (Beck/Beck-Gernsheim 1994, S. 11). Damit ist Individualisierung und in erster Linie Enttraditionalisierung angesprochen. Gemeint ist hier die Freisetzung der Individuen aus traditionellen Verbindlichkeiten, die sich vor allem im Brüchigwerden lebensweltlicher Kategorien – wie sozialen Klassen, Familienformen, Geschlechtslagen, Ehe, Elternschaft und Beruf – ausdrückt und eine Ausdifferenzierung gesellschaftlicher Lebenslagen und Lebensformen zur Folge hat. Zum anderen sind mit dieser Freisetzung auch Unsicherheiten im Sinne eines Verlustes von traditionellem Handlungswissen und leitenden Orientierungen, sowie neue Zwänge verbunden. Die Individuen sind nun vor allem mit den Vorgaben gesellschaftlicher Institutionen konfrontiert und unterliegen den Gegebenheiten des Arbeitsmarktes, des Bildungssystems und des Sozialstaates (vgl. Scherr 1995). Der Unterschied zu den traditionellen, an klassen-, schichten- und milieuspezifischen Einbindungen gekoppelten Vorgaben, besteht hier darin, dass die Lebensperspektiven der Individuen weniger festgelegt sind. Die gesellschaftlichen Vorgaben müssen sich quasi selbst angeeignet werden, die Individuen müssen sich diese „im eigenen Handeln in die Biographie hereinholen" (Beck/Beck-Gernsheim 1994, S. 12). Das heißt, das Individuum kann (und muss) allein und eigenverantwortlich über die Gestaltung der eigenen Lebensführung bestimmen (vgl. Michailow 1996), unterliegt dabei jedoch den gesellschaftlichen Strukturbedingungen. Die Folgen dieser Entwicklungstendenzen sind zum einen ein Zuwachs an Optionen und Lebenschancen, an Freiheitsgraden und Wahlmöglichkeiten für die eigene Lebensgestaltung. Zum anderen besteht so aber auch der Zwang, seine Lebensführung selbst in die Hand nehmen zu müssen und für sein Leben selbst verantwortlich zu sein.

Sich orientierend an solchen Ansätzen sind auch in der Kindheitsforschung in unterschiedlichen Forschungszugängen Thesen darüber formuliert worden, wie sich diese Entwicklungstendenzen auf die Lebensphase Kindheit auswirken. So sind es zum einen, wie bereits bei den sozialökologischen Ansätzen deutlich wurde, die Veränderungen in den kindlichen Lebensräumen (vgl. Zeiher/Zeiher 1994; Behnken 1990; Behnken/du Bois-Reymond/Zinnecker 1989), die auch als Folge gesellschaftlicher Modernisierung untersucht wurden. Ursachen für diesen Wandel werden in der Entstehung dichterer Verkehrsnetze, der Funktionalisierung des öffentlichen Stadtraums und vor allem der vermehrten Institutionalisierung von Erziehung und Freizeit gesehen, die eine deutliche Veränderung des Alltagslebens von Kindern, insbesondere im städtischen Raum, erkennen lassen. Einige Untersuchungen kommen vor diesem Hintergrund zu dem Schluss, dass sich heute eine Tendenz zur „Verhäuslichung" des Kinderalltags abzeichnet, die dadurch charakterisiert ist, dass „die Lebenswelt der Kinder in geschützte Räume hineinverlagert; gegenüber der natürlichen Umwelt versiegelt, von den Handlungsorten anderer Altersgruppen abgegrenzt" wird (Zinnecker 1990, S. 142). Die ehemals in die Wohnquartiere und Stadtviertel eingebettete und nachbarschaftsbezogene Lebenswelt von Kindern löst sich zunehmend auf und zersplittert in mehrere voneinander unabhängige und auf spezielle Aktivitäten bezogene Erfahrungsräume. Solche zweckbestimmten Orte für Kinder sind nicht nur die Schule oder der Kindergarten, sondern auch Kinderfreizeiteinrichtungen, Spiel- und Sportplätze, Vereine, Kunst- und Musikschulen und natürlich auch das Kinderzimmer (vgl. auch Zeiher/Zeiher 1994; Zeiher 1996). Damit einher geht eine wachsende Entmischung der Generationen (vgl. Zeiher/Zeiher 1992), so dass ein neues Verhältnis zwischen Kindern und Erwachsenen entsteht. Die institutionalisierten Kindereinrichtungen sind abgegrenzt von der Erwachsenenwelt; die Erwachsenen übernehmen darin die Rolle von professionellen Betreuern oder von Transporteuren zwischen den einzelnen Räumen. Das Aneignen von Räumen erfolgt also nicht mehr spontan und in Eigeninitiative der Kinder, sondern kontrolliert und betreut durch Erwachsene (vgl. Büchner 1990).

Somit ist auch das heutige Kinderleben von den Folgen einer Individualisierung betroffen. Die Kinder werden, im Gegensatz zu dem früher eher einheitlichen Lebensraum, aus festen sozialen Einbindungen freigesetzt und treffen auf eine Vielzahl frei wählbarer Elemente der Lebensführung. Dadurch sind auch Kinder mit den zwei Seiten von Individualisierung (vgl. Beck/ Beck-Gernsheim 1994) konfrontiert. Zum einen haben sie durch die Freisetzung aus traditionellen Verbindlichkeiten die Möglichkeit, selbst zu entscheiden, welche Angebote sie nutzen möchten und können aus unterschiedlichen Optionen wählen. Andererseits stehen sie auch unter dem Zwang, durch eigenes Handeln die alltägliche Lebensführung zu bestimmen. Diese neuen Möglichkeiten und Zwänge erhöhen gleichzeitig die Ansprüche an das selbstständige Handeln der Kinder. Sie sind aufgefordert, ihren Lebensalltag zu planen, zu organisieren und vor allem zu koordinieren. Gerade in diesem Punkt wird eine Annäherung der Kinder- an die Erwachsenenwelt deutlich (vgl. Mierendorff/Olk 2002). Um die gewählten Angebote in Anspruch nehmen zu können, müssen diese zeitlich aufeinander abgestimmt werden, wodurch es schon im frühen Alter zu einer schrittweisen Verinnerlichung von Zeitnormen kommt, die denen der Erwachsenenwelt ähneln (vgl. Büchner 1990). Ebenso treten Kinder heute durch die zeitigere und häufigere Nutzung von Institutionen immer früher in Kontakt mit bürokratisch organisierten Strukturen (vgl. Rabe-Kleberg 1983), welche in vielfältiger Weise der Arbeitswelt der Erwachsenen ähneln. „Kinder und Erwachsene sind zunehmend ähnlichen Formen und Ausprägungen moderner Zivilisation ausgesetzt" (vgl. Qvortrup 1993, S. 120), so dass die Erfahrungswelten von Kindern und Erwachsenen einander immer näher kommen (vgl. Hengst 1985).

Ein weiterer Ansatz auf gesellschaftstheoretischer Ebene ist der von Pierre Bourdieu (1982), der auch in der Kindheitsforschung aufgegriffen wurde. Bourdieu lenkt mit seinem milieutheoretischen Blick die Aufmerksamkeit auf Fragen der sozialen Ungleichheit in modernen Gesellschaften und weist auf unterschiedliche Positionen der Menschen im sozialen Raum hin. Diese differenten Positionierungen ergeben sich jedoch nicht zufällig, sondern werden laut Bourdieu infolge einer schichtenspezifischen Sozialisation eingenommen, die zur Ausbildung eines bestimmten Habitus führt. Unter dem Habitus versteht Bourdieu die Wahrnehmungs-, Handlungs- und Denkschemata einer Person, die das Ergebnis sozialer Erfahrungen sind und die den spezifischen Lebensstil in Abhängigkeit von der jeweiligen Position im sozialen Raum bestimmen. Damit ist gleichzeitig darauf verwiesen, „dass es in einer Gesellschaft nicht den Habitus gibt, sondern dass in unterschiedlichen Klassen unterschiedliche Wahrnehmungs-, Denk- und Handlungsformen antrainiert werden, wodurch sich Klassen gerade auch in ihrer Unterschiedlichkeit stets reproduzieren" (Joas/Knöbl 2004, S. 534). Abhängig ist die Zugehörigkeit zu bestimmten sozialen Klassen sowie die entsprechenden Lebensstile von dem jeweiligen Kapitalvolumen, über das eine Person verfügt. Dabei spielt nach Bourdieu nicht nur das ökonomische Kapital, also das Verfügen über Geld und Besitz, eine Rolle, sondern er unterscheidet zusätzlich zwischen sozialem und kulturellem Kapital, die Einfluss auf soziale Anerkennung und Teilhabechancen ausüben (vgl. Bourdieu 1992). Unter kulturellem Kapital werden zum einen formale Bildungszertifikate und Bildungstitel sowie Sachgüter (z.B. Kunstwerke oder Literatur) gefasst, über die eine Person verfügt. Zum anderen werden darunter auch kulturelle Wertorientierungen, Einstellungen und Kompetenzen verstanden, die die Grundlage für die kulturelle Teilhabe bilden. Soziales Kapital stellen demgegenüber die sozialen Beziehungen dar, in die eine Person eingebunden ist und die sich in Stil und Intensität der Kommunikation unterscheiden. Für die Kindheitsforschung bedeutet dies, dass der Blick stärker auf die sozialen Unterschiede gelenkt werden muss, die sich aus der Eingebundenheit in bestimmte soziale Milieus ergeben. Die Lebenslagen und Aufwachsbedingungen von Kindern werden fundamental auch von der sozialen Lage der Herkunftsfamilie, also dem Einkommen, der Bildung oder auch der Eingebundenheit in soziale Netzwerke bestimmt, die Handlungs-, Wahrnehmungs- und Denkweisen determinieren. Damit spielt die soziale Herkunft der Kinder eine wichtige Rolle für die Spielräume, der Entfaltung von Handlungsmöglichkeiten sowie die Teilhabechancen an ökonomischem, kulturellem und sozialem Kapital (vgl. Grunert 2005).

Insbesondere in den noch seltenen Untersuchungen, die sich aus bildungstheoretischer Perspektive mit Kindern beschäftigen, wird vor diesem Hintergrund der Frage nachgegangen, wie die Zugehörigkeit zu unterschiedlichen Sozialmilieus Bildungschancen einschränkt oder eröffnet. So wird nicht erst seit der PISA-Studie in Deutschland von einem starken Einfluss der Zugehörigkeit zu unterschiedlichen Sozialschichten auf die schulische Laufbahn der Heranwachsenden ausgegangen. Bereits Bourdieu und Passeron haben in den 1960er-Jahren die Abhängigkeit des Bildungserfolges von der Zugehörigkeit zu oberen Sozialmilieus betont (Bourdieu/Passeron 1971). Jedoch muss bei der Einschätzung dieses Befundes der Einfluss der Schichtzugehörigkeit differenzierter betrachtet werden. So unterscheidet Boudon (1974) zwischen den primären Effekten der Schichtzugehörigkeit, die in der Qualität der familialen Sozialisationsleistungen begründet liegen. Defizite können dabei eventuell durch die Bildungsinstitutionen aufgefangen werden. Demgegenüber ergeben sich die sekundären Effekte der Schichtzugehörigkeit aus der Wertschätzung der Bildungsabschlüsse, die immer relativ zum sozialen Herkunftsmilieu erfolgt (vgl. auch Diefenbach 2000). Bildungsaspiration und Bildungsmotivation sind daher immer auch vor dem Hintergrund milieubezogener Entscheidungsstrukturen zu betrachten. In Bezug auf die bildungsrelevanten familialen Leistungen sehen Brake und Büchner es als Forschungsaufgabe an, „neben dem Was des intergenerationalen Kulturtransfers als Gegenstand der familialen Bildungsforschung ... zu klären, in welcher Weise (inkorporiertes) kulturelles Kapital in verschiedenen Familienkulturen weitergegeben und angeeignet wird" (2003, S. 622). Somit wird die Aufmerksamkeit in der Kindheitsforschung nicht nur auf die Aneignung kulturellen Kapitals in institutionalisierten Bildungseinrichtungen gelenkt, sondern richtet sich zunehmend auch auf außerschulische Bildungsprozesse (vgl. Grunert 2005). Dabei spielen neben der Familie auch die Gleichaltrigen eine wichtige Rolle, da davon ausgegangen wird, dass durch den Umgang mit Gleichaltrigen ‚Peerkapital' erworben wird, das heute zunehmend biographische und gesellschaftliche Relevanz erhält (vgl. Bois-Reymond 2000).

d) *Biographietheoretische Perspektive*

Im Zentrum der biographietheoretischen Perspektive steht die Analyse von Kindheit als Teil des Lebenslaufes und der Versuch, die biographischen Wege des Erwachsenwerdens zu rekonstruieren. Hier geht es also darum, den Wandel von Kindheit biographieanalytisch zu untersuchen, die subjektiven, biographisch geformten Erfahrungen und Werte von typischen Kindheiten herauszuarbeiten. Ähnlich wie die sozialisations- und entwicklungspsychologischen Ansätze begreift auch das biographietheoretische Konzept Kinder als aktive Subjekte ihrer Realitätsverarbeitung und Lerntätigkeit. Darüber hinaus wird versucht, biographieanalytische Perspektiven mit modernisierungstheoretischen Ansätzen zu verknüpfen, um den Wandel von Kinderbiographien vor dem Hintergrund der Chancen und Risiken von Modernisierungs- und Individualisierungsprozessen verorten zu können (vgl. Krüger/ Ecarius/Grunert 1994, S. 221; Zinnecker 1990, S. 31).

In biographie- und lebenslauftheoretischen Diskussionen um eine Individualisierung und Biographisierung des Lebenslaufs (vgl. Fuchs 1983; Fuchs-Heinritz/Krüger 1991; Heitmeyer/Olk 1990) sind auch Thesen darüber formuliert worden, wie sich diese Entwicklungstendenzen auf die Kindheit und auf die Statuspassage Kindheit-Jugend auswirken. Dabei wird vor allem auf eine frühe Verselbstständigung der Heranwachsenden und eine Beschleunigung des Übergangs von der Kindheit in die Jugendphase hingewiesen (vgl. Büchner 1990; Zinnecker 1990).

Forciert durch einen veränderten Umgang zwischen Kindern und ihren Eltern, der durch ein hohes Maß an Liberalität und Informalität gekennzeichnet und auf die Selbständigkeit der Kinder gerichtet ist, werden im Kinderalltag zunehmend Fremdzwänge durch Selbstzwänge abgelöst. Durch den Verzicht auf permanente Fremdkontrollen wird den Kindern ein höheres Maß an verinnerlichten Selbstkontrollen abverlangt. Kinder sind dadurch einerseits zeitiger dazu gezwungen, sich an der Gestaltung ihres eigenen Lebenslaufs zu beteiligen und ihren Werdegang mitzubestimmen. Andererseits erlernen sie so schon früh die Fähigkeit, über sich selbst und ihr zukünftiges Leben zu reflektieren (Zinnecker 1990). Fuchs (1983) spricht dabei von einer frühen Biographisierung des Lebenslaufs. Aus dieser Perspektive wird die These vertreten, dass sich der Statusübergang von der Kindheit in die Jugendphase heute beschleunigt hat, biographische Fixpunkte sich verschoben haben und in einem früheren Alter erreicht werden (Büchner 1990, Qvortrup 1993, Zinnecker 1990).

In unserer eigenen biographischen Studie (Krüger/Ecarius/Grunert 1994; siehe Punkt 5.4) wurde deutlich, dass sich diese Entwicklungsprozesse nicht bei allen Kindern einheitlich und in gleicher Ausprägung vollziehen. Vielmehr verweist die Untersuchung auf sehr unterschiedliche Muster heutiger Kinderbiographien, die zwischen den Polen eines frühen und eines traditionalen Übergangs in die Jugendphase eine Vielzahl weiterer biographischer Übergangsvarianten aufweisen, in denen sich einzelne Aspekte dieser Entwicklungstendenzen wiederfinden.

Die Untersuchung ergab damit ein breites Spektrum von kindlichen Biographieverläufen, das einerseits deutlich macht, dass heute, ähnlich wie es im

Bereich der Jugendforschung seit den 1980er-Jahren betont wird (vgl. Lenz 1988; Heitmeyer/Olk 1990; Ferchhoff/Dewe 1991), nicht mehr von *der* Kindheit die Rede sein kann. Andererseits weist dies auf eine, aus der Perspektive der Modernisierungstheorie, historische Gleichzeitigkeit von Ungleichzeitigkeiten hin, da in unserer Untersuchung sowohl eine hochmodernisierte Variante (individualisierte Verselbständigung), eine moderne Variante (moderne Verselbständigung), eine teilmodernisierte Variante (partielle Verselbständigung) als auch eine traditionelle Variante (traditionale Verselbständigung) von kindlichen Biographieverläufen aufgefunden werden konnten. Dabei ist ein beschleunigter (hochmodernisierter) Weg in die Jugendphase in unserer Studie, ganz entgegen den Diskussionen um eine frühe Biographisierung der Kindheit, eher eine Ausnahme. Vielmehr dominieren im Spektrum der biographischen Verlaufsmuster die kindlichen Biographien, also eher traditionelle Varianten von Kinderbiographien.

So sinnvoll somit eine Differenzierung in unterschiedliche theoretische Sichtweisen auf Kindheit ist, um die verschiedenen Annäherungen an die Welt der Kinder systematisch sortieren zu können (vgl. Heinzel 1997, S. 397) – einen ähnlichen Versuch unternehmen auch Honig, Leu und Nissen (1996, S. 20) – indem sie zwischen einer subjekt- und lebensweltorientierten und einer sozialstrukturell orientierten Kindheitsforschung unterscheiden, so wird es für die zukünftige Kindheitsforschung jedoch gerade darauf ankommen, solche vermeintlichen Trennungen in eine akteursbezogene und eine strukturbezogene Kindheitsforschung zu überwinden. Notwendig auch für eine biographisch orientierte Kindheitsforschung ist vielmehr die Entwicklung eines komplexen Theoriedesigns, das biographietheoretische, sozialökologische und gesellschaftstheoretische Ansätze mit dem Ziel miteinander verzahnt, die Prozesse kindlicher Biographieentwicklung im Kontext ökologischer und sozialer Lebensbedingungen analytisch fassen zu können. Dabei gilt es eine Binnenperspektive, das heißt wie die Kinder selbst ihr Leben und ihren Alltag sehen, und eine Außenperspektive, die den Blick auf die meso- und makrosozialen Strukturbedingungen kindlicher Lebensläufe und Lebenswelten richtet, miteinander zu verbinden. Erst Binnen- und Außenperspektive zusammen, sich wechselseitig ergänzend und korrigierend, können ein komplexes Bild von aktuellen kindlichen Biographieverläufen und von deren Bedingungsfaktoren ergeben (vgl. du Bois-Reymond u.a./Krüger u.a. 1994; Zeiher 1996).

3.2 Forschungsschwerpunkte

Während sich in den 1980er-Jahren eine sozialwissenschaftlich und empirisch orientierte Kindheitsforschung immer mehr etablierte, konzentrierten sich in dieser Zeit die Untersuchungen überwiegend auf umfassendere Frage-

34

stellungen, wie die Wandlungen in der kindlichen Lebenswelt, insbesondere seit der Nachkriegszeit (vgl. Preuss-Lausitz u.a. 1983; Fend 1988; Rolff/Zimmermann 1985). Die Veränderungen in der Lebensphase Kindheit werden hier im Zusammenhang mit gesellschaftlichen Entwicklungstendenzen betrachtet und vor allem unter generationenvergleichender Perspektive analysiert. Ausgehend von diesen Ergebnissen, die Modernisierungstendenzen (vgl. Beck 1986) auch für die Kindheit diagnostizieren, lässt sich mit Beginn der 1990er-Jahre ein Perspektivenwechsel in der empirischen Kindheitsforschung erkennen, der sich in einer Hinwendung zu detaillierteren und fallbezogenen Analysen ausdrückt (vgl. Fölling-Albers 1995). Ausschlaggebend hierfür war nicht zuletzt die Einsicht, dass sich die herausgearbeiteten globaleren Entwicklungsprozesse nicht bei allen Kindern einheitlich und in gleicher Ausprägung vollziehen. Durch diese stärkere Betonung fallbezogener Untersuchungen werden in der empirischen Kindheitsforschung zunehmend auch Methoden der qualitativen Forschung für die Analyse des Alltags und der Kultur der Kinder genutzt. Qualitativ orientierte Kindheitsforschung richtet ihr Augenmerk vor allem auf verschiedene Aspekte des alltäglichen Lebens von Kindern und ihrer Kultur.

Die zentralen Forschungsschwerpunkte der qualitativen und der quantitativen Kindheitsforschung gruppieren sich gegenwärtig um fünf größere Bereiche:

a) Kindliche Biographieverläufe

Vor allem vor dem Hintergrund der Diskurse um eine gesellschaftliche Modernisierung fragen Studien, die sich Kindern aus einer biographischen Perspektive nähern, nach den Konsequenzen dieser Entwicklungstendenzen für die kindliche Biographie. Dabei wird zum einen versucht, den Wandel von Kindheit im 20. Jahrhundert näher zu beschreiben und längerfristige Veränderungsprozesse herauszuarbeiten (vgl. Behnken u.a. 1991). Gefragt wird danach, ob und wie sich etwa die proklamierte „Pädagogisierung", „Verhäuslichung" oder „Individualisierung" des Kinderalltags niederschlagen und wie die Akteure selbst mit den veränderten Lebensbedingungen umgehen (vgl. Pasquale/Behnken/Zinnecker 1995). Zum anderen beschäftigt sich etwa die Studie von Krüger/Ecarius/Grunert (1994) mit den verschiedenen Facetten modernen Kinderlebens und fragt nach den Auswirkungen gesellschaftlicher Modernisierung auf den Übergang in die Jugendphase. Deutlich wird hier eine, aus der Perspektive der Modernisierungstheorie, historische Gleichzeitigkeit von Ungleichzeitigkeiten, da verschiedene Varianten modernen Kinderlebens aufgefunden werden konnten, die sich durch unterschiedliche Grade an Modernität auszeichnen. Dabei ist ein beschleunigter Weg in die Jugendphase, ganz entgegen der Diskussion um eine frühe Biographisierung von Kindheit (vgl. Büchner 1990; Kötters 2000) eher die Ausnahme. Jedoch werden auch in Kinderbiographien bereits die Schattenseiten gesellschaftlicher Modernisierung deutlich, indem sich vor dem Hintergrund einer frühen Verselbständigung und einer prekären Ausbildungs- und Arbeitsmarktsituation schon im frühen Alter Risikobiographien abzeichnen können (vgl. Ecarius/Grunert 1996, 1998).

b)   Kindheit und Familie

Kindheit ist heute immer noch in erster Linie Familienkindheit. Jedoch haben sich vor dem Hintergrund gesellschaftlicher Individualisierungstendenzen und der Pluralisierung familialer Lebensformen die Bedingungen des Aufwachsens gravierend verändert. Untersuchungen, die sich mit diesen Wandlungstendenzen beschäftigen (vgl. etwa Bois-Reymond 1994, 1998), betrachten vor allem deren Auswirkungen auf familiale Beziehungsmuster. Im Hinblick auf die elterlichen Erziehungsstile kann dies, so die Ergebnisse der qualitativen Studie von du Bois-Reymond (1994) als eine Entwicklung von einem traditionellen Befehlshaushalt zu einem Verhandlungshaushalt nachgezeichnet werden. Anknüpfend an diese theoretischen Überlegungen arbeiteten Büchner/ Fuhs und Krüger (1997) in einer quantitativen Studie heraus, dass in den heutigen Eltern-Kind-Beziehungen in rund zwei Dritteln der Familien eine stärkere Kindzentrierung die elterlichen Erziehungsstrategien kennzeichnet. Dabei beeinflusst die soziale Herkunft jedoch die Qualität der Eltern-Kind-Beziehungen noch in nachhaltiger Form. Während die Respektierung kindlicher Interessenäußerungen besonders in der hohen sozialen Statusgruppe weit verbreitet ist, ist eine höhere Elternzentriertheit und höhere Aufmerksamkeit für das kindliche Wohlverhalten eher in niedrigen sozialen Statusgruppen verbreitet.

c)   Interaktion in der Gleichaltrigenkultur

Die Perspektive auf Kindheit als eigenständige Lebensphase und kulturelles Muster verweist auch darauf, dass Interaktionen zwischen Kindern nicht als bloße Nachahmungen der Praktiken von Erwachsenen, sondern auch als Ausdruck kinderkultureller Praxis verstanden werden müssen. Dieser Frage nach den Interaktionsprozessen zwischen Gleichaltrigen, deren spezifischen Regeln, Erfordernissen und Funktionen widmet sich qualitative Kindheitsforschung vor allem aus der ethnographischen Perspektive (vgl. etwa Breidenstein/Kelle 1998; Kauke 1995; Krappmann/Oswald 1995). In der Studie von Krappmann und Oswald (1995), die sich insbesondere mit Aushandlungen unter Gleichaltrigen, deren Normverständnis und Sanktionsverhalten beschäftigt, zeigt sich, dass Kinder nicht nur Moralvorstellungen der Erwachsenen übernehmen, sondern selbständig die Normen ihres Zusammenlebens kreieren. Kauke (1995) hat diesbezüglich herausgearbeitet, daß 7- bis 12-jährige „eine Ordnung aus sich heraus erzeugen können, die partnerschaftliche, das heißt gleichrangige bzw. symmetrische Verhältnisse befördert" (ebd., S. 61).

d)   Kindliche Alltagsorganisation

Gesellschaftliche Wandlungstendenzen, wie die zunehmende Urbanisierung und Mobilität, die Ausweitung von Bildungs- und Freizeitangeboten sowie die ansteigende Berufstätigkeit der Mütter verändern auch die kindliche Alltagswelt und damit gleichzeitig das Freizeitverhalten und die Freundschaftsbeziehungen der Kinder. Studien, die sich mit der Art und Weise der kindlichen Alltagsorganisation beschäftigen, fragen vor allem nach diesen Veränderungsprozessen im Kinderalltag (vgl. etwa Büchner/Fuhs 1994; Lange 1996; Zeiher/Zeiher 1994). Das Augenmerk ist vornehmlich auf die späte Kindheitsphase, die 8- bis 12-jährigen, gerichtet, da erst hier eigenständige Aktivitäten in zunehmendem Maße möglich werden. Deutlichster Ausdruck der Veränderungen der kindlichen Alltagswelt ist dabei sicher die enorme Zunahme an Spezialorten für Kinder, wie institutionelle Freizeitangebote, Spiel- oder Sportplätze, die häufig durch Erwachsene (PädagogInnen, TrainerInnen, Eltern) betreut werden. Damit kommt es zu einer Verinselung des kindlichen Lebensraumes (Zeiher 1983) und die Straße als traditioneller Ort kindlicher Sozialisationsprozesse verliert mehr und mehr an Bedeutung. Kindliches Alltagsleben, so wird es etwa in der Untersuchung von Zeiher/Zeiher (1994) deutlich, steht damit heute im Spannungsfeld zwischen institutioneller und individueller Organisation. Büchner und Fuhs (1994) stellen in diesem Zusammenhang fest, dass vor allem bei Kindern aus Elternhäusern, die einen hohen sozialen Status aufweisen, eine deutliche Tendenz zu institutionellen Aktivitäten in Form von Vereinen, Musikschulen etc. festzustellen ist. Eine solche, an mehreren festen Terminen orientierte, kindliche Alltagsorganisation hat gleichzeitig Folgen für den Umgang der Kinder mit Zeit sowie für die Beschaffenheit ihrer Sozialbeziehungen. So erfordert diese Art der Freizeitgestaltung eine vorausschauende Terminplanung und kann eher kurzlebige, meist oberflächliche und ausschnitthafte Gleichaltrigenbeziehungen nach sich ziehen (vgl. Büchner/Fuhs 1994; Zeiher 1995).

e)   Kindheit in pädagogischen Institutionen

In Forschungen zu schulischen Handlungszusammenhängen werden bspw. Lerngewohnheiten und Lernschwierigkeiten, Schüler-Lehrer-Beziehungen und -Interaktionen sowie Denkweisen und Verarbeitungsmuster von SchülerInnen herausgearbeitet. So widmet sich etwa die Untersuchung von Petillon

(1993) zum Sozialleben des Schulanfängers der Frage, wie Erstklässler die neue Situation und die meist fremden MitschülerInnen wahrnehmen und dementsprechend ihr eigenes Handeln gestalten. Dabei kommt Petillon zu dem Schluss, dass am Beginn der Schulzeit Beziehungen und Freundschaften zu den MitschülerInnen von großer Bedeutung sind und im Gegensatz zu der Person des Lehrers oder schulischer Lerninhalte im Mittelpunkt stehen. Ein weiteres Thema in diesem Forschungsbereich sind etwa die Stressmomente von Schule und deren psychosoziale Bewältigung durch die Kinder. Dabei stellt Ziegler (1996) in ihrer Untersuchung fest, dass die Schule im Spektrum der belastungsverursachenden Sozialisationsinstanzen eine Schlüsselrolle einnimmt, da hier in besonderem Maße Stressmomente aufgefunden werden konnten, die sich auch auf andere Lebensbereiche der Kinder auswirken können oder durch diese verursacht werden. So können zu hohe Leistungserwartungen der Eltern Stress hervorrufen und schulisches Leistungsversagen kann wiederum zu Konflikten in der Familie führen.

Während sich die bisher erwähnten Studien vor allem mit dem Sozialleben und den psychosozialen Belastungen von Kindern in der Schule beschäftigen, gibt es eine zweite Gruppe von Untersuchungen, die mit Hilfe von Testverfahren die fachspezifischen Kenntnisse von Grundschulkindern in zentralen schulischen Fächern analysieren. Neben der Münchner Längsschnittstudie SCHOLASTIK (vgl. Weinert/Helmke 1997) ist in diesem Zusammenhang insbesondere die international vergleichend angelegte IGLU-Studie (vgl. Bos u.a. 2004) zu erwähnen, die die Kompetenzen von Grundschulschülern der vierten Klasse im Rechtschreiben, in Mathematik und den Naturwissenschaften untersucht hat. Dabei zeigte sich, dass die Leistungen bezüglich des Lesens sowie die Leistungen in Mathematik bei den deutschen Viertklässlern im internationalen Vergleich weit über dem Durchschnitt liegen und die Streuung der Leistungswerte bei den Leseleistungen in Deutschland insgesamt noch relativ gering ist. Allerdings werden auch 10% der untersuchten Schüler als Risikogruppe klassifiziert. Zu den Schülern, die am Ende der Grundschulzeit weit zurückliegen, gehören insbesondere Kinder aus einkommensschwachen Familien und aus Familien mit Migrationshintergrund (vgl. Bos u.a. 2004).

4 Forschungsmethoden in der Kindheitsforschung

Nachdem im zweiten und dritten Kapitel bereits die Geschichte der Forschungszugänge und -methoden in der Kindheitsforschung angedeutet und
die Forschungsschwerpunkte der Kindheitsforschung skizziert worden sind,
sollen in diesem Abschnitt nun die in der Kindheitsforschung eingesetzten
qualitativen und quantitativen Methoden der Datenerhebung und -
auswertung ausführlich beschrieben werden. Die methodologischen Grundlagen der qualitativen und quantitativen Sozialforschung, auf die sich auch
die Kindheitsforschung bezieht, sollen hingegen einleitend nur knapp skizziert werden (vgl. dazu ausführlich Bortz/Döring 1995; Flick/Kardoff/Stein-
ke 2000; Krüger 2001).

Kennzeichnend für die Forschungslogik quantitativer Sozialforschung ist
ein lineares Verständnis von Forschungsprozessen. Ausgangspunkt ist ein
Modell der für die Fragestellung vermuteten Bedingungen und Zusammenhänge. Dabei wird auf Wissensbestände aus der Literatur oder frühere, empirisch belegte Zusammenhänge zurückgegriffen. Daraus werden Hypothesen
abgeleitet, die in operationalisierter Form an empirischen Zusammenhängen
überprüft werden. Die Auswertung der quantitativen Daten stützt sich auf
statistische Verfahren. Ziel ist die Repräsentativität der gewonnenen Ergebnisse, die etwa durch Zufallsauswahl der untersuchten Subjekte gewährleistet
werden soll. Theorien werden auf diesem Weg geprüft, gegebenenfalls falsi-
fiziert (vgl. Flick 1995, S. 57).

Im Gegensatz dazu folgt qualitative Forschung als entdeckende Form der
Theoriebildung einem Prozessmodell des Forschungsprozesses, bei dem Datenerhebung, Interpretation und die daraus resultierende theoretische Erkenntnis-
findung eng miteinander verzahnt sind und die Suche nach weiteren Fällen
bzw. Daten erst dann als abgeschlossen angesehen wird, wenn eine theoretische
Sättigung über das jeweilige Forschungsfeld erreicht ist (vgl. Strauss/Corbin
1996, S. 159). Entsprechend dem Prinzip der Offenheit, an dem sich die qualitative Forschung orientiert, wird auf die Formulierung von Vorab-Hypothesen
verzichtet. Ausgehend von einer präzise gefassten forschungsleitenden Fragestellung ist das Interesse darauf gerichtet, durch einen möglichst unvoreinge-
nommenen Zugang zum jeweiligen sozialen Feld und unter Berücksichtigung
der Weltsicht der dort Handelnden, Beschreibungen, Rekonstruktionen und
Strukturgeneralisierungen vorzunehmen (vgl. Terhart 1997, S. 28). Solche Ver-
allgemeinerungsversuche orientieren sich nicht am Ziel statistischer Repräsentativität, sondern am Ziel der theoretischen Sättigung, die mittels einer kontrastiven Fallauswahl sowie einer interpretativen Fallkontrastierung erreicht werden soll (vgl. Steinke 1999). Obwohl qualitativ-empirische und quantitativ-
empirische Zugänge auf unterschiedlichen Forschungslogiken basieren, sollten

sie nicht in einem Verhältnis der Konkurrenz, sondern der Ergänzung und Kooperation zueinander gesehen werden.

Ausgehend von dieser Prämisse werden im Folgenden in zwei getrennten Schritten zunächst die Erhebungs- und Auswertungsmethoden in der qualitativen und anschließend in der quantitativen Kindheitsforschung vorgestellt. Abschließend werden verschiedene Möglichkeiten der Triangulation qualitativer und quantitativer Verfahren in der Kindheitsforschung dargestellt und diskutiert. Dabei sollen die verschiedenen methodischen Verfahren jeweils an empirischen Beispielen erläutert und der Schwerpunkt der Darstellung jeweils auf die Diskussion konzeptioneller und methodischer Probleme bei der Anwendung dieser Verfahren im Umgang mit der Altersgruppe der Kinder gelegt werden.

4.1 Methoden der Datenerhebung in der qualitativen Kindheitsforschung

a)   Qualitative Interviews

Während verschiedene Formen qualitativer Interviews vom offenen narrativen Interview bis hin zum thematisch strukturierten Leitfadeninterview inzwischen zum Standard im Methodenrepertoire der Jugendforschung gehören, gestaltet sich der Einsatz qualitativer Interviewtechniken im Bereich der Kindheitsforschung weitaus schwieriger. Zunächst ist es aufgrund der allgemeinen sprachlichen Fähigkeiten wenig sinnvoll, Kinder unter fünf Jahren mittels qualitativer Interviews zu untersuchen. Hingegen erweisen sich z.B. in der Studie von Petillon (1993) 6- bis 8-jährige Kinder durchaus dazu in der Lage, über ihre Lebenssituation zu berichten. Allerdings wurden mit Kindern unter zehn Jahren bisher noch keine narrativen Interviews durchgeführt, da angenommen wird, dass diese aus entwicklungspsychologischen Gründen kaum ihre eigene Biographie als Ganzes erfassen und darstellen können (vgl. Grunert 2002, S. 237). Bei Kindern dieser Altersgruppe werden vielmehr thematisch strukturierte Interviews angewendet, bei denen häufig Hilfsmittel, wie Bildkarten, Fotos oder Handpuppen eingesetzt werden, um Erzählungen anzuregen. Untersuchungen, die ausschließlich auf ein narratives Interview zurückgreifen, sind in der Kindheitsforschung bisher eher selten anzutreffen und werden nur bei älteren Kindern angewendet (vgl. Krüger/Ecarius/Grunert 1994; Behnken u.a. 1991). Außerdem stellen etwa die Frage nach dem Wahrheitsgehalt kindlicher Erzählungen sowie die Generationendifferenz zwischen Kindern und Erwachsenen, die sich in der Erhebungssituation und im Auswertungsprozess niederschlägt, methodische Herausforderungen dar, die bei der Anwendung interviewbasierter Erhebungstechniken berücksichtigt werden müssen (vgl. Fuhs 2000, S. 89).

40

Trotz dieser Schwierigkeiten und Unterschiede zu qualitativen Interviews mit Jugendlichen und Erwachsenen sind im Gefolge der Etablierung der neueren Kindheitsforschung in den vergangenen zwei Jahrzehnten verschiedene Varianten qualitativer Interviews zum Einsatz gekommen. So wurde die offenste Variante des qualitativen Interviews, das narrative Interview, das auf die Hervorlockung einer lebensgeschichtlichen Erzählung abzielt (vgl. Schütze 1983), in der Studie von Krüger/Ecarius/Grunert (1994) erprobt. Erfahrungen aus diesem Projekt zum Wandel der Kinderbiographie machten deutlich, dass zwölfjährige Kinder durchaus dazu in der Lage sind, über ihr bisheriges Leben zu berichten. Eingeleitet wurde das dort durchgeführte narrative Interview mit folgendem Erzählstimulus: „Ich möchte gerne wissen, wie dein bisheriges Leben verlaufen ist. Erinnere dich bitte zurück an die Zeit als du noch ganz klein warst und erzähle doch einmal ausführlich dein Leben von dieser Zeit bis heute. Ich sage jetzt erst einmal gar nichts und höre dir zu." (Krüger/Ecarius/Grunert 1994, S. 230). Damit werden die Kinder darauf hingewiesen, was es bedeutet, eine Lebensgeschichte zu erzählen, nämlich an Vergangenes zurückzudenken und über diese Erinnerungen zu berichten. Im anschließenden narrativen Nachfrageteil wurden Ansätze zur Erzählung, die bis dahin nicht weiter ausgeführt wurden oder unklar geblieben Passagen durch erneute Erzählaufforderungen vom Interviewer aufgegriffen. In einer abschließenden Bilanzierungsphase wurden die befragten Kinder gebeten, ihr bisheriges Leben noch einmal zusammenzufassen und aus ihrer Sicht zu bewerten.

Eine weitere explizit biographisch orientierte Interviewtechnik ist die Methode des Tiefeninterviews, die im Rahmen der psychoanalytischen Pädagogik benutzt wird. Den Kindern werden ihrem Entwicklungsstand angemessene Anregungen für die Entfaltung ihrer Phantasietätigkeit gegeben. In der Untersuchung von Leuzinger-Bohleber und Garlichs (1993) waren dies eine Traumreise, Zeichnungen der Kinder, ihre Assoziationen zu den Zeichnungen sowie Fragen, die in den Assoziationsfluss an passender Stelle eingebracht wurden. Das Tiefeninterview zielt darauf ab, unbewusste Szenen, Konflikte und Ängste der Kinder zum Thema zu machen.

Neben dem narrativen Interview und dem Tiefeninterview werden in der qualitativen Kindheitsforschung verschiedene Varianten teilstandardisierter Interviews eingesetzt. In fokussierten Interviews (z.B. subjektive Landkarte, Tagesablaufinterview, Fotointerview) werden assoziative Stellungnahmen zu vorab festgelegten Gesprächsgegenständen angeregt. Das Verfahren der narrativen Landkarte, das im Rahmen des Projektes „Modernisierung von Kindheit" (vgl. Lutz/Behnken/Zinnecker 1997) entwickelt wurde, besteht aus einer Kombination von Zeichnung und biographischem Interview (narratives und Leitfadeninterview). Die untersuchten zehnjährigen Kinder wurden aufgefordert, ihren alltäglichen Handlungsraum des Wohnumfeldes zeichnerisch und erzählend darzustellen und durch Erläuterungen zu kommentieren. Zeiher und Zeiher (1994, S. 209) konzipierten in ihrer Studie zu Orten und Zeiten der Kinder die Methode der Tagesverlaufsanalyse, bei der die etwa zehnjährigen Kinder zunächst Protokolle über ihren Tagesablauf schreiben mussten, anhand derer anschließend fokussierte Interviews zur Tätigkeitsfolge, zum Zustandekommen, zum Inhalt und zu den Partnern der jeweiligen Handlung mit den Kindern durchgeführt wurden. Beim biographischen Fotointerview bilden Fotos aus dem privaten Fotoalbum der Kinder Anreize für eine Erzählung über lebensgeschichtliche Ereignisse und lebensweltliche Erfahrungen (vgl. Fuhs 1997, S. 281).

Eine andere Variante des fokussierten Interviews stellt das ethnographische Interview dar. Bei dieser Form des Interviews werden die Kinder auf während der teilnehmenden Beobachtung erhobene interessante Interaktionsszenen angesprochen und um erklärende Hinweise gebeten. Ziel ist es dabei herauszufinden, welche Konzepte die Kinder von ihrer Kinderkultur entwickkeln und wie sie darüber sprechen (vgl. Breidenstein/Kelle 1998, S. 33). Ein in der sozial- und entwicklungspsychologisch orientierten Kindheitsforschung häufig eingesetztes Erhebungsinstrument ist das Struktur- und Dilemmatainterview. In Weiterentwicklung der Arbeiten von Piaget und Kohlberg werden hier moralische Dilemmatasituationen den Kindern zur Lösung mit dem Ziel vorgegeben, unterschiedliche Stufen der moralischen Urteilsfähigkeit und der Fähigkeit zur sozialen Perspektivenübernahme zu erfassen (vgl. Valtin 1991; Krappmann/Oswald 1995).

b) Gruppendiskussion

Die Methode der Gruppendiskussion, die im deutschsprachigen Raum seit den Untersuchungen des Frankfurter Instituts für Sozialforschung (vgl. Pollak 1955) als mögliches Datenerhebungsverfahren diskutiert wird und für die die Offenheit der Gesprächssituation ein grundlegendes Prinzip ist, erfreut sich in den letzten Jahren nicht nur in der Jugendforschung, sondern auch in der Medien- oder Migrationsforschung großen Interesses (vgl. Bohnsack 2003a). Im Gegensatz dazu werden Gruppendiskussionen im Bereich der Kindheitsforschung bislang kaum genutzt. Bedenken gegenüber der Anwendung dieses Verfahrens bei Kindern richten sich vor allem auf kommunikative Schwierigkeiten, die z.B. in einer fehlenden Diskussionskultur der Kinder, einer eingeschränkten Verbalisierungsfähigkeit sowie in Sprachhemmungen von Kindern in Gruppensituationen gesehen werden (vgl. Richter 1997, S. 75).

Heinzel (2000, S. 117) weist demgegenüber gerade auf die Potenziale dieses Verfahrens für die Kindheitsforschung hin. Die Gruppendiskussion erscheint ihr besonders geeignet, um die Ansichten von Kindern zu erfassen, weil Kinder in dieser Forschungskonstellation zahlenmäßig überwiegen und zumindest die Mehrheitsverhältnisse in der Erhebungssituation der generationenbedingten Dominanz der Erwachsenen entgegenstehen. In einer eigenen Studie, in der sie 23 Kreisgespräche in Grundschulen untersucht hat, zeigt sie auf, dass es eine Gesprächs- und Diskussionskultur bei Grundschulkindern gibt, die wichtige Anknüpfungspunkte für die Kindheitsforschung bietet (vgl. Heinzel 2003). Eigene Gruppendiskussionen mit Kindern im Alter zwischen vier und neun Jahren hat hingegen Nentwig-Gesemann (2002) in einer qualitativen Studie durchgeführt, bei der der Umgang von Kindern mit dem Pokémon-Spiel im Mittelpunkt stand. Dabei zeigte sich in der empirischen Forschungspraxis, dass die Kinder erst dann zu einer selbstläufigen Gruppendiskussion über ihre kollektive Handlungspraxis des Spielens in der Lage waren, wenn der Gruppendiskussion eine Spielphase mit den von den Kindern mitgebrachten Pokémon-Karten vorangegangen war.

c)   *Teilnehmende Beobachtung*

Die teilnehmende Beobachtung findet sich in der Kindheitsforschung kaum als alleinstehendes Verfahren, sondern wird in der Kombination mit anderen Methoden verwendet. Verfolgt man den Diskussionsverlauf um eine Methodologie teilnehmender Beobachtung, so scheint ein solches Vorgehen nur stringent, da teilnehmende Beobachtung heute in einem weiter gefassten Sinne als eine flexible methodenplurale kontextbezogene Strategie verstanden wird, die unterschiedliche Verfahren beinhalten kann (vgl. Lüders 2000, S. 389). Für ein solches Vorgehen, das seine Methoden den Gegebenheiten des Feldes unterordnet, hat sich der Begriff der Ethnographie durchgesetzt.

Da der Einsatz des Verfahrens der teilnehmenden Beobachtung nicht von der Sprachkompetenz der untersuchten Kinder abhängig ist, kommt es kombiniert mit anderen Methoden sowohl in der Kleinkindforschung (vgl. Huhn u.a. 2000) als auch in der Forschung zu Kindern im Schulalter zur Anwendung. Interessante ethnographische Studien zu Kindern im Grundschulalter haben zum einen Kelle und Breidenstein (1998) vorgelegt, die sich auf der Basis von teilnehmenden Beobachtungen und ethnographischen Interviews mit der Frage nach der Praxis der Geschlechterunterscheidung innerhalb der Gleichaltrigenkultur beschäftigt haben. Wegweisend für die ethnographische Kindheitsforschung war zum anderen die Studie von Krappmann und Oswald (1995), die mit Hilfe teilnehmender Beobachtung und offenen Befragungen von Kindern und Eltern die Interaktionen und Sozialbeziehungen von Kindern in der Grundschule untersucht haben.

Versteht sich der Beobachter als Teilnehmer, so ergibt sich vor allem für Untersuchungen in Schulklassen das Problem, in welcher Rolle er von den Kindern wahrgenommen wird. Ist er eine neutrale Person oder ist er, da er ein Erwachsener ist, doch eher so etwas wie ein Lehrer? Diese Frage nach der Rolle der Forscher in der Perspektive von Kindern wurde bisher kaum methodisch reflektiert. Zudem stellt sich für ethnographische Studien generell die Frage, welcher Art die von den Forschern produzierten Daten, etwa Beobachtungsprotokolle, eigentlich sind. Dieser grundlegende methodologische Vorbehalt verweist darauf, dass die Daten zur beobachteten Handlungspraxis der unhintergehbaren und nicht kontrollierbaren Selektivität der Wahrnehmung des Forschers unterworfen sind (vgl. Grunert 2002, S. 239). Um diesem Problem der zirkulären Verschlingung von Datenerhebung und -auswertung zu begegnen, wurden in einigen Projekten die verbalen Interaktionen der Kinder auf Tonband aufgezeichnet (vgl. etwa Krappmann/Oswald 1995, S. 33). Neuerdings werden zudem in einigen Untersuchungen darüber hinausgehend die Beobachtungssituationen mittels Videotechnik erfasst, um auch die nonverbalen Verhaltensweisen von Kindern im Bild festhalten zu können (vgl. Huhn u.a. 2000; Wagner-Willi 2004).

d)   Nichtreaktive qualitative Verfahren

Nichtreaktive Verfahren sind solche, bei denen der Forscher nicht Teilhaber oder Akteur in sozialen Situationen zum Zwecke der Materialerhebung ist, sondern mit Material arbeitet, das er bereits vorfindet. In der inzwischen schon klassischen Publikation von Webb, Campbell, Schwartz und Sechrest (1966) zu nichtreaktiven Verfahren werden eine Fülle von Forschungsmöglichkeiten zu bereits vorliegenden Materialien vorgestellt, z.B. die Analyse von Spuren etwa in Gestalt von Graffitis oder die Inhaltsanalyse von Dokumenten. In der Kindheitsforschung haben Selbstzeugnisse von Kindern, wie etwa Aufsätze und autobiographische Materialien eine lange Tradition. Ihre Blütezeit erlebten diese Materialarten in den 1920er-Jahren des vorigen Jahrhunderts. So wertete etwa der Nohl-Schüler Busemann (1926) 4.000 autobiographische Aufsätze von Kindern und Jugendlichen mit dem Ziel aus, die entwicklungspsychologischen Aspekte und milieuspezifischen Einflussfaktoren beim biographischen Übergang von der Kindheit in die Jugend zu untersuchen. Auch im Wiener Institut zur Kindheits- und Jugendforschung von Karl und Charlotte Bühler nahm die Sammlung von Aufsätzen und Tagebüchern von Kindern einen zentralen Platz ein (vgl. Grunert/Krüger 1999, S. 210).

In der aktuellen Kindheitsforschung spielen Aufsätze bisher eine eher geringe Rolle. Jedoch werden zunehmend die Potentiale betont, die Erlebnisaufsätze bzw. freie Texte von Kindern beinhalten (vgl. Kohl 2000; Heinritz 2001). So hat etwa Röhner (2000, S. 208) rund 1.000 freie Texte von Kindern am Schulanfang gesammelt und ausgewertet. Dabei konnte sie aufzeigen, dass die Themen Kinderfreundschaften, Erlebnisse und Aktivitäten mit den Eltern, Erfahrungen mit Tieren und der Natur sowie die Auseinandersetzung mit dem eigenen Körper die wichtigsten der in diesen Aufsätzen dargestellten Themenbereiche sind. Als Selbstzeugnisse von Kindern bieten solche Aufsätze somit einen Zugang zur Erlebnis-, Erfahrungs- und Gedankenwelt von Kindern und stellen aufgrund ihrer großen Unmittelbarkeit und Nähe zum kindlichen Erleben geeignete Quellen für deren Erforschung dar.

Eine andere Art von Selbstzeugnissen sind Kinderzeichnungen, die jedoch in der qualitativen Kindheitsforschung bislang nur wenig Beachtung finden. Eine Ausnahme stellt in dieser Hinsicht die qualitative Studie von Mollenhauer (1997) dar, der insgesamt rund 50 Kinder aus dem Kontext von Heimen und therapeutischen Einrichtungen bzw. von fünften und sechsten Klassen der niedersächsischen Orientierungsstufe u.a. zu bildnerischen Tätigkeiten aufforderte, um auf der Basis dieses Materials die verschiedenen Dimensionen der ästhetischen Erfahrung und Bildung bei Kindern herausarbeiten zu können.

4.2 Methoden der Datenauswertung in der qualitativen Kindheitsforschung

Das breite Spektrum an Auswertungsmethoden, das in der qualitativen Sozialforschung in den vergangenen zwei Jahrzehnten entwickelt wurde (vgl. im Überblick Flick/Kardoff/Steinke 2000; Krüger 2001), ist inzwischen auch in der qualitativen Kindheitsforschung rezipiert worden. Dabei werden in diesem Forschungsfeld jedoch oft verschiedene Auswertungsverfahren miteinander verknüpft (vgl. dazu Abschnitt 4.5), während elaborierte Auswertungsstrategien in ‚Reinform' eher seltener angewendet werden.

a)   Biographieanalyse

Dies gilt auch für das von Schütze (1983) entwickelte Verfahren zur Herausarbeitung biographischer Prozessstrukturen, das sich vornehmlich auf die Analyse narrativer Interviews bezieht. Einer solchen Biographieanalyse geht es in erster Linie um die Erschließung individueller Wandlungsprozesse anhand der Rekonstruktion narrativer Strukturen. Deshalb wird bei diesem Verfahren nach einer formalen Textanalyse narrativer Interviews und einer strukturellen Beschreibung der in den einzelnen Erzählsegmenten angesprochenen thematischen Kreise in einem weiteren Arbeitsschritt eine analytische Abstraktion vorgenommen, die die lebensgeschichtliche Abfolge der in der Biographie dominanten Prozessstrukturen in einer biographischen Gesamtformung verdichtet. Erst im Anschluss an diese Rekonstruktion von Verlaufsmustern werden die anderen nicht-narrativen Bestandteile des Interviews in der Auswertung berücksichtigt. Schließlich werden die auf diesem Wege entstandenen Fallanalysen kontrastierend miteinander verglichen. Ziel ist es dabei nicht primär, die subjektiven Deutungen des Erzählers über sein Leben herauszuarbeiten, sondern den Zusammenhang faktischer Prozessstrukturen innerhalb der Lebensgeschichte zu rekonstruieren (vgl. Schütze 1983, S. 284).

In der Kindheitsforschung ist dieses Auswertungsverfahren bislang nur in der von Krüger, Ecarius und Grunert (1994) durchgeführten biographischen Studie zur Analyse narrativer Interviews mit zwölfjährigen Kindern angewendet worden. Als Basis für die Auswertung wurden zunächst die rund 30 erhobenen narrativen Interviews vollständig verschriftlicht. Begonnen wurde die Auswertung dann mit der genaueren Betrachtung der Interaktionssituation zwischen Interviewern und Interviewten. Dabei wurde insbesondere darauf geachtet, ob der Erzählstimulus vom Interviewer genau und verständlich formuliert wurde und ob dadurch bei den Befragten eine lebensgeschichtliche Erzählung in Gang gesetzt wurde. Aufgrund der oft sehr kurzen Erzählungen der Kinder wurden bei der anschließenden strukturellen Beschreibung der Ersterzählung die verschiedenen Erzählformen wie Narrationen, Beschreibungen und Argumentationen zwar berücksichtigt, sie wurden jedoch nicht formal getrennt. An die Interpretation der Ersterzählung und der Nachfrageteile schloss sich eine Auswertung der Bilanzierungsfrage an. Dabei war es von besonderem Interesse, wie die Kinder ihr Leben bewerten und inwieweit diese Einschätzung mit der vorher erzählten Lebensgeschichte in Einklang steht. Im Weiteren wurde für jeden Einzelfall eine biographische Gesamtformung, das heißt die lebensgeschichtliche Abfolge der dominanten Ereignisse herausgearbeitet und der individuelle biographische Ablauf dargestellt. Durch kontrastive Vergleiche dieser aus der Interpretation gewonnenen biographischen Handlungsmuster wurde in einem letzten Schritt versucht, eine Typologie bzw. ein theoretisches Modell zu entwickeln, anhand dessen das Spektrum an unterschiedlichen Wegen von der Kindheit in die Jugendphase aufgezeigt werden kann (vgl. Krüger/Grunert 2001, S. 141).

b) Dokumentarische Methode

Ein zweites in der qualitativen Forschung inzwischen sehr etabliertes Auswertungsverfahren ist das von Bohnsack (2003a) in Weiterführung der wissenssoziologischen Arbeiten von Karl Mannheim entwickelte Konzept der Dokumentarischen Methode, das inzwischen in der Jugendforschung breit, in der Kindheitsforschung bisher nur punktuell rezipiert worden ist. Ursprünglich hat Bohnsack dieses Verfahren zur Auswertung von Gruppendiskussionen entwickelt, da es sich in besonderer Weise für die Herausarbeitung kollektiver Erfahrungsräume und kollektiver Orientierungen eignet. Inzwischen ist die Dokumentarische Methode auch für die Analyse von biographischen Interviews und insbesondere für die Auswertung von Fotos und Videofilmen weiterentwickelt worden (vgl. Bohnsack 2003b; Wagner-Willi 2004).

Das Auswertungskonzept der Dokumentarischen Interpretation basiert auf drei Schritten der Interpretation. In einer ersten Stufe, die Formulierende Interpretation genannt wird, geht es darum, die Themen und Unterthemen eines Textes herauszuarbeiten. In einer zweiten Stufe, der so genannten Reflektierenden Interpretation, geht es um die Rekonstruktion eines Orientierungsmusters bzw. Orientierungsrahmens. Ihr Grundgerüst ist die Rekonstruktion der Formalstruktur eines Textes jenseits der thematischen Struktur. Im Fall der Gruppendiskussion bedeutet dies die Rekonstruktion der Diskursorganisation, das heißt der Art und Weise, wie die Beteiligten aufeinander Bezug nehmen. Gerade in Passagen, wo die Diskussion dramatische Höhepunkte erreicht und sich durch eine besondere metaphorische Dichte auszeichnet, kommen kollektive Orientierungsmuster besonders deutlich zum Ausdruck (vgl. Bohnsack 2003a, S. 67). In einem dritten Schritt der Interpretation wird auf der Grundlage von Gemeinsamkeiten der Fälle und vor dem Hintergrund eines kontrastiven Vergleichs eine Typik entwickelt. Bezogen auf die Auswertung von Gruppendiskussionen unterscheidet Bohnsack (1991, S. 56) zwischen einer Entwicklungstypik, einer Bildungsmilieutypik, einer Geschlechtstypik, einer Generationstypik und einer Typik sozialräumlicher Milieus.

Im Bereich der Kindheitsforschung ist das Auswertungskonzept der Dokumentarischen Methode von Nentwig-Gesemann (2002) zur Analyse von Gruppendiskussionen von Kindern über das Pokémon-Spiel angewendet worden. Ergebnis der reflektierenden Interpretationen dieser Gruppendiskussionen ist, dass in den Gesprächen der Kinder über das Spiel sich auch fokussierende Passagen finden lassen, die jedoch durch ein Spezifikum gekennzeichnet sind: nämlich durch den Wechsel vom Reden über das Spielen mit Pokémon in eine engagierte und differenzierte Ausübung der Spielpraxis. Diese habitualisierte Handlungspraxis des Spielens, die auf konjunktiven Erfahrungen basiert, charakterisiert Nentwig-Gesemann (2002, S. 54) als Fokussierungsakte. Außerdem zeigt sie auf, dass die Kinder beim Spielen mit Pokémon-Karten nicht nur dem vorgegebenen kodifizierten Regelwerk folgen, sondern in ihrer kollektiven Handlungspraxis selbst konjunktive Regeln entwickeln, die sich an den selbst definierten Normen der Gruppe oder an tradierten Regeln der Kinderkultur orientieren.

Wagner-Willi (2004) hat im Rahmen der Kindheitsforschung die Methode der dokumentarischen Interpretation aufgegriffen und zur Dokumentarischen Videointerpretation weiterentwickelt, um damit videographisches Material auswerten zu können, das im Rahmen eines Projektes zur Analyse des rituellen Übergangs von Grundschulkindern von der Hofpause in den Unterricht erhoben wurde. Für die Videographie der Übergangssituation in drei Grundschulklassen wurde ein fixer Standort gewählt, um nicht auf die methodisch kaum kontrollierbaren spontanen Ad-hoc-Entscheidungen eines Wechsels des Kamerafocus' zurückgeworfen zu sein. Mit Bezug auf das Erkenntnisinteresse hinsichtlich der Untersuchung der Schwellensituation wurde die Kamera so positioniert, dass neben einem breiten Raumausschnitt auch der räumliche Schwellenbereich, die Tür, mit in den Blick kam. Bei der Auswertung des videographischen Materials wurde auf der Ebene der formu-

lierenden Interpretation zunächst eine thematische Gliederung der interessie-
renden Videopassagen vorgenommen und anschließend die Gebärden und In-
teraktionselemente der zentralen sozialen Handlungsabläufe im Sinne Pa-
nofskys (1997) vorikonographischer Beschreibung nachgezeichnet. Im Zentrum der reflektierenden Interpretation stand dann die Analyse der Formalstruktur der Interaktionsorganisation, bei der sowohl die sprachliche Ebene
als auch die körperliche, materielle und territoriale Dimension mit berücksichtigt wurde. Durch eine komparative Analyse nach dem Prinzip des Kon-
trasts in der Gemeinsamkeit konnten sowohl Homologien als auch Kontraste
ritueller Praxis herausgearbeitet werden (vgl. Wagner-Willi 2004, S. 61-64).

c)   *Psychoanalytische Textinterpretation und Objektive*
     Hermeneutik

Zwei weitere in der qualitativen Forschung wichtige Auswertungsverfahren
sind die psychoanalytische Textinterpretation (vgl. König 2000) und die Objektive Hermeneutik (vgl. Reichertz 2000), denen gemeinsam ist, dass sie
solche Strukturen zu dechiffrieren versuchen, die sich unabhängig vom Wissen und Wollen der Handelnden als generative Muster durchsetzen. Das
Konzept der psychoanalytischen Textinterpretation ist im Zuge der Weiterentwicklung der Psychoanalyse zu einer kritischen Sozialwissenschaft von
Lorenzer (1972) theoretisch begründet und von Leithäuser/Volmerg (1988)
und König (2000) weiterentwickelt worden. Das tiefenhermeneutische Verstehen zielt darauf ab, in den Sprachfiguren eines Textes unbewusste Über-
tragungsbeziehungen und Szenen zu entschlüsseln.
     In der Kindheitsforschung ist das Konzept einer psychoanalytischen
Textinterpretation vor allem von Leuzinger-Bohleber und Garlichs (1997)
angewendet worden. Auf der Basis von Tiefeninterviews mit Grundschulkindern, in denen diese die in Bildern vorab gemalten Zukunftsphantasien genauer erläutern sollten, untersuchten sie die Zukunftshoffnungen und -ängste
bei Kindern in Ost- und Westdeutschland. Dabei versuchten sie hinter den in
den Bildern und Interviews dargestellten manifesten Phänomenen Sinnstruk-
turen und Bedeutungen aufzuspüren, die Aufschluss über die jeweilige Relevanz der Problematik bei Individuen und Gruppen und einen Einblick in Entstehungszusammenhänge geben können (vgl. Leuzinger-Bohleber/Garlichs
1997, S. 172).
     Ein zweites Auswertungsverfahren, das ebenfalls auf die Rekonstruktion
von Tiefenstrukturen abzielt, ist das von Oevermann (1979, 1988) in den
letzten zwei Jahrzehnten entwickelte Konzept der Objektiven Hermeneutik.
Im Gegensatz zur psychoanalytischen Textinterpretation steht im Zentrum
dieses Verfahrens jedoch nicht die Rekonstruktion der psychisch unbewussten Strukturen eines Falls, sondern die Herausarbeitung von objektiven, das

heißt unabhängig von den subjektiven Intentionen der Beteiligten sich durchsetzenden gesellschaftlichen Strukturen. Im Zentrum des methodischen Vorgehens der Objektiven Hermeneutik steht die Sequenzanalyse. Das heißt dass zunächst die erste Sequenz eines Textes im Rahmen einer Interpretationsgruppe möglichst extensiv gedeutet wird. Die entwickelten Lesarten werden anschließend mit dem Text konfrontiert. Die an der ersten Sequenz entwickelten Lesarten werden nun an die zweite Sequenz herangetragen und auf ihre Verträglichkeit überprüft. Auf diese Weise werden die Lesarten von Sequenz zu Sequenz immer weiter eingeschränkt, differenziert, neue Lesarten aufgenommen, bis eine Fallstruktur sichtbar wird. Von der singulären Einzelfallrekonstruktion zur allgemeinen Aussage in Gestalt einer Strukturgeneralisierung gelangt die Objektive Hermeneutik dann mit Hilfe des Falsifikationsprinzips. Findet sich bei der weiteren Analyse eines Textes kein gegenteiliger Textbeleg, der der zuvor entwickelten Strukturanalyse widerspricht, gilt die Rekonstruktion als gültig (vgl. Reichertz 2000).

Mit Hilfe dieser Methode werden nicht nur Interviewtexte, sondern alle vorkommenden Texte, wie etwa Protokolle, aber auch Fotos, Filme, Malerei, die als Texte aufgefasst werden (vgl. Garz 1994), analysiert. Während das Verfahren der Objektiven Hermeneutik inzwischen in verschiedenen Projekten in der Jugendforschung eine wichtige Rolle spielt (vgl. etwa Helsper/ Böhme 2002), ist es bislang in der Kindheitsforschung kaum rezipiert worden, obgleich Oevermann dieses Konzept erstmals im Rahmen einer familiensoziologischen Studie zur Auswertung transkribierter Protokolle von Eltern-Kind-Interaktionen entwickelt hat.

d) Qualitative Inhaltsanalyse

Weitere relevante Verfahren der qualitativen Datenauswertung sind zum einen das aus der Tradition der grounded theory (vgl. Strauss 1994; Strauss-Corbin 1999) stammende Konzept der Codierung, zum anderen das von Mayring (2000) entwickelte Konzept der qualitativen Inhaltsanalyse, das im Überschneidungsbereich zwischen qualitativer und quantitativer Sozialforschung angesiedelt ist. Das von Glaser und Strauss (1967) begründete Konzept der grounded theory ist zwei methodologische Grundannahmen gekennzeichnet: durch die Gleichzeitigkeit von Datenerhebung und Datenauswertung sowie die vergleichende Analyse als Methode der Theoriegewinnung. Ausgehend von generativen Fragen des Forschers, die sich zunächst zumeist aus seinem Kontextwissen über den zu untersuchenden Gegenstand ergeben, werden auf der Basis erster Analysen des Materials, noch sehr vorläufige Konzepte entdeckt, die kodiert werden müssen. In danach folgenden Untersuchungsphasen werden diese an neuen Daten und neuen Dimensionen überprüft. Im Weiteren gilt es dann herauszufinden, welche herausgearbeiteten Dimensionen und Kategorien gleichsam die Schlüsselkonzepte der entste-

henden Theorie ausmachen. Diese theoretischen Gedanken werden in sogenannten Theorie-Memos festgehalten (vgl. Böhm 2000).

An diesen Forschungsstil der grounded theory knüpften auch Breidenstein und Kelle (1998, S. 151) in ihrem Projekt zum Geschlechteralltag in
Grundschulklassen an, indem sie das Datenmaterial bestehend aus Beobach-
tungsprotokollen und verschriftlichten ethnographischen Interviews kontinuierlich in Codes und Kategorien verdichteten. Diese ersten Konzeptualisie-
rungen hielten sie anschließend in „Memos" fest. Die eingesetzten verschiedenen Analysemodi, die Kodierung und Kategorisierung größerer Datenbe-
stände, die sequenzielle Analyse am Einzelfall und die an die Felderfahrun-
gen anknüpfenden ‚freien' Interpretationen wurden in der abschließenden
Ergebnisauswertung montageartig miteinander verknüpft und ergaben weniger eine in sich konsistente analytische Geschichte, sondern eher eine Sammlung von Kurzgeschichten (vgl. Breidenstein/Kelle 1998, S. 151).

Mayring (2000) geht bei der Begründung seines Konzepts der qualitativen Inhaltsanalyse von der Grundannahme aus, dass er die Systematik qualitativer Inhaltsanalyse ohne vorschnelle Quantifizierungen beibehalten, aber
zugleich den Weg für Quantifizierungen offen halten will. Das konkrete methodische Vorgehen umfasst drei Techniken qualitativer Inhaltsanalyse. In
der zusammenfassenden Inhaltsanalyse wird das Material so zu reduzieren
versucht, dass die wesentlichen Inhalte erhalten bleiben, aber ein überschau-
barer Kurztext entsteht. Die explizierende Inhaltsanalyse zielt in die entge-
gengesetzte Richtung. Sie klärt diffuse, mehrdeutige und widersprüchliche
Textstellen durch die Einbeziehung von Kontextmaterial. Die strukturierende
Inhaltsanalyse sucht nach Typen („Ankerbeispielen") oder formalen Strukturen im Material. Dabei werden formale, inhaltliche, typisierende oder skalie-
rende Strukturierungen unterschieden (vgl. Mayring 2000, S. 473).

Dass das Mayring entwickelte Verfahren der qualitativen Inhaltsanalyse
auch zur Bearbeitung größerer Textmengen geeignet ist, zeigt die Studie von
Röhner (2000), die unter Bezug auf diese Methode rund 1.000 freie Kinder-
texte ausgewertet hat. Aus diesem Textkorpus wurden in einem ersten Schritt
induktiv Kategorien entwickelt, nach denen die Texte untersucht und ausge-
zählt oder mit Hilfe des Computerprogramms kodiert und analysiert werden
können. Die strukturierte Inhaltsanalyse erlaubt anschließend die Aufbereitung der Texte nach Inhaltsbereichen. Tauchen in den Kindertexten Kategorien auf, die in dem bisher festgestellten Codierbogen nicht vorhanden sind,
so werden diese neuen Kategorien hinzugefügt. Die Methode der Inhaltsanalyse ermöglicht es nach Auffassung von Röhner (2000, S. 213) die Themen
der kindlichen Lebenswelt, wie sie sich in freien Texten zeigen, zu erfassen
und theoriegeleitet zu interpretieren.

Ein weiteres Verfahren der qualitativen Inhaltsanalyse, das extra für die
Forschungszwecke der Kindheitsforschung entwickelt worden ist, ist das von
Zeiher und Zeiher (1994) konzipierte Verfahren der Entscheidungsanalyse.

Das Ausgangsmaterial für diese Art der Auswertung sind die von den untersuchten Kindern selbst erstellten Tagesverlaufsprotokolle, in denen sich nach den Überlegungen von Zeiher und Zeiher (1991, S. 247) zugleich auch Tätigkeitswechsel dokumentieren. Mit den Tätigkeitswechseln ist nicht nur eine bestimmte Einteilung des Tagesverlaufs vorgegeben, sondern auch eine Entscheidung des Kindes gefordert. Für jeden Tätigkeitswechsel versuchen Zeiher und Zeiher (1994) zu erklären, wie es zu der neu begonnenen Tätigkeit gekommen ist, indem sie den vorangegangenen Entscheidungsprozess rekonstruieren. Die vorliegenden Daten wurden dazu in einem Quellentext zu Tagesverlaufsprotokollen verdichtet, in denen zu den Tätigkeitswechseln auch die Aussagen der Kinder hinzugefügt werden, die Aufschluss über Entstehungszusammenhänge geben können. Die Tagesverlaufsanalyse ermöglicht in dem Vergleich verschiedener Tagesläufe einer Person und dem kontrastiven Vergleich von Tagesläufen verschiedener Kinder zugleich einen Zugang zur Identifizierung unterschiedlicher Konzepte der kindlichen Lebensführung (vgl. Kirchhöfer 2001, S. 128).

4.3 Methoden der Datenerhebung in der quantitativen Kindheitsforschung

a)   Standardisierte Befragungen

Ein inzwischen auch in der Kindheitsforschung weit verbreitetes quantitatives Erhebungsinstrument ist die standardisierte schriftliche oder mündliche Befragung (vgl. Heinzel 2000, S. 22). Spätestens seit der Studie von Lang aus dem Jahr 1985, der Kinder selber zu ihren Lebenslagen und Lebensbedingungen befragte, setzten nicht nur in sozial- und erziehungswissenschaftlichen Forschungsarbeiten und der Gesundheitsforschung sondern auch in der Markt- und Meinungsforschung in Deutschland Bemühungen ein, Kinder als Zielgruppe in Umfragen einzubeziehen (vgl. Kränzl-Nagl/Wilk 2000, S. 61). Zinnecker (1996) wertet das gestiegene Interesse der Surveyforschung an der Befragung von Kindern als Indikator für den Wandel des sozialen Status von Kindern.

Ähnlich wie für qualitative Interviews gilt erst recht für standardisierte Befragungen, dass an diesen Erhebungen, die streng vergleichbare Daten hervorbringen sollen, Kinder unter sechs Jahren aufgrund der zu geringen sprachlichen Kompetenzen nicht teilnehmen können. Sollen Charakteristika des Kinderverhaltens und der Lebenssituation bei Kindern im vorschulischen Alter erschlossen werden, so werden dazu Bezugspersonen wie Eltern, Kindergärtnerinnen oder sonstige Betreuer, Ärzte, Sozialarbeiter, Schul- und Erziehungsberater oder ähnliche Personenkreise befragt. So sind etwa bei Studien zur Analyse familialer Einstellungen zu Erziehungspraktiken und dem

Umgang mit kleinen Kindern schriftliche Befragungen von Eltern weit verbreitet (vgl. Petermann/Windmann 1993, S. 130). Auch in der Krippen- und Kindergartenforschung werden häufig Erzieherinnen in standardisierter Form mit dem Ziel befragt, Informationen über subjektive Erziehungskonzepte oder den Kindergartenalltag zu erhalten (vgl. Fried 1993).

Aber auch bei Befragungen von Kindern im Grundschulalter müssen komplexe Inhalte vereinfacht und kindgerecht präsentiert werden. Zeiträume und geographische Entfernungen sollten möglichst konkret formuliert werden. Nicht eindeutig differenzierbare Antwortkategorien (z.B. manchmal und oft) sollten hingegen vermieden werden (vgl. Kränzl-Nagl/Wilk 2000, S. 65). Sinnvoll ist es zudem, die Bedeutung der Antwortalternativen durch symbolische Ratingskalen oder visuelle Analogskalen (z.B. eine Gesichterskala) zu illustrieren. Eine andere Technik, die das verbale Verhalten von Kindern angemessen berücksichtigt, stammt von Dodge, McKlaskey und Feldman (1985). Die Autoren verwenden eine 8-Punkte-Skala, um die auf Tonband aufgezeichneten verbalen Reaktionen von Kindern im Grundschulalter zu codieren. Den Kindern werden 15 Konfliktsituationen erläutert und in einem Rollenspiel veranschaulicht, bei dem ein Kind daran gehindert wird, ein interessantes Videospiel zu spielen. Die Auswertung der Antworten wird anhand von Tonbandaufnahmen im Nachhinein durch „blinde" Beurteiler vorgenommen und in einem fünfstufigen Codierungsschema verortet. Eine andere in der Kindheitsforschung verwendete quantitative Befragungstechnik ist die Soziometrie. Kinder in einer Gruppe (oft Schulklassen oder Kinderheime) werden dabei gebeten, jeweils drei Kinder zu nennen, die sie am liebsten und drei, die sie am wenigsten mögen. Aus den Normierungen können dann soziale Präferenzwerte und soziale Wirkungswerte berechnet werden (vgl. Petermann/Windmann 1993, S. 130).

Trotz der Bemühungen um Veranschaulichungen und kindgerechte Formulierungen stößt das Erhebungsinstrument der schriftlichen Befragung in der Kindheitsforschung punktuell an Grenzen. Ein Problem ist, dass lernschwache Kinder aus benachteiligten sozialen Lebenslagen Schwierigkeiten beim Ausfüllen von Fragebögen haben. Außerdem wird die Verlässlichkeit der Angaben von Kindern generell als Problem diskutiert. Schwierigkeiten bereitet zudem die Erfassung soziodemographischer Daten durch Kinderbefragungen, vor allem die Angaben zur finanziellen Situation oder zu den Ausbildungsabschlüssen und beruflichen Tätigkeiten der Eltern. Allerdings zeigen die Ergebnisse einer Studie von Lang und Breuer (1985), die die Angaben acht- bis zehnjähriger Grundschüler über den Beruf des Vaters mit den entsprechenden Informationen der Eltern verglichen haben, dass bei Kindern im Grundschulalter mit zuverlässigen Antworten zu den Berufen der Eltern gerechnet werden kann. Dennoch werden gerade bei Fragen nach dem sozioökonomischen Status oder anderen sozialstatistischen Merkmalen der Familie, aber nicht nur aus diesem Grunde, in einer Reihe von Studien (Lang/

Breuer 1985; Zinnecker/Silbereisen 1996; Arlt 2005) Kinder- durch Eltern-befragungen ergänzt.

Die standardisierten Befragungen finden im Rahmen der Kindheitsfor-schung entweder im Rahmen von persönlichen Gesprächen statt, wo Inter-viewer die Antworten der Kinder in einen Fragebogen übertragen (vgl. z.B. Zinnecker/Silbereisen 1996, S. 11) oder sie werden als schriftliche Befra-gungen von Kindern im schulischen Klassenverband durchgeführt (vgl. etwa Büchner/Fuhs/Krüger 1996). Schriftliche oder mündliche Befragungen wer-den erstens im Kontext von Querschnittsstudien eingesetzt, bei denen unter-schiedliche Altersgruppen einmalig untersucht werden. So wurden zum Bei-spiel in dem repräsentativen Survey von Büchner, Fuhs und Krüger (1996) Mitte der 1990er-Jahre Heranwachsende im Alter zwischen 10 und 15 Jahren zum Erziehungsverhalten der Eltern, zu ihren Einbindungen in Gleichaltri-gengruppen und Freizeitwelten sowie zu ihren biographischen Schritten der Verselbständigung befragt. Standardisierte Befragungen sind zweitens ein zentrales Erhebungsinstrument im Rahmen von Trendstudien, bei denen ein vergleichbarer Personenkreis, z.B. die Altersgruppe Kinder, zu unterschiedli-chen Zeitpunkten wiederholt untersucht werden. So liefern Trendstudien et-wa in Gestalt von Replikationsstudien, bei denen z.B. eine vergleichbare Stichprobe von Heranwachsenden im Verlaufe der 1990er-Jahre mehrfach befragt wurde, Informationen zum Wandel von Einstellungen (vgl. etwa Krüger/Pfaff 2002). Schriftliche oder mündliche Befragungen sind drittens ein wichtiges Instrument der Datenerhebung im Rahmen von Längsschnitt-studien (Panel), bei denen wiederholte Erhebungen bei denselben Personen durchgeführt werden (vgl. Tippelt/Walper 2002, S. 194; Arlt 2005). Panel-studien scheinen gerade für die Kindheitsforschung in besonderer Weise ge-eignet zu sein, da sie Aussagen über altersbezogene Veränderungen von In-dividuen oder Gruppen im Zeitverlauf und die Prüfung von Kausalhypothe-sen ermöglichen. Besonders in längsschnittlich angelegten Studien, aber auch beim Querschnitt über unterschiedliche Altersstufen stellt sich neben allge-meinen Problemen der Veränderungsmessung wie Lern- und Erinnerungsef-fekten speziell bei Kindern das Problem der Messäquivalenz. Das heißt, dass Begriffe, die in der Befragung von Sechsjährigen verwendet werden, bei zehnjährigen Kindern eine andere Bedeutung haben können. Unter Umstän-den kann also die Verwendung von zwei objektiv verschiedenen, aber bedeu-tungsäquivalenten Verfahren für verschiedene Altersstufen eine bessere Ver-gleichbarkeit der Messungen ermöglichen als die Verwendung zweier identi-scher Verfahren, die auf verschiedene Altersgruppen unterschiedlich wirken (vgl. Petermann/Windmann 1993, S. 127).

Trotz dieser besonderen methodologischen Probleme stellen Längs-schnittstudien insbesondere in der entwicklungspsychologisch orientierten Kindheitsforschung in gewisser Hinsicht den Königsweg dar, um altersgra-duierte Veränderungen aufzuklären (vgl. im Überblick Pekrun/Fend 1991).

Eine besonders wegweisende Panelstudie zur Persönlichkeits- und Schulleistungsentwicklung bei Kindern im Grundschulalter ist die Münchener Studie SCHOLASTIK (vgl. Weinert/Helmke 1997), die sich in ihren Erhebungsinstrumenten jedoch nicht nur auf eine schriftliche Schülerbefragung, sondern darüber hinaus auch auf Verhaltensbeachtungen im Unterricht und Leistungstests in Mathematik, den Naturwissenschaften und in Rechtsschreibung stützt.

b) Testverfahren

Tests, die in der Kindheitsforschung Anwendung finden, stammen in der Regel aus der Psychologie, die eine ganze Bandbreite an Tests zur Verfügung stellt. Psychologische Tests mit Kindern wurden insbesondere für Forschungen zu entwicklungspsychologischen und diagnostischen Fragestellungen entwickelt (vgl. Heinzel 2000, S. 29). Dabei kann man zwischen Entwicklungstests, Persönlichkeitstests, Intelligenztests, Schulleistungstests und Tests für Kinder mit sonderpädagogischem Förderbedarf unterscheiden (vgl. Schmidtchen/Probst 1995, S. 636). Tests gelten als wissenschaftliche Routineverfahren zur Untersuchung eines oder mehrer abgrenzbarer Persönlichkeitsmerkmale mit dem Ziel einer möglichst quantitativen Aussage über den Grad der individuellen Merkmalsausprägung (vgl. Krüger 2001, S. 233).

Testverfahren werden auch schon in Studien mit Säuglingen und Kleinkindern angewendet. So hat etwa Beller (2000, S. 253) in Weiterentwicklung angloamerikanischer Entwicklungstests, die sich mit den Funktionen der Wahrnehmung, der Sprache, des Denkens, der sozialen Anpassung und der Motorik beschäftigen, eine Entwicklungstabelle mit 620 Items entwickelt, die die Kompetenzen, Leistungen und das Verhalten von Kindern im Alter von null bis drei Jahren in natürlichen Situationen erfassen soll. Um ein differenziertes Bild des Kindes zu erhalten, sind die Inhalte der Tabellen in acht Entwicklungsbereiche aufgeteilt: Selbständigkeit in der Körperpflege, Umweltbewusstsein, sozial-emotionales Verhalten, Entwicklungsaufgaben des Spiels, Sprache, kognitive Kompetenz, Fein- und Grobmotorik. Die aus der Entwicklungstabelle gewonnenen Informationen sollen den Erzieherinnen in Kinderkrippe und Kindergarten Kenntnisse über den jeweiligen Entwicklungsstand des Kindes geben und Anregungen für die Ausarbeitung von pädagogischen Angeboten bieten (vgl. Beller 2000, S. 253).

Ein anderes insbesondere im Gefolge des PISA-Schocks inzwischen stärker verbreitetes Testverfahren bei Kindern im Grundschulbereich sind Schulleistungstests. Während in der bereits erwähnten Münchener SCHOLASTIK-Studie (vgl. Weinert/Helmke 1997) die fachspezifischen Kenntnisse von Grundschulkindern in Mathematik, Naturwissenschaften und Rechschreibung lediglich an einer regionalen Schülerstichprobe allerdings in einem Längsschnittdesign in Tests überprüft wurden, wurden in den Untersuchungen IGLU und IGLU-E (vgl. Bos u.a. 2004) erstmals die Kompetenzen von Grundschülern im Rechtschreiben, in Mathematik und in der Kenntnis naturwissenschaftlicher Konzepte im internationalen Vergleich sowie im Vergleich zwischen sechs Bundesländern mit Hilfe von Testverfahren analysiert. Ziel der Testauswertung war es, aus der Vielzahl der beantworteten Testfragen für jeden Schüler einen Kennwert für das jeweils getestet Lese-, Mathematik- und Naturwissenschaftsverständnis sowie seine Fähigkeiten in Orthographie und Aufsatz zu ermitteln, um Aussagen über Leistungsunterschiede zwischen Gruppen von Schülern machen zu können. Damit die Unterrichtsfächer in genügender Breite abgebildet, die Schüler aber gleichzeitig nicht über Gebühr belastet werden, kam ein Testdesign mit rotierten Aufgabenblöcken (Multi Matrix Design) zur Anwendung (vgl. Bos u.a. 2004, S. 17). Während an bisherigen Testverfahren oft die fehlende Realitätsnähe solcher Tests zum Alltag der Kinder kritisiert wurde, sind die Autoren der IGLU-Studie in besonderer Weise bemüht, Testaufgaben zu formulieren, die auf die Alltagssituationen von Heranwachsenden Bezug nehmen.

c)   *Standardisierte Beobachtung*

Standardisierte Beobachtungsverfahren haben etwa im Vergleich zu schriftlichen Befragungen den Vorteil, dass sie auch für Forschungen mit Säuglingen und Kleinkindern genutzt werden können. Deshalb werden sie häufig in der Kleinkindforschung (vgl. Beller 2000), aber auch in der Unterrichtsforschung bei Kindern im Grundschulbereich (vgl. etwa Weinert/Helmke 1997) eingesetzt. Im Unterschied zur offenen teilnehmenden Beobachtung sind standardisierte Beobachtungsverfahren dadurch gekennzeichnet, das sie sich an einem systematisch entwickelten Kategoriensystem orientieren, mit dem versucht wird, Verhalten in künstlichen Laborsituationen oder in natürlichen Feldsituationen festzuhalten. Bei einem hoch strukturierten Beobachtungsschema werden nicht nur die allgemeinen Merkmale, sondern präzise und operational definierte Kategorien der einzelnen Merkmalsdimensionen vorgegeben. Zur Protokollierung der Kategorien kann entweder ein ja-nein oder eine Ratingskala gebraucht werden (vgl. Beller 2000, S. 257). Durch den Einsatz von klar strukturierten Beobachtungsbögen soll dem Problem der Verzerrung durch selektive Wahrnehmung sowie dem Problem der Fehlinterpretation des beobachteten sozialen Geschehens entgegengewirkt werden. Weitere Möglichkeiten, das Risiko einer selektiven Verzerrung von Beobachtungsdaten zu verhindern, sind detaillierte Instruktionen an die Beobachter, ein intensiveres Beobachtertraining, der Einsatz mehrerer Beobachter und die Kontrolle der Beobachterübereinstimmung sowie die Verwendung technischer Hilfsmittel, z.B. Videoaufnahmen (vgl. Diekmann 1995, S. 458). In der Kleinkindforschung hat im deutschsprachigen Raum insbesondere Beller (2000) das Verfahren der standardisierten Beobachtung in mehreren

Untersuchungen eingesetzt. So hat er etwa den Zusammenhang zwischen dem Erziehungsstil von Erzieherinnen in Krippen und der Entwicklung der Kinder untersucht. Dabei wurden 19 vergebene Kategorien des Erziehungsverhaltens und neun Kategorien des Kindverhaltens in drei Alltagssituation 23 Minuten lang in 15 Sekunden-Intervallen am Anfang und Ende der Untersuchung beobachtet und auch die Realität zwischen den sechs Beobachtern empirisch geprüft (vgl. Beller 2000, S. 258).

Die Methode der standardisierten Verhaltensbeobachtung hat gegenüber anderen Methoden den Vorteil, dass sie auch bereits bei kleinen Kindern vorgenommen werden kann, da sie nicht vom verbalen Material abhängt und Kinder zudem die Anwesenheit eines Beobachters besser ignorieren können. Nachteile ergeben sich aus der gewissen Willkür, mit der die Beobachtungseinheiten ausgewählt und theoretisch abgegrenzt werden (vgl. Petermann/Windmann 1993, S. 135). Außerdem wird bislang das Problem einer erwachsenenzentrierten Fixierung bei der Beobachtung von Kindern noch zu wenig methodologisch reflektiert.

d) Nichtreaktive quantitative Verfahren

Einen größeren Stellenwert im Rahmen der Kindheitsforschung haben in den vergangenen zwei Jahrzehnten auch nichtreaktive quantitative Verfahren bekommen. Dazu gehören zum einen quantitative Inhaltsanalysen von für den Kinderalltag relevanten Dokumenten, zum anderen Sekundäranalysen von amtlichen Daten, die über die Lebenslagen von Kindern Auskunft geben. Quantitative Inhaltsanalysen, die Häufigkeiten und Kontingenzen von theoretisch hergeleiteten Kategorien in Texten zu berechnen suchen, werden etwa von Purcell und Stewart (1990) zur Frage nach der Stärke von Geschlechterrollenstereotypen in Lesebüchern für Kinder durchgeführt. Oder Bos und Straka (1989, S. 213) haben mit Hilfe dieses Verfahrens untersucht, welches Gewicht fachliche bzw. politische Qualifikationsziele in chinesischen Grundschulbüchern haben.

Wichtige Grundinformationen über die Lebenslagen und institutionellen Bedingungen des Aufwachsens von Kindern bieten die amtlichen Statistiken in den Fachserien des Statistischen Bundesamtes, die sekundaranalytisch ausgewertet werden können. Dabei sind für die Kindheitsforschung insbesondere die Bildungs- und Jugendhilfestatistik von Relevanz, aber auch die Daten zur Bevölkerung und Erwerbstätigkeit oder zu den Sozialleistungen können wichtige Hintergrundinformationen zu den familialen Lebensbedingungen von Kindern liefern. Diese Statistiken bieten zudem den Vorteil, nun auf ihrer Basis institutionelle Entwicklungen nachzeichnen können, weil größtenteils aus den statistischen Daten Zeitreihen gebildet werden können (vgl. Walper/Tippelt 2002, S. 203). Der Nachteil an der sekundäranalytischen Auswertung amtlicher Daten ist jedoch, dass das Spektrum an Forschungs-

fragen durch das vorgegebene Datenmaterial begrenzt ist. Allerdings ist es
den Bildungs- und Jugendhilfeforschern in den letzten Jahren gelungen, Einfluss auf den Inhalt und Umfang der amtlichen Erhebung zu nehmen, so dass
z.B. die Erhebungsinstrumente zur Erfassung der Kinder in Tageseinrichtungen in jüngster Zeit erweitert werden konnten (vgl. Schilling 2005, S. 171).

4.4 Methoden der Datenauswertung in der quantitativen Kindheitsforschung

a) Dateneingabe und -prüfung, univariate und bivariate Analysen

Da statistische Berechnungen heute auch in der quantitativ orientierten Kindheitsforschung nahezu ausschließlich mit dem Computer durchgeführt werden, ist dazu eine bestimmte Aufbereitung der Daten erforderlich. Zunächst
werden alle Daten codiert, auch solche, die mit offenen Fragen ohne feste
Antwortvorgaben erhoben worden sind. Das bedeutet, dass die gesammelten
Daten in numerische oder alphanumerische Symbole übertragen werden.
Nach der Datenprüfung und eventuell der Datenkorrektur folgt die Plausibili-
tätsprüfung mit der Datenfehler entdeckt werden sollen, z.B. zweifelhaft er-
scheinende Altersangaben oder unlogische Datenverbindungen (vgl. Kuk-
kartz 1994, S. 558). Im Anschluss daran werden bei anspruchsvollen Operationalisierungen, z.B. im Bereich der Einstellungsforschung Skalen gebildet
und dokumentiert, die komplexe Einstellungsdimensionen, wie etwa Schulfreude oder lebensweltliche Bedingungen von Kindern, wie etwa das Famili-
en- oder Schulklima erfassen (vgl. Krüger/Pfaff 2006).
    Die eigentliche quantitative Datenanalyse beginnt dann in der Regel mit
der Erstellung einer Grundauszählung, die das Ergebnis der Berechnung der
Häufigkeitsverteilung der untersuchten Merkmale ist. So hat etwa die Varia-
ble gewünschter Schulabschluss mehrere diskrete Ausprägungen (wie kein
Abschluss, Hauptschulabschluss, mittlere Reife, Abitur), deren relative Häufigkeiten oder auch Prozentanteile je Kategorie sich bspw. in Stabdiagram-
men oder Histogrammen graphisch darstellen lassen. Weitere Techniken der
univariaten Datenanalyse sind die Berechnung der Maßzahlen der zentralen
Tendenz, wie Mittelwert oder „Durchschnitt", Median und Modalwert sowie
die Berechnung von Streuungsmaßen (z.B. Varianz und Standardabwei-
chung), die die Differenz zwischen dem maximalen und dem minimalen
Wert einer Verteilung beschreiben (vgl. Kromrey 1989, S. 235ff.).
    Handelt es sich bei univariaten Analysen um Verfahren, die sich auf die
Charakterisierung oder Verteilung einzelner Variablen durch Häufigkeitsaus-
zählungen, Mittelwerte und Streuungsmaße beschränken, so zielen bivariate
Analysen auf die Erforschung von Zusammenhängen zwischen zwei Variablen ab (vgl. Krüger 2001, S. 235). Ein häufig in diesem Kontext eingesetz-

tes Verfahren ist die Korrelationsanalyse, mit der die Stärke eines Zusammenhangs zwischen zwei Variablen untersucht wird. Das Ausmaß der Stärke eines Zusammenhangs wird mit Hilfe von Korrelationskoeffizienten quantitativ beschrieben. Bei der Auswertung von Surveydaten auf der Basis nicht-experimenteller Designs ist jedoch zu berücksichtigen, dass bivariate Auswertungen etwa mit Hilfe von Korrelationsanalysen möglicherweise verzerrenden Einflüssen durch Drittvariablen keine Rechnung tragen. So kann zwar ein Kausalzusammenhang zwischen niedrigem Bildungsniveau der Eltern und geringeren Chancen der Kinder zum Gymnasialbesuch existieren. Man weiß jedoch angesichts von Korrelationen nicht, welche weitere Faktoren in welchem Ausmaß (z. B. die Wohngegend oder die Intelligenz des Kindes) Mediatoren fungieren (vgl. Dieckmann 1995, S. 571). Korrelationen müssen also als deskriptive Maße und nicht als kausalerklärende interpretiert werden (vgl. Walper/Tippelt 2002, S. 214).

b)   Multivariate Datenanalysen

Bieten die Verfahren der deskriptiven Statistik nur die Möglichkeit, die Verteilung und Zusammenhänge zwischen zwei Variablen zu untersuchen, so stellt die Interferenzstatistik eine Vielzahl von Analysetechniken zur Verfügung, die die gleichzeitige Berücksichtigung mehrerer Variablen, das heißt multivariate Auswertungen erlauben. Die angemessene Verwendung solcher Verfahren setzt voraus, dass die Variablen eine möglichst hohe Skalenqualität besitzen und dass sich die Untersuchung auf ein konsistentes theoretisches Modell bezieht (vgl. Friedrich 1985, S. 392).

Wichtige Techniken der multivariaten Datenanalyse sind z.B. die Faktoranalyse, die es ermöglicht, aus der Matrix der Korrelation aller Variablen Dimensionen (Faktoren) zu extrahieren, die einen engen Zusammenhang zwischen mehreren Variablen beschreiben. Dieses Verfahren wird forschungspraktisch oft bereits in der Phase der Datenaufbereitung eingesetzt, um komplexe Operationalisierungen statistisch zu verdichten. Ein weiteres Verfahren zur Identifikation von Mustern in der Struktur der Daten ist die Clusteranalyse, die es erlaubt, aus der Gesamtzahl einer Untersuchungsgruppe Teilgruppen herauszufiltern, die im Hinblick auf eine ausgewählte Zielvariable ein homogenes Muster zeigen.

Manchmal werden in quantitativen Untersuchungen im Bereich der Kindheitsforschung auch beide Auswertungsstrategien miteinander kombiniert. So haben wir in einer Studie zum Wandel der Eltern-Kind-Beziehungen aus einer Vielzahl von Einzelitems mit Hilfe einer Faktoranalyse fünf Faktoren (z B. Elternzentriertheit des Familienalltags, elterliches Strafverhalten, kindliche Durchsetzungsstrategien) gebildet, die unterschiedliche Facetten der Eltern-Kind-Beziehungen ausleuchten und anschließend mit Hilfe einer Clusteranalyse untersucht, wie sich die Qualitätsmerkmale der Eltern-

Kind-Beziehungen in verschiedenen Teilgruppen unterscheiden (vgl. Büchner/Fuhs/Krüger 1997).

Um kausale Abhängigkeiten von Beziehungen zwischen ganz verschiedenen Merkmalen empirisch analysieren und dabei komplexe Bedingungsmodelle prüfen zu können, entstanden in den letzten Jahrzehnten eine Reihe von Verfahren, die aufbauend auf dem Ansatz der Regressionsanalyse diesen in verschiedene Richtungen weiterentwickelt haben. So bieten sich Pfad- und Strukturgleichungsmodelle (vgl. z.B. Diamantoppoulos/Siguaw 2000) vor allem dann als Analysemethoden an, wenn neben unabhängigen und abhängigen auch vermittelnde Variablen unterschieden werden sollen. Ein Beispiel dafür ist etwa die in der Studie von Walper (2001) durchgeführte pfadanalytische Formalisierung und empirische Überprüfung von Modellannahmen zur Rolle ökonomischer und sozialer Belastungen als Mediatoren zwischen Familienstruktur und den Belastungen des subjektiven Wohlbefindens von Kindern. Dabei konnte aufgezeigt werden, dass es vor allem die geringeren sozialen Ressourcen der ökonomisch deprivierten Kinder sind, die deren größere Belastungen des Wohlbefindens erklären. Eine Weiterentwicklung der Pfadanalyse sind lineare Strukturgleichungsmodelle, die nicht nur wechselseitige Kausalbeziehungen der untersuchten Merkmale analysieren, sondern zusätzlich Hypothesen überprüfen können, die sich auf latente, nicht direkt beobachtbare Merkmale bzw. deren Beziehungen untereinander und zu den untersuchten Merkmalen beziehen. Beispiele für solche latenten Faktoren sind etwa verschiedene Facetten von Einstellungen zur Schule, das Familienklima oder unterschiedliche Belastungsindikatoren (vgl. Böhm-Kasper 2004, S. 148).

Ein weiteres in der kindheitsbezogenen Schulforschung in den letzten Jahren eingesetztes komplexeres quantitatives Auswertungsverfahren ist die Mehrebenenanalyse, die auf einer hierarchisch-linearen Regression basiert und mit deren Hilfe die Frage beantwortet werden kann, inwieweit individuelles Leistungsverhalten auf personengebundene Einflüsse, Merkmale der Schulklasse oder der Schule zurückgeführt werden kann. So haben etwa Bryk und Raudenbusch (1989) auf der Basis der Daten einer Längsschnittstudie unter Bezug auf das Verfahren der Mehrebenenanalyse die Rechen- und Lese/Rechtschreibleistungen von Schülern in Abhängigkeit von personengebundenen Einflussfaktoren (mütterliche Bildung und Familieneinkommen unter- vs. oberhalb der Armutsgrenze) und schulbezogenen Merkmalen (Armutskonzentration an der Schule) untersucht. Hatten die Daten zunächst nahe gelegt, dass Kinder aus armen Familien schlechtere Schulleistungen erbringen als jene aus finanziell gesicherten Verhältnissen, so machte die Mehrebenenanalyse deutlich, dass schulbezogene Risikofaktoren, nämlich die Häufung armer Kinder an einer Schule, für die schlechten Eingangsleistungen in Lesen und Rechnen ausschlaggebend waren (vgl. Walper/Tippelt 2002, S. 207).

Insgesamt gesehen ist somit abschließend feststellbar, dass in der Kindheitsforschung im deutschsprachigen Raum seit dem letzten Jahrzehnt elaborierte quantitative Auswertungsverfahren häufiger eingesetzt werden (vgl. Heinzel 2000, S. 23). Was jedoch fehlt, sind groß angelegte und langlaufende Längsschnittstudien, die bereits bei der Geburt beginnen und die durch die Einbeziehung unterschiedlicher Kohorten die Realisierung von Kohorten-Sequenz-Analysen ermöglichen. In Deutschland wurde mit dem Kinderlängsschnitt des Deutschen Jugendinstituts hierzu ein Anfang gemacht, bei dem zwei größere und repräsentative Kohorten beginnend mit fünf- und achtjährigen Kindern allerdings nur über einen Zeitraum von drei Jahren untersucht werden. Im Vergleich zu den großen Längsschnittstudien, wie sie in Großbritannien, Kanada und den USA seit Jahrzehnten durchgeführt werden, ist dies ein eher bescheidener Beginn (vgl. Strehmel 2002, S. 279).

4.5 Zur Triangulation unterschiedlicher Datenbereiche und Methoden in der Kindheitsforschung

Der Begriff der Triangulation in der Sozialforschung meint die Betrachtung eines Forschungsgegenstandes von mindestens zwei Punkten aus (vgl. Flick 2000, S. 309). Dabei lassen sich nach Denzin (1978) vier verschiedene Formen von Triangulation unterscheiden: die Theorie-Triangulation, bei der es darum geht, Daten vor dem Hintergrund verschiedener theoretischer Perspektiven und Hypothesen zu betrachten; die Investigator- oder Forscher-Triangulation, die darauf abzielt, Interpretationen in Gruppen durchzuführen, um subjektive Sichtweisen kontrollieren und korrigieren zu können; die Daten-Triangulation, bei der verschiedene Daten unter einer gemeinsamen Fragestellung in Beziehung gesetzt werden sowie die Methoden-Triangulation, die versucht verschiedene Methoden miteinander zu kombinieren, die unterschiedliche Schwächen aufweisen. Triangulation, die ursprünglich mit dem Ziel in die erziehungs- und sozialwissenschaftliche Methodendiskussion eingeführt wurde, um die Validität und Objektivität der gewonnenen Aussagen zu verbessern, wird heute auch in der Kindheitsforschung als Strategie verwendet, die Tiefe und Breite der Analyse zu erweitern, indem ein Untersuchungsgegenstand aus verschiedenen Perspektiven betrachtet wird (vgl. Krüger 2000, S. 338).

In der Kindheitsforschung existieren mittlerweile eine Reihe von Untersuchungen, die verschiedene Datenbereiche und methodische Vorgehensweisen miteinander triangulieren (vgl. Heinzel 2000, S. 24). Dabei ist zwischen Studien zu unterscheiden, die nur qualitative bzw. nur quantitative Daten und Methoden zu verbinden suchen und solchen Untersuchungen, die eine Verknüpfung qualitativer und quantitativer Datenmaterialien und methodischer Zugänge anstreben.

a)   *Triangulation unterschiedlicher qualitativer Zugänge*

Insbesondere in der qualitativen Kindheitsforschung gehört die Triangulation verschiedener methodischer Verfahren inzwischen zum Forschungsalltag. So gibt es zum einen Projekte, die zwei Methoden in einem Erhebungsinstrument integrieren: z.b. du Bois-Reymond, Büchner und Krüger (1994), die narrative Interviews und Leitfadeninterviews kombinieren, um die Lebensgeschichten und die Familienbeziehungen von 12-jährigen Kindern erfassen zu können oder Lutz, Behnken und Zinnecker (1997), die im Konzept der narrativen Landkarte Kinderzeichnungen und deren biographische Erläuterung mit dem Ziel verbinden, die Lebensräume der Befragten und deren subjektive Relevanz erheben zu können. Vor allem in Projekten aus dem Kontext der ethnographischen Kindheitsforschung wird zum anderen zumeist das Erhebungsinstrument der teilnehmenden Beobachtung mit einer zweiten Erhebungsmethode verknüpft. In den Studien von Breidenstein und Kelle (1998) sowie von Krappmann und Oswald (1995) werden Feldbeobachtungen und offene Interviews eingesetzt, um nicht nur die sozialen Interaktionen im Kinderalltag sondern auch die subjektiven Weltsichten der Heranwachsenden in den Blick bekommen zu können. Neuerdings wird in einigen Studien (vgl. Huhn u.a. 2000; Wagner-Willi 2004) die teilnehmende Beobachtung auch mit der Methode der Videographie kombiniert, um die beobachtete Situation auch im Bild festhalten zu können.

Triangulationsversuche gibt es in der qualitativen Kindheitsforschung auch bei der Auswertung der erhobenen qualitativen Materialien. So beziehen sich Krüger, Ecarius und Grunert (1994) bei der Interpretation narrativer Kinderinterviews auf das narrationsstrukturelle Verfahren von Schütze und bei der Auswertung unklarer Textpassagen aber auch auf das Interpretationsverfahren der objektiven Hermeneutik. Lutz, Behnken und Zinnecker (1997) stützen sich bei der Rekonstruktion der Sozialräume von Kindern auf narrative Auswertungstechniken, Tagesverlaufsanalysen und Analysen von Fotos des Lebensraumes, die in einem wissenschaftlichen Quellentext zusammengefasst werden.

Durch die Triangulation verschiedener Datenbereiche und Methoden in der qualitativen Kindheitsforschung konnten verschiedene Dimensionen des Kinderalltags analytisch erfasst und rekonstruiert werden. Ein Problem der bisherigen Entwicklung ist jedoch, dass die Verwendung unterschiedlicher Datensorten und Methoden bislang kaum methodisch-methodologisch reflektiert und damit die angelegte Forschungsperspektive auch grundlagentheoretisch verortet wurde (vgl. Grunert 2002, S. 241).

b)   Triangulation unterschiedlicher quantitativer Zugänge

Auch in der quantitativen Kindheitsforschung wurden in einigen Projekten bei der Felderhebung mehrere quantitative Methoden gleichzeitig eingesetzt (vgl. Beller 2000). Exemplarisch sei hier noch mal die von Weinert und Helmke (1997) durchgeführte Münchner Grundschulstudie SCHOLASTIK erwähnt, die eine Schülerbefragung mit Unterrichtsbeobachtungen und Leistungstests in den Hauptfächern kombiniert hat mit dem Ziel, die kognitive, soziale und emotionale Entwicklung von Grundschulkindern im Zusammenhang mit Merkmalen von Schule und Unterricht erfassen zu können.

Eine andere Variante der Triangulation quantitativer Daten und Methoden, die eher die Ebene der Auswertung betrifft, ist die Verbindung einer Sekundäranalyse amtlicher Daten mit den Ergebnissen groß angelegter Survey-Studien. Insbesondere in der Sozialberichterstattung zur Kindheit und Familie wurde im letzten Jahrzehnt versucht, durch Bezug auf die Zeitreihen amtlicher Statistiken über Bevölkerung, Haushalt, Erwerbstätigkeit, Bildung etc. sowie auf dem Weg über die Durchführung eigener großer Surveystudien zu sozialen Beziehungen in Familie und Verwandtschaft sowie Einstellungen zu Geschlechterrollen oder Fragen der Kindererziehung die makro- und mikrostrukturellen Bedingungen der Lebensverhältnisse von Familien und Kindern differenziert zu beschreiben (vgl. Bertram 1993; Nauck 1993; Nauck/Bertram 1995).

Noch kaum in der quantitativen Kindheitsforschung bislang eingesetzt worden, sind hingegen komplexe triangulierend angelegte Auswertungskonzepte, die Längsschnittdaten mehrebenenanalytisch auswerten (vgl. Bryk/Raudenbusch 1989) oder die durch die Berücksichtigung amtlicher statistischer Daten in einer Mehrebenenanalyse Kontexteinflüsse z.B. von Regionen mit in den Blick nehmen.

c)   Triangulation quantitativer und qualitativer Verfahren

Bisher immer noch zu selten werden in der Kindheitsforschung zudem Studien realisiert, die qualitative und quantitative Zugänge miteinander verbinden. Eine Variante der Triangulation quantitativer und qualitativer Verfahren sind sogenannten Komplementaritätsmodelle, die in einigen Projekten aus dem Umfeld der ökologischen Kindheitsforschung angewandt worden sind (vgl. Krüger/Pfaff 2004). Hier werden Sekundäranalysen statistischer Daten über Gesellschaft und Umwelt mit Fragebogenerhebungen und ethnographischen Methoden der teilnehmenden Beobachtung gleichzeitig miteinander verbunden, um zu differenzierenden Analysen von kindlichen Lebensräumen und Situationsdefinitionen im gesamtgesellschaftlichen Kontext zu gelangen (vgl. etwa Projektgruppe Jugendbüro 1977).

Eine zweite Variante der Triangulation quantitativer und qualitativer Zugänge sind sogenannte Phasenmodelle, bei der Survey- und Fallstudien in zeitlich sequenzieller Abfolge durchgeführt werden. Der sequenzielle Einsatz qualitativer und quantitativer Forschungsmethoden innerhalb eines Forschungsdesigns kann unter methodologischen Gesichtspunkten als die unproblematischste Form der Methodentriangulation bewertet werden, da es hierbei nicht zu unzulässigen Vermischungen der Forschungslogiken kommt, sondern qualitative und quantitative Teilstudien zunächst gesondert voneinander behandelt werden (vgl. Krüger/Pfaff 2006). Bei der Verknüpfung von Survey- und Fallstudien können zwei unterschiedliche Wege in der zeitlichen Abfolge beider methodischer Zugänge gewählt werden. Eine Möglichkeit besteht darin, eine in einer quantitativen Untersuchung herausgefundene Problemgruppe, z.B. eine Risikogruppe der Intensivnutzer von Fernsehen, Video- oder Computerspielen, in einer anschließenden qualitativen Studie mit ethnographischen und biographischen Methoden genauer zu untersuchen. Die Blickrichtung kann genauso gut umgekehrt werden und erfragen, inwieweit die quantitativen Methoden einen Beitrag zur Verallgemeinerung qualitativ gewonnener Ergebnisse leisten können. So hat etwa Kötters (2000) in einer quantitativen Studie untersucht, wie oft verschiedene von uns in einer qualitativen Untersuchung herausgearbeitete biographische Handlungsmuster von Kindern in der sozialen Realität vorkommen (vgl. Krüger/Ecarius/Grunert 1994).

Gerade solche Modelle der Triangulation quantitativer und qualitativer Zugänge scheinen somit forschungsmethodisch in besonderer Weise geeignet zu sein, einen mehrperspektivischen Blick auf die Lebenslagen und Orientierungen von Kindern zu eröffnen, bei dem individuelle Entwicklungsprozesse und Verarbeitungsmuster in ihrer Abhängigkeit von ökologischen und gesamtgesellschaftlichen Einflussfaktoren gleichzeitig erfasst werden. Insofern stellt ihre methodologische Weiterentwicklung und forschungspraktische Umsetzung eine der zentralen Herausforderungen für die zukünftige Kindheitsforschung dar.

.

5. Lebenslagen von Kindern im deutsch-deutschen Vergleich – Ergebnisse der Kindheitsforschung

Bis 1990, dem Jahr der deutsch-deutschen Vereinigung, stellte sich die Lebenssituation von Kindern in Ostdeutschland und Westdeutschland teilweise sehr unterschiedlich, teilweise aber auch schon ähnlich dar. Die Lebenswege von Kindern in der DDR waren in hohem Maße standardisiert. Das heißt die Kinder durchliefen die staatlichen Bildungsorganisationen von der Krippe, über den Kindergarten bis zum Ende der insgesamt zehnjährigen Polytechnischen Oberschule einheitlich und zeitgleich. Dieter Kirchhöfer (1993) hat in einem Beitrag zur kindlichen Normalbiographie in der DDR diese eher einheitlichen Lebenswege in einem Schema zusammengefasst und veranschaulicht.

Kennzeichnend für den Weg durch die Kindheit in der DDR war somit die Tatsache, dass die meisten Heranwachsenden bereits ab dem ersten Lebensjahr die Institutionen der öffentlichen Kindererziehung besuchten und sie bis zum Verlassen der allgemeinbildenden Schule gemeinsam die Schule mit relativ garantiertem Erfolg durchliefen. Der Eintritt in die politische Kinderorganisation der Jungen Pioniere wurde von nur wenigen Kindern zumeist aus christlichen Familien in Frage gestellt, für die meisten war er hingegen selbstverständlicher Bestandteil der Schullaufbahn. Ebenso nahmen fast alle Heranwachsenden an der Jugendweihe teil, die für sie im Alter von 14 Jahren ein wichtiger Initiationsritus beim Eintritt in die Jugendphase war.

Das Freizeitleben von Kindern in der DDR spielte sich jedoch nicht nur am Nachmittag in der Schule bzw. in den Clubs und Häusern der Pionierorganisation Ernst Thälmann und vor allem am Wochenende im Kreise der Familie ab. Das kindliche Freizeitleben in der DDR folgte auch dem Muster einer Straßen- und Quartierskindheit. Aufgrund der engen Anbindung der Schulen an die Wohnquartiere sowie des geringen Verkehrsaufkommens im öffentlichen Straßenverkehr nutzten die Kinder die Straße und die Räume in der unmittelbaren Wohnumgebung für gemeinsame selbstgestaltete Freizeitaktivitäten mit ihren Mitschülern.

Hervorgerufen durch Internationalisierungstendenzen im Freizeit-, Medien- und Konsumbereich sowie durch Einflussfaktoren wie westdeutsche Medien und Kontakte zu Verwandten und Bekannten in Westdeutschland boten sich den Heranwachsenden in der DDR spätestens seit den 1980er-Jahren zudem Ansatzpunkte für alternative Erfahrungen. Sie bewirkten, dass Kinder in der DDR ähnliche Orientierungen im Medien- und Konsumbereich herausbildeten wie ihre westdeutschen Altersgefährten, wenngleich die materiellen Ressourcen der ostdeutschen Kinder für den Erwerb von Konsumgütern zu dieser Zeit noch recht bescheiden waren (vgl. Krüger u.a. 1994, S. 224).

Tabelle 1: Kindliche Normalbiographie in der DDR

Durchlauf des Jahrgangs 1973 durch Institutionen		
Lebensjahr/Schuljahr	Institution	Teilnahme
1. – vollendetes 2. Lebensjahr	Kommunale oder betriebliche Kinderkrippe	80%
3. – vollendetes 5. Lebensjahr	Kommunaler, betrieblicher oder konfessioneller Kindergarten	95-98%
6. Lebensjahr	Einschulung in die polytechnische Oberschule oder in andere schulische Betreuungsformen	96% 4%
Bis zum 4. Schuljahr	(zumindest zeitweiliger Hortbesuch)	82% (1. Schuljahr)
Während des 1. Schuljahres	Eintritt in die Jungpioniere	95-98%
Ab 1. Schuljahr	Möglichkeit der Teilnahme an schulischen Arbeitsgemeinschaften und Ferienlagern	Prozentsatz unbekannt
Ab 3. Schuljahr	Möglichkeiten der Teilnahme an zentralen Wettbewerben, Förderzirkeln, Spezialistenlagern, Schülergesellschaften	über 50%
4./5. Schuljahr	Übernahme als Thälmannpionier	
Ende des 7. Schuljahres	Aufnahme in die FDJ, Aufnahmerituale	85-90%
Während des 8. Schuljahres	Jugendstunden zur Vorbereitung auf die Jugendweihe	97%
14. Lebensjahr	Jugendweihe Konfirmation	97% 10-15%
9. Schuljahr	Zivilverteidigung bzw. Vormilitärische Ausbildung	
10. Schuljahr	Verzweigung der Bildungswege	

Quelle: Kirchhöfer 1993, S. 295

Im Gegensatz zu den recht einheitlichen Lebenswegen der Kinder in der DDR durch die aufeinanderfolgenden Bildungsinstitutionen, verliefen diese Wege von Kindern in der alten Bundesrepublik heterogener und pluraler. So wuchs die große Mehrheit der Kinder in Westdeutschland auch noch in den 1980er-Jahren in den ersten Lebensjahren ausschließlich in der Familie auf, während nur eine kleine Gruppe von 3-5% auch Institutionen der öffentlichen Kleinkindbetreuung in Gestalt von Kinderkrippen oder Tagespflegestellen besuchte (vgl. Andres 1991, S. 119). Über 70% der Kinder im Alter von fünf bis sechs Jahren nutzten die Halbtagsangebote des Kindergartens. Anschließend wurde von allen Kindern in Westdeutschland eine in der Regel vierjährige einheitliche Grundschule besucht. Danach wechselten die Kinder im Alter von zehn Jahren in ein weitverzweigtes System von allgemeinbildenden Schulen, dessen Spektrum von integrierten Förder- oder Orientierungsstufen und integrierten Gesamtschulen bis hin zum dominierenden traditionellen dreigliedrigen Schulsystem (Hauptschule, Realschule, Gymnasium) reicht (vgl. Klafki 2000, S. 39).

Im Unterschied zur DDR hatte in der alten Bundesrepublik das System der schulischen Hortbetreuung nur einen marginalen Stellenwert und auch das nachmittägliche Freizeitangebot durch Schulen war deutlich geringer ausgeprägt. Im Gefolge der Expansion einer Kultur- und Freizeitindustrie war es in Westdeutschland im Verlaufe der 1970er- und 1980er-Jahre zu einer Mediatisierung und Kommerzialisierung des Freizeitlebens von Kindern gekommen. Der Konsummarkt für Kinder hatte sich zu einem bedeutsamen Marktsegment entwickelt. Daneben war der Freizeitbereich zu einem wichtigen Feld des außerschulischen Lernens und des Wettstreits um außerschulische Karrieren geworden (vgl. Büchner 1990, S. 89).

Die gesellschaftlichen und politischen Rahmenbedingungen des Aufwachsens sowie die biographischen Wege von Kindern durch die Bildungsinstitutionen waren somit bis zum Zeitpunkt der politischen Vereinigung beider deutscher Teilstaaten sehr unterschiedlich.

Wie haben sich nun die Lebenslagen, Lebenswege und Lebensvorstellungen von Kindern in Ost- und Westdeutschland seit der politischen Vereinigung im Oktober 1990 verändert? In welchen Bereichen haben sich die Lebensbedingungen, Alltagspraxen und Orientierungen von Kindern in den neuen und alten Bundesländern angeglichen und in welchen Feldern haben sich spezifische ostdeutsche Traditionen, Gewohnheiten und Mentalitäten erhalten? Diesen Fragen wollen wir im Folgenden genauer nachgehen. Zunächst werden wir die familialen Lebensbedingungen und Umgangsformen sowie deren Auswirkungen auf das kindliche Wohlbefinden im Ost-West-Vergleich skizzieren. Anschließend werden wir den Weg von ost- und westdeutschen Kindern durch die Bildungsinstitutionen rekonstruieren und verschiedene Aspekte des Schullebens und Schulklimas, wie das Wohlbefinden und Ängste, Gewalt in der Schule sowie schulische Freizeitangebote von Schülern vergleichend analysieren. Im Weiteren beschäftigen wir uns mit den Freizeitbedingungen und Freizeitaktivitäten, der Mitgliedschaft in Vereinen, der Nutzung von pädagogischen Freizeitangeboten sowie der Bedeutung und Rolle der Gleichaltrigen im Leben von Heranwachsenden im Ost-West-Vergleich und untersuchen unter biographischer Perspektive den Weg ost- und westdeutscher Kinder in die Jugendphase sowie ihre Lebens- und Zukunftsvorstellungen. Schließlich diskutieren wir neuere Ansätze zur Kindheitspolitik, die das Ziel verfolgen, die Partizipationschancen für Kinder zu verbessern sowie die Frage, welche Zukunft Kindheit und Kindheitspolitik angesichts der sich abzeichnenden demographischen Entwicklung in Deutschland überhaupt noch hat.

Bei der Analyse der verschiedenen Themenkomplexe stützen wir uns zum ersten auf die Daten der amtlichen Statistik, zum zweiten auf Sekundärliteratur und verschiedene Quellentexte, z.b. Autobiographien, sowie zum dritten auf die wenigen quantitativen und/oder qualitativen Studien, die zur Situation von Kindheit im Ost-West-Vergleich, u.a. auch von uns selber im vergangenen Jahrzehnt durchgeführt worden sind. Vor allem aufgrund der Forschungslage konzentrieren wir uns dabei vor allem auf die Lebensbedingungen und Orientierungen von Kindern im Alter zwischen fünf und 14 Jahren, wobei jedoch bei einzelnen thematischen Aspekten auch die Situation von Kindern im Krippen- bzw. Vorschulalter mit berücksichtigt wird.

5.1 Kindheit und Familie

Bei dem Thema Kindheit und Familie handelt es sich um ein sehr weites Gegenstandsfeld. Zudem existiert mittlerweile eine Vielzahl von ost-west-vergleichenden Studien, die verschiedene Aspekte dieses Verhältnisses in den Blick nehmen. In dem folgenden Kapitel kann deshalb kein allumfassender Überblick zu diesem Forschungsthema gegeben, sondern vielmehr ein Einblick in einige zentrale Untersuchungen eröffnet werden, die sich den im Zuge gesellschaftlicher Modernisierungsprozesse veränderten familialen Lebensbedingungen und den veränderten Eltern-Kind-Beziehungen gewidmet haben.

Gesellschaftliche Wandlungsprozesse, die vor allem die Familienstrukturen erfasst haben, bestehen im einzelnen darin, dass

- Heiratsneigung und Heiratshäufigkeit abnehmen,
- mehr Kinder in nicht-ehelichen Lebensgemeinschaften aufwachsen,
- die Kinderzahlen pro Ehe sinken und mehr Ehen kinderlos bleiben,
- die Zahl der Scheidungen zunimmt,
- mehr Kinder als Einzelkinder heranwachsen,
- die Zahl der Alleinerziehenden steigt,
- es eine wachsende Zahl von „Scheidungsweisen" und Stiefelternschaften gibt (vgl. Bien/Marbach 2003).

Insgesamt lässt sich heute davon ausgehen, dass das Modell des segmentierten, differenzierten Teilsystems Familie in Form eines gesellschaftsweit institutionalisierten, formaleinheitlichen Strukturtyps des familialen Zusammenlebens an Geltung eingebüßt hat. Nichtsdestotrotz ist die Familie auch gegenwärtig die primäre Lebenswelt von Kindern und Jugendlichen und ist, trotz der Konkurrenz durch andere Instanzen, wie Medien, Schule oder Gleichaltrige für deren Sozialisation von zentraler Bedeutung (vgl. Büchner 2002; 12. Kinder- und Jugendbericht 2005).

5.1.1 Wandel der Familienformen

5.1.1.1 Kindschaftsverhältnisse

Die dargestellten familienstrukturellen Wandlungstendenzen dürfen zunächst einmal nicht darüber hinwegtäuschen, dass die meisten Heranwachsenden auch heute noch in einer familialen Lebensgemeinschaft groß werden, die durch das Zusammenleben mit einem Geschwisterkind und den verheirateten leiblichen Eltern gekennzeichnet ist. D.h., dass ein großer Teil der Kinder in Deutschland in einem sogenannten Normkindschaftsverhältnis (Meyer 1996, S. 196) aufwachsen. Dennoch sind Kinder und Jugendliche gegenwärtig weitaus häufiger von Abweichungen dieses familialen Normalentwurfes betroffen als dies früher der Fall war und leben somit öfter auch in Stiefelternfamilien, Alleinerziehendenhaushalten oder gemeinsam mit nicht-verheirateten Eltern.

Abbildung 2: Kinder unter 18 Jahren in Familien nach Familientyp (1961-2003; Angaben in Prozent)

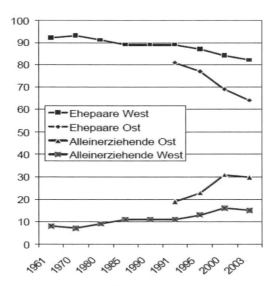

Quelle: 12. Kinder- und Jugendbericht 2005, S. 59

Bei der Darstellung des Wandels familialer Lebensformen muss zunächst deutlich darauf hingewiesen werden, dass die differenten Aufwachsbedingungen keine monokausalen Rückschlüsse auf die sozioemotionale Qualität

der Beziehungen zwischen den Familienmitgliedern zulassen. Heike Diefenbach (2000) schlägt deshalb vor, zwischen Familienstrukturen und Familienformen zu trennen und den Begriff der Familienstruktur ausschließlich den
Beziehungsformen zwischen den Familienmitgliedern vorzubehalten, um
vorschnelle Defizitannahmen einzig aufgrund der Familienform (etwa allein-
erziehend) zu vermeiden. Familienformen an sich sagen weder etwas über
die Qualität der Eltern-Kind-Beziehungen aus, noch verweisen sie auf die Art
der Eingebundenheit der Kinder in größere familiale Netzwerke. Grundsätzlich gibt es über die Frage, wer eigentlich alles zu einer Familie gehört, in der
aktuellen Familienforschung kaum Einigkeit. Deren Beantwortung richtet
sich nach dem jeweils präferierten Begriff von Familie, der entweder auf die
Frage nach der biologischen Verwandtschaft oder die Eltern-Kind-Beziehung
reduziert werden kann oder aber in einem weiteren Begriffsverständnis auch
einen größeren Personenkreis mit einbezieht. Unter Familie werden zumeist
alle Formen des intergenerationellen Zusammenlebens verstanden, die durch
Nähe und Dauer geprägt sind. Dies schließt sowohl die dem bürgerlichen
Familienmodell zugrundeliegende Kernfamilie, bestehend aus den leiblichen
Eltern und ihren Kindern, als auch alleinerziehende Mütter oder Väter (Ein-
Eltern-Familien) und Stiefelternfamilien sowie die Mehrgenerationenfamilie
ein.

Die Abbildung 2 verweist nun auf die Veränderungen in den familialen
Lebensformen und macht auf die differente Entwicklung in Ost- und Westdeutschland aufmerksam. Hier zeigt sich, dass die Wahrscheinlichkeit für
Heranwachsende, gemeinsam mit den verheirateten Eltern aufzuwachsen seit
den 1960er-Jahren in Westdeutschland gesunken ist. Dieser Wandlungspro-
zess trifft jedoch für Kinder und Jugendliche in Ostdeutschland noch stärker
zu als in den alten Bundesländern, da hier im Jahre 2003 nur noch knapp
über 60% der unter 18-Jährigen in ehelichen Haushalten lebten. Gleichzeitig
ist in den neuen Bundesländern seit Beginn der 1990er-Jahre der Anteil der
Heranwachsenden in Alleinerziehendenhaushalten stark angestiegen, während diese Familienform in den alten Bundesländern einen eher langsamen,
aber kontinuierlichen Anstieg erfahren hat.

Strukturell betrachtet, unterlag die Familie in der DDR bereits seit Beginn der 1980er-Jahre ähnlichen Veränderungstendenzen, wie sie sich in
Westdeutschland seit den 1970er-Jahren abzeichneten. Aufgrund sinkender
Geburtenraten, zunehmender Ehescheidungen bei gleichzeitig sinkenden
Eheschließungen, kam es auch in der DDR bereits vor der politischen Wende
zu einer Pluralisierung familialer Lebensformen, so dass ein Anstieg des Anteils der nichtehelichen Lebensgemeinschaften, der Stiefelternfamilien oder
der Alleinerziehenden zu verzeichnen war. Ebenso war in der DDR schon
seit den 1970er-Jahren ein Trend zur Ein-Kind-Familie festzustellen, der sich
auch in Westdeutschland abzeichnete (vgl. Kabat vel Job 1991). Zu fragen ist
hierbei allerdings, ob die ähnlichen Entwicklungstendenzen in beiden deut-

70

schen Staaten auf dieselben Ursachen zurückzuführen sind. In der westdeutschen Diskussion werden vor allem gesellschaftliche Modernisierungstendenzen als Gründe für diese Veränderungen betont. Insbesondere der gestiegene Lebensstandard, die höhere soziale und geographische Mobilität und die Bildungsexpansion führten hier seit den 1950er-Jahren zu einer Herauslösung der Menschen aus traditionellen Sozialmilieus und Verbindlichkeiten. Mit diesem Individualisierungsprozess ging schließlich ein enormer Zugewinn an Freiheiten und Gestaltungsoptionen einher, die eine Pluralisierung von Lebensstilen bedingen (vgl. Beck 1986).

Für die DDR lässt sich die Pluralisierung familialer Lebensformen in erster Linie auf den Wandel der Geschlechterrollen zurückführen, der in Westdeutschland nur einen Teil der Bedingungsfaktoren darstellt. Auf der Grundlage des allgemeinen Rechtes auf Arbeit kam es zu einer fast vollständigen Einbeziehung der Frauen in die Erwerbstätigkeit. Damit einher ging eine zunehmende ökonomische Unabhängigkeit vom männlichen Geschlecht. Die Chance zur Selbständigkeit und zur eigenständigen Lebensführung vergrößerte sich somit ungemein. Eine Scheidung oder eine Ehelosigkeit war aufgrund dessen nicht zwangsläufig mit einer materiellen Krise verbunden. Hinzu kommt, dass durch die flächendeckende und nahezu 100-prozentige Gewährleistung einer staatlichen Kinderbetreuung auch für alleinerziehende Mütter bzw. Väter die Möglichkeit bestand, trotz Kind einer Erwerbsarbeit nachzugehen und damit die selbständige Existenz zu sichern. Gleichzeitig zog jedoch die hohe Erwerbsbeteiligung der Frauen in der DDR nicht folgerichtig eine Gleichberechtigung nach sich, wenngleich diese von Seiten des Staates immer wieder propagiert wurde. Die Frauen hatten weder dieselben Ausbildungschancen noch gleiche Karrieremöglichkeiten (vgl. Grunert 1999). Neben diesen beruflichen Benachteiligungen der Frauen war auch im Familienleben keine Gleichberechtigung beider Geschlechter vorhanden. Die ähnlich hohe Erwerbsbeteiligung von Frauen und Männern zog also kaum eine adäquate Arbeitsteilung in familialen Zusammenhängen nach sich. Hausarbeit und Kinderbetreuung blieben weiterhin Frauensache, womit eine deutliche Doppelbelastung der Frauen verbunden war. Nicht selten führte dies zu Ehekonflikten und forderte Scheidungen heraus. Zugleich verband sich mit der erreichten beruflichen Position und Unabhängigkeit ein gestiegener Anspruch an die Qualität der Partnerschaft. Selbstverwirklichungswünsche und Autonomiebestrebungen stellten viele Ehen auf die Probe und machten sie störanfälliger (vgl. Kabat vel Job 1991).

Eheschließung und Elternschaft erfolgten in der DDR in einem relativ frühen Lebensalter. Das Durchschnittsalter bei der Erstheirat lag für Frauen bei 22,7 Jahren und für Männer bei 24,7 Jahren (vgl. Kramer/Letzel 1993). Eine solche frühe Familiengründung gehörte somit in der DDR zur Normalbiographie und wurde von staatlicher Seite gefördert. Dennoch entschieden sich seit den 1980er-Jahren zunehmend mehr Paare gegen eine derartig frühe

Ehe, die gemeinsam mit den relativ unproblematischen Eheschließungs- und Ehescheidungsverfahren ebenfalls Ursache häufiger Scheidungen war.

Abbildung 3: Ledige Kinder[1] im März 2004 nach Lebensformen der Elternteile; Ergebnisse des Mikrozensus; Angaben in Prozent

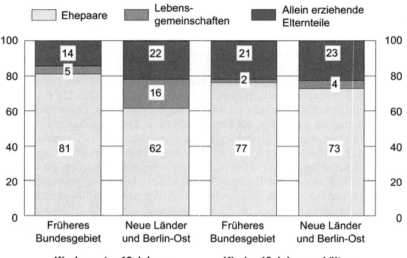

Quelle: Statistisches Bundesamt 2005, S. 27

Die Abbildung 3 zeigt zudem, dass gegenwärtig in Ostdeutschland deutlich weniger Kinder unter 18 Jahren mit den verheirateten Eltern zusammenleben als in Westdeutschland. Zählt man hier jedoch diejenigen Heranwachsenden hinzu, die in nicht-ehelichen oder gleichgeschlechtlichen Lebensgemeinschaften aufwachsen, dann ergibt sich immerhin ein Anteil von 78% der Kinder unter 18 Jahren, die mit beiden Elternteilen in einem Haushalt leben. Für die alten Bundesländer steigt dann der Wert auf 86%. Dies bedeutet umgekehrt jedoch auch, dass in den neuen Bundesländern mehr als ein Fünftel der minderjährigen Kinder bei einem alleinerziehenden Elternteil leben, während dies nur für 14% der Kinder in Westdeutschland zutrifft.

---

1   Zu den Kindern gehören im Mikrozensus alle ledigen Personen ohne Lebenspartner/in, die mit ihren leiblichen Eltern, Stief-, Adoptiv- oder Pflegeeltern bzw. einem Elternteil als Eltern-Kind-Gemeinschaft in einem Haushalt zusammen leben. Eine Altersbegrenzung für die Zählung als Kind besteht dabei prinzipiell nicht. Da unter familien- und sozialpolitischen Gesichtspunkten die Lebenssituation minderjähriger Kinder besonders von Bedeutung ist, wird bei den folgenden Ergebnissen eine zusätzliche Unterscheidung nach minder- und volljährigen Kindern vorgenommen. (Statistisches Bundesamt 2005, S. 27)

5.1.1.2 Geschwisterkonstellationen

Neben den Kindschaftsverhältnissen, in denen die Kinder aufwachsen, bestimmt auch die Anzahl der Geschwister ihre Lebenssituation maßgeblich mit. In den letzten Jahrzehnten ist jedoch Anzahl der Geschwister in den Haushalten in Ost- und Westdeutschland deutlich gesunken. Während Kinder früher meist mit mehreren Geschwistern aufwuchsen, führte der Ende der 1960er-Jahre in beiden Teilen Deutschlands einsetzende Geburtenrückgang dazu, dass Vielkindfamilien zur Seltenheit geworden sind. Von einer 'Geschwisterschar' kann heute nicht mehr die Rede sein – vielmehr aber vom „Trend zur 2-Kinder-Familie" (Klein 1995, S. 121).

Laut den Daten des Statistischen Bundesamtes sinkt die Anzahl der geborenen Kinder pro Jahr seit Beginn der 1990er-Jahre erheblich. Wurden im Jahre 1990 noch 905.675 Kinder geboren, so sank diese Zahl bis 2004 auf 705.622, also um etwa 200.000 Kinder pro Jahr[2].

Abbildung 4: Ledige Kinder im März 2004 nach Zahl der ledigen Geschwister; Ergebnisse des Mikrozensus; Angaben in Prozent

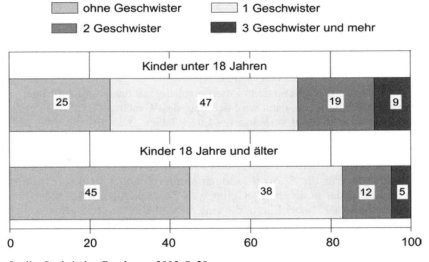

Quelle: Statistisches Bundesamt 2005, S. 28

---

2   Vgl. http://www.statistischesbundesamt.de/daten1/stba/html/indicators/d/lrbev04ad.htm
(Zugriff: 13.12.2005)

Betrachtet man die Größe der Haushalte, in denen Kinder heute aufwachsen, dann zeigt sich, dass etwa drei Viertel der Heranwachsenden unter 18 Jahren gemeinsam mit Geschwistern groß werden[3]. Dieser Befund bedeutet umgekehrt aber auch, dass immerhin ein Viertel aller minderjährigen aktuell als Einzelkinder aufwachsen. Jedoch muss auch dieser Befund mit Blick auf das Lebensalter der Kinder relativiert werden, da ein Teil der Jüngeren im Lebensverlauf noch Geschwister bekommen kann und da die Älteren teilweise deswegen als geschwisterlos erfasst werden, weil ihre Brüder oder Schwestern bereits den elterlichen Haushalt verlassen haben. Aus diesem Grund ist davon auszugehen, dass der Anteil derjenigen Kinder, die zeitlebens als Einzelkinder aufwachsen deutlich geringer ist. Die größte Gruppe der Minderjährigen bilden diejenigen, die zusammen mit einem Geschwisterkind in einem Haushalt leben, so dass die These des Trends zur Zwei-Kind-Familie bestätigt werden kann. Demgegenüber sind Drei- und Mehr-Kinder-Haushalte deutlich seltener.

Die Daten der amtlichen Statistik sind dann auch vergleichbar mit denen des DJI-Kinderpanels (Alt 2005). Befragt wurden in dieser Untersuchung über 2.000 Mütter von 5- bis 6-jährigen bzw. 8- bis 9-jährigen Kindern. Bei der älteren Kinderkohorte wurden zudem die Kinder selbst mittels eines standardisierten Interviews befragt (vgl. Alt/Quellenberg 2005). Die hier untersuchten Altersgruppen leben ebenfalls etwa zur Hälfte gemeinsam mit einem Geschwisterkind in einem Haushalt. 19% sind Einzelkinder, etwa 20% haben zwei Geschwister und 8,5% wachsen gemeinsam mit drei oder mehr Geschwistern auf (Teubner 2005, S. 72).

Bringt man diese Befunde in Zusammenhang mit den Familienformen, in denen die Kinder leben, dann wird deutlich, dass Geschwisterkinder in erster Linie in Haushalten mit verheirateten Eltern leben. Dies trifft für etwa 80% der 2004 im Mikrozensus erfassten minderjährigen Kinder zu. Seltener kommen Geschwister in alleinerziehenden Haushalten (60%) und noch seltener in nicht-ehelichen Lebensgemeinschaften (56%) vor (Statistisches Bundesamt 2005, S. 29). Für die 5- bis 9-Jährigen kommt Teubner zu dem Ergebnis, dass Einzelkinder in dieser Altersgruppe zu 28% bei Alleinerziehenden aufwachsen und zu 13% bei Eltern, die eine nicht-eheliche Lebensgemeinschaft führen. Einzelkinder leben zudem zu insgesamt 36% in reorganisierten Familien, also bei Alleinerziehenden oder auch in Stieffamilien und haben somit deutlich häufiger als Kinder mit Geschwistern, für die dies nur zu 20% zutrifft, Trennungen und Scheidungen der Eltern erlebt (Teubner 2005, S. 73).

---

3   Die Daten des Mikrozensus beziehen sich nur auf aktuell im Haushalt lebende Kinder, so dass Geschwister, die bereits ausgezogen sind, außer Acht bleiben (vgl. Statistisches Bundesamt 2005, S. 28).

5.1.1.3 Chancen und Risiken des Aufwachsens bei einem alleinerziehenden Elternteil

„In etwa der Hälfte der Scheidungen in Deutschland sind minderjährige Kinder mitbetroffen. 1997 war dies bei 105.000 Scheidungen (56%) der Fall. Insgesamt 163.112 minderjährige Kinder haben eine Scheidung ihrer Eltern erlebt, 9,6% mehr als 1996" (Walper/Schwarz 1999, S. 8). Die hier beschriebene Entwicklung ist kein Spezifikum der späten 1990er-Jahre – bereits seit den 1950er-Jahren steigt der Anteil an von der Scheidung ihrer Eltern betroffenen minderjährigen Kinder nahezu kontinuierlich an. Auch neuere Daten verweisen darauf, dass Heranwachsende im Altersverlauf immer häufiger mit wechselnden Familienformen konfrontiert werden. So waren im Jahre 2001 bereits 153.519 minderjährige Kinder von der Scheidung ihrer Eltern betroffen; insgesamt 197.498 wurden in diesem Jahr in Deutschland geschieden. Im Jahr 2004 stieg dieser Anteil weiter auf 213.691, was einer Scheidungsrate von 2,6 je 1.000 Einwohner entspricht[4]. Dem Datenmaterial des Statistischen Bundesamtes ist zudem zu entnehmen, dass dieses Ereignis im Familienzyklus insbesondere in der Phase stattfindet, wenn Kinder dem Vorschulalter entwachsen sind – wenn sie also 6 Jahre oder älter sind. Hinzu kommen diejenigen Kinder, die in nicht-eheliche Lebensgemeinschaften hineingeboren wurden und auch hier von einer Trennung der Lebenspartner betroffen sind. Deren Anteil dürfte angesichts der Zunahme dieser Lebensform in den letzten Jahren ebenfalls gestiegen sein, sind diese doch durch eine größere Instabilität gekennzeichnet als dies bei Ehen der Fall ist.

Mit welchen Chancen und Risiken ist das Aufwachsen mit einem alleinerziehenden Elternteil – sei es nun, weil dieser Elternteil ledig, geschieden, verheiratet, getrenntlebend oder verwitwet ist – für die Kinder verknüpft? Dieser Frage widmet sich eine Vielzahl von Studien, von denen hier wenige zentrale kurz angesprochen werden sollen.

Reis und Meyer-Probst (1999) haben auf der Basis einer Rostocker Längsschnittstudie (die Entwicklung von 294 Kindern seit der Geburt bis zum Alter von 25 Jahren wurde dokumentiert, ein Viertel dieser Kinder hat während dieser Zeit Scheidungserfahrungen gemacht) die Folgen der Scheidung der Eltern für das Aufwachsen der Kinder untersucht. Sie konnten dabei zeigen, dass die Scheidung der Eltern kein isoliertes Ereignis darstellt, sondern vielmehr eine Vor- und Nachgeschichte (Qualität der familiären Beziehungen vor, während und nach der Scheidung) hat, die sich ebenso wie das Ereignis selbst in das Leben der Kinder einschneidet. Die Ergebnisse dieser Untersuchung lassen sich stichpunktartig wie folgt zusammentragen (die Vergleiche beziehen sich auf Kinder aus „intakten" Familien):

---

4   Vgl. http://www.statistischesbundesamt.de/daten1/stba/html/indicators/d/lrbev06ad.htm
    (Zugriff: 13.12.2005)

Kinder aus Scheidungsfamilien

- sind laut Beschreibungen ihrer Lehrer in der Schule unruhiger, schlechter angepasst, emotional labiler und schwerer erziehbar;
- beschreiben sich als 25-Jährige selbst als aggressiver, neurotischer, nervöser, depressiver, selbstwertgeminderter, weniger verhaltenskontrolliert;
- sind materiell schlechter gestellt und sozial stärker belastet;
- werden autoritärer erzogen;
- weisen aber bezogen auf ihre Intelligenzentwicklung und Schulleistung keine Auffälligkeiten auf;
- zeigen aber keine stärkere Tendenz zu delinquentem Verhalten.

In der Literatur herrscht jedoch Übereinstimmung darüber, dass „bei Kindern in Ein-Eltern-Familien mit spezifischen Entwicklungs- und Persönlichkeitsstörungen gerechnet werden kann, aber nicht zwingend gerechnet werden muß!" (Erler 1996, S. 51). Diese Familienform kann für Kinder sogar Chancen bieten – werden diese doch im Durchschnitt früher selbständig sowie psychisch reifer und können an den verhältnismäßig vielen Kontakten des alleinerziehenden Elternteils partizipieren (vgl. Erler 1996).

Erler (ebd., S. 57) kommt vor diesem Hintergrund zu dem Schluss, „daß für die Sozialisation der Kinder neben der sozio-ökonomischen Situation die häusliche Atmosphäre, der Lebensstil und die Einstellung der Alleinerziehenden zu ihrer Lebensform ausschlaggebend sind. Die Abwesenheit von Vater oder Mutter per se sagt noch überhaupt nichts über die zu erwartende Richtung des Sozialisationsprozesses der Kinder aus!"

Mit Blick auf die kindliche Kompetenzentwicklung kommen auch Tillmann und Meier (2001) auf der Basis der Daten der PISA-Studie zu dem Schluss: „wenn Schulformen und Sozialschichten kontrolliert werden, weisen Kinder von Alleinerziehenden genauso gute Schulleistungen auf wie Kinder aus „vollständigen" Familien" (ebd., S. 481) und können zeigen, dass die Familienform allein keine Aussagekraft für unterschiedliche Kompetenzniveaus der Heranwachsenden besitzt. Wichtiger erscheinen hier etwa die bestehenden sozialen Netzwerke der Familie, das Bildungsniveau der Eltern, die Qualität der Beziehungen der Familienmitglieder untereinander sowie die Zeit, die miteinander verbracht wird. Solche mehrdimensionalen Kontextmodelle bestätigen dann vor allem den Einfluss der kulturellen, sozialen und auch ökonomischen Ressourcen der Familie auf den Bildungserfolg der Heranwachsenden (Bohrhardt 2000, S. 201 ff.).

Zu einem ähnlich differenzierten Ergebnis kommt auch Braches-Chyrek in ihrer Studie „Zur Lebenslage von Kindern in Ein-Eltern-Familien" (2002), in der 30 Kinder im Alter von 9 bis 14 Jahren aus ländlichen und städtischen Milieus mittels problemzentrierter Interviews zu ihrer Lebenssituation befragt wurden. Hinzu kamen Experteninterviews mit Personen aus dem Handlungsumfeld der Kinder. Die Analyse der erhobenen Fälle ergab eine Typologie, die die unterschiedlichen Lebenssituationen von Kindern in Alleinerziehendenhaushalten deutlich macht:

Abbildung 5: Typologie von Lebenssituationen von Kindern in Alleinerziehendenhaushalten

---

I. Autonom orientierte Kinder

Zentral für die Lebenssituation dieser Kinder ist die allgemeine Zufriedenheit in ihrer Familie. Diese resultiert vor allem aus der Beziehung der Kinder zu ihren Müttern, welche vorrangig durch kooperative Kommunikation geprägt ist. Dadurch wird den Kindern Raum gegeben für die eigene Identitätsentwicklung sowie ein selbstbestimmtes Leben ermöglicht. Hintergrund bildet meist eine gute finanzielle Lage der Familie, die durch hohe berufliche Ambitionen und gute berufliche Positionen der Mütter abgesichert wird. Auch die Beziehung zum Vater stellt für die Kinder keine Schwierigkeit dar, sondern ist, unabhängig von der Regelmäßigkeit und Intensität der Kontakte, weitgehend durch Akzeptanz geprägt. Auch im Kreis der Gleichaltrigen können die Kinder auf stabile Freundschaftsbeziehungen zurückgreifen. Sie zeigen in schulischen Belangen zum Zeitpunkt der Befragung keine Probleme oder haben diese bereits überwunden.

II. Ambiguität

Diese Kinder stehen in ihrer Ein-Eltern-Familie diversen Problemen gegenüber, die ihrer persönlichen Entwicklung teilweise als Hemmnis entgegen wirken. Die Beziehungen zum Vater sind oft konfliktreich und von seiten der Kinder in dieser Art und Weise nicht akzeptiert. Die Mütter der Kinder haben die Trennung (Scheidung, Trennung oder Todesfall) vom Partner und ihre Situation als Alleinerziehende nicht vollkommen verarbeitet und sind oft nicht in der Lage diese, vor allem gegenüber dem Ideal der Kernfamilie, zu akzeptieren. Dies führt zu Missverständnissen zwischen Kind und Mutter, verursacht durch widersprüchliches Handeln der Mütter. Jedoch weisen die Kinder eine beachtliche Selbständigkeit sowohl in der Freizeitbeschäftigung als auch in der Verantwortlichkeit für sich selbst und im Haushalt auf. Damit tragen sie zum Erhalt dieser Familienform bei, sei es durch Mithilfe im Haushalt oder Aufbesserung des Familieneinkommens durch Nebenjobs. Unter den Gleichaltrigen haben die Kinder oft wenige, aber „gute" Freunde. In der Schule sind die Kinder bemüht eventuelle Probleme in den Griff zu bekommen und ihre Schulleistungen zu verbessern.

III. Heteronom orientierte Kinder

Die Eltern-Kind-Beziehung ist durch eine enge Bindung geprägt. Oft sind die Kinder die emotionale Stütze für die Mütter, was dazu führt, dass die Mütter ihre Kinder, oftmals Mädchen, nicht loslassen und sie zu sehr in familiäre Pflichten, wie Haushalt oder Geschwisterbetreuung, einbinden. Somit bleibt den Kindern wenig Raum für die eigene Entwicklung und Identitätsfindung, da sie ihr Verhalten meist stark an den Erwartungen der Mütter orientieren. Die Mütter sind oftmals nicht oder nur halbtags erwerbstätig, was zu einer finanziellen Mangellage und zu beengten Wohnverhältnissen führt. Die Familien verfügen über ein sehr kleines soziales Netz. Die Beziehungen zum Vater sind, sofern überhaupt vorhanden, eher schwierig, meist wird kein Unterhalt gezahlt. Auch die Schulleistungen bewegen sich im unteren Bereich.

Ein wichtiger Faktor für die Frage nach den spezifischen Problembelastungen von Kindern, die bei einem alleinerziehenden Elternteil aufwachsen ist die Art der Beziehung zwischen den leiblichen Eltern. Diese ist häufig stärker belastet als in Kernfamilien, so dass Kinder in höherem Maße mit Konflikten zwischen den Eltern konfrontiert sind. Im LBS-Kinderbarometer (2005) wurde deutlich, dass Kinder von Alleinerziehenden häufiger Streitigkeiten mit dem ehemaligen Partner erleben als dies bei Kindern von zusammenlebenden Paaren der Fall ist (ebd., S. 31). Aus diesen größeren Belastungen erklären sich dann auch das erhöhte Problemverhalten und die stärkeren psychischen Beeinträchtigungen unter Scheidungskindern (Walper/Wendt 2005, S. 191). Bei etwa einem Viertel der Familien führt die Trennung der Eltern auch zu einem Kontaktabbruch zwischen den Kindern und dem getrennt lebenden Elternteil (Schneider/Krüger/Lasch u.a. 2001). Für alle anderen Kinder bedeutet die elterliche Trennung eine geringere Kontakthäufigkeit in der Regel zum Vater. In verschiedenen Studien konnte mittlerweile festgestellt werden, dass die Häufigkeit der Kontakte zum getrennt lebenden Elternteil nicht zwangsläufig Einfluss auf das kindliche Wohlbefinden hat. Entscheidender hierfür ist die Qualität des väterlichen Erziehungsverhaltens (vgl. Walper/Wendt 2005, S. 192)

5.1.2 Familiale Eltern-Kind-Beziehungen

5.1.2.1 Erziehungsziele

Karl-Heinz Reuband (1997) hat auf der Basis der vom EMNID-Institut (1992, 1995) erstellten Zeitreihen den Wandel bzw. die Konstanz von Erziehungsvorstellungen der ostdeutschen und westdeutschen Bevölkerung (nicht ausschließlich der Eltern!) gegenübergestellt. Diese Zeitreihe fußt auf folgender Frage: „Auf welche Eigenschaften sollte die Erziehung der Kinder vor allem hinzielen: Selbständigkeit und freier Wille, Ordnungsliebe und Fleiß oder Gehorsam und Unterordnung?" (Reuband 1997, S. 133), gefragt wurde also nach dem wichtigsten Erziehungsziel. Reuband konnte bezogen auf den Erhebungszeitpunkt Ende 1991 keine grundlegenden Unterschiede zwischen Ost und West konstatieren: das Ziel „Selbständigkeit und freier Wille" wurde jeweils am häufigsten (von 50 bis 60%) als stärkste Maxime für die Erziehung von Kindern genannt. Und auch die, übrigens sehr kleine, Gruppe derjenigen, die dem Ziel „Gehorsam und Unterordnung" oberste Priorität zuwiesen (5 bis 8%), war in Ostdeutschland nicht bedeutend kleiner als in Westdeutschland. Lediglich das Ziel „Ordnungsliebe und Fleiß" wurde von den Befragten in Ost häufiger genannt als in West (ca. 35 versus 45%). Reuband (ebd., S. 138) sucht eine Erklärung dieser Spezifik in dem „Reflex vermutlich der spezifischen Wirtschaftssituation, in der besondere Anstrengungen gefordert sind, um materielle und soziale Sicherheit sowie eine materiell gute

Ausstattung zu erreichen". Die Auswertung der Wiederholungsuntersuchung im Jahr 1995 belegte die annähernde Konstanz dieser Ähnlichkeiten in der Bewertung der Erziehungsziele. Nach wie vor wird die Erziehung zu Selbständigkeit und freiem Wille am stärksten befürwortet, es folgt das Ziel „Ordnungsliebe und Fleiß" und nach wie vor weit abgeschlagen „Gehorsam und Unterordnung".

5.1.2.2 Familienklima und Erziehungsverhalten – zentrale Muster des Umgangs von Eltern mit ihrem Kind

Der Umgang der Eltern mit ihren Kindern gleicht heute eher einem Verständigungsprozess als einer Befehls- und Gehorsamsstruktur und beinhaltet für die Heranwachsenden in hohem Maße Möglichkeiten des Verhandelns. Aus dem Erziehungsverhältnis ist ein Beziehungsverhältnis geworden, in dem die Beteiligten rücksichtsvoll und einander achtend miteinander umgehen. Infolge einer Liberalisierung und Informalisierung der Eltern-Kind-Beziehungen ist in den letzten Jahrzehnten ein Wandel von einem befehlenden zu einem verhandelnden Erziehungsverhalten zu beobachten.

Bereits seit den 1970er-Jahren ist eine Liberalisierung der elterlichen Erziehungsstile in beiden Teilen Deutschlands erkennbar. Als Ursache dafür wird insbesondere in Westdeutschland der Übergang einer in den 1950er-Jahren noch an der Bedarfsdeckung orientierten Gesellschaft zur konsumintensiven Wohlstands- und Überflussgesellschaft in den 1960er- und 1970er-Jahren angeführt (vgl. Büchner 1985). Mit dieser Entwicklung setzte auch ein Wandel der Verhaltensstandards und Umgangsnormen ein, ein Wertewandel also, der sich auch auf die Erziehungsvorstellungen auswirkte. Die klassisch-bürgerlichen Werte, wie Fleiß, Pflichtbewusstsein, Gehorsam und Sparsamkeit verlieren durch diese gesellschaftliche Umorientierung immer mehr an Bedeutung. Sie werden überlagert und durchdrungen von einer stärker privatistisch-hedonistischen Orientierung und einer Betonung egalitärer und partnerschaftlicher Werte. Damit einher geht eine Ablösung autoritärer und restriktiver Erziehungsstile durch liberale, auf Verhandlung mit den Kindern beruhende Erziehungsformen, die eine frühe Selbständigkeit des Kindes zum Ziel haben. Kinder können sich heute mehr Freiheiten herausnehmen, ohne dass sie Angst vor Strafen haben müssen und Eltern nehmen mehr Rücksicht auf kindliche Belange und gehen partnerschaftlicher mit ihren Kindern um (vgl. bereits Büchner 1983). Die Machtbalancen innerhalb der Familie scheinen sich damit zugunsten der Kinder verschoben zu haben. Sie sind heute weniger ausdrücklichen und formellen Zwängen unterworfen (vgl. Wouters 1977) und haben dadurch auch größere Handlungsspielräume als früher. Dieser Wandel des Eltern-Kind-Verhältnisses ist kein einseitiger Prozess, der sich von "oben nach unten", also von den Eltern zu den Kindern vollzieht. Es lässt sich eher eine Wechselwirkung ausmachen, in der die Eltern ihre Erziehungsvorstellungen ändern und die Kinder gleichzeitig eine frühe Eigenständigkeit einfordern und auch Kritik an den Eltern üben (vgl. Büchner 1985). Dadurch erhalten die Kinder schon frühzeitig ein Mitspracherecht in Erziehungsfragen, in ihrer eigenen Lebensplanung und lernen, eigene Entscheidungen zu treffen.

A. de Swaan (1982) sieht in dieser Verschiebung der Machtbalancen, die nicht nur im Bereich der Familie deutlich wird, eine Entwicklung vom Befehls- zum Verhandlungshaushalt. Die Beziehung zwischen den Generationen, wie auch die zwischen den Geschlechtern, verliert an Einseitigkeit und wird zunehmend ausgewogener. Kinder erwerben sich auch außerhalb der Familie Machtressourcen, die ihre Stellung in der Familie stärken. So z.B. durch die Entstehung altershomogener Gruppen infolge der Verschulung des Kinderalltages und der längeren Bildungswege oder durch die Teilnahme am Konsum als gleichberechtigte Konsumenten. Kinder werden ebenso wie Erwachsene zunehmend freigesetzt aus traditionalen Verbindlichkeiten, was in der Erziehung nicht unbeachtet bleiben kann. Sie haben durch die Bildungsexpansion die Möglichkeit des sozialen Aufstiegs und fungieren auch in der Konsumwelt bereits als relativ freie und gleiche Konsumenten. Durch diese Freisetzungsprozesse wird das Nachfolgeprinzip, das früher selbstverständlich war, immer mehr verdeckt (vgl. Büchner 1985). Die Eltern reagieren darauf mit einer Erziehung zu mehr Gleichheit und größerer Selbständigkeit. Die Kinder haben dadurch auch ein größeres Recht auf körperliche Autonomie und eigene Geschmacksvorstellungen, was ebenfalls Ausdruck partnerschaftlicher und an Selbstverwirklichung und -verantwortung orientierter Erziehungswerte ist (vgl. du Bois-Reymond 1994). Die Tendenz zum Verhandlungshaushalt birgt aber nicht nur größere Freiheiten der Kinder in sich, sondern mit ihr werden auch neue Zwänge sichtbar. Mit dem Übergang zum Verhandlungshaushalt ist gleichzeitig die Notwendigkeit zur Kommunikation zwischen Eltern und Kindern verbunden. Durch den Verzicht auf körperliche Gewalt und Strafen sind die Eltern jetzt dazu gezwungen, ihre Einstellungen und Forderungen zu explizieren und zu begründen. Die Kinder dürfen widersprechen, müssen aber ihre Einwände ebenfalls legitimieren und ihre Anliegen sprachlich zum Ausdruck bringen können. Alles in allem muss im heutigen Familienleben mehr miteinander verhandelt und geredet werden. Damit sind hohe Ansprüche an die Kinder verbunden. Sie müssen kommunizieren, mitdenken und Verantwortung tragen können (vgl. du Bois-Reymond 1994).

Es gibt mittlerweile eine Reihe von Studien, die sich mit dem Wandel der Eltern-Kind-Beziehungen beschäftigt haben. Einen zentralen Stellenwert nimmt darunter die Untersuchung von Manuela du Bois-Reymond (1994) ein, die auf der Basis qualitativer Einzelfallstudien eine diesbezügliche Typologie auf einer gedachten Modernitätsachse der Beziehungen entwickelte. Hierfür wurden sowohl die Kinder als auch deren Eltern mittels biographischer und Leitfadeninterviews befragt. Die Befragung fand in drei europäischen Regionen, in den Niederlanden, in Ost- und in Westdeutschland statt. Die Auswertung der Interviews ergab fünf Typen von Eltern-Kind-Beziehungen, die in Tabelle 3 tabellarisch charakterisiert werden. Mittels der Daten einer quantitativen Studie, in der ca. 2.700 10- bis 15-jährige Schülerinnen und Schüler in den Regionen Sachsen-Anhalt und Hessen schriftlich befragt wurden, wurde zudem versucht, diese Formen von Eltern-Kind-Beziehungen auf ihre quantitative Verteilung hin zu überprüfen. Obwohl das hierfür zugrundeliegende Datenmaterial thematisch nicht so detailliert erhoben worden war, dass die quantitative Verteilung aller von du Bois-Reymond qualitativ gefundenen Typen geprüft werden konnte, gelang es, zwei verschiedene Muster von Eltern-Kind-Beziehungen auch quantitativ zu identifizieren, die sich als Verhandlungshaushalt bzw. Befehlshaushalt beschreiben ließen (vgl. Kötters 2000; Büchner/Fuhs/Krüger 1997).

Tabelle 2: Häufigkeit der Erziehungshaushalte im Ost-West-Vergleich

	Moderne Eltern-Kind-Beziehungen mit Merkmalen des **Verhandlungshaushaltes**		Traditionelle Eltern-Kind-Beziehungen mit Merkmalen des **Befehlshaushaltes**	
Untersuchungsregion	Ost	West	Ost	West
Verteilung	60,6%	63,0%	39,4%	37,0%

Quelle: Kötters 2000, S. 146

Fast zwei Drittel der befragten Kinder wuchsen in einem familialen *Verhandlungshaushalt* auf: Sie berichten von einem hohen Grad an elterlicher Aufmerksamkeit im Sinne von unterstützend-kontrollierender Fürsorge. Beim Überschreiten durch familiale Regeln festgelegter Grenzen durch die Kinder wird in der Familie darüber geredet und gemeinsam nach einer für beide Seiten vertretbaren Lösung gesucht. In diesem Verhandlungsprozess werden die Heranwachsenden von ihren Eltern als Partner ernst genommen. Können die Eltern von der Wichtigkeit eines Anliegens ihres Kindes überzeugt werden, so sind sie auch bereit, eigene Ansichten zurückzustellen. Äußern sie jedoch Bedenken, die in ein Verbot münden, so begründen sie ihre Entscheidung. Körperliche und emotionale Strafen stellen in diesen Familien ein Tabu dar. Die Kinder schätzen ihr Verhältnis zu den Eltern bzw. Elternteil/en als gut ein und fühlen sich in ihrer Familie wohl. In diesen Familien gibt es kaum Hektik, Ärger oder Streit.

Tabelle 3: Merkmale von Erziehungshaushalten

Merkmal	Traditioneller Befehlshaushalt	Modernisierter Befehlshaushalt	Verhandlungshaushalt a-geregelt und b-offen	Erziehungsohnmacht
Sozialstatus	niedrig; Vater Haupternährer	hoch, mittel, niedrig; Vater Haupternährer u./o. Mitarbeit der Frau	hoch, mittel; Vater Haupternährer ev. in Teilzeit; Mutter halb-o. ganztags tätig	mittel, niedrig; Vater Haupternährer u./o. Mitarbeit der Frau
Wohnsituation	eher beengt	angemessen	angemessen o. großzügig	kein Kriterium
Konsum	ad hoc	gezügelt	langfristig u. ad hoc	kein Kriterium
Familienkonstellation	traditionale Fam.-Form o. Scheidung; traditionale Besuchsregelungen; traditionales Mann-Frau-Verständnis	traditionale Fam.-Form; Scheidung Ausnahme; solidarisch traditionales Mann-Frau-Verständnis	Partnerschaftsehe; plurale komplexe Familienformen; gemeinsames Sorgerecht	kein Kriterium
Informalisierungsgrad	gering; Privatsphäre nicht garantiert bzw. nicht wichtig	gering; Privatsphäre wenig garantiert bzw. nicht wichtig	hoch; Privatsphäre in hohem Maße garantiert	gering; Privatsphäre wenig garantiert
Selbst- vs. Fremdkontrolle	Fremdkontrolle	Selbstkontrolle z.T. Fremdkontrolle z.B. durch kirchliche Werte	hohes Maß an Selbstkontrolle	schwankend
Familienklima	warm o. kalt	warm o. kalt, eher warm	warm; ev. distanziert durch Überbetonung Rationalität	schwankend
Schule/ Leistung	i.d.R. niedriges elterliches Anspruchsniveau; Kind ev. hohes Anspruchsniveau u. Leistungspotential	Anspruchsniveau orientiert an Fähigkeiten Kind	mittleres bis (sehr) hohes Anspruchsniveau, orientiert an Fähigkeiten Kind	mittleres bis hohes Anspruchsniveau, ev. nicht orientiert an Fähigkeiten Kind
Autonomie	gering	mittel	hoch	schwankend
Zufriedenheit	eher unzufrieden	zufrieden	(sehr) unzufrieden	schwankend
Erziehungswerte	Pflicht u. Gehorsam, geschlechtsspezif. Erziehung	Pflicht u. Leistung schrittweise Selbständigkeit, in geringem Maß geschlechtsspezif. Erziehung	Individualität u. Kooperation, geschlechtsunabhängige Erziehung	schwankend zwischen Pflicht u. Leistung u. Individualität
Zukunftsentwurf	Geschlechtsspezif. Normalbiographie	Modernisierter normalbiographischer Lebensentwurf	offene Zukunftsentwürfe; Wahlbiographie	normalbiographischer Lebensentwurf (mit Öffnungen)

Quelle: Bois-Reymond 1994, S. 150f.

Praktisch kontrastierend dazu wuchs ein reichliches Drittel der befragten Kinder in einem familialen *Befehlshaushalt* mit vergleichsweise weniger modernen, auf der Machtposition der Eltern beruhenden Eltern-Kind-Beziehungen auf: In den betreffenden Familien bestimmen Regeln den Alltag, die auf praktische Dinge (z.b. Mithilfe im Haushalt) aber auch prinzipielle Erziehungsmaximen (z.b. anständiges Benehmen) bezogen sind. Diese Regeln stehen relativ fest und ihre Einhaltung wird durch die Eltern kontrolliert. Da die Eltern weniger als die der Kontrastgruppe bereit sind, bei Meinungsverschiedenheiten und Regelüberschreitungen nach einer gemeinsamen Lösung zu suchen, ist die elterliche Aufmerksamkeit hier mehr als Kontrolle denn als Fürsorge zu interpretieren. Die Eltern ziehen es vergleichsweise weniger in Betracht, die Regeln den Bedürfnissen ihres Kindes anzupassen. Oft setzen sie ihre persönliche Sichtweise als Gradmesser bei der Regelung der Alltagsfragen an. Im Extremfall könnte man die Situation so beschreiben: „Wer recht hat, bemisst sich am Status der Person, nicht an inhaltlichen Argumenten. Erwachsene haben recht, weil sie Erwachsene sind. Das Kind wird nicht ermutigt, seine Meinung zu äußern, schon gar nicht, wenn diese von der der Eltern abweicht. Es ist für seine Eltern kein seriöser Gesprächspartner, verhandeln ist unmöglich" (vgl. du Bois-Reymond 1994, S. 152). In den betreffenden Familien werden jedoch körperliche und überwiegend auch emotionale Strafen kaum praktiziert. Im Vergleich zu Kindern aus Verhandlungshaushalten werden sie jedoch häufiger bei Regelverstößen sanktioniert. Die be-

Tabelle 4: Anteil der in einem familialen Verhandlungshaushalt aufwachsenden Kinder im Ost-West-Vergleich (Angaben in Prozent)

Merkmal	Ostdeutschland	Westdeutschland
Alter		
10- bis 12-Jährige	60,1	61,5
13-Jährige	62,5	67,9
14- bis 15-Jährige	59,2	62,8
Geschlecht		
Jungen	60,5	60,3
Mädchen	60,6	66,0
Sozialer Status		
niedrig	50,3	56,1
hoch	72,4	68,9
Familienform		
Eltern	62,9	72,1
Mutter u. neuer Partner	46,3	49,6
Geschwisterzahl		
0	60,7	65,1
1	63,3	64,6
2	54,1	62,8
>2	52,8	56,4

Quelle: Kötters 2000, S. 148

treffenden Kinder stellen das Verhältnis zu ihren Eltern bzw. Elternteilen als vergleichsweise weniger positiv dar. Sie fühlen sie sich in ihrer Familie häufiger in ihrem Wohlbefinden beeinträchtigt.

5.1.2.4 Gewalt als erzieherisches Mittel – Schläge und Misshandlungen in der Familie

Interviewausschnitt, Mädchen

„Von meinem Vater ist es immer, ist eine Ohrfeige eigentlich immer Gewalt, denn er hat schon ziemlich viel Kraft, der hat Bodybuilding gemacht. Wenn, okay sie ist berechtigt, und das ist wahrscheinlich auch meine Schuld, dann ist es wahrscheinlich nicht so. Aber wenn er nur halb so doll zuschlagen würde, das würde auch schon reichen ... Da sitzt eine Kraft dahinter, da denkst, da fliegt der Kopf weg irgendwie"

Quelle: Frehsee/Bussmann 1994 zit. n. Horn 1996, S. 118

Trotz der Liberalisierung des Umgangs der Eltern mit den Kindern ist auch heute noch ein beunruhigendes Maß an gewaltförmigen Erziehungspraktiken in Familien und zum Teil auch deren Duldung durch die Gesellschaft zu beklagen. Zu den gesellschaftlich verharmlosten Formen von Gewalt zählen dabei die Ohrfeige und auch das „Versohlen" des Hinterns: „Das vertraute „dem gehört mal ordentlich der Hintern versohlt" hat schon jeder gehört, wenn eine Mutter mit einem weinenden Kind im Supermarkt in der Schlange steht und nach Ansicht der anderen Wartenden mit dem Kind „einfach nicht fertig wird". Den Müttern wird schließlich öffentlich der „heilende Klaps" als Erziehungsmittel empfohlen. Er gilt (...) als „erfolgversprechendes" Instrument der Erziehung." (Ernst/Stampfel 1991, S. 54f.). Hier wird bereits deutlich, dass Gewalt in Familien kein neues Phänomen ist. Vielmehr hat sich in den letzten Jahren ein größeres Problembewusstsein für die unterschiedlichen Formen familialer Gewalt gegen Kinder entwickelt, mit dem eine Sensibilisierung für und ein Legitimationsverlust von ehemals selbstverständlichen gewaltförmigen Handlungen gegen Kinder einherging. Dennoch kann von einer Verdrängung der Gewalt aus dem familialen Zusammenleben nicht die Rede sein.

In der Literatur wird heute zwischen unterschiedlichen Formen von Gewalt gegen Kinder unterschieden:

Abbildung 6: Formen und Gewalt gegen Kinder

Körperliche Misshandlung

Schläge oder andere gewaltsame Handlungen (z.B. Stöße, Schütteln, Verbrennungen), die beim Kind zu körperlichen Verletzungen führen können. Dabei ist immer die besondere Empfindlichkeit des kindlichen Organismus in Rechnung zu stellen.

Psychische Misshandlung

Verhaltensweisen, die Kinder ängstigen, Gefühle des Abgelehntseins oder der eigenen Wertlosigkeit vermitteln und sie dadurch in ihrer psychischen und körperlichen Entwicklung beeinträchtigen. Die psychische Misshandlung ist die am schwersten fassbare Form von Gewalt.

Sexueller Missbrauch

Instrumentalisierung von Kindern für die Befriedigung sexueller Bedürfnisse von Erwachsenen. Unterschieden wird zwischen Hands-on- (z.B. Vergewaltigung) und Hands-off-Handlungen (z.B. Anleitung zur Prostitution, obszöne Anreden etc.).

Vernachlässigung

Vernachlässigung durch nicht ausreichende Ernährung, Pflege, Förderung, gesundheitliche Vorsorge oder Beaufsichtigung. Unterschieden wird zwischen psychischer und physischer Vernachlässigung, je nach dem, ob unmittelbare körperliche Auswirkungen auftreten.

Quelle: Melzer/Lenz/Ackermann 2002, S. 839

Aussagen über das Ausmaß von Gewalt gegen Kinder in Deutschland lassen sich anhand der bislang durchgeführten Studien nur sehr schwer treffen. Für Deutschland existieren bislang fast nur sogenannte Prävalenzstudien, die Auskunft darüber geben, wie viele der heutigen Erwachsenen in ihrer Kindheit gewaltförmige Handlungen innerhalb der Familie erlebt haben. Zudem existiert in Deutschland bislang keine Meldepflicht für Hilfseinrichtungen, so dass von offizieller Seite lediglich Kriminalstatistiken Auskunft über Gewalthandlungen gegen Kinder geben können (Melzer/Lenz/Ackermann 2002, S. 840). Diese sind jedoch aufgrund der eher geringen Anzeigenrate solcher Delikte kaum aussagekräftig (näher hierzu: Wetzels 1997).

Melzer, Lenz und Ackermann (2002, S. 842) schätzen vor dem Hintergrund unterschiedlicher Studien, dass in Deutschland „bislang gerade mal jedes vierte Kind gewaltfrei aufwächst". In 10 bis 15% der deutschen Familien vermuten sie zudem schwere Misshandlungen der Kinder durch Familienangehörige. Aus amerikanischen Studien geht zudem hervor, dass insbesondere jüngere Kinder Opfer von körperlichen Gewalthandlungen in ihrer Familie werden. So treten diese besonders häufig im Alter von drei Jahren auf und sinken mit dem Schuleintritt der Kinder wieder ab. Zudem zeigen deutsche und auch internationale Studien, dass es häufiger die Jungen sind, die von ihren Eltern körperlich bestraft werden oder auch körperlichen Misshandlungen ausgesetzt sind. Körperliche Gewalthandlungen kommen zwar in allen sozialen Schichten vor, jedoch sind Kinder aus unteren Sozialmilieus deutlich stärker davon betroffen (ebd., S. 842f.). Grundsätzlich ist davon auszugehen, dass aufgrund der bereits beschriebenen Liberalisierung der elterlichen Erziehungsstile körperliche Gewaltanwendung als Erziehungsmittel rückläufig ist.

Das Auftreten von körperlicher Gewalt und Verbotssanktionen im familialen Kontext haben Frehsee und Bussmann (1996) in einer rechtssoziologischen Studie untersucht. Anhand der Befragung von Heranwachsenden konnten sie zeigen, dass die Ohrfeige die häufigste Gewaltform darstellt – über 80 Prozent haben von ihren Eltern mindestens einmal eine Ohrfeige bekommen. Von wirklich „deftigen" Ohrfeigen berichten fast 45% und von einer „Tracht" Prügel nahezu ein Drittel der Heranwachsenden. Bei den Verbotssanktionen führt das Fernsehverbot mit 67% der davon bereits betroffen gewesenen Kinder die Rangliste an, gefolgt vom Ausgehverbot (64%) und der Kürzung oder dem Entzug des Taschengeldes (35%). Auch emotionale Strafen hat ein großer Teil der von den Autoren der Studie befragten Kinder erfahren: 52% berichtet, von den Eltern bereits mindestens einmal niedergebrüllt worden zu sein, fast 37% wurde mit Schweigen gestraft.

In der Studie „Kindheit im Umbruch" (siehe Kapitel 5.1.2.3) wurde ebenfalls untersucht, welche körperlichen Sanktionen die Befragten in ihrer Familie bereits erlebt haben. Unterschieden wurde hier zwischen einer Ohrfeige und Prügel als Folge einer Handlung, die gegen den Willen der Eltern ausgeübt wurde. Vier Jahre später wurde die Anwendung dieser Sanktionsformen in einer ostdeutschen Studie (vgl. Krüger/Grundmann/Kötters 2000) erneut erfasst.

Tabelle 5: Von Eltern gegen ihr Kind gerichtete körperliche Sanktionen (Angaben in %)

Körperliche Sank-tionsform	1993		1997
	westdeutsche Kinder	ostdeutsche Kinder	ostdeutsche Kinder
Ohrfeige	9,5	15,7	13,5
Prügel	1,9	3,1	1,5

Quelle: Büchner/Fuhs 1996; Kötters 2000

Zunächst einmal spiegeln die Daten wider, dass Prügel durch die Eltern nur für eine kleine Minderheit der Kinder leidvolle Erfahrung sind. 2% der westdeutschen und 3% der ostdeutschen 10- bis 15-jährigen Kinder gaben in unserer Befragung zu Beginn der 1990er-Jahre an, von ihren Eltern verprügelt zu werden, wenn sie ihre Pflichten nicht erledigen oder etwas tun, was ihre Eltern nicht wollen. Führt man sich jedoch die dahinter stehenden absoluten Zahlen vor Augen, so sind dies 20 bzw. 30 Kinder unter 1000 Heranwachsenden. Fünf Jahre später hat sich die Zahl der davon betroffenen, von uns befragten Kinder immerhin halbiert und beträgt jetzt 15 unter 1000.

Die Ohrfeige gehört demgegenüber zu den Erfahrungen einer größeren Gruppe von Kindern. In unserer ersten Befragung berichtete fast jedes siebente ostdeutsche Kind, zu Hause bei Regelverstößen eine Ohrfeige einstecken zu müssen – von den westdeutschen Kindern bekundete dies nur jedes elfte Kind. Ende der 1990er-Jahre sind etwas weniger ostdeutsche Kinder als noch 1993 von dieser Sanktionsform betroffen – aber immerhin noch jeder achte Heranwachsende.

Im Gegensatz zur körperlichen Gewalt gegen Kinder sind Forschungen zu den anderen Formen familialer Gewalt noch deutlich seltener, da sich etwa bei der Frage nach sexuellen Missbrauchserfahrungen der Forschungszugang als sehr problematisch erweist und da sich die Grenzziehung von psychischer Gewalt zu weitaus tolerierten Erziehungspraktiken als sehr schwierig erweist.

5.1.2.3 Die Rolle der Eltern als Bezugsgruppe von Kindern

Heranwachsende benötigen auf ihrem biographischen Weg durch die Kindheit vor allem soziale Ressourcen – diese erhalten sie dort, wo sie in ein Netz gut funktionierender Beziehungen eingebettet sind. Vor allem die Familie ist hier als psycho-soziale Bezugsgruppe gefragt. In der Schülerstudie '90 wurde ihre Bedeutung anhand folgender Bewertungen erfasst: Hilfe bei Problemen, Optimismus, Zuneigung, Geborgenheit, Sicherheit und Humor in der Familie, Zufriedenheit mit Vater und Mutter und Zeit der Eltern für die Probleme des Kindes. Beim Ost-West-Vergleich der Ergebnisse waren die Autoren der Studie von der hohen Ähnlichkeit der Ergebnisse beeindruckt (siehe Schaubild). Auffällig erschien ihnen jedoch aber auch, dass zum Zeitpunkt 1990 in den Familien der DDR die Bedürfnisse der Kinder nach Geborgenheit und Sicherheit etwas stärker befriedigt wurden als es bei den Kindern aus der Bundesrepublik der Fall war. Hingegen ging es in den westdeutschen Familien offensichtlich etwas lockerer („humorvoll") zu" (Behnken/Krüger u.a. 1991, S. 114).

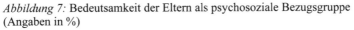

Abbildung 7: Bedeutsamkeit der Eltern als psychosoziale Bezugsgruppe
(Angaben in %)

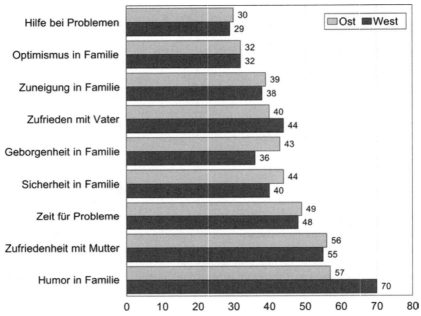

Quelle: Behnken/Krüger u.a. 1991, S. 113

Auch die Studie „Kindheit im Umbruch", in der rund 2.600 Schüler und Schülerinnen im Alter zwischen 10 und 15 Jahren in Ost- und Westdeutschland im Jahre 1993 befragt wurden, hat entlang verschiedener Merkmale untersucht, wie wichtig die Eltern für die Kinder als Bezugsgruppe sind (vgl. Kötters 2000). Im Folgenden sollen kurz die Ergebnisse für die 10- bis 12-Jährigen im Ost-West-Vergleich dargestellt werden.

In der Verflechtung der Freizeit mit der der Eltern unterscheiden sich die ostdeutschen Kinder nicht von denen in Westdeutschland. Ungefähr die Hälfte von ihnen hört mit den Eltern gemeinsam Musik, treibt mit ihnen Sport, lässt sich beim Lesen von Büchern von ihnen beraten, spricht mit ihnen über Fernsehsendungen und verbringt mit ihnen gemeinsam das Wochenende. Dieser Befund verwundert, sind die Eltern der ostdeutschen Heranwachsenden doch häufiger und in zeitlich höherem Maße erwerbstätig als die der westdeutschen.

Der Einfluss der Eltern auf die Gestaltung der Freizeit und der Wahl der Freunde ist bei den 10- bis 12-Jährigen in beiden Teilen Deutschlands dann aber relativ gering. Lediglich für 16% der ostdeutschen und 14% der westdeutschen Heranwachsenden fungieren die Eltern in dieser Hinsicht als Ansprechpartner, so dass die Kinder mehrheitlich das Recht beanspruchen, letztendlich selbst entscheiden zu können, wie sie ihre Freizeit gestalten und wer zu ihren Freunden gehört.

Wenn es jedoch um das eigene optische Erscheinungsbild geht, zeigen sich aber doch Unterschiede zwischen west- und ostdeutschen Kindern. So ist die Gruppe derjenigen, die im späten Kindesalter bereits selbst darüber bestimmen, welche Art und welchen Stil von Kleidung sie tragen und für welche Frisur sie sich entscheiden, in Westdeutschland deutlich größer als in Ostdeutschland. Sie umfasst fasst ein Drittel der 10- bis 12-Jährigen in West, aber nur ein Viertel der Altersgleichen in Ost.

Die Beziehung zwischen Eltern und Kindern wurde auch im LBS-Kinderbarometer (2005), in dem in regelmäßigen Abständen über 2.000 9- bis 14-jährige Heranwachsende in Nordrhein-Westfalen befragt werden, näher beleuchtet. Hier wurde danach gefragt, inwieweit sich die Kinder in ihrer Familie wohl fühlen. Dafür sollten die Heranwachsenden auf einer Skala von 1 = „sehr schlecht" bis 7 = „sehr gut" angeben, wie sie sich in verschiedenen Lebensbereichen fühlen. Die Familie landete dabei mit einem Mittelwert von 5,8 auf Rang 3 nach den Freunden und dem Wohnumfeld, aber noch vor der Schule, die bezüglich des kindlichen Wohlbefindens am schlechtesten abschnitt. Innerhalb der Familie berichten immerhin 9% der nordrhein-westfälischen Kinder von einem negativen Wohlbefinden, das sie mit „eher schlecht" bis „sehr schlecht" charakterisieren. Demgegenüber fühlen sich etwa 40% der befragten in ihrer Familie „sehr gut". Dabei verschlechtert sich das Wohlbefinden der Kinder in der Familie mit zunehmendem Alter, was auf beginnende Ablösungsprozesse von den Eltern zurückzuführen sein könnte.

Gleichzeitig konnten die Forscher feststellen, dass die innerfamiliäre Kommunikation mit zunehmendem Alter der Kinder schlechter wird. Dies zeigt sich nicht nur beim Besprechen von Problemen, sondern auch die alltägliche Kommunikation verschlechtert sich deutlich. Bei der Frage nach der Kommunikation mit den Eltern schneiden die Väter deutlich schlechter ab. Sowohl über die Alltagserlebnisse als auch über Probleme reden die Kinder eher mit ihren Müttern als mit den Vätern. Dabei sind es eher die Jungen, die Probleme auch mit dem Vater besprechen, während sich die Mädchen für solche Gespräche eher an die Mutter wenden (LBS-Kinderbarometer 2005). Am geringsten ist die Kommunikation zwischen Eltern und Kindern bei Heranwachsenden mit Migrationshintergrund ausgeprägt.

Auf einer Skala von 1 bis 5 erreichen die Väter aus Einwandererfamilien der ersten Generation den deutlich geringsten Wert und kommunizieren so am seltensten mit ihren Kindern über deren Probleme. Den höchsten Wert erreichen hier die Mütter von Kindern ohne Migrationshintergrund, die sehr häufig mit ihren Kindern über Probleme reden. Ähnlich wie das kindliche Wohlbefinden nimmt auch die Häufigkeit der Kommunikation mit den Eltern mit dem Alter der Kinder ab. Ersetzt wird diese dann zu einem großen Teil durch den Kontakt zu Gleichaltrigen, die als Kommunikationspartner eine zunehmend wichtigere Rolle spielen.

Abbildung 8: Problemkommunikation mit den Eltern nach Migrationshintergrund

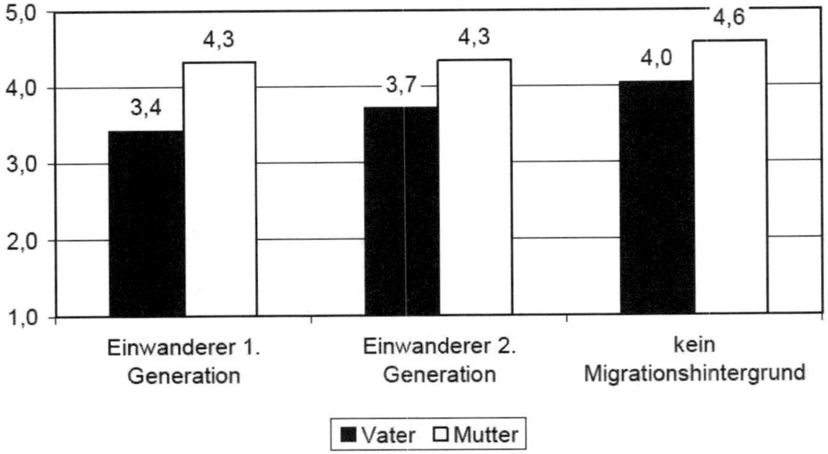

Quelle: LBS-Kinderbarometer 2005, S. 24

5.1.3 Materielle Lebensbedingungen der Familien

Die materiellen Lebensbedingungen der Familie, dazu gehören als wichtigste Indikatoren der familiale Wohnstatus und die Möglichkeit des Kindes, über ein eigenes Zimmer verfügen zu können, sind als Ressourcen für die alltäglichen Aktivitäten der Heranwachsenden von großer Bedeutung. Erst das Vorhandensein bestimmter Strukturen und Gegebenheiten ermöglicht gewisse Aktivitäten, während das Nichtvorhandensein Handlungen begrenzt oder einer Realisierung gewünschten Verhaltens entgegensteht. Neben den sozialen innerfamilialen Beziehungen vermittelt „erst das Ensemble dieser Einflussfaktoren ... ein einigermaßen umfassendes Bild davon, welche Entfaltungsmöglichkeiten Kinder in einem bestimmten Alter in ihren jeweiligen Umwelten vorfinden (Kreppner/Klöckner 2002, S. 214).

5.1.3.1 Qualität familialer Wohnverhältnisse, Kinderzimmer

Interessante Einblicke in die Wohnverhältnisse ostdeutscher Kinder gibt die Untersuchung von Irmgard Steiner (1991), die dazu Daten des DDR-Forschungsbereiches Bildungssoziologie aus den Jahren 1977/79 mit denen aus

90

1989/90 verglichen hat. Sie zeigt, dass sich die Wohnbedingungen der Kinder von Ende der 1970er-Jahre bis unmittelbar kurz vor dem Zusammenbruch der DDR gravierend verändert haben. Belege, die sie dafür liefert, beziehen sich auf die Ausstattung der Wohnungen von Familien mit Zentralheizung, Bad und WC (vgl. Tabelle 6). Auch wenn Ende der 1980er-Jahre noch deutliche Mängel hinsichtlich der Größe des Wohnraums, der Qualität der Wohnungen und der Gestaltung des Wohnumfeldes bestehen, verfügt die überwiegende Mehrheit der Familien über eine eigene (zumindest) Mietwohnung und der überwiegende Teil der Kinder hat ein Kinderzimmer in der elterlichen Wohnung. Bei der Frage des eigenen Kinderzimmers gibt es aber deutliche Unterschiede je nach sozialer Herkunft der Kinder. 80% der Kinder der akademischen Oberschicht verfügen 1990 über ein eigenes Zimmer gegenüber 71% der Facharbeiterkinder und nur 68% der Kinder von Un- und Angelernten.

Tabelle 6: Wohnbedingungen in Ostdeutschland 1979 und 1989/90 (Angaben in %)

	Landkreis		Mittelstadt		Großstadt	
	1979	1989	1977	1989	1979	1990
Zentralheizung, WC und Bad	33	35	27	61	41	73
Zentralheizung, WC, kein Bad	2	1	2	1	1	1
Ofenheizung, WC und Bad	48	58	46	34	45	23
Ofenheizung, WC, kein Bad	5	3	8	1	10	2
Ofenheizung, Wasseranschluss, kein WC und Bad	10	2	13	3	3	-
Ofenheizung, kein Wasseranschluss	2	-	4	-	-	-
Keine Antwort	-	1	-	-	-	1
Kind hat eigenes Kinderzimmer	68	84	nicht ge-fragt	75	55	75

Quelle: Steiner 1991, S. 23

Welche Wohnressourcen den ostdeutschen gegenüber den westdeutschen Kindern einige Jahre nach dem gesellschaftlichen Umbruch zur Verfügung stehen, wurde im Rahmen der Studie „Kindheit im Umbruch" untersucht (vgl. Brake/Büchner 1996, Kötters 2000), indem nach dem eigenen Kinderzimmer und der Wohnform gefragt wurde. Die Abbildung 9 zeigt, dass es 1993 für die ostdeutschen 10- bis 15-jährigen Kinder ebenso normal ist wie für die westdeutschen Heranwachsenden, ein Kinderzimmer in der elterlichen Wohnung zu haben. Lediglich bei einer Minderheit von 2% in Ost und unter 2% in West ist dies nicht der Fall. Einen Unterschied macht es aber, ob die Kinder sich dieses Zimmer mit Geschwisterkindern teilen müssen – hier sind die ostdeutschen Kinder benachteiligter, wie die Abbildung 9 zeigt.

Im DJI-Kinderpanel (Alt 2005) zeigt sich für die 5- bis 6-Jährigen, dass bereits in dieser Altersgruppe 71% über ein eigenes Zimmer verfügen. 29% der Vorschulkinder teilen sich ein Zimmer mit einem oder mehreren Geschwistern. In der Gruppe der Schulkinder sind es insgesamt 33%, die angeben, nicht über ein eigenes Zimmer zu verfügen (Steinhübl 2005, S. 246).

Abbildung 9: Verfügbarkeit der Heranwachsenden über ein eigenes Zimmer nach Ost/West

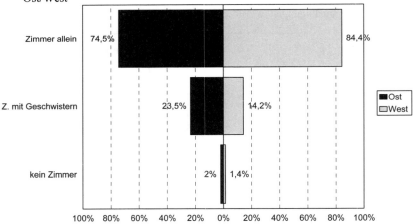

Quelle: Kötters 2000, S. 121

5.1.3.2 Einkommensarmut von Familien

Mutter, Köln
„Alles wird zum Problem, wenn Du kein Geld hast. Nachtisch? Ist nicht drin. Kino? Geht nicht. Alle Jungs haben ein Mountain-Bike oder ein Skateboard, nur meiner läuft immer hinterher. Da könnte ich manchmal richtig heulen. Seit Jahren wünscht sich der Große ein Fahrrad. Und immer mußt Du ihm erklären, daß dafür das Geld nicht reicht."
13-jähriges Mädchen
„Manchmal, wenn ich mit dem Geld beim Einkaufen nicht auskam, sind fremde Leute zur Kasse hingegangen und haben mir das Geld gegeben. Die sagten dann: ‚Ach, das arme Kind!'"

Quelle: Ernst/Stampfel 1991, S. 142

Mit den wirtschaftlichen und sozialen Veränderungen im Zuge der deutschen Wiedervereinigung sind Diskussionen um und Untersuchungen zur Armut von Familien und somit Kindern stärker in den Aufmerksamkeitsbereich der Sozialwissenschaften gerückt. Ganz allgemein konnte dabei aufgezeigt werden, dass den Familien in Abhängigkeit von ihrer strukturellen Konstitution Armut in unterschiedlich starkem Ausmaß droht. Unter anderen haben Ernst und Stampfel auf der Basis ihres „Kinder-Reports" bereits zu Beginn der 1990er-Jahre auf das erhöhte Armutsrisiko von alleinerziehenden (verwitweten, geschiedenen, ledigen) Müttern gemessen an anderen Familienformen aufmerksam gemacht und diese Familienform als „Armutsfalle" charakterisiert (Ernst/Stampfel 1991, S. 154).

Abbildung 10: Entwicklung der relativen Armut von Kindern bis 14 Jahre in Ost- und Westdeutschland 1990-1995; Datenbasis Sozio-ökonomisches Panel, gewichtete Querschnittsdaten

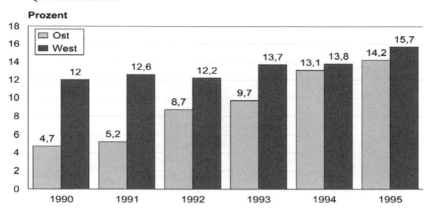

Quelle: Joos/Meyer 1998, S. 27

Ost-west-vergleichende Studien zeigten, dass Kinder in Ost- und Westdeutschland aufgrund historisch gewachsener Unterschiede ihrer familialen Kontexte und der abweichenden wirtschaftlichen Entwicklung in verschiedenem Ausmaß und unterschiedlicher Dauer von Armut betroffen sind. So haben Joos und Meyer (1998) auf der Basis einer Sekundäranalyse der Daten des Sozioökonomischen Panels (SOEP) aus dem Erhebungszeitraum 1990 bis 1995 die Kinderarmut in den alten und neuen Bundesländern untersucht. In Anlehnung an einen Ressourcenansatz fassen sie, wie auch Ernst/Stampfel (1991), Armut als relative Einkommensarmut, die dann gegeben ist, wenn das Nettoeinkommen des betreffenden Haushaltes weniger als 50% des nationalen Durchschnittseinkommens beträgt. Zudem legen sie ihrer Untersuchung nur die regelmäßig verfügbaren Haushaltseinkommen zugrunde. Im Westen Deutschlands ist in dem von den Autoren untersuchten Zeitraum der

Abbildung 11: Kinder in relativer Armut im internationalen Vergleich (Angaben in Prozent)

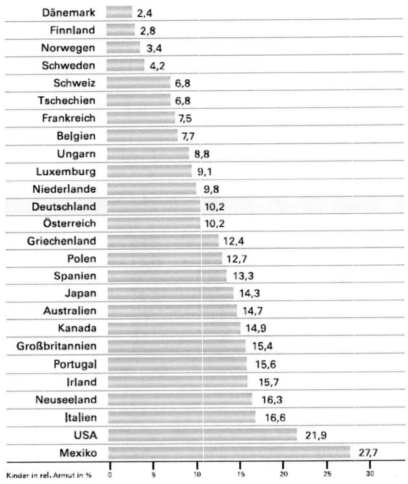

Land	Wert
Dänemark	2,4
Finnland	2,8
Norwegen	3,4
Schweden	4,2
Schweiz	6,8
Tschechien	6,8
Frankreich	7,5
Belgien	7,7
Ungarn	8,8
Luxemburg	9,1
Niederlande	9,8
Deutschland	10,2
Österreich	10,2
Griechenland	12,4
Polen	12,7
Spanien	13,3
Japan	14,3
Australien	14,7
Kanada	14,9
Großbritannien	15,4
Portugal	15,6
Irland	15,7
Neuseeland	16,3
Italien	16,6
USA	21,9
Mexiko	27,7

Kinder in rel. Armut in %

Quelle: Unicef 2005

Anteil der armen Kinder von 12 auf 16% gestiegen – das bedeutet eine Veränderung von etwa 900.000 auf 1,3 Millionen betroffene Kinder. In den neuen Bundesländern stieg der Anteil im selben Zeitraum von 5 auf 14%, das heißt von 150.000 auf 400.000 Kinder. Kinder sind hier überdurchschnittlich stark von den negativen Folgen der zunehmenden Ungleichheit nach der „Wende" betroffen. Der Anteil an armen Kindern ist im Jahr 1995 in den

94

neuen Bundesländern somit bereits fast ebenso hoch wie in den alten Bundesländern.

Joos und Meyer (1998) trugen folgende Faktoren zusammen, die das relative Armutsrisiko von Kindern verstärken:

- Zusammenleben mit einem alleinerziehenden Elternteil,
- Aufwachsen in einer kinderreichen Familie,
- weder der Vater noch die Mutter verfügen über eine abgeschlossene Berufsausbildung,
- mindestens ein Elternteil ist arbeitslos.

Neuere Daten von Unicef (2005) belegen zudem ein starkes Wachstum der relativen Kinderarmut seit 1990 in Deutschland. Verglichen mit anderen Industrienationen ergibt sich hier ein Anstieg um 2,7 Prozentpunkte, während etwa in Großbritannien die relative Kinderarmut im gleichen Zeitraum um 3,1 Prozentpunkte gesunken ist. Während Großbritannien damit Platz 1 von 24 Industrienationen belegt, in denen die Veränderungen des Anteils der relativen Kinderarmut im genannten Zeitraum analysiert wurden, reiht sich Deutschland erst auf Platz 18 ein. Die größte Zunahme ist dabei in Polen zu verzeichnen, das mit einer Zunahme um 4,3 Prozentpunkte das Schlusslicht unter den einbezogenen Ländern bildet.

Im internationalen Vergleich zeigt sich zudem, dass sich Deutschland als reiches Industrieland gemessen an der relativen Kinderarmut mit 10,2% im Mittelfeld befindet. Am geringsten ist die Kinderarmutsrate in den skandinavischen Ländern, insbesondere in Finnland und Dänemark.

Für Deutschland bedeuten die 10,2%, dass etwa 1,4 Millionen Kinder in relativer Armut leben. Dabei ist die Armutsrate mittlerweile in Ostdeutschland mit 12,6% deutlich höher als in Westdeutschland, wo 9,8% der Kinder von relativer Einkommensarmut betroffen sind (Corak/Fertig/Tamm 2005, S. 2). In der Studie konnte zudem gezeigt werden, dass Kinder nicht per se als Armutsrisiko bezeichnet werden können. So sind Paare mit bis zu zwei Kindern eher selten, zu ca. 3% von Armut betroffen. Das Armutsrisiko steigt jedoch, wie bereits Ernst und Stampfel (1991) feststellen konnten, wenn die Kinder in einem alleinerziehenden Haushalt aufwachsen. So können fast 40% der Alleinerziehenden als relativ arm charakterisiert werden (Corak/Fertig/Tamm 2005, S. 9). Dabei sind Kinder von Alleinerziehenden nicht nur häufiger von Armut betroffen, sondern bleiben dies auch über einen längeren Zeitraum. Darüber hinaus lässt sich auch eine Abhängigkeit vom Alter der Kinder feststellen. Das Risiko in einem von relativer Armut betroffenem Alleinerziehendenhaushalt aufzuwachsen ist vor allem für die Jüngsten, die 0- bis 3-Jährigen hoch und nimmt dann mit zunehmendem Alter kontinuierlich ab (vgl. 12. Kinder- und Jugendbericht 2005, S. 77).

5.1.3.3 Folgen familiärer Armut für Kinder

Die Folgen familiärer Armut können für die betroffenen Kinder sehr vielfältig sein. In der einschlägigen sozialwissenschaftlichen Literatur zu dieser Thematik wird nach folgenden Auswirkungen differenziert:

- Auswirkungen auf die familiale Sozialisation,
- Auswirkungen auf die schulische Sozialisation,
- Auswirkungen auf die Lebensqualität und
- Auswirkungen auf die Gesundheit der Kinder.

Mittlerweile gibt es einige Studien, die sich anhand unterschiedlicher methodischer Zugänge diesem Thema nähern. So haben etwa Hock, Holz und Wüstendörfer (2000) im Auftrag des Bundesverbandes der Arbeiterwohlfahrt mittels qualitativen methodischen Zugangs die Folgen familiärer Armut für ost- und westdeutsche Kinder im Vorschulalter untersucht. Dafür wurden offene, leitfadengestützte Interviews mit Eltern, pädagogischen Betreuern und z.T. auch älteren Geschwistern von 3- bis 6-Jährigen durchgeführt, deren Familien von Einkommensarmut betroffen waren.

Das zentrale Ergebnis der nicht als Ost-West-Vergleich angelegten Studie lässt sich folgendermaßen auf den Punkt bringen: Armut von Kindern im Vorschulalter zeigt sich in der Regel anhand von „unauffälligen Auffälligkeiten", nicht durchgängig an Hunger, Gewalt oder massiver Vernachlässigung. Die Folgen dieser Armut sind sowohl materielle als auch immaterielle Problemlagen:

Abbildung 12: Problemlagen von Kindern in relativer Armut

Materielle Problemlagen
• schlechte Ernährung
• mangelhafte Kleiderausstattung (Kleidung aus Second-Hand-Läden oder Kleiderkammern), die aber ohne Folge der Ausgrenzung durch andere Kinder bleibt
• Kindergeburtstagsfeiern und Familienausflüge können nicht stattfinden
• mangelhafte Wohnsituation mit direkten gesundheitlichen Konsequenzen und der fehlenden Möglichkeit, Freunde mit nach Hause bringen zu können (Platzmangel)
Immaterielle Problemlagen
• Verzögerungen/Störungen der sprachlichen Entwicklung
• körperlicher Entwicklungsrückstand
• gesundheitliche Probleme (auffällige Häufung von Krankheiten, chronische Erkrankungen)
• Einschränkungen sozialer Kontakte, Integrationsprobleme
• Verhaltensstörungen
• geringe Konzentrationsfähigkeit
• gegen das Kind gerichtete körperliche Gewalt

Quelle: Hock/Holz/Wüstendörfer 2000, S. 130ff.

Die Autoren der Studie trugen nicht nur diese Folgen von Armut zusammen, sondern unternahmen auch den Versuch, die untersuchten Einzelfälle zu Typen von Armut zusammenzufassen. Folgende fünf Typen konnten sie herausarbeiten:

Abbildung 13: Fünf Typen relativer Armut

Typ 1: Wohlergehen des Kindes trotz eingeschränkter materieller Ressourcen
„Die Kinder bekommen möglichst das, was sie wollen, auch wenn das nur am Anfang des Monats möglich ist" (westdeutsche Familie mit Migrationshintergrund und geringem Erwerbseinkommen, untersuchtes Kind: 3 Jahre; ebd., S. 38)
Durch massive eigene materielle Einschränkungen und stringent durchgehaltene sparsame Haushaltsführung sorgen die Eltern für das Wohlergehen ihres Kindes.
Typ 2: Armut als „Nebenproblem" einer gravierenden sozio-emotionalen Belastung
„Und wenn Jonas dann zurückkommt, ist er ... so aufgedreht ... , daß ich den erst mal auf den Boden der Tatsachen zurückholen muß und ... ihm erklären, daß es so, wie's bei seiner Mutter läuft, ja hier nicht laufen kann. (...) Es ist halt auch das Problem, ..., daß ich mir'n Ganztagskindergartenplatz für'n Jonas suchen mußte. Das sind für mich ... 150 Mark, für jemand anders hört sich 150 D-Mark nit so viel an, ja, für mich ist des die Welt, ja." (westdeutsche Ein-Eltern-Familie mit Arbeitslosigkeit und Überschuldung, untersuchtes Kind: 5,5 Jahre; ebd., S. 64ff.)
Ein vom Kind erlebtes einschneidendes Lebensereignis (Scheidung/Tod eines Elternteils) geht der Armutssituation voraus.
Typ 3: Armut als aktuell begrenzte Benachteiligung und latente Gefahr
„Also das Hauptproblem ist die Kleidung und halt, daß ich jeden Tag für die Kinder Vitamine hab' (...) Ich kann sie nicht fördern, weil ich das Geld nicht dafür habe. Und da fühle ich mich manchmal schlecht, weil ich mir, mir kommt's so vor, als ob die Kinder Chancen haben, wo ich denen nicht helfen kann" (westdeutsche kinderreiche und überschuldete Familie, beide Eltern arbeitslos, Mutter Legasthenikerin; untersuchtes Kind: 3 Jahre; ebd., S. 82.)
Neben der sozialen Benachteiligung durch die Armut bergen zusätzlich auch die nur sehr geringen kulturellen und sozialen Ressourcen die latente Gefährdung der positiven Entwicklung des Kindes.
Typ 4: Armut als massive materielle und kulturelle Benachteiligung (soziale Ausgrenzung) - Asylbewerber
„Die Kinder können nix spielen, gibt's kein Platz für Kinder spielen, die wohnen hier, muß hier essen, muß hier schlafen." (Vater) *„Man merkt jetzt schon, wo sie ... älter wird, daß sie ruhiger wird. Sie geht das gleiche Konzept oder den gleichen Weg, den letztendlich die ganze Familie geht: möglichst still, möglichst nicht gesehen werden. Josephine ist längst nicht mehr so aufgeschlossen, als wie wir sie gekriegt haben"* (Kindergärtnerin) (westdeutsche Familie mit Migrationshintergrund, Eltern ohne Arbeitsberechtigung, untersuchtes Kind: 4,5 Jahre; ebd., S. 106.)
Neben dem unsicheren Aufenthaltsstatus (unklare Zukunft) und massiven materiellen Problemen ziehen vor allem Defizite im Bereich kultureller Standards Deutschlands, die von den Eltern nicht oder nur begrenzt vermittelt werden können, soziale Benachteiligungen nach sich.

Typ 5: Armut als multiple Deprivation
„Und auch der Kleine war ab und zu schon mal, ist gegen 'ne Badewanne geschubst worden. Ja, sie ist auch da 'n bißchen aggressiv gegenüber den Kindern. Das ist die Mutti. Von dem Papa (...) Der ist ganz, viel freundlicher umgegangen mit dem Kleinen ... Er will die aber auch nicht um sich haben, so 'n ganzen Tag." (Kindergärtnerin) (ostdeutsche kinderreiche Familie, Eltern arbeitslos, untersuchtes Kind: 4,5 Jahre; ebd., S. 124f.)
Armut und sonstige soziale Probleme haben bis zur Resignation der Eltern geführt. Die Kinder erhalten nicht mehr die für eine normale Entwicklung notwendige emotionale Zuwendung und Anregung.

Quelle: Hock/Holz/Wüstendörfer 2000, S. 141ff.

Ergänzend zu dieser qualitativen Untersuchung haben Hock, Holz und Wüstendörfer noch eine quantitative Untersuchung zur Armut im Vorschulalter durchgeführt. Hierfür wurden Kindergärtnerinnen in ost- und westdeutschen Einrichtungen zur Lebenssituation von insgesamt 893 Kindern mittels eines standardisierten Fragebogens befragt (Hock/Holz/Wüstendörfer 2000).

Die Angaben der Erzieherinnen zeigen, dass Kinder aus armen Familien stärker Mängeln in der Grundversorgung ausgesetzt sind, als Kinder nicht von Armut betroffener Familien. Dies betrifft sowohl die körperliche Pflege, als auch die Ausstattung mit Kleidung, die Versorgung mit Essen und die Beteiligung der Eltern an den Kosten für Ausflüge und andere Unternehmungen. Insgesamt werden von den Erzieherinnen bei 40% der armen Kinder, doch nur bei 14,5% der nicht-armen Kinder Mängel in der Grundversorgung festgestellt.

Auch die Einschätzung der Gesundheit und Entwicklung der Kinder zeigt gravierende Benachteiligungen der armen Kinder. So schätzen die Kindergärtnerinnen ein, dass etwa doppelt so viele Kinder aus armen Familien in ihrer körperlichen Entwicklung zurückgeblieben sind (10,4 zu 5,4%) und dass sie auch häufiger von Krankheiten betroffen sind als Kinder aus Familien, die nicht von Armut betroffen sind. Im Bereich der kulturellen Kompetenzen zeigen sich ebenfalls Benachteiligungen armer Kinder. So weisen diese sowohl im Spielverhalten, im Sprachverhalten als auch im Arbeitsverhalten etwa doppelt so häufig Defizite auf wie Kinder aus nicht armen Familien. Auch Chassé, Zander und Rasch (2003) haben sich mit Armut von Grundschulkindern befasst. Jedoch lag ihr Fokus auf den jeweiligen Bewältigungsstrategien der Kinder und ihrer Eltern. In dieser Studie wurden im Raum Thüringen mit Kindern im Alter von sieben bis zehn Jahren und ihren Eltern, die von Armut betroffen waren, problemzentrierte Interviews durchgeführt. Diese Untersuchung zeigt, dass materielle Armut bei weitem nicht der einzige Auslöser für Benachteiligungen von Kindern ist, sondern viele weitere Faktoren, welche oft ineinander greifen, hinzukommen. Soziale als auch insbesondere institutionelle Netzwerke spielen bei der Bewältigung eine große Rolle. Wo diese fehlen, können die familiären Schwierigkeiten den Eltern schnell über den Kopf wachsen, und sich schließlich auch in der Entwicklung der Kinder zu nicht mehr kompensierbaren Defiziten auswirken.

Der Blick in die Armutsforschung zeigt aber auch, wie sehr Bildungspotenziale und -zugänge, die Familien bereitstellen, abhängig sind von den ökonomischen und sozialen Ressourcen sowie von der Bedeutung, die Eltern Bildungsaspekten beimessen. Armut bedeutet eben nicht nur, mit finanziellen Defiziten umgehen zu müssen, sondern tangiert weite Bereiche des kindlichen Alltagslebens und beeinflusst auch die kindliche Kompetenzentwicklung.

Ökonomische Deprivation kann sich zum einen auf das kindliche *Selbstbild* auswirken. Minderwertigkeitsgefühle und mangelndes Selbstvertrauen resultieren dann vor allem aus dem Vergleich mit anderen Kindern bzw. Familien. Solche Auswirkungen auf das kindliche Selbstbild sowie das subjektive Wohlbefinden konnten bisher in einer Reihe von Untersuchungen nachgewiesen werden (vgl. Walper 1999, S. 308).

Sehr gut untersucht ist auch der Zusammenhang von Armut und *Intelligenzentwicklung*. Insbesondere gilt dies für Kinder, die mit ihrer Familie in dauerhafter Armut leben. Diese haben im Vergleich zu Kindern aus nie von Armut betroffenen Familien einen um neun Punkte niedrigeren IQ. Bei Kindern, die zeitweise in Armut leben, konnte ein um vier Punkte niedrigerer IQ festgestellt werden (Walper 1999, S. 315).

Gerade in Familien, die sich über längere Zeit in einer ökonomischen Notlage befinden, treten negative Folgen für die Entwicklung der Kinder in kumulierter Form auf. In solchen deprivierten Familien geht die finanzielle Armut teilweise auch mit dem Verlust der Haushalts- und Alltagskompetenz der Eltern einher (Chassé u.a. 2003). Damit verschlechtern sich die Lebensbedingungen für die Heranwachsenden enorm. Kinder erfahren dann innerhalb der Familie keine oder nur geringe schulische Förderung und es bieten sich kaum Lernanlässe, die zum Kompetenzerwerb beitragen. Konsequenzen hat dies sowohl für die schulischen Leistungen der Heranwachsenden als auch für ihre Einbindung in die Sozialwelt der Gleichaltrigen.

Der Mangel an materiellen Ressourcen wirkt sich grundsätzlich auf die Möglichkeiten der Teilhabe der Kinder an den zahlreichen Formen der formellen Freizeitgestaltung sowie an den konsumorientierten Aktivitäten, wie Kinobesuche, Einkaufsbummel oder die Mediennutzung aus. Kindern aus armen Familien bleibt dadurch sehr häufig der Zugang zu bestimmten kinderkulturellen Praxisformen sowie insbesondere zu den geldabhängigen lern- und bildungsorientierten Freizeitaktivitäten versagt (vgl. Büchner 1998; Roppelt 2003).

Mädchen, 10 Jahre
„Meine Mama sagt, wir haben kein Geld für den Verein. Das ist doof, weil meine Freundinnen sind in Vereinen, im Schwimmverein oder beim Tanzen. Nur ich kann nichts machen und dann fragen sie immer und ich kann nichts erzählen"

Quelle: Roppelt 2003, S. 337

Gerade in diesem Zusammenhang besteht für Kinder deprivierter Familien häufig die Gefahr der sozialen Isolation. Auch in diesem Bereich übernimmt also die Familie – hier bedingt durch eingeschränkte finanzielle Möglichkeiten – eine Gatekeeper-Funktion und fungiert einmal mehr als Bedingungs- und Vermittlungsinstanz, die die Zugänge zur sozialen und dinglichen Umwelt der Kinder determiniert (Chassé u.a. 2003, S. 145).

In der Untersuchung von Chassé u.a. (2003) wurde aber auch deutlich, dass die Eigenaktivität der Kinder eine wichtige Rolle für die Erweiterung ihres Lern- und Erfahrungsspielraumes spielt. Insbesondere jüngere Kinder sind sehr stark von den Ressourcen abhängig, die ihnen die Familie bietet. Mit dem Älterwerden der Heranwachsenden verbessern sich jedoch die Möglichkeiten, die Freizeit in Eigenregie und relativ unabhängig von der Familie zu gestalten. Eine kompensatorische Funktion können dann vor allem Gleichaltrigenbeziehungen und die Nutzung öffentlicher Freizeitangebote übernehmen. Chassé u.a. verweisen dabei auf einen starken „Zusammenhang zwischen der Qualität des kulturellen und sozialen Kinderlebens und den Schulleistungen" (ebd., S. 320).

5.2 Kindheit in pädagogischen Institutionen

Wie bereits angedeutet, verliefen die Wege von Kindern durch die pädagogischen Institutionen in der DDR und der BRD bis zur deutschen Vereinigung ganz unterschiedlich. Im folgenden Abschnitt wollen wir nun auch unter Berücksichtigung der jeweils spezifischen Vorgeschichte die aktuelle Situation von Kindern in Ost- und Westdeutschland in den Institutionen der öffentlichen Kleinkinderziehung (Kinderkrippe und Kindergarten), der Grundschule, den ersten Jahren der Sekundarstufe sowie in der Schule als Lebens- und Freizeitwelt generell analysieren.

5.2.1 Kinderkrippe und andere institutionelle Betreuungsformen von Kindern unter 3 Jahren

Bei der Entwicklung und dem Ausbau des Krippenwesens sind die ehemalige DDR und die alte BRD in der Nachkriegszeit ganz unterschiedliche Wege gegangen. Die Entwicklung der Krippenversorgung im Gebiet der alten BRD und der DDR verdeutlicht die Tabelle 7.

Bei der Einrichtung des Kinderkrippenwesens in der DDR in der Nachkriegszeit waren zunächst weniger pädagogische Gründe ausschlaggebend, sondern das Motiv, auch die Mütter jüngerer Kinder in die Arbeitswelt mit einzubeziehen. Die Krippen waren fachlich und politisch dem Ministerium für Gesundheitswesen unterstellt, mit der Konsequenz, dass die Tätigkeit zunächst nur an medizinisch-hygienischen Kriterien ausgerichtet war und als Fachpersonal – neben zahlreichen Pflegekräften ohne Ausbildung – nur Säuglingsschwestern eingestellt wurden (vgl. Waterkamp 1987, S. 62). Ab 1965 wurden Krippen als unterste Stufe des einheitlichen sozialistischen Bildungssystems definiert und 1971 wurde eine Berufsausbildung für Krippenerzieherinnen eingeführt. Neben der Pflege sollten von der Krippe auch Bildungs- und Erziehungsaufgaben wahrgenommen werden, da „nur dann tatkräftige, schöpferische und allseitig gebildete Sozialisten herangebildet werden können, wenn der komplizierte Prozess der Erziehung und Bildung vom ersten Tage an bis weit hinein in das Erwachsenenalter einheitlich und kontinuierlich gestaltet werden kann" (Schmidt-Kolmer 1968, S. 19). Auch wenn insbesondere in den späten 1980er-Jahren immer wieder Überlegungen angestellt wurden, die Krippe als pädagogische Institution weiterzuentwickeln und neben dem Prinzip der Erziehung im Kollektiv auch der Individualität der Kinder Rechnung zu tragen, war de facto das Tagesregime in den Krippen in erster Linie durch die Einhaltung von hygienischen und pflegerischen Regeln bestimmt, die durch spielerische Aktivitäten oder Spaziergänge im Wohngebiet ergänzt wurden (vgl. Rabe-Kleberg 2000, S. 100).

Tabelle 7: Entwicklung der Krippenversorgung[1] (in %) im Gebiet der neuen und alten Bundesländer seit 1950

Jahr	Gebiet neue Bundesländer	Gebiet alte Bundesländer
1950	6,3	0,4
1970	32,6	0,6
1990	55,3	1,8
1994[2]	*41,0*	*2,2*
1998	36,3	2,8
2002[2]	*36,9*	*2,7*

[1] Plätze bezogen auf Kinder unter 3 Jahren
[2] Daten OECD

Quelle: OECD 2004, S. 33; Tietze 2002, S. 6

Der spektakuläre Ausbau der Krippen in der DDR fand vor allem seit den 1970er-Jahren statt. Neben dem politischen Ziel der Durchsetzung der Gleichberechtigung der Frauen stand dahinter das volkswirtschaftliche Ziel der Besetzung von Arbeitsplätzen (vgl. Zwiener 1993, S. 301). 1990 war für 55% der unter Dreijährigen ein Krippenplatz gegeben (vgl. Tab. 1). Berücksichtigt man, dass die meisten Kinder in dieser Zeit nur im zweiten und dritten Lebensjahr aufgenommen wurden, da viele Kinder im ersten Lebensjahr während des Babyjahres von der Mutter zu Hause betreut wurden, ergibt sich ein Versorgungsgrad von 80% (vgl. Tietze 2002, S. 6).

Im Gegensatz zur DDR war in der alten Bundesrepublik ein staatliches Engagement für den Ausbau einer öffentlichen familienergänzenden Kleinkindbetreuung bis weit in die 1970er-Jahre kaum vorhanden. Familienpolitik und öffentliche Diskussion orientierten sich an einem traditionellen Familienbild, bei dem ein Bedarf an zusätzlicher außerfamilialer Erziehung für Kinder im Alter bis zu drei Jahren nicht als notwendig angesehen wurde. So heißt es etwa noch in dem 1970 vom Deutschen Bildungsrat herausgegebenen Strukturplan für das zukünftige Bildungswesen, „dass ein Kind während seiner ersten drei Lebensjahre in seiner Entwicklung am besten gefördert wird, wenn ihm seine Familie eine verständnisvolle und anregende Umwelt bietet. Wie Kinder dieses Alters außerhalb einer solchen Familie mehr Anregung erfahren könnten, ist bislang unbekannt" (Deutscher Bildungsrat 1970, S. 40). Dementsprechend nahm eine öffentlich finanzierte, familienergänzende Kleinkindbetreuung in Gestalt von Kinderkrippen bis weit in die 1980er-Jahre hinein in der alten Bundesrepublik nur einen marginalen Stellenwert ein. Krippenplätze standen bundesweit für knapp 2% aller Kinder zur Verfügung (vgl. Andres 1991, S. 119). Der Nothilfecharakter der Krippenerziehung und der Mangel an expliziten pädagogischen Ansprüchen können auch als Ursache dafür angesehen werden, dass kaum rechtliche Regelungen und pädagogische Ansätze für die Krippenarbeit entwickelt wurden (vgl. Martin/Pettinger 1984). Die Möglichkeit einer Fremdbetreuung von unter Dreijährigen wurde auch durch die Mitte der 1970er-Jahre aufkommende Tagesmütter-Bewegung nicht wesentlich erweitert. Ende der 1980er-Jahre gab es in den politisch präferierten familiennahen und kostengünstigeren Tagespflegestellen geschätzte 40.000 Plätze für unter Dreijährige (vgl. Tietze/Rossbach/Roitsch 1993, S. 101). Hinzu kommen noch einmal rund 9.000 Plätze für Kinder unter 3 Jahren, die im Rahmen von Elterninitiativen und anderen selbstorganisierten Betreuungsformen zur Verfügung standen (vgl. Beher 1997, S. 34).

Wie hat sich nun die Angebotssituation an familienergänzender Kleinkindbetreuung im letzten Jahrzehnt in Ost- und Westdeutschland verändert? In den neuen Bundesländern standen trotz eines kontinuierlichen Abbaus von Krippenplätzen seit der Wende im Jahr 1998 noch für über ein Drittel der Kinder im Alter bis zu drei Jahren Krippenplätze zur Verfügung, während sich in den alten Bundesländern das eh schon minimale Angebot nur geringfügig von 1,8% auf 2,8% erhöht hat. Zieht man die Daten der OECD mit hinzu, zeigt sich, dass sich an diesen unterschiedlichen Anteilen bis 2002 kaum etwas geändert hat (vgl. OECD 2004, S. 33; Tab. 1, S. 101). Die Versorgungslage in Deutschland differiert dabei nicht nur zwischen Ost- und Westdeutschland, sondern auch die einzelnen Bundesländer unterscheiden sich gravierend hinsichtlich der ministerialen Zuständigkeiten, der Trägerschaften sowie der Angebote. So untersteht die frühkindliche Betreuung, Bildung und Erziehung in Baden-Württemberg z.B. dem Sozialministerium, während sie etwa in Brandenburg in das Ressort des Ministeriums für Bildung, Jugend und Sport fällt. In Baden-Württemberg und Nordrhein-Westfalen stehen zudem die meisten Einrichtungen in kirchlicher Trägerschaft, während in Brandenburg nur 30% und in Thüringen 55% in freier Trägerschaft geführt werden (vgl. OECD 2004, S. 33f.). Zusätzlich ergeben sich vor allem in Westdeutschland deutliche Differenzen auch zwischen den kreisfreien Städten mit einem Angebot von rund 10% und den ländlichen Regionen, wo die öffentliche Betreuung von Kleinkindern fast keine Rolle spielt (vgl. Nauck 1995, S. 73).

Große Ost-West-Unterschiede ergeben sich zusätzlich bei dem zeitlichen Volumen des Betreuungsangebots für die unter Dreijährigen. Während in den neuen Bundesländern mehrheitlich Ganztagsangebote zur Verfügung stehen, kann in Westdeutschland überwiegend nur auf Halbtagsbetreuung zurückgegriffen werden. Alles in allem zeigt sich, dass die Versorgung mit Betreuungsangeboten für Kinder unter drei Jahren in den neuen Bundesländern berufstätigen Eltern weitaus mehr entgegenkommt als dies in den alten Bundesländern der Fall ist. Dies betrifft nicht nur die Quantität der vorhandenen Einrichtungen, sondern auch den zeitlichen Umfang der Betreuung.

Der wissenschaftliche Streit um die Kinderkrippen

Die Diskussion, wieviel öffentliche Tagesbetreuung für Kinder im Alter von unter 3 Jahren sinnvoll ist, wurde nicht nur durch unterschiedliche familienpolitische Leitbilder in der DDR und der alten BRD geprägt, sondern vornehmlich in Westdeutschland auch durch wissenschaftliche Kontroversen begleitet. Die Gegner eines quantitativen Ausbaus von Tagesbetreuungsplätzen für Kleinkinder stützten sich vor allem auf die Ergebnisse der amerikanischen Studien von Bowlby (1950) und Harlow (1959), die auch die zeitweise Trennung des Kleinkindes von der natürlichen Mutter, das heißt die Bindungsproblematik und die Erscheinung des Hospitalismus, in das Zentrum der Auseinandersetzung rückten. Im Gegensatz dazu weisen Beller (1993) und Andres (1991) in einer Zusammenfassung der Resultate einer Reihe von US-amerikanischen und deutschen Studien darauf hin:

- dass bei der Beurteilung der Effekte von Tagesbetreuung die Qualität der Einrichtung, die tägliche Verweildauer der Kinder sowie der familiale Lebenszusammenhang und die Zufriedenheit der Mütter mit ihrer Lebenssituation mit berücksichtigt werden muss;
- dass Kinder in Tagesbetreuung eine Bindungsbeziehung zu ihren Müttern aufbauen und die Mutter gegenüber der Erzieherin Hauptbindungsperson für das Kind bleibt;
- dass die Gestaltung des Überganges der Kinder von der Familie in die Krippe, die Eingewöhnung also, eine zentrale Bedeutung für das Wohlbefinden, die kognitive Entwicklung und die Gesundheit der Kinder hat;

- dass das Zusammensein mit Gleichaltrigen auch Kleinkindern vielfältige Anregungen bietet (vgl. Andres 1991, S. 121).

Obgleich also in Deutschland seit langem eine vehemente Diskussion über Für und Wider außerfamilialer Betreuungsformen im Kleinkindalter geführt wird, lässt sich hierfür kaum auf eine etablierte Forschungspraxis zurückgreifen. In seiner Expertise zum 12. Kinder- und Jugendbericht versucht Hans-Günther Rossbach (2005) anhand deutscher und internationaler[5] Studien, etwas Licht in das Dunkel zu bringen. Dabei werden für die frühe nicht-elterliche Kinderbetreuung ab einem halben Jahr keine direkten negativen Beeinträchtigungen der Mutter-Kind-Bindung festgestellt. Als wesentlich wichtigerer Faktor wird die mütterliche Feinfühligkeit gegenüber dem Kind sowie die psychologische Verfassung der Mutter herausgestellt (ebd., S. 158). Jedoch kann sich eine sehr frühe (unter zwölf Monaten) und zeitlich intensive Betreuung unter Umständen negativ auf die Entwicklung des sozio-emotionalen Verhaltens auswirken. Diese Auswirkungen zeigen sich unterschiedlich stark oder schwach je nach Alter des Kindes und verschwinden bis zum Eintritt ins Jugendalter. Diese Effekte zeigten sich jedoch nicht in allen Studien. Im Sidney Family Development Project, Australien, konnten spätere Verhaltensauffälligkeiten oder Schwierigkeiten im sozio-emotionalen Entwicklungsbereich eher durch instabile Betreuungssituationen erklärt werden.

Für die Entwicklung der kognitiven Leistungsfähigkeit spielt zwar der Zeitumfang der frühen nicht-elterlichen Betreuung keine Rolle, dafür erweist sich aber eine gute Qualität der pädagogischen Prozesse als deutlicher Einflussfaktor. So geht „in fast allen Untersuchungen ... eine höhere Qualität kurz- und längerfristig mit besseren Werten in verschiedenen Maßen des kognitiv/leistungsbezogenen Bereichs einher" (ebd., S. 158). Insbesondere spielt dabei die in den Betreuungssituationen vorgefundene sprachliche Umwelt sowie die Sprachförderung eine entscheidende Rolle. Sehr deutliche positive Auswirkungen der außerfamilialen Kleinkindbetreuung im Verbund mit speziellen Förderprogrammen auf verschiedene Entwicklungsbereiche zeigten sich vor allem bei Kindern aus sozial benachteiligten Familien.

Hier deutet sich bereits an, dass die Qualität der Betreuung und die vorherrschenden strukturellen Rahmenbedingungen einen wichtigen Einfluss auf die verschiedenen kindlichen Entwicklungsbereiche ausüben. Neben einem positiven Einfluss von kleinen Gruppengrößen sowie einem günstigen Betreuungsschlüssel, der jedoch nicht in allen Untersuchungen nachgewiesen werden konnte, zeigten sich am deutlichsten Auswirkungen des Qualifikationsniveaus der Betreuungspersonen auf die unterschiedlichen Dimensionen der kindlichen Entwicklung (vgl. Rossbach 2005, S. 159).

---

5 Bei der Interpretation internationaler Forschungsergebnisse müssen natürlich auch immer eventuelle Kontexteffekte mit berücksichtigt werden, so dass eine einfache Übertragung auf die deutsche Situation bzw. eine Vergleichbarkeit mit dieser nur bedingt gegeben ist (vgl. auch Rossbach 2005, S. 161).

Die pauschale Ablehnung von Kinderkrippen und Tagespflegestellen – ohne Berücksichtigung der Qualität der einzelnen Einrichtungen – ist vor dem Hintergrund dieser Forschungsergebnisse ebenso wenig haltbar wie eine undifferenzierte pauschale Befürwortung. Notwendig ist jedoch auf jeden Fall eine Verbesserung der pädagogischen Qualität dieser Einrichtungen und eine Anhebung des Qualifikationsniveaus des dort tätigen Personals, das z.B. im Bereich der Tagespflege mehrheitlich über keine formelle pädagogische Ausbildung verfügt.

An die Qualifikation von Erzieherinnen und Erziehern sind deshalb besondere Ansprüche zu stellen; sie muss

„(1) ein solides theoretisches Wissen über die psychische Welt von Kleinkindern, Kenntnisse über die wichtigsten Entwicklungsbereiche sowie über Entwicklungsbedingungen und -verläufe umfassen, um die Betreuungspraxis darauf ausrichten zu können;

(2) die Erzieher/innen in die Lage versetzen, die Wirksamkeit ihres Handelns in der praktischen Anwendung ihres Wissens erproben und die richtigen Schlussfolgerungen ableiten zu können" (Ahnert 2005, S. 42).

Diese Forderungen implizieren nicht nur eine spezielle theoretische Ausbildung, die ein breites Grundlagenwissen schafft und damit praktisches Handeln begründbar macht, sondern verweist damit zusammenhängend auch auf notwendige Reflexions- und Deutungskompetenzen, die praktisches Handeln in professionellem Sinne hinterfragbar und damit veränderbar werden lassen.

5.2.2 Kindergarten

Ähnlich wie die Entwicklung des Krippenwesens ist auch der quantitative Ausbau des Kindergartens in der DDR und der alten BRD in der Nachkriegszeit in ganz unterschiedlicher Intensität durchgeführt worden.

Tabelle 8: Entwicklung der Kindergartenversorgung[1] (in Prozent) im Gebiet der neuen und alten Bundesländer seit 1950

Jahr	Gebiet neue Bundesländer	Gebiet alte Bundesländer
1950	30	29,1
1970	69,1	32,9
1990	> 100	67,1
1994	94,0	73,0
1998	> 100	87,0
2002	> 100	88,0

[1] Plätze bezogen auf Kinder von 3-6; 7 Jahren (in der DDR bis 1990 von 3-6,9; 1985: 6,6)
[2] Daten OECD

Quelle: OECD 2004, S. 33; Tietze 2002, S. 6

In Ostdeutschland erfolgte bereits 1946 die Einbindung des Kindergartenbereiches in das staatliche Bildungswesen und wurde 1965 durch das Gesetz über das einheitliche sozialistische Bildungswesen endgültig gefestigt. Die Verselbständigung des Kindergartens als Einrichtung und Stufe des Bildungswesens kommt auch darin zum Ausdruck, dass 1953 eine eigenständige Ausbildung für Kindergärtnerinnen eingerichtet wurde (vgl. Tietze 2002, S. 5). Organisatorisch wurde im Kindergarten bereits 1952 eine Ganztagsbetreuung eingeführt (vgl. Lost 2000, S. 196). Der politisch kontinuierlich angestrebte Ausbau von Kindergartenplätzen erreichte 1970 eine Versorgungsquote von knapp 70%, 1980 war mit 98,8% nahezu eine Vollversorgung erreicht. Institutionell wurden die Kindergärten Ende der 1980er-Jahre zu 86% von den Kommunen, zu 11% von den Betrieben und zu 3% von den Kirchen getragen. Inhaltlich-konzeptionell wurde die Arbeit der Erzieherinnen im Kindergarten durch vom Volksbildungsministerium im Abstand von einigen Jahren immer wieder neu herausgegebenen zentralen Erziehungsprogrammen reguliert, deren Umsetzung und Einlösung die Pädagoginnen in sogenannten „Erfüllungsberichten" zu dokumentieren hatten (vgl. Lost 2000, S. 198). Auszüge aus dem Programm für die Bildungs- und Erziehungsarbeit im Kindergarten in der DDR von 1985, sind im Folgenden wiedergegeben:

Abbildung 14: Aufgliederung der Sachgebiete für die Bildungs- und Erziehungsarbeit im Kindergarten von 1985

Muttersprache
Entwicklung von Sprachfertigkeiten, Entwicklung des Wortschatzes und des grammatisch richtigen Sprechens, Entwicklung des zusammenhängenden Sprechens
Entwicklung mathematischer Vorstellungen
Erstes Quartal: Vergleich zweier Mengen mit bis zu vier Gegenständen und ihre Aufteilungsmöglichkeiten – Gebrauchen der Zahlen bis fünf; Zweites Quartal: Messen der Länge von Gegenständen – Zahlen bis sieben – Gebrauch der Steigerungsformen des Adjektivs; Drittes Quartal: Zahlen bis zehn; Viertes Quartal: Festigung und Intensivierung des bereits Gelernten
Kinderliteratur
Bilderbucherzählungen, Erzählungen und Märchen mit thematischen Empfehlungen: Aus unserem Leben – Vom Kampf um den Frieden und von unseren Freunden in der Sowjetunion und von den Menschen in anderen Ländern – vom Selbermachen, Ausprobieren und Entdecken – Von den achtungsvollen Beziehungen der Menschen untereinander u.a. Gedichte und Reime mit ähnlichen Themen
Spiel
Spiele: Wettläufe, Platzsuchspiele, Haschespiele, Kraft- und Gewandtheitsspiele, Ballspiele, gehen, Laufen, Springen, Werfen, Fangen, Schlagen und Prellen

Bekanntmachen mit dem gesellschaftlichen Leben
Von der DDR – unserem sozialistischem Vaterland, Von der Arbeit der Werktätigen, Vom Schutz des Friedens und des sozialistischen Vaterlandes, Von der Freundschaft mit der Sowjetunion und den anderen sozialistischen Ländern, Von der Solidarität mit den Menschen, die für Frieden und Fortschritt kämpfen, Verkehrserziehung
Bekanntmachen mit der Natur
Herbst, Winter, Frühling, Sommer jeweils nach nichtlebender Natur, Pflanzen und Tieren
Bildungspraktische und konstruktive Tätigkeiten und Betrachten von Kunstwerken
Übungen zur Bildgestaltung, bei der Betrachtung Themenvorschläge: Von der Liebe zum Kind und der Freundschaft der Kinder, Von der fleißigen Arbeit der Werktätigen und dem Schutz der sozialistischen Heimat, von der Liebe zur heimatlichen Natur und der Verantwortung der Menschen für Tiere und Pflanzen, Formen, dekoratives Gestalten, Bauen, Basteln und Falten
Musik
Singen, Musikhören, musikalisch-rhythmische Bewegung, Musizieren auf Instrumenten des Klingendes Schlagwerks

Quelle: Lost 2000, S. 199

In diesem Programmauszug wird deutlich, dass durch den Kindergarten zum einen eine Vorbereitung auf die schulische Bildung, zum zweiten eine Förderung der spielerischen und ästhetischen Fähigkeiten der Kinder und zum dritten eine Anpassung an die sozialistische Weltanschauung erreicht werden sollte. Wie das Bekanntmachen mit dem gesellschaftlichen Leben und dem Schutz des Friedens und des sozialistischen Vaterlandes im Alltag konkret aussah, wird in einem Aufsatz von Annemarie Karutz dokumentiert, die Mitte der 1980er-Jahre in einem Kindergarten in der DDR als Erziehungshelferin gearbeitet hat.

„Als – wie mehrmals im Jahr – dröhnend militärische Flugzeuge im Tiefflug über den Kindergarten flogen, sollte ich nach dem Willen der Leiterin schnell mit einer Gruppe von Vierjährigen rausgehen und ihnen die ‚Friedensflugzeuge' zeigen. Manche Kinder weinten jedoch schon im Gebäude wegen des lauten, angstmachenden Donners und ich ging nicht hinaus. Mir wurde gesagt, dass die Kinder keine Angst haben würden, wenn sie nur richtig erklärt bekommen, dass diese Flugzeuge die Kinder und Erwachsenen vor ganz gefährlichen Feinden schützen und die Kinder sich deshalb freuen sollten, dass es diese Flugzeuge gebe." (Karutz 2001, S. 63)

Gleichwohl muss das Eindringen der programmatischen Vorgaben in das alltägliche Handeln der ErzieherInnen immer auch mit Vorsicht betrachtet werden. Der häufig vorzufindende Schluss vom Erziehungsprogramm auf die Erziehungsrealität in den Kindergärten der DDR ist dabei sicher der falsche Weg. Vielmehr lässt sich der Frage nach der alltäglichen Handlungspraxis nur über retrospektive Schilderungen des damals Erlebten näherkommen.

Im Gegensatz zur DDR wurde in der alten Bundesrepublik der Kindergarten in der Nachkriegszeit nicht als Teil des Bildungssystems, sondern als Teil des Jugendhilfesystems etabliert, das durch eine plurale Trägerstruktur gekennzeichnet ist. Noch bis weit in die 1960er-Jahre hinein standen Kindergärten nur einem Teil der Bevölkerung (um die 30%) zur Verfügung, ohne dass dies in der Öffentlichkeit als Mangel diskutiert wurde (vgl. Colberg-Schrader 1993, S. 346). Diese Bewertungen änderten sich radikal, als im Gefolge der Bildungsreform in den späten 1960er-Jahren der vorschulischen Erziehung im Kontext der Bemühungen um die Ausschöpfung der so genannten Begabungsreserven und der kompensatorischen Erziehung ein wichtiger Stellenwert zuerkannt wurde. Im Verlauf der 1970er-Jahre kam es zu einem nachhaltigen Ausbau von Kindergartenplätzen (von 32,9% 1970 auf 67,5% 1980). Auch wurden im Rahmen eines in den frühen 1970er-Jahren diskutierten Funktionsansatzes Fördermaßnahmen zur Steigerung der kognitiven Fähigkeiten von Kindergartenkindern durchgeführt, die sich verschiedener Methoden und Medien der Schulpädagogik bedienten (vgl. Fried 1993, S. 560). Infolge der Enttäuschung über die scheinbar nur kurzfristigen Möglichkeiten funktionsorientierter Förderung begann sich seit den späten 1970er-Jahren ein didaktischer Ansatz durchzusetzen, bei dem das Lernen für und in sozialen Situationen im Mittelpunkt steht (vgl. Zimmer 1984). Einen neuen quantitativen Expansionsschub erlebte der Kindergarten in Westdeutschland dann erst im Gefolge der Etablierung des neuen Kinder- und Jugendhilfegesetzes im Jahr 1992, in dem ein Rechtsanspruch auf einen Kindergartenplatz verankert wurde. Bis Mitte der 1990er-Jahre konnte dadurch in den meisten alten Bundesländern fast eine Vollversorgung erreicht werden, wobei dieser Ausbau angesichts knapper Haushaltsmittel oft zugleich mit einer Verschlechterung der Arbeitsbedingungen und der Erzieher-Kind-Relationen in den Einrichtungen einherging. In den neuen Bundesländern wurden aufgrund des Geburteneinbruchs zu Beginn der 1990er-Jahre Kindergartenplätze in großer Zahl abgebaut, wenngleich eine Vollversorgung aller Kinder erhalten werden konnte. Außerdem konnten in den neuen Bundesländern in weitaus größerem Maße als in Westdeutschland Ganztagskindergärten aufrechterhalten werden (vgl. Nauck 1995, S. 79).

Zu Beginn des Jahres 2005 ist schließlich das Tagesbetreuungsausbaugesetz in Kraft getreten, welches vorsieht, bis 2010 eine bedarfsgerechte, flächendeckende Versorgung mit Betreuungsplätzen sowohl für unter Dreijährige als auch für Vorschulkinder zu schaffen. Laut den im 12. Kinder- und Jugendbericht (vgl. 2005, S. 181) veröffentlichten Daten ist gegenwärtig in den alten Bundesländern eine Versorgung mit Kindergartenplätzen von ca. 91% erreicht. In den neuen Ländern liegt sogar eine leichte Überversorgung von 105% vor. Zudem gibt es immer noch große Differenzen hinsichtlich der Betreuungszeiten in den Kindergärten in Ost- und Westdeutschland. Während in den alten Bundesländern die Kindergartenbetreuung nur zu einem Viertel als Ganztagsangebot zur Verfügung steht, ist dies in den neuen Bundesländern weiterhin die Regel und steht in fast allen Einrichtungen zur Verfügung (OECD 2004, S. 33).

Abbildung 15: Kindergartenbetreuungszeiten nach Bundesgebiet (Angaben in %)

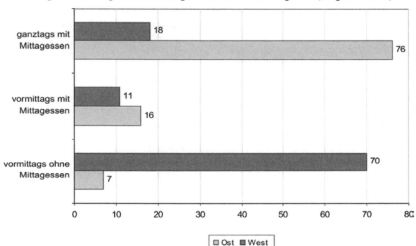

Quelle: Alt/Blanke/Joos 2005, S. 137

Im Unterschied zu den vergangenen Jahrzehnten, wo oft quantitative Fragen des Betreuungsangebots im Zentrum des wissenschaftlichen und öffentlichen Interesses standen, konzentriert sich die wissenschaftliche und öffentliche Diskussion in den letzten Jahren zunehmend auf die Frage nach der pädagogischen Qualität von Kindergarteneinrichtungen. So haben Tietze u.a. (1998, S. 236f.) die pädagogische Prozess-, Struktur- und Orientierungsqualität von Kindertageseinrichtungen untersucht und dabei herausgefunden, dass nur ein Drittel der Einrichtungen gute Arbeit leistet, während die Mehrzahl nur eine mittelmäßige Qualität erreicht. Nicht selten wird das vergleichsweise schwache Abschneiden deutscher Schüler in internationalen Schulleistungsvergleichen – allerdings ohne empirische Beweisführung – auch auf einen Mangel an früher Förderung im Kindergarten zurückgeführt und aktuelle Empfehlungen sehen in einer verbesserten frühen Förderung prioritäre Erfordernisse (vgl. Arbeitsstab Forum Bildung 2001; 12. Kinder- und Jugendbericht 2005). Auch die Sichtung der deutschen und internationalen Forschung zu Fragen des Einflusses unterschiedlicher Betreuungsformen im Vorschulalter durch Hans-Günther Roßbach, die bereits in Bezug auf die Krippenerziehung vorgestellt wurde, belegt auch für die Betreuung im Kindergartenalter die positiven Auswirkungen einer qualitativ guten Betreuung auf die Entwicklung verschiedener Kompetenzbereiche (vgl. Punkt 5.2.1; Roßbach 2005).

Inzwischen wurde von Donata Elschenbroich (2001) auf der Basis einer Befragung von Experten (Entwicklungspsychologen, Fachdidaktiker, Hirnforschern, Kindergartenleiterinnen, Eltern, Unternehmer, Arbeitslose, eine türkische Analphabetin u.v.a.) ein in der Öffentlichkeit breit rezipierter Forderungskatalog entwickelt, der darüber Auskunft gibt, was Kinder im Alter von sieben Jahren können und wissen sollten, der im folgenden in Auszügen dargestellt wird:

Abbildung 16: Weltwissen: im Panorama nach 150 Gesprächen

Was Siebenjährige können/erfahren haben sollten ...
• die eigene Anwesenheit als positiven Beitrag erlebt haben
• gewinnen und verlieren können
• einem Erwachsenen eine ungerechte Strafe verziehen haben
• eine Erinnerung haben, dass ein eigener Lernfortschritt in anderen Behagen auslöste
• mit dem Vater gekocht, geputzt, Betten bezogen und ganze Tage verbracht haben
• Butter machen, Sahne schlagen
• Reise: die Familie, die Eltern in einer anderen Umgebung wahrnehmen
• in einer anderen Familie übernachten
• Wunderkammer Museum besuchen
• eine Sammlung angelegt haben
• Notfalltelefonnummern kennen
• eine Botschaft geschrieben zu haben, eine E-Mail empfangen, gesendet zu haben
• ein Buch von Deckel zu Deckel kennen
• Obstsorten, und wie sich ihr Duft unterscheidet
• die eigene Singstimme finden
• Flüche, Schimpfworte kennen (in zwei Sprachen)
• einen Nagel einschlagen, eine Schraube eindrehen, eine Batterie auswechseln können
• einige Blattformen kennen
• Mengen in Maßeinheiten erlebt haben
• ein Selbstporträt gemalt haben
• einem Meister, einem Experten, einem Könner begegnet sein, neben ihm oder ihr gearbeitet haben (Mentor)

Quelle: Elschenbroich 2001, S. 28-32

Soll der Kindergarten zukünftig seinen Bildungsauftrag stärker erfüllen und ein interessantes und anregendes Bildungsmilieu für Kinder aller sozialen Schichten bereitstellen, in dem die Heranwachsenden im Rahmen spielerischen Lernens solche oder ähnliche Elemente des Weltwissens und Fähigkeiten, wie sie in dem zitierten Bildungs-Kanon von Elschenbroich aufgelistet sind, erwerben, so ist nicht nur eine grundlegende Umgestaltung des bisherigen Bildungs- und Erziehungsarbeit in den Kindergärten erforderlich. Notwendig ist vielmehr auch eine Aufwertung des Qualifikationsprofils von Erzieherinnen, deren Ausbildung, wie in vielen europäischen Ländern üblich, wenigstens von Fachschulen an Fachhochschulen verlagert werden sollte (siehe auch Punkt 5.2.1).

110

5.2.3 Grundschule

Beim Wiederaufbau des Schulwesens in Deutschland nach 1945 knüpften die Bildungspolitiker zunächst an die Traditionen und reformpädagogische Ideen der Weimarer Republik an, in der erstmals die Grundschule als Stätte kindgemäßer Bildung für alle Kinder in den vier unteren Jahrgängen eingerichtet worden war. In Berlin und der Sowjetischen Besatzungszone wurde die gemeinsame Grundschulzeit sogar auf acht Jahre, in wenigen westdeutschen Ländern (Hamburg, Bremen, Schleswig-Holstein) auf sechs Jahre verlängert. Spätestens seit den 1950er-Jahren verliefen die Entwicklungen im Grundschulbereich in der DDR und der BRD jedoch auf getrennten Wegen (vgl. Klafki 2000, S. 34).

In der DDR wurden reformpädagogische Konzepte zunehmend zurückgewiesen und durch Konzepte einer Sowjetpädagogik ersetzt, die Kinder zu Erbauern und Aktivisten im sozialistischen Staat erziehen wollten. 1959 wurde die zehnjährige allgemeinbildende polytechnische Oberschule (POS) mit einer Unterstufe für die Kinder der Klassen 1 bis 3 eingeführt (vgl. Fournés 1996, S. 13). Das Lernen im lehrerzentrierten kognitiv orientierten Unterricht und im Rahmen gelenkter kollektiver Tätigkeiten außerhalb des Unterrichts galten als wesentliche Aktivitäten für Kinder (vgl. Geiling/Heinzel 2000). Erst in den späten 1980er-Jahren wurden Forderungen artikuliert, die objektbezogene Vermittlungspädagogik stärker durch selbstgesteuertes Lernen der Kinder zu ergänzen und bestehende Lehrpläne flexibler zu handhaben (vgl. Fournés 1996, S. 33).

In der BRD wurden im Verlaufe der 1950er-Jahre die Modelle mit einer sechsjährigen Grundschule, außer in West-Berlin, von konservativen Landesregierungen wieder auf eine vierjährige Dauer reduziert (vgl. Klafki 2000, S. 34). Inhaltlich orientierten sich die Konzepte für die Grundschule bis in die späten 1960er-Jahre an Ideen einer kindgemäßen volkstümlichen Bildung, die sich in ihrer Stoffauswahl an den Erfahrungswelten der Kinder orientierte. Die traditionelle volkstümliche Bildung geriet Anfang der 1970er-Jahre in die Kritik. Um soziale Unterschiede zwischen Kindern auszugleichen und mehr Bildungsgerechtigkeit herstellen zu können, wurden eine kompensatorische Erziehung und eine Optimierung sowie eine stärkere Wissenschaftsorientierung des Lernens in den ersten Schuljahren verlangt. Umwelt- und Lernbedingungen wurden als Einflussfaktoren für die kindliche Entwicklung stärker in das Blickfeld gerückt, so dass Begabung nicht mehr als alleinige Ursache für schulischen Erfolg gedeutet werden konnte. Die Vermittlung von Kulturtechniken erfolgte in Lehrgängen und die Eigengesetzlichkeit der Fächer wurde durch die Einführung von Lehrbereichen gestärkt (vgl. Heinzel 2002, S. 544).

In den späten 1970er und 1980er-Jahren setzte eine Gegenbewegung zur primär wissenschaftsorientierten Grundschule ein, die nicht den Lehrplan sondern das Kind im Zentrum der Grundschule sehen wollte und eine Balance von Kindorientierung und Sachorientierung forderte (vgl. Haarmann/Horn 1998, S. 139).

Tabelle 9: Einschulungen in Sachsen-Anhalt seit dem Schuljahr 1995/1996

Schuljahr	Einschulungen		
	insgesamt	männlich	weiblich
1995/96	33 959	17 529	16 430
1996/97	32 522	16 758	15 764
1997/98	26 196	13 657	12 539
1998/99	18 166	9 369	8 797
1999/2000	15 974	8 227	7 747
2000/01	15 412	7 990	7 422
2001/02	14 219	7 325	6 894
2002/03	14 993	7 670	7 323
2003/04	16 324	8 439	7 885
2004/05	16 483	8 397	8 086

Quelle: Statistisches Landesamt Sachsen-Anhalt 2005

Nach der Herstellung der Deutschen Einheit wurde in vier der fünf neuen Bundesländer die vierjährige Grundschule, lediglich in Brandenburg die sechsjährige Grundschule eingeführt. In den alten und den neuen Bundesländern wurden Bemühungen um die innere Reform der Grundschule vor allem mit dem Wandel von Kindheit und Familie begründet. Angesichts veränderter Familienkonstellationen und einer gestiegenen Frauenerwerbstätigkeit wurden in den meisten Bundesländern im Verlaufe der 1990er-Jahre im Grundschulbereich zeitlich erweiterte Schulmodelle realisiert, die als volle Halbtagsschulen oder als Grundschulen mit festen Öffnungszeiten charakterisiert werden. Merkmal einer solchen Schule ist die täglich gleich bleibende Schulzeit bis mittags (von in der Regel fünf Zeitstunden), die Möglichkeiten für eine flexible, kind- und lerngerechte Gestaltung des Schulvormittags bieten ((vgl. Holtappels 1998, S. 182)). Außerdem stand im Jahr 2002 noch für rund 68% der Grundschulkinder in den östlichen, hingegen nur für etwa 6% der 6- bis 10-Jährigen in den westlichen Flächenländern am Nachmittag ein Platz in einem Kinderhort zur Verfügung. In den Stadtstaaten belief sich der Anteil auf 43% (vgl. 12. Kinder- und Jugendbericht 2005, S. 397).

In den neuen Bundesländern waren die Grundschulen im Verlaufe der 1990er-Jahre zudem mit einem Rückgang der Schülerzahlen konfrontiert. So reduzierte sich z.B. im Bundesland Sachsen-Anhalt die Zahl der Einschulungen zwischen 1995/1996 und 2001/2002 von 33.959 auf 14.219 (vgl. Tab. 9; Statistisches Landesamt Sachsen-Anhalt 2005), was zu einer Zusammenlegung von Schulen und zu einer Aufgabe von Schulstandorten geführt hat. Seit dem Jahre 2002/2003 ist jedoch wieder ein leichter Anstieg bei den Einschulungen zu verzeichnen, so dass im Schuljahr 2004/2005 bereits wieder 16.483 Kinder in die ersten Klassen der Grundschulen aufgenommen werden konnten.

Auf der konzeptionellen Ebene wird eine kindgemäße Grundschule gegenwärtig als offene Institution entworfen, die den gesellschaftlichen Wandlungsprozessen und den Lebensbedingungen heutiger Kinder entsprechen soll. Die Grundschule gilt sowohl als gesellschaftliche Basisinstitution des Bildungssystems wie auch als zentrale Lebens- und Lernstätte jeden Kindes (vgl. Heinzel 2002, S. 5). Aktuell herausgefordert wird die Grundschule durch die Ergebnisse der PISA-Studie (vgl. Baumert u.a. 2001), die allerdings aufgrund ihrer empirischen Basis bestenfalls indirekt auf einen Mangel an Frühförderung im deutschen Bildungssystem hinweisen kann.

Im Gegensatz zur überwiegend negativ geführten Debatte um die PISA-Studie, weisen die Auswertungen der internationalen Grundschul-Leistungsstudie IGLU darauf hin, dass sowohl die Leseleistungen als auch die Ausbildung mathematischer und naturwissenschaftlicher Kompetenzen der Grundschüler in Deutschland leicht über dem internationalen Durchschnitt liegen. Jedoch gelingt es der deutschen Grundschule nicht, familiäre Benachteiligungen auszugleichen. Besonders gravierend zeigt sich dies in den wesentlich schlechteren Leseleistungen von Grundschülerinnen und –schülern mit familiärem Migrationshintergrund. Aber auch die Betrachtung der kulturellen und sozialen Lebensbedingungen verweist auf eine deutliche Benachteiligung von Kindern aus eher bildungsfernen und sozial schwächeren Elternhäusern (vgl. Bos u.a. 2004).

Bei der zukünftigen Gestaltung der inhaltlichen Arbeit in der Grundschule wird es somit zum einen darauf ankommen, auf die unterschiedlichen Voraussetzungen der Kinder individuell einzugehen, um so allen Kindern gleiche Chancen einzuräumen; zum anderen gilt es bei der weiteren Förderung der mathematisch-naturwissenschaftlichen Kompetenzen wie auch der Lese- und Sprachkompetenzen der Grundschulkinder nicht den Anspruch aus dem Blick zu verlieren, die Grundschule als eine kindgemäße und offenen Institution zu etablieren.

5.2.3.1 Forschungsergebnisse zur Situation von Kindern in der Grundschule

An der Schnittstelle zwischen Grundschulforschung und Kindheitsforschung sind vor allem in den vergangenen zwei Jahrzehnten eine Reihe von qualitativen und quantitativen Studien durchgeführt worden, die sich mit Fragen des Schulanfangs und der Schulfähigkeit, mit Schulleistungen und Bedingungen des Lernerfolges, mit dem Schriftsprachenerwerb und dem Erwerb von mathematischen Fähigkeiten sowie dem Alltag und den sozialen Beziehungen von Grundschulkindern beschäftigt haben (vgl. im Überblick Heinzel 2002). Obgleich insbesondere die grundschulbezogene Schul- und Unterrichtsforschung in ihren Hauptströmungen lehrerzentriert war (vgl. Zinnecker 2000), gibt es inzwischen eine relevante Anzahl von Untersuchungen, die die Sicht der Schülerinnen und Schüler auf die Grundschule ins Zentrum der Analyse gerückt haben. Aus dem breiten Spektrum dieser Studien werden im Folgenden drei in ihren Ergebnissen etwas genauer dargestellt, die sich mit der biographischen Bedeutung des Schulanfangs, mit der Entwicklung schulischer Leistungen und motivationaler Faktoren bzw. mit dem Sozialleben von Grundschülern in der ersten und zweiten Klasse beschäftigt haben.

a)   Biographische Bedeutung von Einschulungserlebnissen

„Ich heiße Nancy und wohne mit meinen Eltern und meiner jüngeren Schwester in einem Erfurter Altbauviertel. Mutti arbeitet als Sekretärin und Vati als Kraftfahrer. Im August 1992 wurde ich in die 1. Grundschule eingeschult. Die Einschulung fand im Speisesaal statt. Meine Eltern, Oma und Opa und meine Cousine waren dabei. Ich fand mich sehr schick mit schwarzem Samtrock, weißer Bluse, weißen Strümpfen und schwarzen Lackschuhen. Ich freute mich schon auf die Schule, weil ich nicht mehr in den Kindergarten gehen wollte. Dort mußten wir doch immer nach dem Mittagessen schlafen. Das gefiel mir überhaupt nicht. Ich wollte groß sein. Bei der Einschulung warteten unsere Eltern draußen auf uns mit den Zuckertüten. Beim Verlassen des Schulhauses wurden wir sogar gefilmt."

Quelle: Schneider 1996, S. 254-255

Der obige Text ist der Auszug aus einem Interview zum Schulanfang, das im Rahmen eines Projektes zu Einschulungserlebnissen im 20. Jahrhundert von Ilona Katharina Schneider (1996) in den 1990er-Jahren durchgeführt worden ist. In dieser Studie wurden insgesamt 112 offene Interviews mit Mitgliedern aus mehreren Generationen aus den neuen Bundesländern zum Erleben des Tages der Schulaufnahme und der ersten Schultage gemacht. Anknüpfend an phänomenologische Theorietraditionen und Ansätze der erziehungswissenschaftlichen Biographieforschung wurde bei einer themenbezogenen Querschnittsauswertung u.a. herausgearbeitet, ob die Einschulung ein positives oder negatives Ereignis im Erlebnisstrom oder ein in dem Erlebnisstrom mehr oder weniger integriertes Ereignis darstellt. Während sich die zitierte Nancy ähnlich wie eine Reihe anderer in der Studie von Schneider auf den

114

Übergang in die Grundschule freut, da sie damit den sozialen Status des Schulkindes erreicht hat und damit zu den „Großen" gehört, ist bei anderen Kindern der Eintritt in die Grundschule auch mit Ängsten vor dem Unbekannten oder vor Leistungsversagen besetzt.

„Vor der Einschulung überfiel mich ein unsicheres Gefühl. Ich wusste nicht, was mich erwartete. So kam eine gewisse Ängstlichkeit auf." (Ralf)

„Ich hatte sehr große Angst vor der Schule, weil ich dachte, da müssen wir rechnen und das kann ich noch nicht." (Tina)

Quelle: Schneider 1996, S. 275-276

Für wenige in der Studie befragte Personen stellte die Einschulung kein positives oder negatives Ereignis dar, sondern konnte gar nicht mehr erinnert werden oder bettete sich als integraler Bestandteil in die Erinnerungen ein (vgl. Schneider 1996, S. 277)

b)   Entwicklungsprozesse im Grundschulalter

Mit Fragen der Entwicklung von Schulleistungen und Bedingungen des Lernerfolges in der Grundschule haben sich im vergangenen Jahrzehnt eine Reihe vorwiegend quantitativer Studien beschäftigt. Eine besonders wichtige Untersuchung ist in diesem Zusammenhang die unter der Leitung von Franz E. Weinert und Andreas Helmke durchgeführte Münchner Grundschulstudie SCHOLASTIK: „Schulorganisierte Lernangebote und Sozialisation von Talenten, Interessen und Kompetenzen" (vgl. Weinert/Helmke 1997). In diese als quantitative Längsschnittstudie angelegte Untersuchung wurden im Erhebungszeitraum von 1988 bis 1992 insgesamt 1.150 Schülerinnen und Schüler aus 54 Grundschulklassen aus dem Stadtgebiet von München einbezogen. Als Erhebungsinstrumentarien wurden sowohl Fragebögen und Leistungstests als auch verschiedene Beobachtungsverfahren eingesetzt.

Allgemeines Ziel dieser quantitativen Längsschnittstudie war die Beschreibung und Erklärung individueller Entwicklungsverläufe während der Grundschulzeit in Abhängigkeit von affektiven und kognitiven Entwicklungsbedingungen sowie vom schulischen Kontext (vgl. Helmke/Weinert 1997, S. 3). Die Ergebnisse der Untersuchung machten deutlich, dass sich im Verlauf der Grundschulzeit alle Leistungsdispositionen sowohl im Bereich der Denkfähigkeit als auch in den bereichsspezifischen Kenntnissen verbessern, wobei sowohl der Klassenkontext als auch die Unterrichtsqualität Einfluss auf die Lernfortschritte der Schülerinnen und Schüler nehmen (vgl. Weinert/Helmke 1997, S. 461). Je spezifischer eine kognitive Kompetenz ist und je weniger Lerngelegenheiten es dafür für Kinder im außerschulischen Alltag gibt, desto ausgeprägter waren die Effekte des Grundschulunterrichts nachweisbar. Im Unterschied zur Entwicklung kognitiver Kompetenzen waren bei den motivationalen Komponenten keine linearen Zuwachsraten während der Grundschulzeit zu verzeichnen. Vielmehr gingen Selbstvertrauen und Lernfreude im Verlaufe der Grundschulzeit zurück (Weinert/Helmke 1997, S. 464). Im Folgenden sind die Rückgänge in den Fähigkeitsselbstbildern und der Lernfreude in den Fächern Mathematik und Deutsch zwischen der zweiten und vierten Grundschulklasse grafisch veranschaulicht.

Abbildung 17: Entwicklung des Fähigkeitsbildes und der Lernfreude in Mathematik und Deutsch

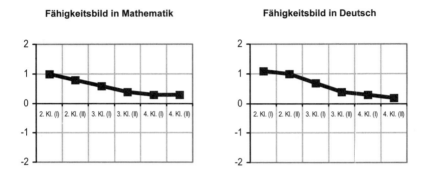

(+2 = am besten, 0 = durchschnittlich, -2 = am schlechtesten)

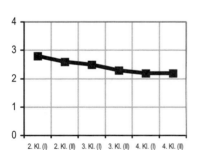 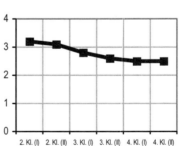

(0 = gar nicht gerne, 4 = sehr gerne)

Quelle: Helmke 1997, S. 64

Eine neuere Studie widmet sich gerade der Problematik der Ausbildung bestimmter Interessen bzw. Nicht-Interessen bei Grundschulkindern (vgl. Christen/Vogt/Upmeier zu Belzen 2002). Dabei wird vor allem nach der Entwicklung der Einstellungen zu Schule und der Interessiertheit am Sachunterricht gefragt. Angelegt ist diese noch laufende Untersuchung ebenfalls als Längsschnittstudie, die zunächst im Kindergarten und anschließend in der zweiten, vierten und sechsten Jahrgangsstufe durchgeführt wird. Um die Fragestellung beantworten zu können, werden sowohl mit den Kindern als auch mit deren Eltern, Erziehern und Lehrern Interviews zu den Interessen bzw. Nicht-Interessen der Kinder, den Gründen für die eventuelle Veränderung des Interessengefüges sowie zu Einstellungen zu Schule und Sachunterricht durchgeführt. Zudem findest eine Videographie des Unterrichtes statt, um die didaktisch-methodische Ausgestaltung im Zusammenhang mit den Interessen der Kinder analysieren zu können.

In einem ersten Analyseschritt wurden anhand der erhobenen verbalen Äußerungen der Schülerinnen und Schüler zu Schule und Unterricht eine Typologie entwickelt, die die verschiedenen Haltungen der befragten Grundschüler charakterisiert und zusammenfasst. In einem zweiten Schritt wurde nach dem Zusammenhang zwischen den Einstellungen zur Schule und den Interessen bzw. Nicht-Interessen der Schülerinnen und Schüler gefragt. Aufgrund dieses Vorgehens konnte zwischen drei typologischen Einstellungsausprägungen unterschieden werden:

Abbildung 18: Typologie Einstellungen zur Schule bei Grundschulkindern

Der Lernfreude-Typ
Darunter gefasst sind Schülerinnen und Schüler, deren Einstellungen zu Schule und Unterricht durchgehend positiv sind. Die Anforderungen des Unterrichts bereiten diesen Schülern keine Probleme und das Lernen spielt für sie eine wichtige Rolle. Die schulisch angebotenen Lerninhalte erfahren eine hohe Akzeptanz bei diesen Kindern.
Der Gelangweilt-frustrierte Typ
Grundschülerinnen und -schüler, die diesem Typ zugeordnet werden, haben eine negativere Einstellung zu Schule und Unterricht als die Kinder des Lernfreude-Typs. Die Langeweile der Kinder entsteht hier durch Unterforderung im Unterricht oder durch uninteressante Unterrichtsthemen. Die Kinder verfügen häufig über klare Vorstellungen, was sie im Unterricht lernen möchten. Frustrationen treten demgegenüber vor allem bei gehäuften schulischen Misserfolgen und/ oder Überforderung auf. Trotz einer hohen Leistungsorientierung dieser Kinder, können die geforderten Leistungen oft nicht erbracht werden, so dass sich eine zunehmende Frustration einstellt.
Der zielorientierte Leistungstyp
Schülerinnen und Schüler dieses Typs weisen ebenfalls eine negativere Einstellung zu Schule und Unterricht auf als die Kinder des Lernfreude-Typs. Eine ausgeprägt Leistungsorientierung ist hier zwar vorhanden, jedoch ist diese vorwiegend auf die Zukunft der Kinder gerichtet. Lernen ist damit nicht Selbstzweck und wird nicht auf den eigenen Alltag bezogen.

Quelle: Christen/Vogt/Upmeier zu Belzen 2002, S. 218f.

In einem weiteren Untersuchungsschritt wurden nun die Verteilungen dieser „Schuleinstellungs-Typen" über die Jahrgangsstufen eins bis vier gemessen. Besonders deutlich lässt sich daran der drastische Rückgang des Anteils der Schülerinnen und Schüler feststellen, der dem Typ Lernfreude zugeordnet werden kann. Im Gegensatz dazu steigt der Anteil der Gelangweilt-Frustrierten in der vierten Klasse auf 50%, auch wenn er sich bis zur dritten Klasse eher absenkt. Damit ist fast die Mehrzahl der Schüler am Ende ihrer Grundschulzeit vom erfahrenen Unterricht gelangweilt und/oder frustriert. Inwieweit sich dies auch beim Übergang in die Sekundarstufe fortsetzt, ist bislang noch nicht empirisch untersucht worden. Ebenso wenig existieren empirische Studien, die nach den Ursachen für diese negative Entwicklung der Lernfreude im Verlauf der Grundschulzeit fragen.

Abbildung 19: Typologische Einstellungsausprägungen nach Jahrgangsstufen in der Grundschule (Angaben in %)

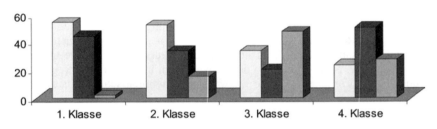

| □ Lernfreude- Typ ■ Gelangweilt- Frustrierter Typ ▨ zielorientierter Leistungstyp |

Quelle: Christen/Vogt/Upmeier zu Belzen 2002, S. 219

Zu vermuten ist hier, dass gerade die vorgenommenen frühen Schullaufbahnentscheidungen am Ende der Grundschule einen entscheidenden Einfluss auf die Einstellungen der Kinder zur Schule sowie auf deren Lernmotivation ausüben. So wird vermittelt über Eltern und Lehrer ein zunehmender Leistungsdruck aufgebaut, der Lernen eben nicht mehr als Selbstzweck erscheinen lässt, sondern als entscheidenden Faktor für zukünftige Chancenverteilungen definiert. Lernfreude ist immer auch an eigene Interessen und die Befriedigung der eigenen Neugierde geknüpft, die mit Erreichen der höheren Grundschulklassen immer mehr in den Hintergrund treten zugunsten einer deutlicheren Leistungsorientierung. Damit bleiben gerade diejenigen Schülerinnen und Schüler auf der Strecke, die klare Vorstellungen von dem haben, was sie in der Schule lernen möchten, und es wächst der Anteil derjenigen, die mit den Leistungsanforderungen nicht mehr mithalten können.

Das DJI-Kinderpanel (Alt 2005; siehe 5.1.1.2, S. 73) widmet sich u.a. auch den schulischen Belastungen von Kindern in der Grundschule. Zum Thema Schulangst und Lernprobleme äußerten 19% der 8- bis 9-Jährigen, dass sie oft Probleme haben, im Unterricht mitzukommen und immerhin fast die Hälfte (44%) gab an, oft Angst zu haben, zu viele Fehler zu machen. Die Frage, ob sie Langweile in der Schule kennen, wird von etwa einem Viertel der Kinder bejaht. Dabei sind es in erster Linie die Jungen, die sich im Unterricht langweilen (31%), während die Mädchen dies nur zu 10% von sich sagen können. Deutlich wird in der Untersuchung, dass schulische Belastungen und Probleme schichtspezifisch in unterschiedlichem Maße auftreten. So haben Kinder aus niedrigeren Sozialschichten häufiger Probleme, im Unterricht mitzukommen und berichten auch öfter von Ängsten im Zusammenhang mit der Schule (Schneider 2005, S. 212ff.).

c)   Das Sozialleben von Grundschulkindern

Einen weiteren Forschungsschwerpunkt zum Thema Kindheit und Grundschule stellen vorwiegend qualitative Untersuchungen dar, die sich mit den sozialen Beziehungen unter Grundschulkindern beschäftigt haben. Neben einigen ethnographischen Studien von Krappmann und Oswald (1995) zu Gleichaltrigenbeziehungen in der Grundschule, von Breidenstein und Kelle (1998) zum Geschlechteralltag in der Bielefelder Laborschule oder von Scholz (1996) zum Spannungsverhältnis von Kinderkultur und Schulkultur ist in diesem Kontext die Längsschnittstudie von Hanns Petillon zu nennen, die sich mit dem Sozialleben von Kindern in den ersten beiden Grundschuljahren auseinandergesetzt hat (vgl. Petillon 1993). Auch hier handelt es sich wieder um eine Längsschnittstudie, die bereits in den Jahren 1985 bis 1987 in 13 Grundschulklassen in Baden-Württemberg und Rheinland-Pfalz durchgeführt wurde.

Hanns Petillon widmet sich in seiner Untersuchung zum sozialen Interaktionsgeflecht der Schülerinnen und Schüler in den beiden ersten Klasen des Grundschulbereichs der Frage, wie sich bestimmte soziale Phänomene in der Schülergruppe während der ersten Schuljahre entwickeln. Die Untersuchung schloss ca. je 240 Kinder zu Beginn der Schulzeit, am Ende des ersten Schuljahres sowie am Ende des zweiten Schuljahres in die Erhebung ein. Bei der Auswertung wurde nicht nur auf qualitative, sondern auch auf quantitative Verfahren zurückgegriffen. Dabei verweisen die Ergebnisse auf den hohen Stellenwert den Beziehungen und Freundschaften zu den Mitschülerinnen und Mitschülern am Beginn der Grundschulzeit einnehmen (1993, S. 171). Demgegenüber stehen die Lehrer oder die schulischen Lerninhalte weniger im Fokus der kindlichen Handlungen. Die zu Beginn der Grundschulzeit geknüpften Freundschaftsnetze erweisen sich in den folgenden beiden Schuljahren als relativ stabil und werden ebenso wie die Definition von Führungs- oder Außenseiterpositionen in der Schulklasse durch das Kriterium der Schulleistung bestimmt (vgl. Petillon 1993, S. 124f.). Auch sind die Freundschaftswahlen durch die Präferenz für das eigene Geschlecht geprägt, die sich im Verlauf der ersten beiden Schuljahre noch verstärkt. Zwar sind etwa 20% der befragten Mädchen zu Beginn der Grundschulzeit noch an einer Freundschaftsbeziehung auch zu einem Jungen interessiert. Zum Ende des zweiten Schuljahres wird das Interesse an einer gegengeschlechtlichen Freundschaft jedoch nur noch von 11% der befragten Mädchen und rund 4% der Jungen artikuliert (vgl. Petillon 1993, S. 143).

Auch Krappmann und Oswald (1995) betonen die große Bedeutung von Gleichaltrigenbeziehungen in der Grundschule und verweisen gleichzeitig auf deren positive Einflüsse in Bezug auf Lernen und Entwicklung. Gemeinsames, informelles Lernen der Gleichaltrigen findet dabei auf der Grundlage symmetrischer Beziehungen statt. So konnte Krappmann (2001) feststellen, dass Kinder bei manchen kognitiven Aufgaben zu besseren Lösungen kommen und ihre Leistungsfähigkeit nachhaltig steigern können, wenn ihnen ein anderes Kind und nicht ein Erwachsener widerspricht. Das gemeinsame Aushandeln von Lösungswegen und Verfahrensweisen wirkt sich dann positiv auf das Verstehen von Zusammenhängen und die Wissensaneignung aus, da dies auf begründeten Einsichten und nicht auf Vorgaben von außen beruht. Ebenso wie bei der Entwicklung des moralischen Urteils durch gemeinsames Aushandeln von Regeln und Wertmaßstäben, bietet eine solche Beziehungsform einen anderen Rahmen für Lernprozesse als dies in asymmetrischen Beziehungen der Fall ist. Daraus ergibt sich die Forderung nach mehr Freiräumen im Rahmen der Gestaltung der Grundschule, die Kinder positiv für sich nutzen können.

Intakte Peerbeziehungen innerhalb der Schule haben gleichzeitig auch einen Einfluss auf das schulische Wohlbefinden und die Schulfreude der Heranwachsenden (vgl. Büchner 1998). So konnten Zusammenhänge zwischen den Freundschaftsbeziehungen in der Schule und der Bewertung der Schule insgesamt festgestellt werden. Im DJI-Kinderpanel gaben diejenigen, die Kinder aus der Schule zu ihren Freunden zählen deutlich häufiger an, dass ihnen die Schule gefällt als diejenigen, die ihre Freunde eher außerhalb der Schule verorten (Traub 2005, S. 47).

5.2.4 Übergänge und Situation in der Sekundarstufe

Während in der DDR die Schüler nach Absolvierung der dreijährigen Unterstufe noch weitere sieben Jahre gemeinsam die Polytechnische Oberschule besuchten, wechselten die Grundschülerinnen und Grundschüler in der alten Bundesrepublik – außer in West-Berlin – bereits nach Abschluss der vierten Klasse in ein weit verzweigtes System von weiterführenden Bildungsgängen in der Sekundarstufe I. Das aktuelle Gesamtbild der schulstrukturellen Konzeptionen für die Klassen fünf und sechs ist diffus, kaum noch überschaubar und variiert zwischen den einzelnen Bundesländern. So besuchen z.B. die Schülerinnen und Schüler in Berlin und Brandenburg eine sechsjährige Grundschule, die Schülerinnen und Schüler in Bremen, Niedersachsen,

Mecklenburg-Vorpommern und Sachsen-Anhalt wechseln nach der Grundschule auf eine gemeinsame zweijährige Förder- bzw. Orientierungsstufe, die Schülerinnen und Schüler in Bayern, Thüringen und Sachsen besuchen entweder eine integrierte Eingangstufe für Haupt- und Realschüler oder das Gymnasium, die Schülerinnen und Schüler in Baden-Württemberg wechseln nach der Grundschule direkt in das dreigliedrige Bildungssystem von Hauptschule, Realschule und Gymnasium (vgl. Bellenberg/Böttcher/Klemm 2001, S. 103).

Abbildung 16: Übergangsregelungen nach der Grundschule in den einzelnen Bundesländern

Baden-Württemberg
• direkter Wechsel nach vierjähriger Grundschule
• Schullaufbahnberatung für Schüler und Eltern, Eltern entscheiden, Schüler muss nach Begabung und Leistung geeignet erscheinen, Aufnahme in eine best. Schule kann von Prüfung abhängig gemacht werden
• Durchlässigkeit zwischen Schulformen auf Empfehlung der abgebenden Schule
Berlin
• keine Orientierungsstufe, da sechs Jahre Grundschule
• Schulempfehlungen: Elternwahlrecht oder der Schüler muss für den gewählten Bildungsgang geeignet sein
Brandenburg
• keine Orientierungsstufe, da sechs Jahre Grundschule
• Grundschulgutachten mit Empfehlung f. weiterführende Schule, Elternwille u. Eignung der Schüler f. Bildungsgang sind maßgebend, Vorrang bei Differenzen zw. Elternwille und Grundschulempfehlung im Gesetz nicht eindeutig
Bremen
• Orientierungsstufe = eigenständige Schulart, organisatorisch gemeinsam mit den anderen Schularten in Schulzentren zusammengefasst
• Schulempfehlung durch die Lehrer am Ende der Kl. 5; Entscheiden sich die Erziehungsberechtigten entgegen der Empfehlung, ist die Zulassung zur gewählten Schulart vom Bestehen einer Prüfung abhängig, in der die Eignung für die gewählte Schulart festgestellt wird.
Hamburg
• Beobachtungsstufe Haupt- u. Realschule in Kl. 5 u. 6 (organisatorisch an Grundschule oder Haupt- oder Realschule), Beobachtungsstufe zur Vorbereitung auf das Gymnasium
• Schullaufbahnempfehlung durch die Grundschule, Eltern entscheiden nach Beratung
Hessen
• Förderstufe in der 5. und 6. Klasse in kooperativen Gesamtschulen, teilweise an Haupt- und Realschulen
• Eltern können sich in einem ersten Schritt über eine Schulempfehlung nach der Grundschule hinwegsetzen. Nach einem Jahr ist eine „Querversetzung" in einen anderen Schulzweig möglich. Widerspruch und Anfechtungsklage haben keine aufschiebende Wirkung.

Niedersachsen		
• Orientierungsstufe (Förderstufe) wird abgeschafft		
• Empfehlung der Grundschule nach Kl. 4, Elternwille entscheidet		
Nordrhein-Westfalen		
• das Halbjahreszeugnis der Klasse 4 enthält eine begründete Empfehlung für die Schulform, die für die weitere schulische Förderung am besten geeignet erscheint		
• die weiterführende Schule lädt die Erziehungsberechtigten zu einem verbindlichen Beratungsgespräch ein, wenn diese von der Empfehlung abweichen		
Rheinland-Pfalz		
• Lehrkräfte sollen Eltern zur Schullaufbahn beraten, Elternwille zählt		
• Schulartübergreifende Orientierungsstufe		
Schleswig-Holstein		
• an Hauptschulen, Realschulen und Gymnasien bilden jeweils die ersten beiden Klassenstufen die Orientierungsstufe		
• in Zusammenarbeit mit den Eltern wird die für die Schüler geeignete Schulart ermittelt		
• nicht mehr möglich ist künftig eine Doppelabweichung eine Anmeldung am Gymnasium, wenn die Empfehlung für die Hauptschule ausgesprochen wird		
Thüringen		
• Klassen 5 u. 6 sind an den Regelschulen und Gymnasien Orientierungsstufen, Übertritt von Regelschule zu Gymnasium ist nach Kl. 5 u. 6 und mit Realschulabschluss möglich nach Aufnahmeprüfung		
• Elternwille entscheidet über Besuch der weiterführenden Schule, Eltern sind durch die Schule zu beraten		

Insgesamt hat in den letzten Jahren der Anteil der Schüler, die in den Klassen 5 und 6 schulformübergreifende Bildungsgänge besuchen, zugenommen. So befanden sich im Schuljahr 1998/99 in Deutschland 22% aller Schülerinnen und Schüler dieser Jahrgangsstufen in einer schulartunabhängigen Orientierungsstufe bzw. in einer sechsjährigen Grundschule (Berlin und Brandenburg). Daneben besuchen weitere 7% dieser Altersgruppe eine Integrierte Gesamtschule. Darüber hinaus finden sich 8% in gemeinsamen Lerngruppen kombinierter Haupt- und Realschulen.

Die Ausweitung integrativer Schulformen ebenso wie jedoch die Tatsache, dass die drei traditionellen Schultypen Haupt-, Realschule und Gymnasium immer noch dominieren, zeigt auch die folgende Übersicht, in der die Schulbesuchsquoten in Klassenstufe 8 in Deutschland im Schuljahr 2003/2004 dargestellt sind.

Das Gymnasium hat sich mit fast 30% Bildungsbeteiligung zur klar stärksten Schulform entwickelt, während die Hauptschule im Jahr 2003 nur noch von 22,8% der Schülerinnen und Schüler dieses Jahrgangs besucht wurde. Der Anteil der Hauptschülerinnen und -schüler ist seit 1993 kontinuierlich gesunken. Insgesamt vollzieht sich seit Beginn der 1950er-Jahre in Westdeutschland ein deutlicher Trend zur Wahl anspruchsvollerer Bildungsgänge. Besuchten 1952/53 noch 79,3% aller Schüler des 7. Jahrgangs die Volksschule, 6,1% die Realschule und 13,2% das Gymnasium, so lauteten die entsprechenden Zahlen für das Schuljahr 1980/81 bereits: 38% Hauptschülerinnen und -schüler, 26,4% Realschülerinnen und -schüler und 27,2% Gymnasiastinnen und Gymniasten (vgl. Hansen/Rolff 1990, S. 48 ff). In Westdeutschland findet sich auch eine deutliche Differenz in den Schulbesuchsquoten nach Schularten zwischen den einzelnen Bundesländern, so dass sich etwa im Jahre 2000 der relative Schulbesuch von 15-Jährigen an Gymnasien zwischen 25% in Niedersachsen und 31% in Hessen, der Besuch von 15-Jährigen an Hauptschulen zwischen 18% im Saarland und 43% in Bayern bewegte (vgl. Baumert/Schümer 2002, S. 161).

Tabelle 10: Verteilung der Schüler auf die Schularten der Sekundarstufe I, 8. Klassenstufe, 2003

Bildungsbereich bzw. Schulart	1993	1994	1995	1996	1997	1998	1999	2000	2001	2002	2003
Hauptschulen											
Schüler in 1.000	219,2	225,8	225,8	224,3	218,5	213,5	214,3	218,5	227,7	229,6	220,9
Anteil	24,5%	24,4%	24,0%	23,7%	23,4%	22,8%	22,6%	22,4%	22,7%	22,8%	22,8%
Schularten mit mehreren Bildungsgängen											
Schüler in 1.000	62,9	60,6	62,4	64,7	66,1	66,6	66,0	90,2	88,9	87,3	84,9
Anteil	7,0%	6,5%	6,6%	6,8%	7,1%	7,1%	7,0%	9,3%	8,9%	8,7%	8,8%
Realschulen											
Schüler in 1.000	223,2	234,4	240,2	242,2	241,7	246,1	251,2	237,0	245,1	246,1	238,6
Anteil	24,9%	25,3%	25,5%	25,6%	25,9%	26,3%	26,5%	24,3%	24,4%	24,5%	24,6%
Gymnasium											
Schüler in 1.000	268,4	278,3	281,4	279,8	269,8	271,8	277,3	286,8	296,0	297,5	289,2
Anteil	30,0%	30,1%	29,9%	29,6%	28,9%	29,0%	29,2%	29,4%	29,5%	29,6%	29,9%
Integrierte Gesamtschulen											
Schüler in 1.000	76,4	79,7	82,8	86,2	87,0	87,4	89,1	89,8	89,5	87,8	77,3
Anteil	8,5%	8,6%	8,8%	9,1%	9,3%	9,3%	9,4%	9,2%	8,9%	8,7%	8,0%
Freie Waldorfschulen											
Schüler in 1.000	4,7	4,8	5,1	5,2	5,2	5,5	5,5	5,7	5,9	6,2	5,6
Anteil	0,5%	0,5%	0,5%	0,5%	0,6%	0,6%	0,6%	0,6%	0,6%	0,6%	0,6%
Sonderschulen											
Schüler in 1.000	40,1	42,0	43,8	44,1	44,6	45,1	45,9	47,6	51,9	52,0	52,1
Anteil	4,5%	4,5%	4,7%	4,7%	4,8%	4,8%	4,8%	4,9%	5,2%	5,2%	5,4%
Zusammen											
Schüler in 1.000	894,9	925,7	941,4	946,4	932,8	936,0	949,4	975,6	1005,0	1006,4	968,6
Anteil	100,0%	100,0%	100,0%	100,0%	100,0%	100,0%	100,0%	100,0%	100,0%	100,0%	100,0%

Quelle: KMK 2005

Ganz anders stellte sich diese Entwicklung in der DDR bzw. den neuen Bundesländern dar. Aufgrund stärkerer Restriktionen im Zugang zur Erlangung der Hochschulreife in der DDR betrug die Übergangsquote von der Polytechnischen Oberschule zur Erweiterten Oberschule im Jahr 1984 nur 10,1% eines Altersjahrgangs (vgl. Helsper/Böhme 2002). Unmittelbar nach der Wende ergab sich innerhalb weniger Jahre eine sprunghafte Expansion der Bildungsambitionen und des Gymnasialbesuchs. So wird das Gymnasium in den fünf neuen Bundesländern im Jahr 2000 von zwischen 26% und 29% der 15-Jährigen besucht. Eine Sondersituation stellen dagegen die Hauptschulbesuchsquoten in den neuen Bundesländern dar. Da Brandenburg, Sachsen, Sachsen-Anhalt und Thüringen von vornherein auf eine selbständige Hauptschule verzichtet haben und diese in die Integrierte Gesamtschule (in Brandenburg) bzw. in die Mittel-, Regel- oder Sekundarschule (Schulen mit mehreren Bildungsgängen) integrierten, liegt der relative Besuch des Hauptschulbildungsganges in den neuen Bundesländern zwischen 10 und 14%, nur Thüringen mit einer Hauptschulquote von 23% macht dabei eine Ausnahme (vgl. Baumert/Schümer 2002, S. 162).

Profitiert von dieser Expansion weiterführender Bildungsgänge haben vor allem die Mädchen. War bis Anfang der 1960er-Jahre in Westdeutschland noch eine klare Benachteiligung der Mädchen im Gymnasium festzustellen, so haben die Mädchen seit den 1980er-Jahren die Jungen bei den Besuchsquoten der Realschulen leicht, der Gymnasien inzwischen sogar deutlich überholt (vgl. Faulstich-Wieland/Nyssen 1998, S. 166).

Tabelle 11: Schulabgänger/-innen (nach Beendigung der Vollzeitschulpflicht) des Schuljahres 2001/02 nach Abschlussart in %

	Mädchen	Jungen
ohne Hauptschulabschluss	7,1	11,9
Hauptschulabschluss	22,2	28,6
Realschulabschluss	42,9	38,5
Fachhochschul-/Hochschulreife	27,8	21,0

Quelle: Statistisches Bundesamt 2003

Die Tabelle 11 zeigt deutlich, dass die Mädchen des Abschlussjahres 2002 nicht nur zu einem größeren Anteil überhaupt einen Schulabschluss vorweisen können, sondern dass sie auch zu einem weitaus größeren Prozentsatz die anspruchsvolleren Bildungsgänge erfolgreich durchlaufen. So beträgt die Differenz zwischen Mädchen und Jungen bei der Erlangung der Fachhochschul- oder Hochschulreife immerhin fast 7%, während 6,4% mehr Jungen als Mädchen am Ende des Schuljahres 2002 einen Hauptschulabschluss nachweisen können.

Dieser Vorteil der Mädchen im Bildungssystem galt auch für die ehemalige DDR (vgl. Lenhardt/Stock 1997) und setzte sich nach 1990 in den höheren Beteiligungsquoten der Mädchen beim Gymnasialbesuch in den neuen Bundesländern fort (vgl. Krüger/Grunert 1995). Die Frage geschlechtsspezifischer Benachteiligung lässt sich allerdings auf der Ebene quantitativer Bildungsbeteiligung allein nur unzureichend beantworten. So verweisen eine Reihe von Studien auf die Tradierung geschlechtsspezifischer Wissensreservate bei Fächerwahlen und Interessenpräferenzen, auf subtile geschlechtsspezifische Diskriminierungen in den Schüler-Lehrer- und den Peer-Interaktionen oder auf den Tatbestand, dass die Mädchen trotz besserer Schulleistungen – mit Ausnahme von Mathematik und Physik (vgl. Baumert/ Lehmann u.a 1997) – ein geringeres schulisches Selbstvertrauen haben und sich durch schulische Anforderungen deutlich stärker belastet fühlen (vgl. Horstkemper 1987; Krüger/Kötters 1999).

Ist auf der quantitativen Ebene eine Aufhebung der geschlechtsspezifischen schulischen Benachteiligung festzustellen, so zeigt sich demgegenüber eine nach wie vor deutliche schicht- und milieuspezifische Benachteiligung. Zwar ist im Verlaufe der Nachkriegszeit in Westdeutschland der Anteil der Arbeiterkinder, die ein Gymnasium besuchen, zwischen 1950 und 1988 von 5% auf 11% angestiegen und auch eine Steigerung des Realschulbesuchs ist konstatierbar (vgl. Hansen/Pfeiffer 1998, S. 67). Dennoch ist das deutsche Bildungssystem auch im internationalen Vergleich, wie die Ergebnisse der PISA-Studien 2000 und 2003 zeigen (vgl. Baumert u.a. 2001; Prenzel u.a. 2004), in hohem Maße sozial selektiv. Die Chancen eines Kindes aus der Oberschicht ein Gymnasium zu besuchen, sind fast sechsmal so hoch wie die eines Arbeiterkindes. Dabei zeigte der Ost-West-Vergleich in der PISA-Studie aus dem Jahr 2000, dass in den neuen Bundesländern die relativen Chancen eines Gymnasialbesuches noch deutlich weniger sozialschichtabhängig waren als in den alten Bundesländern (vgl. Baumert/Schümer 2002, S. 167). Die neue Untersuchung von 2003 ergibt diesbezüglich jedoch ein anderes Bild. Vor allem in Bayern und Sachsen-Anhalt scheint die soziale Herkunft der Schülerinnen und Schüler deutlich mehr Einfluss auf den Besuch einer bestimmten Schulart zu haben als die fachlichen Kompetenzen. So liegt im deutschen Durchschnitt die relative Wahrscheinlichkeit eines Gymnasialbesuchs für Schüler aus Familien mit hohem sozioökonomischem Status viermal höher als für Schüler aus Familien mit niederem sozioökonomischen Status liegt. Demgegenüber steigt die relative Wahrscheinlichkeit in Bayern auf 6,65 und in Sachsen-Anhalt auf 6,16. Am wenigsten beeinflussen soziale Disparitäten die Art des Schulbesuchs in Brandenburg (2,38) (Prenzel/Baumert/Blum u.a. 2005, S. 32). Damit sind die ostdeutschen Bundesländer sowohl an der Spitze als auch am Ende der sozialen Ungleichheitsskala im Hinblick auf die besuchte Schulform vertreten.

Bildungsunterschiede und Benachteiligungen treten in Deutschland auch zwischen deutschen und ausländischen Heranwachsenden auf. Zwar kann in den letzten Jahrzehnten von einer Verringerung der Bildungsbenachteiligung bei Migrantenkindern gesprochen werden. Die deutliche Benachteiligung gegenüber deutschen Schülerinnen und Schülern besteht aber noch immer. So zeigen die Ergebnisse der PISA-Studie, dass die Chancen für Kinder aus deutschsprachigen Familien einen mittleren und höheren Bildungsgang zu besuchen, rund dreimal höher sind als für 15-Jährige, deren beide Eltern zugewandert sind (vgl. Baumert/Schümer 2002, S. 189). Differenzen ergeben sich dabei bereits in der Grundschule. So konnten Bos u.a. (2003) auf der Basis der Internationalen Grundschulleistungsstudie IGLU darauf verweisen, dass Kinder ohne Migrationshintergrund in Deutschland eine dreimal höhere Chance haben, am Ende der Grundschulzeit eine Gymnasialempfehlung zu erhalten wie Kinder aus zugewanderten Familien.

Abbildung 21: Anteil ausländischer Schülerinnen und Schüler nach ausgewählten Schularten (1992-2002; in %)

Abbildung 22: Deutsche und ausländische Schulabgänger/-innen des Schuljahres 2002/2003 nach Abschlussarten (in %)

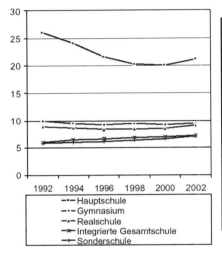

Abschlussart	Insgesamt	Deutsche	Ausländer/-innen
Ohne Hauptschulabschluss	8,9	7,9	19,2
Hauptschulabschluss	26,0	24,5	41,6
Realschulabschluss	40,5	41,6	29,1
Fachhochschulreife	1,2	1,2	1,3
Allg. Hochschulreife	23,5	24,8	8,9
Insgesamt[1]	100	100	100

1 Abweichungen durch Rundungen möglich

Quelle: 12. Kinder- und Jugendbericht 2005, S. 80

Quelle: 12. Kinder- und Jugendbericht 2005, S. 81

Während also der Anteil deutscher Schülerinnen und Schüler an anspruchsvolleren Bildungsgängen in den letzten Jahrzehnten deutlich gestiegen ist, haben sich die Schulbesuchsquoten für ausländische Kinder kaum verändert (vgl. Abb. 21). Dabei zeigen sich auch Unterschiede zwischen denjenigen Schülerinnen und Schülern deren Eltern nicht in Deutschland geboren wurden und denjenigen, deren beide Elternteile bereits in Deutschland zur Welt kamen. Während Erstere zu ca. 50% eine Hauptschule besuchen, gilt dies nur für etwa ein Viertel der zweiten Gruppe (Gogolin 2005, S. 328). Zudem verlassen ausländische Heranwachsende zu einem deutlich höheren Anteil als deutsche die Schule ohne einen Schulabschluss. Dies gilt für fast 20% der ausländischen und für nur 8% der deutschen Schulabgängerinnen und Schulabgänger des Jahres 2003. Obwohl insgesamt mehr ausländische Schülerinnen und Schüler als noch in den 1970er-Jahren heute höhere Schulabschlüsse erreichen, können am Ende ihrer Schulzeit nur knapp 30% einen Realschul-abschluss und lediglich 10% die Fachhochschul- oder Hochschulreife vor-weisen. Demgegenüber verfügen ca. 67% der deutschen Schulabgängerinnen und Schulabgänger über einen mittleren oder höheren Schulabschluss (vgl. Gogolin 2005, S. 334).

Trotz aller Veränderungen seit den 1950er-Jahren ist die Schule somit eine Institution der Reproduktion sozialer Ungleichheit geblieben, eine In-stanz sozialer Schließungsprozesse für Heranwachsende aus Arbeiter- und bildungsfernen Milieus und für Migrantenkinder. Dass Schulen und nationale Schulsysteme hier allerdings in unterschiedlichem Ausmaß Möglichkeiten der Kompensation sozialer Ungleichheiten besitzen, verdeutlicht der interna-tionale Vergleich der PISA-Studie, in dem das deutsche Schulsystem einen Spitzenplatz in der mangelnden Kompensation sozialer Ungleichheit ein-nimmt.

5.2.4.1 Ausgewählte Forschungsergebnisse zur Situation von Kindern in den ersten Jahren der Sekundarstufe

Während an der Schnittstelle zwischen Schul- und Jugendforschung in den vergangenen Jahrzehnten eine Vielzahl von Studien durchgeführt worden sind, die sich mit den Bedingungen von Schulleistungen und psychosozialen Problembelastungen, mit Schulinvolvement und Partizipation in schulischen Prozessen oder mit schulischer Gewalt und Phänomenen der Peerculture von älteren Jugendlichen in der Schule beschäftigen (vgl. im Überblick Helsper/ Böhme 2002), sind Untersuchungen, die die Situationen von älteren Kindern und jüngeren Jugendlichen im Alter zwischen zehn und 14 bzw. 15 Jahren in den ersten Jahren der Sekundarstufe ins Zentrum der Analyse rücken, immer noch seltener. Gestützt auf die Ergebnisse ausgewählter Studien werden wir im Folgenden Phänomene der Schulangst, der Schulfreude, der schulischen Partizipation, des aggressiven Verhaltens und Gewalthandelns sowie der Nutzung schulischer Freizeitangebote bei Schülerinnen und Schülern dieser Altersgruppen genauer beschreiben.

a)   Schulische Belastungen, Lernfreude und Partizipation in der Schule

In Anlehnung an die Ansätze der schulischen Belastungsforschung (vgl. Hur-relmann 1990) wurden im Rahmen der Studie „Kindheit im Umbruch" rund 2.600 Schülerinnen und Schüler im Alter zwischen zehn und 15 Jahren in Ost- und Westdeutschland im Jahre 1993 nach ihren allgemeinen Sorgen ge-fragt, die sie sich über ihr Abschneiden beim schulischen Leistungswettbe-werb machen. Die Ergebnisse dazu sind in folgendem Schaubild dargestellt.

Abbildung 23: Subjektiv wahrgenommene Belastung im Ost/West Vergleich (in %)

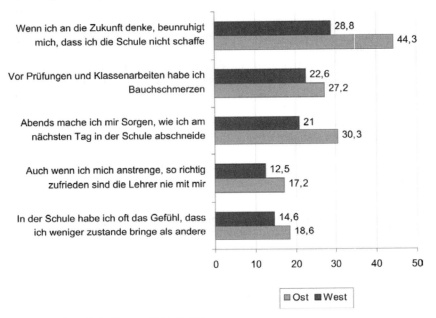

Quelle: Büchner/Fuhs/Krüger 1996, S. 220

Während knapp ein Fünftel der ostdeutschen Befragten – von den westdeut-schen Befragten sind es knapp 5% weniger – die Sorge artikuliert, weniger zustande zu bringen als andere und Angst vor der Unzufriedenheit der Lehrer mit ihren Schulleistungen hat, sind es immerhin rund ein Drittel der befragten 10- bis 15-Jährigen in Ostdeutschland und über ein Fünftel in Westdeutsch-land, die sagen, dass sie abends im Bett Angst vor dem Abschneiden am nächsten Schultag haben, und dass sie vor Prüfungen und Klassenarbeiten oft Magenschmerzen haben. Noch ausgeprägter ist die Sorge der Befragten, in Zukunft die Schule nicht zu schaffen. Diese Angst wird von knapp einem Drittel der westdeutschen und von fast der Hälfte der ostdeutschen Heran-wachsenden artikuliert. Dass insbesondere die ostdeutschen Schülerinnen und Schüler so große biographische Verunsicherungen im Hinblick auf die weitere Schullaufbahn zeigten, hing sicherlich mit der Tatsache zusammen, dass sie sich damals innerhalb weniger Jahre auf ein ihnen bislang unbekann-tes Bildungswesen einstellen mussten. Erwartungsgemäß gingen bei einer ähnlichen Befragung ostdeutscher Schülerinnen und Schüler gleichen Alters im Jahre 1997 diese Sorgen um die schulische Zukunft deutlich zurück (vgl. Krüger/Grundmann/Kötters 2000).

Eine Auswertung der Ergebnisse zum Thema schulische Belastungen aus dem Jahre 1993 unter Altersgesichtspunkten machte deutlich, dass die alltägliche Schul- bzw. Prüfungsangst von knapp einem Drittel der 10- bis 12-Jährigen, aber nur noch von einem Sechstel der 14- bis 15-Jährigen als zentraler Prolembereich genannt wird. Diese Ergebnisse stimmen mit einer Reihe von Resultaten anderer Studien überein, die von einem „Sekundarschulschock" beim Übergang von der Grundschule zu den weiterführenden Bildungsgängen sprechen (vgl. Büchner/Koch 2001), da sich die Heranwachsenden noch auf die veränderten Leistungsanforderungen der verschiedenen Schulformen der Sekundarstufe I einstellen müssen, bzw. die darauf hinweisen, dass die Leistungsangst von der fünften Klasse bis zum Ende der Regelschulzeit abnimmt, wobei jedoch auch schulformspezifische Differenzen eine Rolle spielen (vgl. Tillmann u.a. 1984).

Während die Schulangst im Verlaufe der Sekundarschulzeit abnimmt, nimmt die Schulunlust dramatisch zu. So zeigt eine quantitative Längsschnittstudie von Fend (1997), dass sich in der sechsten Jahrgangsstufe noch 69,6% der Schüler, in der 7. Jahrgangsstufe nur noch 42,7% und in der neunten Jahrgangsstufe nur noch 36,1% in der Schule sehr oder ziemlich wohl fühlen. Zu einem ähnlichen Ergebnis kam eine von Zinnecker/Behnken u.a. (2002) im Jahre 2000 durchgeführte Befragung von über 6.000 Schülerinnen und Schülern im Alter zwischen zehn und 18 Jahren in Nordrhein-Westfalen, in der nur 31% der 10- bis 18-Jährigen sich selbst als SchülerInnen bezeichneten, die gerne lernen, während 55% das Lernen für ein notwendiges Übel hielten.

In Punkto Lernfreude sind die befragten zehnjährigen Grundschülerinnen und Grundschüler mit einem Mittelwert von 2,9 Spitzenreiter, während die älteren Befragten aus den anderen Schulformen der Sekundarstufe nur noch Mittelwerte zwischen 2,1 und 2,4 erreichen (vgl. Zinnecker/Behnken u.a. 2002, S. 43).

Der positive bzw. negative Sinnbezug zur Schule wird nach den Erkenntnissen der Schulforschung entscheidend mit durch die Tatsache bestimmt, ob die Schüler Möglichkeiten haben, am Unterricht und am Schulleben insgesamt zu partizipieren. Obgleich die Entwicklung der Schulkultur in Westdeutschland seit den späten 1960er-Jahren, in Ostdeutschland verstärkt seit 1990 durch eine Entwicklung hin zu einer umfassenderen Partizipation der Schüler gekennzeichnet ist (vgl. Mauthe/Pfeiffer 1996), geben die faktischen Partizipationsmöglichkeiten eher Anlass zur Enttäuschung. So haben wir in einer repräsentativen Studie zur Schulqualität und Schulentwicklung in Sachsen-Anhalt im Jahre 1997 rund 950 Schülerinnen und Schüler aller Schularten im Alter zwischen zehn und 15 Jahren u.a. auch danach gefragt, wie sie die Partizipationschancen an ihrer Schule beurteilen (vgl. Krüger/Grundmann/ Kötters 2000).

Neben einer Globaleinschätzung der schulischen Partizipationsmöglichkeiten haben wir die Schüler auch gebeten, die Mitbestimmungsmöglichkeiten in den verschiedenen Bereichen des Schullebens zu beurteilen. Im folgenden Schaubild sind diese Bereiche in der Reihenfolge einer abnehmenden Zustimmung aufgeführt.

Abbildung 24: Mitbestimmungsmöglichkeiten für Schüler in Sachsen-Anhalt

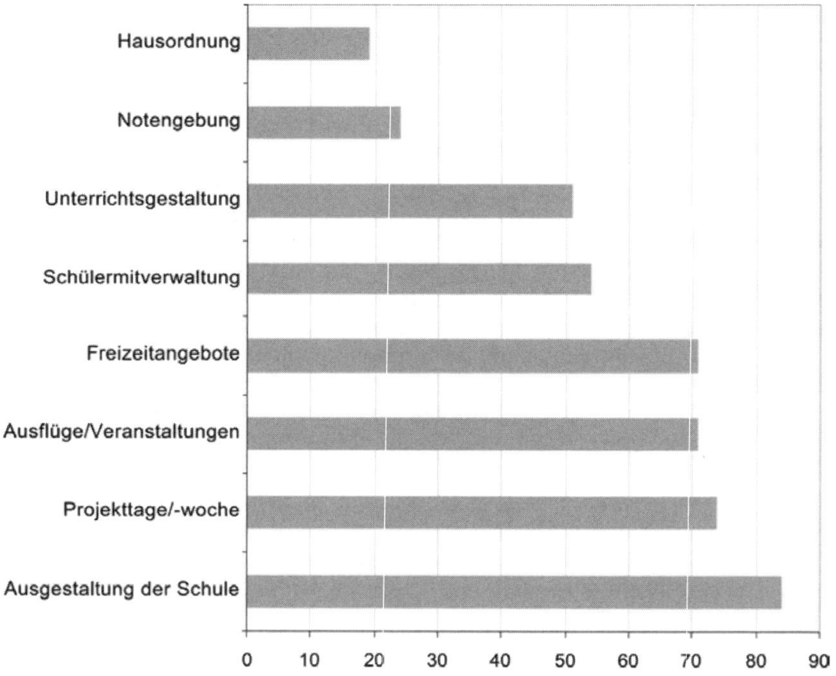

Quelle: Krüger/Grundmann/Kötters 2000, S. 262

Während bei der Ausgestaltung der Schule, bei schulischen Veranstaltungen und Freizeitangeboten noch zwischen 70 und 90% der befragten 10- bis 15-jährigen Schülerinnen und Schüler Mitwirkungsmöglichkeiten sehen, sinkt die Einschätzung der Mitwirkung je stärker die institutionellen Kernzonen der Schule betroffen sind: den Gremien der Schülermitverwaltung in ihrer Schule schreiben 56% der befragten Schülerinnen und Schüler eine größere Bedeutung zu, bei der Unterrichtsgestaltung geben 52% der Befragten an, Einflussmöglichkeiten zu haben und bei der Notengebung bzw. der Erstellung der Hausordnung sehen nur noch ca. 20% der Schülerinnen und Schüler Mitwirkungsmöglichkeiten. Den Schülerinnen und Schülern wird somit im außerunterrichtlichen Bereich eine umfassende Partizipation eingeräumt,

130

während im Kernbereich der Schule, dem Unterricht, Möglichkeiten der Mitwirkung aus der Sicht der Schülerinnen und Schüler nur teilweise zugestanden werden. Die hier beschriebenen Entwicklungstrends stellen im Übrigen kein Spezifikum der Partizipationsmöglichkeiten an den Schulen in Sachsen-Anhalt bzw. in den neuen Bundesländern dar. Vielmehr zeigen bundesweite Schülerumfragen bzw. Untersuchungen aus Hessen ähnliche Ergebnisse (vgl. Mauthe/Pfeiffer 1996; Randoll 1997). Auch das LBS-Kinderbarometer (2005) machte unter anderem das Wohlbefinden der Schülerinnen und Schüler in ihrer Schule zum Thema.

Abbildung 25: Wohlbefinden der Kinder in verschiedenen Bereichen (Schuljahr 2003/2004)

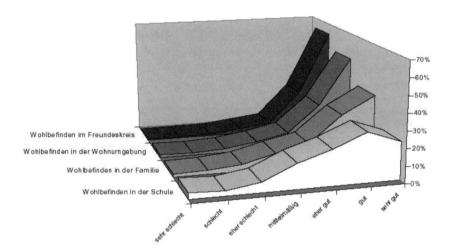

Quelle: LBS-Kinderbarometer 2005, S. 20

Im Vergleich mit den abgefragten Lebensbereichen schneidet die Schule im Hinblick auf das kindliche Wohlbefinden deutlich am schlechtesten ab. So haben im Kreis der Freunde immerhin 63% der Kinder eine „sehr gutes" und 25% ein „gutes" Gefühl. Der Lebensbereich der Schule vermittelt den Kindern demgegenüber nur zu 22% ein „sehr gutes" und zu 29% ein „gutes" Gefühl. Dies heißt aber umgekehrt auch, dass sich immerhin 13% der befragten Schülerinnen und Schüler in der Schule „sehr schlecht", „schlecht" oder „eher schlecht" fühlen, was lediglich für 2% bezüglich des Freundeskreises gilt (LBS-Kinderbarometer 2005, S. 19).

b)   *Hänseln und Gewalt in der Schule*

Vor allem seit Beginn der 1990er-Jahre setzte ein Boom an empirischer Forschung ein, bei der die Analyse der Erscheinungsformen und Ursachen schulischer Gewalt in den Mittelpunkt gerückt wurde. Studien, die sich mit Aggressions- und Gewaltformen bei jüngeren Schulkindern beschäftigen, sind jedoch selten. Neben einer Untersuchung von Hanewinkel u.a. (1995) zu verbalen Aggressionsformen bei Grundschulkindern ist in diesem Zusammenhang der 1993 von Zinnecker und Silbereisen (1996) realisierte Kindersurvey zu nennen, in dem einige Fragekomplexe zu Schülergewalt aufgenommen wurden. Anknüpfend an die Arbeiten aus dem Kontext der internationalen Gewaltforschung von Olweus (1995) wurden die untersuchten 10- bis 13-jährigen Schülerinnen und Schüler gefragt, ob sie Opfer oder Täter im Kontext schulischer Gewalt waren. Dabei wurden zunächst ermittelt, ob sie das Ziel von Hänseleien und Spott waren bzw. ob sie einen Mitschüler in dieser Art behandelt haben. Die Antworttendenzen auf beide Fragen sind in den beiden folgenden Schaubildern für die Gesamtgruppe der 10- bis 13-Jährigen sowie differenziert nach Geschlecht und im Ost-West-Vergleich dargestellt.

Tabelle 12: Schüler, die selbst gehänselt werden (Angaben in %)

	Jungen	Mädchen	West	Ost	Alle
Ja	27,1	18,1	23,2	20,9	22,5
Nein	72,9	81,9	76,8	79,1	77,5
Gesamt N	342	359	501	204	702

Tabelle 13: Schüler, die selbst hänseln (Angaben in %)

	Jungen	Mädchen	West	Ost	Alle
Ja	22,0	12,0	16,6	17,5	16,9
Nein	78,0	88,0	83,4	82,5	83,1
Gesamt N	341	358	499	200	699

Quelle: Zinnecker/Schwarz 1996, S. 317

22,5% der 10- bis 13-jährigen Schüler sind schon einmal Opfer von Hänseleien der Mitschüler geworden, fast 17% der befragten Schülerinnen und Schüler haben schon einmal andere Mitschüler gehänselt. Jungen sind häufiger als Mädchen – jeweils um 10 Prozentpunkte mehr – Auslöser, aber auch Opfer von Hänseleien. Unterschiede zwischen west- und ostdeutschen Schülerinnen und Schülern gibt es hingegen bei diesem Thema nicht (vgl. Zinnecker/Scharz 1996, S. 318). Dies stellt sich anders dar, wenn Zusammenhänge zwischen den Aktivitäten des Hänselns und gewaltförmigen Formen des Schülerhandelns, die ebenfalls abgefragt wurden, untersucht werden. Hier

132

zeigt sich, dass bei westdeutschen Schülerinnen und Schülern das Hänseln in der Schule und Gewaltneigung gegen Gleichaltrige auf einem gewissen Niveau zusammenhängen, während dieser Zusammenhang bei ostdeutschen Schülerinnen und Schülern nicht existiert. Diese Differenz führen Zinnekker/Schwarz (1996, S. 324) auf eine spezifisch ostdeutsche Tradition der Schul- und Schülerkultur zurück, bei der beim Schüler-Hänseln die Komponente Gewalt gegen Mitschülerinnen und -schülern keine so auffallende Rolle spielte wie im Westen.

Welche Formen des Gewalthandelns im Kindersurvey abgefragt wurden und wie sich die Antworttendenzen nach Geschlecht und Ost-West differenzieren, ist nachfolgend dargestellt.

Tabelle 14: Gewaltförmiges Handeln unter 10- bis 13-Jährigen nach Geschlecht und West/Ost (in %)

	Jungen	Mädchen	West	Ost	Alle
Hast du schon einmal einen anderen bei einer Schlägerei verletzt?	21	6	14	12	13
Hast du schon einmal einem Menschen mit Gewalt gedroht, falls er dir nicht etwas von sich gebe?	8	2	5	4	5
Benutzt du eine Waffe, die für jemanden in deinem Alter nicht erlaubt ist?	4	1	1	4	2

Quelle: Zinnecker/ Schwarz 1996, S. 326

Wie aus der Tabelle zu ersehen ist, handelt es sich bei gewaltförmigen Handlungen um Aktivitäten von Minderheiten. Knapp 5% der Befragten können sich an gewaltorientierte Drohungen gegenüber anderen Menschen erinnern, harte Gewaltformen in Form von Waffengewalt spielen nur bei 2% der befragten Schüler eine Rolle und Prügeleien mit Gleichaltrigen, bei denen jemand verletzt wurde, wurden von 13% der Befragten berichtet. Eine Auswertung der Ergebnisse unter geschlechtsspezifischer Perspektive bestätigt den aus der schulbezogenen Gewaltforschung (vgl. im Überblick Helsper/Krüger 2002) einschlägig bekannten Befund, dass Jungen sowohl bei der Gewaltakzeptanz als auch bei Gewalthandlungen, vor allem körperlichen Auseinandersetzungen, stärker involviert sind als Mädchen. Eine Analyse des Antwortverhaltens der befragten 10- bis 13-jährigen Schülerinnen und Schüler unter der Perspektive eines Ost-West-Vergleichs zeigt keine signifikanten Differenzen bei Gewaltakzeptanz und Prügeleien, lediglich der unerlaubte Waffenbesitz ist bei einer Minderheit der befragten ostdeutschen Schülerinnen und Schüler etwas stärker ausgeprägt.

Vergleicht man nun die Ergebnisse von Zinnecker und Schwarz (1996) zur Schülergewalt bei 10- bis 13-Jährigen mit denen anderer Studien zur schulbezogenen Gewaltforschung, bei denen in der Regel ältere Heranwachsende im Alter zwischen 13 bzw. 14 und 18 Jahren befragt wurden, so zeigen sich in einigen Bereichen ähnliche Trends. Harte Gewaltformen, wie Waffenbesitz oder das massive Bedrohen mit Waffen, sind nur ein Problem bei einer ganz kleinen Minderheit von 1 bis 4% der Schülerinnen und Schüler (vgl. Melzer/ Lenz/Ackermann 2002). Der Anteil der Mehrfachtäter im Bereich der psychischen Gewalt schwankt je nach Studie zwischen 5 und 10%. In vielen Untersuchungen wird zudem ähnlich wie bei Zinnecker und Schwarz (1996) darauf hingewiesen, dass Täter und Opfer schulischer Gewalt teilweise identische Personengruppen sind. Abweichend von den Ergebnissen der Studie von Zinnecker und Schwarz (1996) wird in der Untersuchung von Melzer u.a. (vgl. Forschungsgruppe Schulevaluation 1998, S. 57), bei der jeweils über 3.000 Schüler der sechsten, achten und zehnten Klassen im Jahr 1995 in allen Schulformen des allgemeinbildenden Schulwesens in Hessen und Sachsen befragt wurden, aufgezeigt, dass die härteren Gewaltformen, wie Beschädigung von Lehrereigentum, Telefonterror oder Angriff mit einer Waffe, an den hessischen Schulen etwas stärker verbreitet sind als an den sächsischen Schulen. Allerdings weisen auch die Autoren dieser Studie darauf hin, dass bei den alltäglichen Gewaltformen, wie Beschimpfungen oder Unterrichtsstörungen, kaum Ost-West-Unterschiede feststellbar sind.

Neben dem Geschlecht sind es nach den Erkenntnissen der bisherigen Gewaltstudien vor allem die Schulformen, die eine klare Differenzierung des Gewaltaufkommens erlauben. Durchgängig hat sich für Gymnasien die niedrigste und für Haupt- und Sonderschulen die höchste Belastung ergeben (vgl. Melzer/Lenz/Ackermann 2002).

Fragt man nach den Erklärungsursachen für schulische Gewalt, kommen die vorliegenden Studien übereinstimmend zu dem Ergebnis, dass die außerschulischen Einflüsse von familialen Belastungen und devianten Cliquen auf schulische Gewalthandlungen größer sind als die innerschulischen. Das heißt jedoch nicht, dass die Schule auf schulische Gewalt keinen Einfluss hat. Vielmehr erweisen sich auch schulkulturelle Zusammenhänge als bedeutsam. So zeigen eine Reihe von Studien (vgl. Forschungsgruppe Schulevaluation 1998; Krüger/Grundmann/Kötters 2000; Krüger/Reinhardt/Kötters u.a. 2002) auf, dass ein restriktives Lehrerinnen- und Lehrerhandeln, negative Stigmatisierungen gegenüber Schülerinnen und Schülern, geringe Partizipationsmöglichkeiten für Schülerinnen und Schüler und das Scheitern an schulischen Anforderungen schulisches Gewalthandeln von Schülerinnen und Schülern fördern können.

Den adäquaten Umgang mit Problemen innerhalb der Schule erschwert aber auch die jetzige Ausrichtung von Schule als reine „Unterrichtsschule", die kaum darauf angelegt ist, auftretenden Schwierigkeiten, wie Belastungen der Schülerinnen und Schüler oder Gewalthandeln in der Schule professionell zu begegnen. „Dem steht zum einen die in Deutschland vielfach einseitig fachdidaktisch ausgerichtete Lehrer/innenausbildung entgegen, zum anderen aber auch die professionalistische „Monokultur" an deutschen Schulen, die im Unterschied etwa zu skandinavischen Ländern kaum ein Arbeiten in multiprofessionell zusammengesetzten Teams kennt" (Kinder- und Jugendbericht 2005, S. 410).

c)   Die Schule als Freizeitwelt

Während in der schulbezogenen Kindheits- und Jugendforschung die informellen Beziehungsnetze und die Welt der Peer-Kultur sowie der zentrale Stellenwert der Schule für die Herausbildung von Freundschaften und Cliquen umfangreich untersucht worden sind (vgl. etwa Krappmann/Oswald 1995; Zinnecker/Behnken u.a. 2002), sind Studien, die die Schule als Freizeitort für die Schülerinnen und Schüler in den Blick nehmen, immer noch selten. In einigen Untersuchungen zum Wechselverhältnis von Schule und Jugendhilfe wird dieses Thema allenfalls am Rande gestreift (vgl. z.B. Flösser/Otto/Tillmann 1996). Lediglich in der von uns durchgeführten Studie zur Schulentwicklung in Sachsen-Anhalt wurden die Freizeitangebote durch die Schulen und deren Nutzung durch 10- bis 15-jährige Schülerinnen und Schüler ausführlicher analysiert (vgl. Krüger/Grundmann/Kötters 2000). Dies gilt in ähnlicher Weise auch noch für eine Untersuchung des DJI von Mack (1999), die außerunterrichtliche Angebote der Schule und deren Relevanz für Schülerinnen und Schüler in einer ostdeutschen und zwei westdeutschen Großstädten allerdings bei älteren Schülerinnen und Schülern im Alter zwischen 14 und 16 Jahren analysiert hat.

Wir haben in unserer Studie in Sachsen-Anhalt zunächst die Schulleiter an den untersuchten 14 Einzelschulen gefragt, welche Freizeitangebote es an ihren Schulen gibt. Die erstellten Listen bildeten eine Grundlage für die im Jahre 1997 durchgeführte Befragung der rund 950 10- bis 15-jährigen Schülerinnen und Schüler, die deutlich machte, dass insgesamt 24 verschiedene Freizeitangebote vorhanden sind. Diese haben wir in sechs Themenblöcken zusammengefasst, die in der folgenden Abbildung dargestellt sind.

Die untersuchten Schulen in Sachsen-Anhalt unterschieden sich auf den ersten Blick nach Schulform. Die meisten Angebote gibt es an den Gesamtschulen mit durchschnittlich 20,6 Angeboten. An zweiter Stelle liegen die Gymnasien mit durchschnittlich 18,4 Angeboten. Deutlich dahinter folgen auf dem dritten Platz die Sekundarschulen mit im Durchschnitt 14,7 Angeboten. Dieses Ergebnis stimmt der Tendenz nach mit der in ausgewählten Städten in West- und Ostdeutschland durchgeführten DJI-Studie überein, wo die Gesamtschulen in der außerunterrichtlichen Angebotsvielfalt vor den Gymnasien und Mittel- bzw. Hauptschulen lagen (vgl. Mack 1999, S. 7). Dass die Gesamtschulen aufgrund ihrer programmatischen Ansprüche gerade im Bereich der außerunterrichtlichen Förderung und Betreuung eine Vorreiterrolle einnehmen, war erwartbar. Überraschend ist die Tatsache, dass die Gymnasien in ihrer Angebotsvielfalt deutlich vor den Sekundarschulen liegen. Es scheint so, dass sich auch im Bereich der außerunterrichtlichen Aktivitäten die ungleiche Verteilung der Chancen durchgesetzt hat, die das Schulsystem insgesamt kennzeichnet (vgl. Mack 1999). Diese Diagnose wird noch verstärkt, wenn man gleichzeitig die Inhalte des Angebotsspektrums differenziert nach Schulformen mit berücksichtigt, wo die Gymnasien bei den bildungsorientierten und kulturellen Angeboten deutlich vor den Sekundarschulen liegen.

Abbildung 26: Freizeitangebote an Schulen in Sachsen-Anhalt

Feste und Fahrten	• Klassenfahrten
	• Schulfeste, Klassenfeste
Bewegungsorientierte Angebote	• Betätigungsmöglichkeiten auf dem Schulhof (z.B. Klettergerüste, Basketballfelder)
	• Sportgemeinschaften
Bildungsorientierte Angebote	• Projektwochen
	• Hausaufgabenhilfe
	• Umweltgruppen
	• Bibliothek
	• Sprachkurse, Computerkurse
	• Schülerzeitung
Entspannung und Kommunikation fördernde Angebote	• Aufenthaltsräume für Schüler, Schülercafe
	• Disco
	• Filmvorführungen
	• Schach
Kulturelle Angebote	• Chor/Orchester
	• Theatergruppen, Kabarett
	• Schülerbund
Kreative Angebote	• Nähkurse, Kochkurse
	• Zeichnen/Graphik
	• Photographieren

Quelle: Krüger/Grundmann/Kötters 2000, S. 126

Von wie vielen und welchen Schülerinnen und Schülern werden nun die Freizeitangebote an den Schulen in Sachsen-Anhalt genutzt. In der folgenden Abbildung haben wir die Nutzer insgesamt und differenziert nach soziodemographischen Merkmalen dargestellt. Obwohl die Mehrzahl der von uns untersuchten Schulen den Schülerinnen und Schülern eine Vielzahl an außerunterrichtlichen Aktivitäten zur Verfügung stellt, ist die Gesamtgruppe der Nutzer mit genau einem Viertel der befragten Kinder und jüngeren Jugendlichen relativ gering. Die Bereitschaft, die Freizeitangebote zu nutzen, hängt dabei in hohem

Maße vom Grad der Zufriedenheit mit diesen Angeboten ab. Eine Analyse der Gruppe der Nutzer entlang soziodemographischer Merkmale verdeutlicht, dass die schulischen Freizeitangebote eher die jüngeren Schülerinnen und Schüler ansprechen: fast 39% der 10- bis 12-Jährigen gegenüber nur 19% der 13- bis 15-Jährigen gehören zur Gruppe der Nutzer. Eine Auswertung unter geschlechtsspezifischen Gesichtspunkten zeigt den interessanten Befund, dass bei den jüngeren Nutzern schulischer Freizeitmöglichkeiten noch keine geschlechtsspezifischen Differenzen feststellbar sind, während bei der Altersgruppe der 13- bis 15-Jährigen zwar noch 27% der Jungen, aber nur noch 12% der Mädchen zur Gruppe der Nutzer gehören. Eine Analyse nach sozialen Statusmerkmalen macht deutlich, dass die Heranwachsenden aus Familien mit niedrigerem sozialen Status stärker auf die außerunterrichtlichen Angebote eingehen als die aus Familien mit höherem sozialen Status (30 versus 22%). Ein überraschendes Ergebnis liefert die Analyse der Nutzergruppen differenziert nach Schulformen: denn obgleich die Sekundarschulen in Sachsen-Anhalt insgesamt im Durchschnitt die wenigsten Freizeitangebote unterbreiten, sind die Schüler dieser Schulform mit über 31% die größte Nutzergruppe. Genau umgekehrt stellt sich die Relation bei den Gesamtschulen dar, die die meisten Möglichkeiten für die Freizeitgestaltung in der Schule zur Verfügung stellen, die allerdings nur von einem Fünftel der Gesamtschüler nachgefragt werden.

Abbildung 27: Nutzer von Freizeitangeboten an den Schulen in Sachsen-Anhalt (Angaben in %)

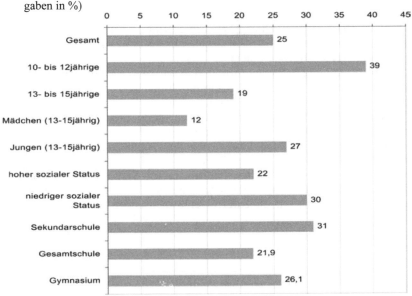

Quelle: Krüger/Grundmann/Kötters 2000, S. 131

Zusammenfassend lässt sich somit feststellen, dass die Schulen in Sachsen-Anhalt auf den Zusammenbruch des staatlich organisierten Freizeitsystems im Gefolge der politischen Wende im Verlaufe der 1990er-Jahre konstruktiv mit dem Aufbau eines thematisch vielfältigen und breiten Angebots an außerunterrichtlichen Freizeitmöglichkeiten für die Schülerinnen und Schüler reagiert haben. Diese Angebote werden zwar nur von einem Viertel der Schülerinnen und Schüler, bei den älteren Kindern jedoch immerhin von fast 40% der Befragten nachgefragt. Im Vergleich zu dem Interesse von westdeutschen Schülerinnen und Schülern an schulischen Freizeitangeboten – das nach den Ergebnissen der Studie von Zinnecker/Behnken u.a. (2002, S. 45), nur bei 12 Prozent der befragten 10- bis 18-jährigen Schülerinnen und Schüler in Nordrhein-Westfalen liegt, ist die Bereitschaft der ostdeutschen Schülerinnen und Schüler an schulischen Freizeitangeboten teilzunehmen, deutlich stärker ausgeprägt. Das größere Interesse der ostdeutschen Schülerinnen und Schüler könnte damit erklärt werden, dass Nachmittagsbetreuung an DDR-Schulen bzw. an ostdeutschen Schulen immer schon selbstverständlicher war und dass ihnen zudem weniger andere außerschulische Freizeitangebote zur Verfügung stehen (vgl. Mack 1999, S. 9). Zugleich konnte aufgezeigt werden, dass durch die Institutionalisierung dieser Freizeitangebote die ohnehin schon bestehenden sozialen Ungleichheiten im Bildungssystem noch verstärkt werden, da die Gymnasien ihrer Schülerklientel insgesamt deutlich mehr kulturelle und bildungsorientierte Arbeitsgemeinschaften anbieten als die Sekundarschulen. Umgekehrt werden aus der Nutzerperspektive zusätzliche außerunterrichtliche Bildungschancen eröffnet, da die Schülerinnen und Schüler aus Familien mit niedrigen sozialen Status bzw. aus Sekundarschulen schulische Freizeitangebote mehr wahrnehmen als die Schülerinnen und Schüler aus Familien mit hohem sozialen Status bzw. aus Gymnasien. Genau an diesem Punkt müsste eine Schulreformpolitik ansetzen, wenn sie das Ziel verfolgt, die außerschulischen Bildungschancen für sozial benachteiligte Kinder zu verbessern (vgl. Krüger/Kötters 2000, S. 146). Zudem sollte sich Schule auch für nicht-traditionelle Freizeitangebote öffnen, um auch diejenigen Schülerinnen und Schüler erreichen zu können, die weniger schulkompatible Interessen haben. So sind es für die 10- bis 14-jährigen Kinder vor allem die klassischen Angebote, wie Fußball spielen, Singen, Tanzen oder Musizieren, aus denen sich die Nachmittagsangebote der Schulen zusammensetzen und die in erster Linie diejenigen Heranwachsenden ansprechen, die ohnehin eine positive Einstellung zur Schule haben (vgl. Lipski 2002, S. 122).

5.3 Zum Wandel kindlichen Freizeitverhaltens in Ost- und Westdeutschland

Das Freizeitleben von Kindern in beiden Teilen Deutschlands stellte sich, folgt man den in den 1980er-Jahren aufgestellten Diagnosen zum Wandel von Kindheit in Westdeutschland (vgl. Büchner 1990), bis zum Zeitpunkt der deutsch-deutschen Vereinigung noch recht unterschiedlich dar. Eine ganze Reihe von Aktivitäten fand in der DDR, im Gegensatz zu Westdeutschland, im Rahmen der Schule statt. So etwa der eigentlich wöchentlich durchzuführende Pioniernachmittag, der aus sportlichen, künstlerischen aber auch politisch überformten Aktivitäten bestand. Hier ein Beispiel für die Schuljahresplanung solcher Pioniernachmittage einer dritten Klasse aus dem Schuljahr 1980/81:

Abbildung 28: Gruppenplan der Klasse 3b, Schuljahr 1980/81

Aufgaben	Termin	Verantwortlicher	Erfüllung
Vorbereitung der Gruppenratswahl	10.9.1980	Klassenleiter/ Gruppenrat	erfüllt
Gruppenratswahl	17.9.1980	Gruppenrat	erfüllt
Wir basteln einen Drachen.	Oktober	Elternaktiv	erfüllt
Wir sammeln Altstoffe.	ständig	Gruppenrat	laufend
Kinobesuch	November	Gruppenrat	erfüllt
Buchbesprechung „Camilo"	Oktober	Klassenleiter	erfüllt
Pioniergeburtstagsfeier	Dezember	Gruppenrat/ Klassenleiter	erfüllt
Wir lernen Pionierlieder.	Dezember	Musiklehrer	nicht erfüllt
Chronik zum Fünfjahrplan	Januar	Patenbrigade/ Klassenleiter	erfüllt
Bastelnachmittag	November	Gruppenrat	erfüllt
Teilnahme am Theateranrecht	3-mal im Jahr	Klassenleiter	erfüllt
Faschingsfeier	Februar	Elternaktiv	erfüllt
Anfertigen von Exponaten zur Gruppenmesse	März	Gruppenrat	erfüllt
Gratulieren zum 25. Jahrestag der NVA	April	Klassenleiter	erfüllt
Solidaritätsbasar (Postkarten)	April	Gruppenrat/ Frau Schulze	erfüllt
Zeichennachmittag	Mai	Klassenleiter	erfüllt

Besuch im Pionierhaus	April	Klassenleiter	nicht erfüllt
Sportwettkampf mit Klasse 3a	Juni	Gruppenrat/ Klassenleiter	erfüllt
Radtour	Juni	Klassenleiter	nicht erfüllt
Wandern und Baden	Juli	Gruppenrat/ Klassenleiter	nicht erfüllt

Quelle: Grunert 1999, S. 55f.

Die Aktivitäten der Pionierorganisation erfolgten ausschließlich im Rahmen der Schule und wurden deshalb von den Kindern zumeist als zur Schule gehörig empfunden. Da diese in der Regel nur einmal pro Woche stattfanden, fielen sie im Zeitbudget der Kinder nicht sonderlich ins Gewicht. Im Gegensatz zur später folgenden FDJ-Mitgliedschaft, wurde die Teilnahme bei den Jungen Pionieren eher positiv bewertet. So haben 61% der in der Shell-Studie '92 befragten Kinder positive Assoziationen zu ihrer Zeit als Pionier (vgl. Kirchhöfer/Steiner/Zilch u.a. 1992, S. 112). Gründe hierfür sind sicher die mehr kind- und erlebnisorientierten Aktivitäten im Rahmen der Pionierarbeit.

Im Kontext der Schule gab es aber auch noch andere Angebote zur Freizeitgestaltung, wie etwa Arbeits- und Sportgemeinschaften oder Chöre. So waren Arbeitsgemeinschaften in verschiedenen Bereichen möglich, z.B. Mathematik, Geschichte, Junge Sanitäter, Junge Verkehrshelfer etc. Die Mitarbeit in einer solchen Arbeitsgemeinschaft war zwar keine Pflicht für die Schülerinnen und Schüler, wurde aber jedem mehr oder weniger nahegelegt.

Außerhalb des Raumes Schule spielten insbesondere Sportvereine eine wichtige Rolle für die Freizeitgestaltung der Kinder. Das Sporttreiben außerhalb des obligatorischen Sportunterrichts war generell eine der häufigsten Freizeitaktivitäten der Kinder in der DDR. So trieben fast 70% der Kinder im frühen und mittleren Schulalter regelmäßig Sport (vgl. Hummel 1993).

Abgesehen von diesen institutionalisierten Angeboten, folgte das kindliche Freizeitleben in der DDR jedoch mehrheitlich dem Muster einer Straßen- und Quartierskindheit. Bedingt wurde dies durch die, verglichen mit der heutigen Situation, deutlich verkehrsärmeren Wohnumfelder sowie insbesondere durch die Anbindung der Schulen an die Wohnquartiere. Damit gab es für die Heranwachsenden keine Änderung der Sozialbeziehungen in Schule und Freizeit (vgl. Grunert 1999; Kirchhöfer 1993). Und auch die organisierten Freizeitangebote, die überwiegend im schulischen Rahmen stattfanden, zogen kaum derartige Veränderungen nach sich. Dadurch bestanden Freundschaftsbeziehungen vor allem unter Mitschülerinnen und -schüler, die bis zum Ende der zehnten Klasse relativ stabil blieben. Die Freizeitaktivitäten der Kinder fanden mehrheitlich auf der Straße bzw. in der unmittelbaren Wohnumgebung statt. Durch dieses vor allem auf das nähere Wohnumfeld bezogene Alltagsleben der Kinder, gab es in der DDR das Muster einer „verinselten Kindheit" nicht in dem Maße wie in Westdeutschland.

In der DDR hatte aber auch seit Beginn der 1980er-Jahre gewissermaßen gegenläufig zur zunehmenden Durchstaatlichung der Lebensbedingungen eine alltagskulturelle Modernisierung an den Rändern öffentlicher Räume und in der Privatheit stattgefunden (vgl. Behnken/Günther/Kabat vel Job u.a. 1991). Hervorgerufen wurde dies insbesondere durch Internationalisierungstendenzen im Freizeit-, Medien- und Konsumbereich (vgl. Krüger 1991). Dies bewirkte, dass die Kinder in der DDR ähnliche Orientierungen im Medien- und Konsumbereich hatten wie ihre Altersgefährten in Westdeutschland. Unterschiedlich waren dabei natürlich die Umsetzungsmöglichkeiten dieser Orientierungen in konkretes Handeln. Diese Diskrepanz zwischen der Orientierung der Kinder und dem objektiv Machbaren ist sicher eine Ursache für die überaus schnelle Anpassung des Medien- und Konsumverhaltens der ostdeutschen an die westdeutschen Kinder nach der politischen Wende in der DDR. So finden sich schon 1991 Stereoanlagen in ost- und westdeutschen Kinderzimmern fast zu gleichen Anteilen, im Westen zu 46,8%, im Osten zu 42,4%. Bei den Fernsehgeräten haben ostdeutsche Kinder mit 46% sogar einen Vorsprung gegenüber den westdeutschen mit 42,9%. Größere Unterschiede finden sich lediglich im Computerbesitz. Im Westen waren 1991 31,3%, im Osten immerhin schon 15,7% der Kinder mit Computern ausgerüstet (vgl. Büchner/Fuhs 1993).

Eine Freizeit- und Kulturindustrie, die mit der Entwicklung in Westdeutschland vergleichbar gewesen wäre, gab es in der DDR nicht. Kinder als selbständige Konsumenten waren hier nicht von Bedeutung, so dass sich auch keine an den unmittelbaren Interessen der Kinder orientierte Produktion von Konsumgütern entwickeln konnte. Lediglich der Büchermarkt erfreute sich großer Beliebtheit, da das Lesen in der DDR einen wichtigen Aspekt der Freizeittätigkeiten der Heranwachsenden ausmachte. Zwar kann auch in Bezug auf das Bücherangebot in der DDR nicht von ausgeprägter Vielfalt die Rede sein, jedoch trafen die verfügbaren Titel mehr als in anderen Medien- und Konsumbereichen die Interessen der Kinder und Jugendlichen. Gerade die Literatur als Massenmedium musste in der DDR am wenigsten Zugeständnisse an westliche Produkte machen, um das Lesepublikum zu halten (vgl. Lindner 1991).

Dieser kurze Einblick in die Freizeitpraxen der Kinder in der DDR weist auf die unterschiedlichen Ausgangsvoraussetzungen hin, die die Kinder aus beiden Regionen zum Zeitpunkt der deutsch-deutschen Vereinigung hatten.

Wie hat sich dies bis heute verändert? Angleichungstendenzen vor allem im Medienbesitz wurden bereits angesprochen. Kann man aber von einer weiteren Entdifferenzierung des kindlichen Freizeitlebens in den neuen und alten Bundesländern gesprochen werden oder gibt es ein typisch ostdeutsches kindliches Freizeitleben? Diesen Fragen soll in den folgenden Abschnitten nachgegangen werden.

5.3.1 „Kinder haben niemals Zeit" – Kindliche Zeitstrukturen im deutsch-deutschen Vergleich

Die Diskussionen in der Kindheitsforschung weisen bereits seit geraumer Zeit immer wieder auf die veränderten Zeitstrukturen im Kinderalltag hin. Kinder, so heißt es, können heute immer weniger auf frei verfügbare Zeit zurückgreifen (vgl. etwa Büchner 1990; Rolff/Zimmermann 1997; Zinnekker/Silbereisen 1996). War im Muster der Straßen- und Quartierskindheit Zeit noch ein überwiegend freies Gut für Kinder, so lässt sich heute eine zunehmende zeitliche Durchstrukturierung des kindlichen Alltagslebens konstatieren, die den Kindern bereits in frühem Alter erhebliche Planungs- und Organisationskompetenzen abverlangt. Der Besuch von Sportvereinen, Musikschulen, Kursen oder anderen meist pädagogisch betreuten Freizeiteinrichtungen, die zudem häufig an unterschiedlichen Orten platziert sind (vgl. Zeiher/Zeiher 1994 die These von der Verinselung des kindlichen Lebensraumes), lässt, so Büchner (1990), den „Terminkalender als Freizeitstundenplan" bereits für Kinder immer notwendiger werden.

Diese Debatte um die Modernisierung kindlicher Zeitstrukturen, die zunächst aus einer westdeutschen Perspektive geführt wurde, zieht vor dem Hintergrund der Vereinigung beider deutscher Staaten eine Reihe von Fragen nach sich: Wie sieht die zeitliche Struktur des Kinderalltages in Ost- und Westdeutschland tatsächlich aus? Ergeben sich aufgrund unterschiedlicher Ausgangskonstellationen differente Strukturmuster oder ist es in den letzten Jahren zu einer Angleichung kindlicher Zeitabläufe gekommen? Und natürlich: wie gehen Kinder in beiden Teilen Deutschlands mit diesen veränderten zeitlichen Ordnungsstrukturen um?

Insgesamt, so zeigt es etwa der Kindersurvey von Zinnecker und Silbereisen 1996, ist der Alltag von Kindern heute durch verschiedene verbindliche und unverbindliche Tätigkeiten geprägt. So müssen alle Kinder vom sechsten bzw. siebenten Lebensjahr bis in die Jugendphase hinein die Schule besuchen. Da der zeitliche Umfang des Schulbesuchs in Deutschland relativ einheitlich geregelt ist, verbringen ost- und westdeutsche Kinder im Alter von sechs bis 17 Jahren etwa dieselbe Menge Zeit im Schulunterricht. So beläuft sich die reine Unterrichtszeit in einer Woche bei 10- bis 13-jährigen Kindern in Deutschland auf durchschnittlich 28,4 Stunden. Ebenso ist die Zeit, die für das Schlafen verwendet wird, in beiden Teilen Deutschlands relativ gleich. Im Durchschnitt beträgt die Schlafenszeit der 10- bis 13-Jährigen 9,2 Stunden pro Tag (Zinnecker/Silbereisen 1996, S. 25). Diese geregelten und notwendigen Zeitaufwendungen im Tagesablauf scheinen dann aber auch schon die einzigen zu sein, die ost- und westdeutsche Kinder dieser Altersgruppe in gleichem Umfang in Anspruch nehmen. Demgegenüber stellen sich die Zeitstrukturen etwa für Hausaufgaben, außerschulische terminliche Verpflichtungen, frei disponible Zeit oder die Zeit, die gemeinsam mit

142

der Familie verbracht wird, recht unterschiedlich dar. Dabei ergeben sich deutliche Differenzen nicht nur zwischen ost- und westdeutschen Kindern, sondern auch im Hinblick auf das Geschlecht und die Zugehörigkeit zu unterschiedlichen Sozialmilieus.

So sind es vor allem die ostdeutschen Mädchen, die deutlich stärker in häusliche Verpflichtungen eingebunden sind, insbesondere im Vergleich mit den westdeutschen Jungen. Lediglich 2,8% der ostdeutschen Mädchen helfen nicht im Haushalt mit, während dies für 19,2% der 10- bis 13-jährigen westdeutschen Jungen zutrifft. Insgesamt arbeiten 86,8% der 10- bis 13-Jährigen im Haushalt mit und die Eltern geben dafür einen werktäglichen Zeitaufwand von durchschnittlich 40,8 Minuten an (Zinnecker/Silbereisen 1996, S. 25). Büchner und Fuhs stellen zudem fest, dass „der Grad der kindlichen Mithilfe im Familienalltag abnimmt, je höher die soziale Stellung der Eltern ist" (Büchner/Fuhs 1996, S. 165).

Nach dem Grundschulalter lässt sich insgesamt ein Anstieg des zeitlichen Anteils feststellen, der für Lern- und Hausaufgabentätigkeiten aufgebracht wird. Insbesondere gilt dies für diejenigen Schülerinnen und Schüler, die auf ein Gymnasium wechseln. Jedoch zeigen sich im Hinblick auf dieses individualisierte Lernen zu Hause deutliche Unterschiede zwischen Ost und West. Hier sind es die ostdeutschen Kinder, die durchschnittlich fast eine Viertelstunde weniger Zeit in das schulbezogene außerschulische Lernen investieren als die westdeutschen. Während die 10- bis 13-Jährigen aus Westdeutschland etwa 74 Minuten pro Tag für Hausaufgaben verwenden (Jungen 73 Minuten, Mädchen 75 Minuten), sind es in Ostdeutschland lediglich 61 Minuten (Jungen 62 Minuten, Mädchen 60 Minuten) (Zinnecker/Silbereisen 1996, S. 27ff.).

Außerhalb der schulvorbereitenden bzw. -begleitenden sowie der familialen Tätigkeiten der Heranwachsenden teilt sich die zur Verfügung stehende Zeit zunehmend in informelle Aktivitäten und organisierte, zeitlich fixierte Beschäftigungen. In der Studie von Zinnecker und Silbereisen werden in der Auswertung der Frage nach den terminlichen Verpflichtungen alle zeitgebundenen Freizeittätigkeiten zusammengefasst. Hierzu zählen dann neben den Vereinsaktivitäten, Kursen oder Nachhilfesitzungen auch die Verabredungen mit Freunden, also private Termine. Ca. 80% der Kinder verfügen über solche Wochentermine und widmen diesen im Durchschnitt 10,2 Stunden pro Woche. In Anbetracht dieser verbindlichen Aktivitäten schrumpft das Zeitbudget, das den Kindern zur freien Verfügung steht enorm. Lediglich 4,9 Stunden pro Woche gaben die Eltern als zeitlichen Rahmen an, der den Kindern als frei disponible Zeit zur Verfügung steht. Die Ressourcen für freie, informelle Aktivitäten im Kinderalltag scheinen damit sehr begrenzt zu sein. Jedoch muss hier darauf verwiesen werden, dass die erhobenen terminlichen Verpflichtungen auch Treffen mit Gleichaltrigen beinhalten, die ebenso als informelle Aktivitäten charakterisiert werden können. An den Wochenenden erhöht sich dann der Anteil frei disponibler Zeit für die Kinder deutlich und umfasst ca. neun Stunden pro Tag. Ein relativ neues Phänomen zumindest für ostdeutsche Kinder ist die Tatsache, dass immer mehr auch jüngere Kinder in ihrer Freizeit einer bezahlten Gelegenheitsarbeit nachgehen. Während das Jobben in der Freizeit in der Studie von Zinnecker und Silbereisen nur auf 6,4% der 10- bis 13-Jährigen zutrifft, die dafür einen durchschnittlichen Zeitaufwand von 5,2 Stunden in der Woche angeben, gibt es aktuell nur Schätzungen über das Ausmaß kindlicher Erwerbstätigkeit. So arbeiten nach Schätzungen des Kinderhilfswerkes bundesweit mindestens ein Drittel aller Kinder ab 13 Jahren im Schnitt mehr als drei Stunden pro Woche (Der Spiegel 23/2002). Eine Untersuchung, die 1993 in Hessen durchgeführt wurde, konnte zeigen, dass 50% aller befragten Schüler der Klassen acht bis zehn einer bezahlten Gelegenheitsarbeit nachgehen. Davon haben 34% vor oder im sechsten Schuljahr mit dem Jobben begonnen (Ingenhorst 2000, S. 134). Jedoch ist dieses Jobben in der Altersgruppe der zehn bis 13-Jährigen vor allem ein westdeutsches Phänomen und betrifft in erster Linie die westdeutschen Jungen, während die ostdeutschen Mädchen in diesem Alter „praktisch nicht jobben" (Zinnecker/Silbereisen 1996, S. 29)[6].

Die folgende Übersicht zeigt idealtypisch einen durchschnittlichen Tagesablauf für ein Kind zwischen zehn und 13 Jahren. Hierbei muss erwähnt werden, dass nicht alle Kinder auch alle genannten Tätigkeiten in ihrem Tagesablauf ausüben. So sind es immerhin 13,2% der 10- bis 13-Jährigen, die nicht im Haushalt mithelfen, 5,7% verzichten auf das tägliche Anfertigen der Hausaufgaben und 20,3% der Kinder nehmen keine festen Termine wahr. Da das Nachgehen einer bezahlten Gelegenheitsarbeit für 93,6% der 10- bis 13-Jährigen nicht relevant ist, wurde es im folgenden Schema nicht mit berücksichtigt.

Wie in der Abbildung 29 deutlich wird, bleibt neben den verbindlichen Aktivitäten im Tagesablauf der Kinder, wie Schlafen, zur Schule gehen, im Haushalt helfen oder Hausaufgaben machen, nicht nur Zeit übrig, über die die Kinder frei verfügen können. Vielmehr lässt sich konstatieren, dass in den letzten Jahren eine „kindliche Terminkultur" entstanden ist, die Kinder auch in ihrer Freizeit an feste Zeiten bindet. Während die Zeiten für das

---

6   Zwar besteht in Deutschland grundsätzlich ein Kinderarbeitsverbot, jedoch existieren Ausnahmeregelungen, die im Jugendarbeitsschutzgesetz verankert sind. Dieses gilt für alle noch vollzeitschulpflichtigen Kinder unter 18 Jahren. Für Kinder unter 14 Jahren ist dabei ein generelles Beschäftigungsverbot vorgesehen. Erst mit vollendetem 13. Lebensjahr sind „leichte Arbeiten", wie Babysitten, Rasenmähen oder Zeitungen austragen, möglich. Prinzipiell gilt, dass die Tätigkeiten „für Kinder geeignet" sein müssen und nicht zwischen 18 und 8 Uhr und während des Schulunterrichtes stattfinden dürfen. Schwerere Tätigkeiten, wie Regale im Supermarkt einräumen oder Handlangerarbeiten auf Baustellen, sind erst ab dem 15. Lebensjahr erlaubt (§§ 5-7 JarbSchG). Vor diesem gesetzlichen Hintergrund dürften die 13-Jährigen (und jünger), die in den Studien mit ca. 7% (Zinnecker/Silbereisen 1996; Schneider/Wagner 2003) und immerhin 34% bei Ingenhorst (2000) erfasst wurden, die erwähnten Tätigkeiten eigentlich noch gar nicht ausüben.

Schlafen und den Unterricht in beiden Teilen Deutschlands weitgehend iden-
tisch sind, ergeben sich bei den übrigen Aktivitäten im Tagesablauf Unterschiede zwischen west- und ostdeutschen Heranwachsenden. Wie genau
Kinder in Ost- und Westdeutschland ihre freie Zeit ausfüllen und welche Folgen der Wandel kinderkultureller Praxis hat, soll im Weiteren erörtert werden.

Abbildung 29: Durchschnittlicher Tagesablauf 10- bis 13-jähriger Kinder in Deutschland in Stunden

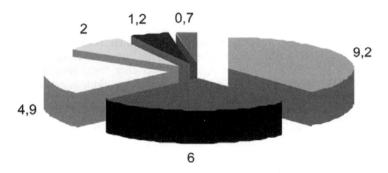

Quelle: Zinnecker/Silbereisen 1996, S. 25, eigene Berechnungen

5.3.2 Verplante Zeit - Zur kindlichen Terminkultur in Ost- und Westdeutschland

Uli, 11 Jahre, Westdeutschland

Jeden Montag geht er zum Finnischunterricht und danach zum Fußballtraining, mittwochs zur Gi-
tarrenstunde und donnerstags nochmals zum Fußballtraining; vierzehntägig am Freitag besucht
er eine Naturfreunde-Kindergruppe, und in der Fußballsaison kommt manchmal noch ein Spiel
am Wochenende hinzu.

Quelle: Büchner/Fuhs 1994, S. 79

Pam, 12 Jahre, Ostdeutschland

Pam lebt eine Straßenkindheit mit nur einem festen Termin pro Woche (Gitarrenunterricht) und bewegt sich primär innerhalb der örtlichen peer-group ... sie verbringt ihre Freizeit meist mit einer Freundin aus der Nachbarschaft. Beide bummeln gemeinsam im Ort herum, spielen mit Tieren, gehen baden. Ab und zu geht Pam mal ins Kino.

Quelle: Büchner/Fuhs 1994, S. 127

Schaut man sich an, wie Kinder ihre freie Zeit organisieren, so fällt auf, dass die „Terminkindheit", die in der Literatur häufig als das neue Charakteristikum kinderkultureller Praxis bezeichnet wird, in erster Linie ein hauptsächlich westdeutsches Phänomen ist. Der Terminkalender als Freizeitstundenplan, der dazu dienen soll, alle im Kinderalltag anfallenden Freizeitaktivitäten, angefangen von der Musikschule über den Fußballverein bis hin zum Treffen unterschiedlicher Freunde, organisieren zu können, scheint hier eher notwendig zu sein als im Osten Deutschlands. Studien, die sich mit den Zeitstrukturen heutiger Kinder beschäftigen, kommen einhellig zu dem Ergebnis, dass ostdeutsche Kinder weitaus weniger feste Termine in der Woche haben als westdeutsche. So zeigt der Kindersurvey von Zinnecker und Silbereisen, dass bei den zehn bis 13-Jährigen ca. 12% der westdeutschen Jungen und ca. 18% der westdeutschen Mädchen überhaupt keinen festen Termin in der Woche haben. Hingegen sind es immerhin 38% der ostdeutschen Jungen und 30% der ostdeutschen Mädchen, die keine terminlichen Verpflichtungen außerhalb der Schule angeben (Zinnecker/Silbereisen 1996, S. 30). Noch deutlicher kommt diese Ost-West-Differenz in den kindlichen Zeitstrukturen in der Untersuchung von Büchner, Fuhs, Krüger u.a. (1996) zum Ausdruck. Hier sind es lediglich 5,5% der westdeutschen, jedoch 34% der ostdeutschen zehn bis 15-Jährigen, die keinen festen institutionalisierten Termin in der Woche wahrnehmen[7] (Fuhs 1996, S. 133). Hätte man zur Zeit der Datenerhebung, die 1993 stattfand, noch vermuten können, dass sich die starken Differenzen zwischen Ost und West auf die sich erst langsam entwickelnde Vereinsinfrastruktur sowie auf die bestehende Skepsis gegenüber organisierter Freizeit in den neuen Bundesländern zurückführen lassen, so zeigen neuere Daten jedoch, dass sich dieser Trend fortsetzt. Eine Angleichung des Freizeitlebens ostdeutscher Kinder an das westdeutsche Muster einer Terminkindheit konnte auch in einer neueren Untersuchung in Sachsen-Anhalt nicht festgestellt werden. Die zehn bis 15-Jährigen, die 1997 zu ihrer Freizeitorganisation befragt wurden, gaben vielmehr zu 48,5% an, dass sie keinen festen institutionalisierten Termin in der Woche haben (Krüger/Kötters 2000, S. 120f.).

Unterschiede zwischen ost- und westdeutschen Kindern ergeben sich jedoch nicht nur hinsichtlich der überhaupt wahrgenommenen Termine, son-

---

7   Unter einem festen institutionalisierten Termin wird hier eine Aktivität verstanden, die regelmäßig und innerhalb einer Institution stattfindet, wie etwa Fußballtraining, Nachhilfeunterricht, Musikschule etc.

dern auch mit Blick auf die Anzahl der wöchentlich anstehenden terminlichen Verpflichtungen der Kinder.

Abbildung 30: Feste institutionalisierte Termine 10- bis 15jähriger Kinder in Ost- und Westdeutschland (Angaben in %)

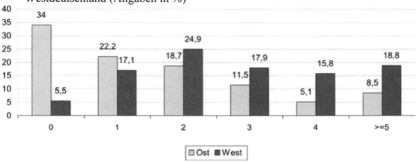

Quelle: Fuhs 1996, S. 133

Das Schaubild zeigt deutlich, dass eine Kindheit, die von vielen festen Terminen geprägt ist, vor allem ein westdeutsches Modell ist. Ostdeutsche Kinder haben im Durchschnitt etwas mehr als einen Termin. Demgegenüber prägen im Schnitt 2,5 feste institutionalisierte Termine das Freizeitleben der westdeutschen Kinder. Hier finden sich dann auch zu größeren Anteilen diejenigen Kinder, die die Rede von einer „Terminkindheit" plastisch werden lassen. So sind es immerhin über ein Drittel der westdeutschen Kinder, die vier und mehr Termine pro Woche wahrnehmen, während dies im Osten nur auf ca. 14% der zehn bis 15-Jährigen zutrifft. Ein Vergleich mit den neueren Daten von 1997 zeigt zudem, dass in den neuen Bundesländern auch der Anteil derjenigen zurückgegangen ist, die mehr als zwei Termine in der Woche wahrnehmen. Waren dies 1993 noch ca. 30%, so sind es vier Jahre später nur noch 21,2% der ostdeutschen Kinder (Krüger/Kötters 2000, S. 120).

Abbildung 31: Terminkultur ostdeutscher Schüler 1993 und 1997 (Angaben in %)

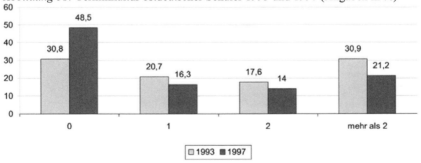

Quelle: Krüger/Kötters 2000, S. 120

Sowohl in West- als auch in Ostdeutschland ist die kindliche Terminkultur zudem durch soziale Unterschiede geprägt. So sind es vor allem die Kinder, bei deren Eltern der soziale Status als niedrig eingeschätzt werden kann, die am häufigsten keine festen Termine haben. Zudem sinkt deren Anteil mit der Anzahl der Termine. Demgegenüber sind es in erster Linie die Kinder aus Familien mit einem hohen sozialen Status, die häufig Termine wahrnehmen. So können fast 60% der Kinder aus dieser Gruppe auf drei und mehr feste Termine in der Woche verweisen.

5.3.3 Kinder in Vereinen

Bei der Betrachtung der Orte, an denen Kinder heute ihre festen Termine verbringen, rücken schnell die Vereine ins Blickfeld. Kindliche Terminkultur ist damit in hohem Maße auch Vereinskultur. Damit ergeben sich auch hier deutliche Unterschiede zwischen Ost- und Westdeutschland (vgl. Abb. 32). Vereinsmitgliedschaften von Kindern sind in den neuen Bundesländern weitaus seltener als in den alten. So gehören in Ostdeutschland etwa die Hälfte der zehn bis 15-Jährigen überhaupt keinem Verein an, 27,5% sind in einem Verein, 12,7% in zwei Vereinen und nur 8% geben an, Mitglied in drei oder mehr Vereinen zu sein. Demgegenüber sind in Westdeutschland nur circa 30% der Kinder in gar keinem Verein und 31,6% gehören einem Verein an. Mehrfachmitgliedschaften kommen hier viel häufiger vor als in den neuen Bundesländern. So geben 22,8% der westdeutschen Kinder an, Mitglied in zwei Vereinen zu sein und immerhin 16% sind in drei und mehr Vereinen (Fuhs 1996, S. 139). Diese Mitgliedschaften in mehreren Vereinen gleichzeitig weist auch auf ein eher gelockertes Verhältnis zum Verein hin. Das traditionelle Bild vom „Vereinsmeier", der sich über eine lange Lebenszeit an einen Verein bindet und sich für diesen einsetzt, scheint sich hier aufzulösen. Vielmehr wird der Verein von den Kindern und jungen Jugendlichen als Möglichkeit genutzt, interessante Freizeitangebote wahrzunehmen und auszuprobieren (vgl. Fuhs 2002).

Abbildung 32: Vereinsmitgliedschaften 10- bis 15-Jähriger im Ost-West-Vergleich (Angaben in %)

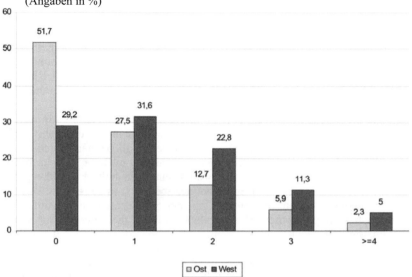

Quelle: Fuhs 1996, S. 139

Abbildung 33: Vereinsmitgliedschaften ostdeutscher Schüler 1993/1997 (Angaben in %)

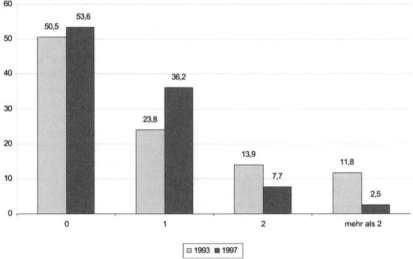

Quelle: Krüger/Kötters 2000, S. 121

149

Ebenso wie bei den festen Terminen, hat sich auch die Struktur der Vereins-mitgliedschaften der Kinder aus den neuen Bundesländern bis 1997 verän-dert (vgl. Abb. 33). So ist zwar der Anteil derjenigen, die in gar keinem Ver-ein sind mit etwa 50% relativ konstant geblieben, jedoch hat sich die Anzahl der Mitgliedschaften verschoben. Während 1997 über 10% mehr Kinder in einem Verein sind als 1993, so ist doch der Anteil der Mehrfachmitglied-schaften deutlich zurückgegangen. Nun sind es lediglich noch rund 10% der 10- bis 15-Jährigen, die angeben, Mitglied in zwei oder mehr Vereinen zu sein.

Diese erheblichen Ost-West-Differenzen sowohl in der Termin- als auch in der Vereinskultur überraschen sicherlich nicht, wenn man die enormen Rück-stände und Gefährdungen der öffentlichen Freizeitmöglichkeiten in den neuen Bundesländern seit der deutsch-deutschen Vereinigung in Betracht zieht. In der DDR bestand, wie bereits eingangs erwähnt, eine sehr hohe Einbindung von Heranwachsenden vor allem in Sportvereine, aber auch in Musikschulen oder in Arbeitsgemeinschaften, die zumeist von der Schule organisiert wurden. In der Zeit nach der politischen Wende nahmen sowohl die Angebote an Sport-vereinen, die in der DDR mehrheitlich von Betrieben organisiert und unterhal-ten wurden, als auch die Nachmittagsangebote an den Schulen immer mehr ab. Alternative Angebote sind jedoch kaum an deren Stelle getreten oder sind teil-weise mit erheblichen Kosten für die Eltern verbunden. Geld für kostengünsti-ge Freizeitangebote ist in den Kommunen häufig jedoch kaum vorhanden. Ne-ben der Tatsache, dass es sich viele Eltern in den neuen Bundesländern nicht leisten können, Geld für kommerziell organisierte Freizeitaktivitäten auszuge-ben, ist auch das Zeitbudget der Eltern ein Grund dafür, dass hier von einer Terminkindheit nicht in dem Maße die Rede sein kann wie in Westdeutschland. Wenngleich die kindliche Terminkultur auch auf eine Verselbständigung und Individualisierung der Kinder verweist, indem sie Kindern ein hohes Maß an Planungs- und Organisationskompetenz abverlangt, so spielen die Eltern hier-bei dennoch eine wichtige Rolle. Nicht nur dass sie die Kinder häufig noch an ihre Termine erinnern müssen – lediglich ein Drittel der 10- bis 15-jährigen Kinder halten ihre Termine selbständig ein (vgl. Fuhs 2002) – sie sind auch im-mer mehr Transporteure zwischen den Freizeitangeboten, die häufig nicht in der näheren Wohnumgebung liegen. Gerade bei jüngeren Kindern haben die Eltern in dieser Hinsicht eine große Bedeutung. Eine solche Rolle wahrzuneh-men, die also auch die Elternzeit in Anspruch nimmt, scheint dann aber, sieht man sich die Beschäftigungsverhältnisse in beiden Teilen Deutschlands an, eher in den alten Bundesländern möglich zu sein. So sind in Westdeutschland immerhin 26,7% der Mütter der 10- bis 15-jährigen befragten Kinder Hausfrau-en, während dies nur auf 5,4 Prozent der ostdeutschen Mütter zutrifft. Zudem geht über die Hälfte der Mütter in den neuen Bundesländern einer ganztätigen Erwerbstätigkeit nach, im Westen sind dies lediglich 18,6% (Brake/Büchner 1996, S. 54).

150

Auch bei den Vereinsmitgliedschaften lassen sich – ähnlich wie bei der Terminkultur – Differenzen hinsichtlich des sozialen Status der Eltern feststellen. So sind es wiederum in erster Linie die Kinder aus Familien mit einem niedrigen sozialen Status die zu mehr als 50% überhaupt keinem Verein angehören. Kinder aus Familien mit einem hohen sozialen Status sind demgegenüber lediglich zu ca. 22% nicht in einem Verein organisiert. Sie sind aber gleichzeitig auch diejenigen, die mit ca. 22% am häufigsten in drei oder mehr Vereinen Mitglied sind (Fuhs 1996, S. 140). Insbesondere zeigt sich hier die Abhängigkeit der Termin- und Vereinskultur von den finanziellen Mitteln der Eltern. Ein Nicht-Teilnehmen an den prestigeträchtigen institutionalisierten Freizeitangeboten kann dann auch schnell zu Ausgrenzungen und Belastungen für die betroffenen Kinder führen:

Mädchen, 10 Jahre

„Meine Mama sagt, wir haben kein Geld für den Verein. Das ist doof, weil meine Freundinnen sind in Vereinen, im Schwimmverein oder beim Tanzen. Nur ich kann nichts machen und dann fragen sie immer und ich kann nichts erzählen ..."

Quelle: Roppelt 2003, S. 337

In der Untersuchung von Roppelt wurde zudem deutlich, dass ausländische Kinder signifikant häufiger keine Kurse besuchen oder nicht in Vereine eingebunden sind. Begründet wird dies in den Interviews in erster Linie mit einem fehlenden Interesse an den Kurs- und Vereinsangeboten. Eine Ausnahme bildet dabei der Fußballverein, der von den Jungen aus ausländischen Familien favorisiert wird.

Insgesamt zeigen die Terminstrukturen sowie die Vereinsmitgliedschaften der 10- bis 15-Jährigen, dass das Muster einer intensiven Termin- und Vereinskindheit zum einen eher ein westdeutsches Modell ist, zum anderen wird deutlich, dass dies auch in den alten Bundesländern eher in den höheren Sozialmilieus eine Rolle spielt. Damit zeigt sich auch ein deutliches Moment sozialer Ungleichheit. Die Mitgliedschaft in einem Verein dient zwar häufig auch dazu, Gleichaltrige zu treffen, jedoch werden hier auch Lernprozesse initiiert. Für Kinder mit vielen Freizeitterminen erhöhen sich die Lernanlässe enorm. Sie lernen in diesem Zusammenhang nicht nur, ihre persönlichen Interessen in konkrete Aktivitäten umzusetzen, sondern erwerben dabei auch Kompetenzen wie Zeitmanagement und Teamfähigkeit oder auch Planungs- und Konfliktlösungskompetenzen. „In der aktiv gestalteten Freizeit eignen sich Kinder soziale Schlüsselqualifikationen an, die den Bildungserwerb in den verschiedensten sozialen Kontexten erleichtern" (du Bois-Reymond 2000, S. 241). Damit ist Freizeit nicht mehr nur von Schule freie Zeit, sondern sie enthält bereits in frühem Alter viele Elemente von Bildung, Lernen und Leistung (vgl. Krüger/Grunert 2002). Gleichzeitig kann die Inanspruchnahme von organisierten Freizeitangeboten auch zum Belastungsfaktor werden. Dies gilt insbesondere dann, wenn die Kinder mehrere feste Termine in der Woche haben und nur wenig Zeit für die informelle Freizeitgestaltung bleibt. Eine enge Terminplanung verhindert spontane Aktivitäten und zwingt die Kinder in ein Zeitraster, das durchaus belastende Momente in sich bergen kann und kindliche Spielräume enorm reduziert. So zeigt es etwa ein Interviewausschnitt eines neunjähriger Jungen aus dem qualitativen Teil des Forschungsprojektes von Roppelt:

Junge, 9 Jahre

„Ich fände es schön, wenn nicht immer so ein Stress wäre. Jetzt muss ich dahin dann muss ich dorthin. Eigentlich möchte ich mal in Ruhe sagen, ich geh jetzt dahin und lasse mir genug Zeit. Aber das ist bei mir fast nie möglich ..."

(Quelle: Roppelt 2003, S. 336

Welche Vereine werden von den Kindern besucht?

Ulis Vater zum Thema Sporttreiben (Uli, 11 Jahre, Westdeutschland)

„... eine Sache, die ich sehr wichtig nehme, weshalb ich auch alles Sportliche unterstütze, ist, dass ich sage, in dem Alter wo die Kinder größer werden und wachsen, ist alles, was mit Bewegung, Training, Sport zu tun hat, wichtig, hat Priorität. Schule ist zweitens [steht an zweiter Stelle], alles andere kann man später lernen ..."

Quelle: Büchner/Fuhs 1994, S. 79

So wie für Ulis Vater stehen auch für die 10- bis 15-jährigen Kinder die Sportvereine an erster Stelle der Vereinsaktivitäten. Hier sind 54,6% derjenigen Kinder, die überhaupt Mitglied in einem Verein sind, organisiert. Mit einigem Abstand folgen dann Musikvereine und christliche Gruppen, die von ca. 10% der Kinder genannt werden. Andere Vereine, wie Tanzgruppen, Feuerwehr-, Rot-Kreuz- oder Heimatvereine spielen demgegenüber nur eine untergeordnete Rolle (Fuhs 1996, S. 141).

Abbildung 34: Art der Vereinsmitgliedschaften der 10- bis 15-Jährigen (Angaben in %)

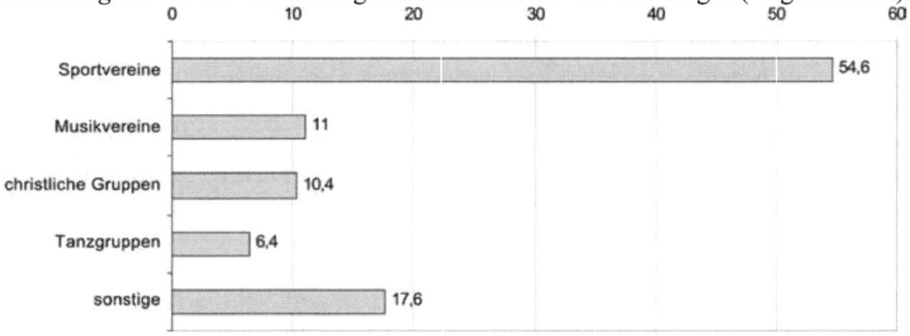

Quelle: Fuhs 1996, S. 141

5.3.4 Zur Bedeutung des Sports im heutigen Kinderleben

Wie die Priorität bei den Vereinen bereits zeigt, spielt der Sport für Kinder heute eine sehr große Rolle. So steht der Sport auch an erster Stelle bei den von Kindern genannten Hobbies. Fast 80% der 10- bis 13-Jährigen geben das Sporttreiben als Hobby an. Dabei sind es vor allem die Jungen, die sich, egal ob aus Ost- oder aus Westdeutschland, sportlich betätigen (84%). Demgegenüber treiben die ostdeutschen Mädchen mit 68% am wenigsten Sport (Zinnecker/Silbereisen 1996, S. 48; auch Buhren u.a. 2002).

Zu ähnlichen Befunden kommen Brettschneider und Kleine (2001) in ihrer Untersuchung nordrhein-westfälischer Jugendlicher. Hier gaben immerhin 95% der 12- bis 16-jährigen Befragten an, dass sie in ihrer Freizeit Sport treiben. Nur 5% der Jugendlichen erwiesen sich also als „Sportmuffel". Die sporttreibenden Jugendlichen waren dabei zu 53% in Vereinen organisiert. Damit übten 42% der befragten Heranwachsenden ihre sportlichen Aktivitäten individuell aus und begründeten dies mit der Möglichkeit, dies gemeinsam mit ihren Freunden tun zu können sowie mit dem Bedürfnis, selbstbestimmter und zeitlich flexibel sein zu wollen. Für diese informellen sportlichen Aktivitäten investierten die untersuchten männlichen Jugendlichen 7,7 Stunden pro Woche und die weiblichen Jugendlichen 4,4 Stunden pro Woche.

Sport ist also zentraler Bestandteil der heutigen Kindheit, so dass in der Literatur immer wieder von einer „Versportung" der Kindheit als ein Element der Modernisierung dieser Lebensphase die Rede ist (vgl. Büchner 1990; Zinnecker/Silbereisen 1996; Fuhs 2002). Was ist daran aber so neu? Haben Kinder nicht auch früher Fußball gespielt, sind Fahrrad gefahren oder geschwommen? Neu ist sicher nicht, dass Kinder viel Sport treiben, sondern vielmehr in welcher Form sie dies tun. Neu ist also der hohe Organisationsgrad in Sportvereinen insbesondere auch von Mädchen und jüngeren Kindern, die früher nicht so stark in Vereinen vertreten waren. Mit der oben herausgearbeiteten Ost-West-Differenz in den Vereinsmitgliedschaften, ist dann aber auch die „Versportung" des Kinderalltags in diesem Verständnis eher ein westdeutsches Modell.

Zudem zeigen die Zahlen, dass Kinder Sport nicht nur in Vereinen treiben. Schwimmen gehen, Joggen, Radfahren, Inlinern oder Fußballspielen sind sportliche Aktivitäten, die auch außerhalb der traditionellen Sportvereine betrieben werden können und betrieben werden. Zudem spielen auch vermehrt kommerzielle Anbieter, wie Fitnessstudios oder Squash-Center, die in Deutschland auf ca. drei Millionen Mitglieder verweisen können, eine wichtige Rolle für die sportlichen Aktivitäten von jüngeren Jugendlichen. Hier sind es vor allem die modegeprägten Sportarten, die nicht unbedingt von den traditionellen Sportvereinen angeboten werden, die diese Anbieter immer beliebter werden lassen. So treiben fast 30% der 12- bis 16-Jährigen

Sport in solchen kommerziellen Einrichtungen (vgl. Rolff/Zimmermann 1997, S. 113).

Fragt man die Kinder nach der Motivation für ihr Sporttreiben, so steht die körperliche Fitness an erster Stelle. Sportlich sein ist in der Kinderkultur heute ein wichtiger Wert, der sich in Ost- und in Westdeutschland gleichermaßen etabliert hat. Beim Sporttreiben geht es aber nicht nur um das Erfüllen einer Fitness-Norm, sondern gerade hierbei spielt auch Leistungsbereitschaft, Konkurrenz und Wettbewerb eine Rolle. Sportlicher Erfolg ist gleichzeitig ein Mittel, Anerkennung bei Eltern oder Gleichaltrigen zu erwerben und Sport ist natürlich auch ein Mittel zur beruflichen Karriere. Wenngleich der Schritt ins Profilager nur für eine kleine Minderheit der Heranwachsenden in Frage kommt, dürften die vor allem durch die Medien erfahrbaren finanziellen Auswirkungen des Profisports ein Leistungsanreiz und Motivationsfaktor auch für den Freizeitsport von Kindern sein.

Abbildung 35: Ich treibe Sport, weil ich ein guter Sportler werden möchte. (Angaben in %)

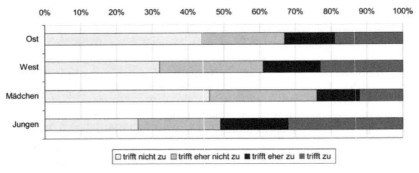

Quelle: Fuhs 1996, S. 143

Der Wunsch nach einer Sportkarriere ist also doch häufig eine Motivation für das sportliche Engagement der Kinder. Dabei sind es vor allem die Jungen, die dies als Grund für ihre sportlichen Aktivitäten angeben. Somit treiben die Mädchen zwar fast genauso häufig Sport wie die Jungen, messen dem Sporttreiben aber eine andere Bedeutung zu. Der Traum von einer eigenen sportlichen Karriere spielt lediglich für etwa 24% der Mädchen eine Rolle, während sich mehr als die Hälfte der Jungen am Profisport orientiert. In Westdeutschland ist dieses Motiv unter den 10- bis 15-Jährigen etwas stärker vertreten als in Ostdeutschland. So geben circa 40% der westdeutschen und etwa 34% der ostdeutschen Kinder eine zustimmende Antwort auf diese Frage.

Neben dem Erlernen der ausgeübten Sportart, wie Fußball, Schwimmen, Basketball o.ä. wird häufig die positive Wirkung von Sportvereinsangeboten in Bezug auf die Selbst- und Sozialkompetenzen der Heranwachsenden betont. Sportliche Leistungen, so die Vermutung, haben eine sinn- und identitätsstiftende Funktion und tragen zur Selbsterfahrung bei (vgl. Eckert/Drieseberg/Willems 1990). Bislang konnte jedoch der Zusammenhang von Sportvereinsmitgliedschaften Heranwachsender und positiven Sozialisationseffekten kaum nachgewiesen werden.

Eine Studie, die sich umfassend mit der Frage beschäftigt, welche zukunftsbezogenen Lernprozesse in Sportvereinen stattfinden bzw. ob die Sportvereine einlösen können, was im Allgemeinen von ihnen erwartet wird, ist die von Brettschneider und Kleine (2001). Sie betrachten in ihrer Untersuchung insbesondere die Entwicklung des Selbstkonzeptes, der motorischen Leistungsfähigkeit, gesundheitliche Parameter sowie die Wirkung von Vereinen in Bezug auf die Prävention abweichenden Verhaltens von Heranwachsenden. Die Studie war der Fragestellung entsprechend als quantitativer Längsschnitt angelegt und fand zu drei Messzeitpunkten (1998, 1999, 2000) statt. Befragt wurden in der ersten Untersuchungswelle ca. 1.500 Schülerinnen und Schüler der Klassenstufen 6, 8 und 10. In den Längsschnitt wurden nach einem rigiden Datencleaning, in dem darauf geachtet wurde, die wesentlichen Gruppierungsmerkmale im Untersuchungszeitraum weitgehend konstant zu halten, schließlich 544 Schüler einbezogen, die am Ende der Untersuchung die Klassen 8, 10 und 12 besuchten. Zudem wurden eine motorische Teststudie sowie qualitative Interviews mit Jugendlichen und ihren Eltern durchgeführt.

Deutlich wurde in dieser Studie, dass die Jugendlichen in erster Linie einen Zuwachs an sportlichen Fähigkeiten, also Kompetenzerwerb und Kompetenzentwicklung, von einer Vereinsmitgliedschaft erwarten. Gleich an zweiter Stelle steht die Suche nach Geselligkeit und sozialem Anschluss, aber auch Erfolg und Ansehen werden von der Ausübung einer Sportart erwartet.

Diese Erwartungen werden im Verlaufe der Vereinsmitgliedschaft jedoch nur zum Teil erfüllt. So konnte die motorische Teststudie zeigen, dass die Heranwachsenden zwar am Beginn ihrer Vereinsmitgliedschaft über bessere Ausgangswerte im Bereich Schnelligkeit, Kraft, Ausdauer und Koordinationsfähigkeit verfügen. Jedoch wird dieser Vorsprung gegenüber den Nicht-Vereinsmitgliedern nur bedingt gehalten und kaum ausgebaut. Entwicklungsvorteile der Vereinsjugendlichen lassen sich anhand der Verlaufslinien der motorischen Tests nur vereinzelt nachweisen, so dass ein signifikanter Einfluss des Sportvereins auf die motorischen Fähigkeiten der Heranwachsenden nicht bestätigt werden konnte.

Demgegenüber wird die Entwicklung des Selbstwertgefühls der Jugendlichen zumindest zeitweise positiv beeinflusst. Jedoch sind bereits in der Dimension des sozialen Selbstkonzeptes und bezüglich der emotionalen Stabilität bereits kaum noch Unterschiede zwischen den Vergleichsgruppen der Mitglieder und der Nichtmitglieder feststellbar. Hinsichtlich des sozialen

Netzwerkes der Jugendlichen trägt der Sportverein zwar zur Verdichtung bei, jedoch beschränken sich die Beziehungen häufig auf die Vereinsaktivitäten. „Echte" Freundschaften, die emotionale Unterstützung und Geborgenheit bieten, existieren vor allem bei jüngeren Jugendlichen außerhalb des Sportvereins. Insbesondere in der qualitativen Teilstudie wurde jedoch deutlich, dass sich eine kontinuierliche Mitgliedschaft in einem Sportverein über einen längeren Zeitraum positiv auf den Aufbau vereinsgebundener sozialer Netzwerke und die daraus resultierende soziale Unterstützung auswirkt. Im Gegensatz dazu sind die Beziehungswerte derjenigen Heranwachsenden, die häufig den Verein wechseln, entsprechend schlechter.

Insgesamt lässt sich jedoch, so der zentrale Befund der Studie, kein systematischer Einfluss der Sportvereinsmitgliedschaft auf die untersuchten Entwicklungsdimensionen nachweisen.

Die Untersuchung von Brettschneider und Kleine weist zwar auch eine Reihe methodischer Mängel auf (vgl. ausführlich Gogoll/Kurz 2001; Breuer/Rittner 2001), die einige Befunde zum Teil relativieren, jedoch wird insgesamt deutlich, dass Sportvereine nicht per se eine Form organisierter Freizeitbeschäftigung darstellen, die zu Entwicklungsvorteilen bei den Heranwachsenden führt. Zudem zeigt sich an der Debatte, die rund um die Befunde der Studie geführt wurde (vgl. Landessportbund NRW 2001), dass bislang recht wenig über die tatsächlichen Bildungs- und Entwicklungseffekte von Vereinstätigkeiten Heranwachsender bekannt ist. Die möglichen Wirkungen von Vereinen, die häufig aufgrund ihrer Verfasstheit als gruppenbezogene Lernarrangements hervorgehoben werden, sind damit bisher kaum empirisch nachgewiesen.

Eine mögliche Ursache für die kaum vorhandenen Differenzen zwischen den Vergleichsgruppen der Vereinsmitglieder und den nicht in Sportvereinen organisierten Jugendlichen könnte in der zuvor beschriebenen generell hohen Bedeutung des Sports im Alltagsleben der Jugendlichen begründet liegen. Nicht nur, dass fast alle Heranwachsenden in irgendeiner Art und Weise in ihrer Freizeit Sport treiben, ist dabei von Bedeutung, sondern auch, dass außerhalb der Vereine ebenso gemeinsam mit Gleichaltrigen Sport getrieben wird wie im Vereinskontext. Und auch die in den Freizeitsport investierte Zeit unterscheidet sich nicht sonderlich vom zeitlichen Umfang, den die Vereine in Anspruch nehmen.

Zieht man dies mit in Betracht, dann werden die Differenzen in den Freizeiterfahrungen der Jugendlichen aus beiden Vergleichsgruppen deutlich geringer, so dass in Folgeuntersuchungen auch Erfahrungen im Zusammenhang mit dem Sport, die außerhalb des Vereins gesammelt werden sowie die hier eingebetteten Lernkontexte mit berücksichtigt werden müssten.

5.3.5 Freie Aktivitäten in der Freizeit

Kinder haben heute zwar eine Vielzahl an festen institutionalisierten Terminen außerhalb der Schule, wie jedoch die Abbildung 36 zeigt, bleibt im Tagesablauf immer noch genug Zeit für freie Aktivitäten. Heutige Kinder können in ihrer Freizeit auf ein breites Aktivitätsspektrum verweisen, das neben den festen Terminen auch viele informelle Tätigkeiten beinhaltet. Und auch diejenigen, deren Tagesablauf nicht dem Muster einer „Terminkindheit" entspricht, sind nicht zum Nichtstun „verdammt". So zeigt das folgende Schaubild auf der Basis der Befragung von ca. 1.200 Kindern im Alter von sechs bis 13 Jahren, dass Heranwachsende außerhalb von Schule und Vereinen einer Reihe von Tätigkeiten nachgehen, die ihr Freizeitleben füllen.

Abbildung 36: Am häufigsten ausgeübte Freizeitaktivitäten 6- bis 13-Jähriger (Angaben in %)

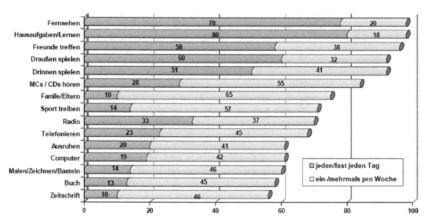

Quelle: Feierabend/Klingler 2003, S. 5

Sieht man sich diese Tätigkeiten genauer an, so zeigt sich zunächst die zentrale Bedeutung von Medien, insbesondere des Fernsehens, im heutigen Kinderleben. Aber auch kommunikative und gesellige Aktivitäten spielen für Kinder eine wichtige Rolle. So nimmt das Treffen von Freunden hier den höchsten Rangplatz bei den informellen Tätigkeiten der Kinder ein. Diese beiden Aspekte kindlichen Alltagslebens sollen im Folgenden näher beleuchtet werden.

5.3.5.1 Kinder und Medien – das Verschwinden von Differenzen zwischen West und Ost?

Medien spielen heute im Leben von Kindern eine zentrale Rolle. Sie prägen das Alltagserleben von Kindern und stellen eine wichtige Sozialisationsinstanz dar, die in ihrer Lebenswelt fest verankert ist (vgl. Meister/Sander 1997). Kinder partizipieren heute in großem Umfang an den zur Verfügung stehenden Medien. Kinder sehen fern, hören Musik, surfen im Internet oder spielen am Computer, sie lesen Bücher, Zeitschriften und Comics – kurzum: Eine nicht von Medien beeinflusste Kindheit ist heute kaum noch vorstellbar. Die massive Nutzung von Medien durch Kinder und die sozialisatorische Bedeutung der Medien im Kinderalltag sind damit die markantesten Phänomene, die den Wandel von Kindheit in den letzten 50 Jahren ausmachen. Sie sind zentral in der öffentlichen Wahrnehmung vom heutigen Kinderalltag und werden immer wieder zum Gegenstand kritischer Diskussionen.

Die mit der Entwicklung unterschiedlicher Medien entstandene Vielfalt an medialer Nutzung durch und an medialen Einflüssen auf Kinder wird in der gegenwärtigen Diskussion sehr ambivalent beurteilt. Der öffentliche Diskurs bewegt sich dabei zwischen Kulturpessimismus, Alltäglichkeit und Fortschrittsglauben. Jedoch wird heute immer deutlicher, dass eine einfache Kritik am Medienkonsum der Kinder, die nur auf die Schädlichkeit von Fernsehen oder Computerspielen verweist, zu kurz greift. Vielmehr muss es darum gehen, die Bedeutung von Medien für den Alltag von Kindern herauszuarbeiten und dies nicht nur aus einer Erwachsenenperspektive, sondern aus der Perspektive der Kinder selbst. Zudem müssen dabei komplexere Zusammenhänge berücksichtigt werden, die die Rolle der Medien für das Kinderleben deutlicher werden lassen, wie etwa soziale und familiale Hintergründe sowie die Erfahrungsmöglichkeiten von Kindern in anderen Tätigkeitsfeldern, da Medienkonsum häufig auch ein Ersatz für fehlende Erfahrungen oder Beziehungen darstellt (vgl. Ledig 1992; Fuhs 2002).

Während in der DDR der Medienkonsum von Kindern, mit Ausnahme der Kinderliteratur, strukturell bedingt sehr eingeschränkt war, hat sich dies seit der deutsch-deutschen Vereinigung radikal verändert. Wie die Nutzungsgewohnheiten und der Umgang mit den Medien in Ost- und Westdeutschland konkret aussehen, soll im Folgenden untersucht werden.

a)   *Kinder und Fernsehen*

Im Spektrum der Mediennutzung von Kindern in den alten und neuen Bundesländern steht das Fernsehen gegenwärtig an erster Stelle, das auch als Leitmedium für die Heranwachsenden charakterisiert werden kann (vgl. Theunert 2005; Feierabend/Klingler 2003). Kinder sehen in ihrer Freizeit sehr häufig fern und wählen dafür nicht nur Kindersendungen aus. Die Mehrzahl der Kinder sieht fast täglich fern. Dabei zeigen sich bereits deutliche Unterschiede zwischen Ost- und Westdeutschland. So ist das Fernsehen für 77% der 6- bis 13-jährigen Kinder in den alten und immerhin für 93% der Kinder in den neuen Bundesländern täglicher Bestandteil des Kinderalltags (Lukesch 2000).

Die Sehdauer pro Tag ist dabei abhängig vom Alter der Kinder. So sehen die Kinder im Alter von drei bis fünf Jahren am wenigsten fern, wenngleich hier in den letzten Jahren ein kontinuierlicher Anstieg der vor dem Fernseher verbrachten Zeit zu verzeichnen ist. Waren es in dieser Altersgruppe 1992 durchschnittlich noch 66 Minuten pro Tag, so sind es 1997 schon 76 Minuten, die in der Freizeit für das Fernsehen verwendet werden. Bei den älteren Kindern lässt sich demgegenüber ein deutlich höherer Fernsehkonsum feststellen. Die 6- bis 9-Jährigen sahen 1997 im Schnitt 91 Minuten und die 10- bis 13-Jährigen 113 Minuten am Tag fern (Feierabend/Klingler 2000, S. 127).

Unterschiede in der täglichen Sehdauer lassen sich aber nicht nur bezüglich des Alters der Kinder feststellen, sondern sie treten auch deutlich im Ost-West-Vergleich hervor.

Abbildung 37: Fernsehnutzung von Kindern in Ost- und Westdeutschland 1997 in Minuten pro Tag

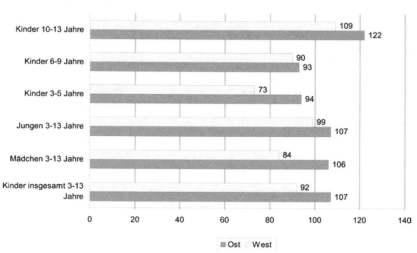

Quelle: Feierabend/Klingler 2000, S. 126

Dieses Schaubild verweist auf deutliche Unterschiede in der Fernsehnutzung zwischen ost- und westdeutschen Kindern. So sehen die 3- bis 13-Jährigen in den neuen Bundesländern durchschnittlich 15 Minuten mehr fern als ihre Altersgenossen in Westdeutschland. Diese deutlichen Ost-West-Unterschiede gelten darüber hinaus über alle Altersgruppen hinweg. Vor allem die jüngste

Gruppe der 3- bis 5-Jährigen verbringt im Osten Deutschlands mit 94 Minuten weitaus mehr Zeit vor dem Fernsehapparat als im Westen, wo in diesem Alter nur 74 Minuten pro Tag ferngesehen wird. Während sich in den alten Bundesländern auch deutliche geschlechtsspezifische Unterschiede in der täglichen Fernsehnutzung von Kindern erkennen lassen, gibt es diese in den neuen Bundesländern nicht. Hier sehen die 3- bis 13-jährigen Mädchen im Schnitt ebensoviel fern wie die Jungen.

Abbildung 38: Tagesablauf von Stephan, 10 Jahre, Ost-Berlin

Ein Dienstag im Oktober 1996

07:15	Wachwerden, Aufstehen, Waschen		Mutter
07:20	Frühstück und *Trickserie (E, A)*	*SuperRTL*	allein/Kinderzimmer
07:30	Verlassen der Wohnung		
07:40	Unterrichtsbeginn		
12:35	Unterrichtsende und Heimweg		allein
13:05	Mittagessen und *Trapper John (E)*	*Sat 1*	allein/Wohnzimmer
13:20	*Trapper John (A)*		
	Pichels Horrorshow (E)	*Kabel 1*	allein/Wohnzimmer
13:40	*Pichels Horrorshow (A)*		
	Video: Die nackte Kanone (zum 3. Mal)		allein/Wohnzimmer
15:00	*Enterprise (B)*	*Sat 1*	allein/Wohnzimmer
15:30	Rückkehr der Mutter		
16:05	*Enterprise* (S) – Computerspiel		allein/Wohnzimmer
17:00	Spielen mit Matchboxautos		allein/Kinderzimmer
17:40	Beschäftigung mit Autobildern		allein/Kinderzimmer
18:00	Computerspiel, Rückkehr des Bruders		Bruder/Kinderzimmer
18:20	Baden		
18:40	Abendbrot, *Non Stop Nonsens (E)*	*ARD*	Familie/Wohnzimmer
19:25	*Non Stop Nonsens (S)*, Abräumen, Unterhaltung		Familie/Wohnzimmer
20:15	*Asterix und Cleopatra (B)*	*Sat 1*	allein/Kinderzimmer
21:55	*Asterix (S) – Oberaffengeil (B)*	*Sat 1*	allein/Kinderzimmer
22:05	*Oberaffengeil (S)* – Computerspiel		Bruder
22:40	Schlafen		

Legende: E = Einstieg während der Sendung; A = Ausstieg während der Sendung; B = Beginn der Sendung;
S = Schluss der Sendung

Quelle: Kirchhöfer 1999, S. 106

Solche statistischen Durchschnittswerte sagen jedoch noch nichts darüber aus, wie Kinder das Fernsehen nutzen, welche Inhalte für sie von Bedeutung sind und wie sie ihren Fernsehalltag strukturieren.

Kirchhöfer hat sich in einem Forschungsprojekt mit den Tagesabläufen Ostberliner Kinder beschäftigt (vgl. Kirchhöfer 1998). Dabei konnte festgestellt werden, dass „die Kinder nicht nur einen erheblichen Teil ihrer Freizeit mit den Medien verbrachten, sondern auch einem Entscheidungsverhalten folgten, das von den Medien bestimmt wurde" (Kirchhöfer 1999, S. 101). Dieser Tagesablauf eines 10-Jährigen stellt sicher ein extremes Beispiel für den Fernsehkonsum von Kindern dar, jedoch konnte ein solches Fernsehverhalten in der Untersuchung von Kirchhöfer häufiger aufgefunden werden. Der Tagesverlauf von Stephan weist dabei gleichzeitig auf einige Charakteristika kindlicher Fernsehnutzung hin.

So liegen die Hauptfernsehzeiten von Kindern, wie es auch bei Stephan deutlich wird, werktags in der Zeit von 14 bis 22 Uhr, einen Schwerpunkt bildet dabei die Abendzeit von 18 bis 21 Uhr. Aber auch die Spätseher, die das Fernsehen zwischen 21 und 24 Uhr nutzen, bilden mit 11% der 10- bis 13-Jährigen eine nicht gerade kleine Gruppe (vgl. 10. Kinder- und Jugendbericht; Feierabend/Klingler 2000; Podlich/Kleine 2000). Zudem zeigt das Beispiel von Stephan, der bereits um 7:20 Uhr eine Trickserie schaut, dass Kinder im Vergleich zu Erwachsenen auch deutlich früher den Fernseher einschalten.

Wie auch bei Stephans Fernsehauswahl deutlich wird, bevorzugen Kinder eher die privaten Sender. Dies gilt über alle Altersgruppen der 5- bis 13-Jährigen hinweg, jedoch ergeben sich hier Differenzen hinsichtlich der Art der besuchten Schule. So stellen Baacke, Sander, Vollbrecht u.a. (1999) fest, dass bei den Haupt-, Real- und Sekundarschülern der Anteil der öffentlich-rechtlichen Sender an den Lieblingssendern nur 3,9% beträgt, während die Gymnasiasten diese zu 12,4% als bevorzugte Sender angeben. Zudem liegt die Präferenz der Privatsender bei den ostdeutschen SchülerInnen deutlich höher als bei den westdeutschen (Baacke/Sander/Vollbrecht u.a. 1999, S. 45). Auch das Alter der Kinder spielt eine Rolle bei der Wahl des Lieblingssenders. Während bei den 6- bis 7-Jährigen noch der Kinderkanal KIKA mit 39% im Mittelpunkt steht, geben die meisten der 12- bis 13-jährigen Kinder RTL als Lieblingssender an (Feierabend/Klingler 2003, S. 19).

Sieht man sich die Sendungen an, die Stephan auswählt, so wird deutlich, dass es sich hier nicht nur um spezifische Kindersendungen handelt. Da Kinder häufig über den gesamten Tagesablauf die Möglichkeit zum Fernsehen haben, sehen sie auch sämtliche Sendungsformate. Dabei sind Kinder im Fernsehen primär an Unterhaltung und fiktionalen Sendungen interessiert (vgl. Gerhards/Grajczyk/Klingler 1996). Gleichwohl zeigen sich deutliche Unterschiede zwischen Jungen und Mädchen. Während Jungen eher action-orientierte Spielfilme, Serien und Trickfilme bevorzugen, so sind es bei Mädchen vor allem die Daily Soaps, die sich um Liebe und Freundschaft drehen, aber auch die Kinderprogramme von ARD und ZDF sind bei Mädchen beliebter als bei Jungen (vgl. Theunert 2005, S. 192).

Kinder suchen im Fernsehen aber nicht nur Unterhaltung, Spannung und Spaß, sondern auch Rat und Hilfe in aktuellen Problemlagen (vgl. Schorb 1996, S. 128; Theunert 2005). Damit übernimmt das Fernsehen auch eine Orientierungsfunktion, indem hier Handlungsalternativen in verschiedenen Bereichen des Alltagslebens, wie etwa Sozial- und Konfliktverhalten, die Übernahme von Geschlechtsrollen oder die Gestaltung von Beziehungen zum anderen Geschlecht angeboten werden (vgl. Theunert 2005). Andererseits kann das Fernsehen aber auch dazu genutzt werden, von dem eigenen sorgenvollen Alltag abzulenken und als Vorlage für Träumereien dienen. Bemerkt werden muss natürlich, dass diese Vorbilder zumeist stark idealisiert und klischeebehaftet sind. Jedoch gelingt es den Heranwachsenden mit zunehmendem Alter immer mehr, dies zu erkennen und zwischen Fernsehen und der eigenen sozialen Wirklichkeit zu differenzieren. Eine Ausnahme, und in dieser Hinsicht auch eine Problemgruppe, bilden zu großen Teilen bildungsbenachteiligte Jungendliche, welche diese medialen Geschlechterstereotypen unreflektiert in ihre Identitätsentwicklung und auch in ihren sozialen Umgang übernehmen. Darüber hinaus ist das Fernsehen Gegenstand intensiver Kommunikation in Gleichaltrigengruppen. Es bietet sowohl die Möglichkeit, Zugehörigkeit zu demonstrieren (z.B. über das Fan-Sein von bestimmten Sendungen), als auch über die Diskussion der medialen Geschehnisse und Charaktere eigene Ansichten zu entwickeln und somit sich selbst in der Gruppe zu positionieren (vgl. Theunert 2005).

Eine solche Sichtweise weist auch darauf hin, dass Kinder dem Medium nicht passiv ausgeliefert sind, sondern dem Fernsehen durchaus mit einem themengebundenen Interesse gegenüber treten. Fernsehfiguren und Personen können dabei als Orientierungsrahmen dienen, um die eigenen Erfahrungen überprüfen und erweitern zu können. Inwieweit das Fernsehen aber wirklich dazu in der Lage ist, Kindern bei der Bewältigung von Entwicklungsaufgaben und dem Lösen aktueller Probleme zu helfen, kann nicht pauschal beantwortet werden, jedoch bieten „viele Sendungen, die Kinder als Publikum ansprechen, klischeehafte Welt-, Gesellschafts- und Personenbilder" (10. Kinder- und Jugendbericht) an, die die Orientierungsfunktion des Fernsehens für Kinder fraglich erscheinen lassen.

Richtig ist aber auch, dass durch das Fernsehen viel gelernt werden kann. Fernsehen erweitert das Gesichtsfeld der Kinder, indem es sozusagen die „Welt ins Haus bringt" (Rolff/Zimmermann 1997) und als Wissens- und Informationsquelle dient. Während im Vorschulalter das Lernen oft von den Eltern durch die Auswahl bestimmter Programme initiiert und gefördert wird und die Kinder eher unbewusst und beiläufig lernen, geschehen Lernprozesse in Verbindung mit dem Fernsehen mit steigendem Alter der Kinder zielorientierter und stärker interessegeleitet (Theunert 2005).

Das Fernsehverhalten von Kindern darf gleichzeitig nicht isoliert betrachtet werden. Es ist mittlerweile ein integrierter Bestandteil des Kinderalltags. Fernsehinhalte sind Teil der inneren und äußeren Realität von Kindern, sie dienen als Spielanlässe ebenso wie als Gesprächsthemen in der Kindergruppe (Fuhs 2002). Ein Verständnis des Fernsehverhaltens von Kindern kann somit nur im Kontext seiner sozialen und subjektiven Bedeutung erreicht werden. Ebenso wie in anderen Freizeitbereichen, zeigen sich auch beim Fernsehen deutliche soziale Unterschiede. Für Kinder aus Familien mit höherem sozialen Status hat das Fernsehen eine weitaus geringere Bedeutung als für Kinder aus Familien, deren sozialer Status eher als niedrig eingeschätzt werden kann (vgl. Fuhs 1996). Grund hierfür ist vor allem die eher kritische Einstellung der Eltern zum Fernsehkonsum in der Freizeit, der in ihren Auffassungen von einer sinnvollen Freizeitgestaltung eine untergeordnete Rolle spielt.

b)   Kinder am Computer

Neben dem Fernsehen ist auch der Computer in den letzten Jahren zu einem zentralen Medium in der Kinderkultur geworden. In der KIM-Studie (Feierabend/Klingler 2003) gaben 70% der 6- bis 13-jährigen Kinder an, zumindest selten Computer zu nutzen. Verglichen mit den Ergebnissen der Untersuchung von 2002 entspricht dies einem Zuwachs von 7% (Feierabend/Klingler 2003, S. 26). Dabei steigt der Anteil derjenigen Kinder, die bereits Erfahrungen mit dem Computer gemacht haben kontinuierlich mit dem Alter, so dass in der Altersgruppe der 12- bis 13-Jährigen 85% der befragten Kinder eine Nutzung angaben. Am ehesten wird der Computer zu Hause genutzt, daneben spielt auch die Nutzung bei Freunden oder in der Schule eine Rolle.

Abbildung 39: Ausgeübte Tätigkeiten am Computer (mindestens 1x pro Woche, Angaben in Prozent; Basis PC-Nutzer: n=842)

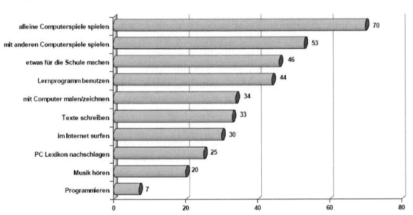

Quelle: Feierabend/Klingler 2003, S. 29

163

Laut Feierabend und Klingler (2003) verfügen 67% der in der KIM-Studie befragten Haushalte über einen Computer und 13% der 6- bis 13-Jährigen besitzen laut Angaben der Mütter selbst ein solches Gerät. Wie auch andere Untersuchungen (vgl. etwa Baacke/Sander/Vollbrecht 1999) zeigen, nimmt der Computerbesitz mit steigendem Alter zu, so dass nur 7% der 6- bis 7-Jährigen, aber immerhin 23% der 12- bis 13-Jährigen einen Computer ihr Eigen nennen können (Feierabend/Klingler 2003, S. 279).

Bei der Nutzung des PCs durch die Heranwachsenden stehen die Computerspiele deutlich im Vordergrund. So spielen 70% regelmäßig allein und weitere 53% zusammen mit Freunden Computerspiele. Die Nutzung der PC-Spiele gilt zwar mehrheitlich für die Jungen, aber auch die Mädchen widmen sich dieser Tätigkeit zu 65% allein bzw. zu 43% gemeinsam mit Freunden (Feierabend/Klingler 2003, S. 284). Zusammen mit den Videospielen, die über Spielkonsolen oder auf dem Game-Boy möglich sind, gehören Computerspiele heute zum ganz normalen Kinderalltag. So gaben in einer Untersuchung in NRW von 1.111 Schülern der Klassenstufen 2, 4 und 6 nur 2% an, noch nie derartige elektronische Bildschirmspiele gespielt zu haben (Fromme/Vollmer 1999, S. 205). Den Computer als Lern- und Arbeitsmedium nutzen ca. 45% der befragten Heranwachsenden. Dabei steigt der Anteil derjenigen, die mittels des PCs „etwas für die Schule machen" mit zunehmendem Alter deutlich an (Feierabend/Klingler 2003, S. 284).

Dies zeigt, dass der Computer auch immer mehr zu Bildungs- und Lernzwecken genutzt wird. Gerade auf dem Gebiet der Lernsoftware entwickelt sich momentan ein großer Markt, der sowohl reine Lernprogramme als auch Spiele mit Lernelementen anbietet und sich damit an Eltern und Schüler für die Nutzung im Freizeitbereich wendet, während diese Art von Lernmedien für die Schule bislang kaum eine Rolle spielt (vgl. Fölling-Albers 2000). Diese Angebote aus dem „edutainment"-Bereich („education" und „entertainment"), sollen durch direkte Visualisierung die Möglichkeit bieten, komplexe Zusammenhänge besser und leichter begriflich zu machen. Hier zeigt sich also eine Verwendung des PC's als Mittel, schulische Leistungen zu verbessern bzw. sich weiterzubilden (vgl. Fölling-Albers 2000). Am häufigsten werden von den 6- bis 13-Jährigen Lernprogramme verwendet, die sie in den Schulfächern Mathematik (62%) und Deutsch (60%) unterstützen; weitere Sprachen stehen mit 39% an dritter Stelle (Feierabend/Klingler 2003, S. 36).

Neben den Offline-Anwendungen spielt die Nutzung des Internet für immer mehr Kinder eine wichtige Rolle innerhalb ihrer Freizeitaktivitäten. Dabei kann die KIM-Studie von 2003 auf einen deutlichen Anstieg der Verfügbarkeit von Internetzugängen in den Haushalten der befragten 6- bis 13-jährigen Heranwachsenden verweisen. Während im Jahr 2000 nur in 27% der Haushalte ein Zugang zum Internet existierte, waren es in der Befragung von 2003 bereits 57% (vgl. Feierabend/Klingler 2003, S. 13). Hier stellt sich jedoch die Frage, ob die Kinder diesen Internetzugang nutzen und Erfahrungen mit dem Internet machen können. Einen eigenen Zugang zum weltweiten Datennetz hatten in der Befragung nur 6% der Kinder (ebd., S. 14). Relativ regelmäßig, nämlich mindestens einmal pro Woche surfen ca. 30% der befragten Kinder im Internet. Auch hier steigt der Anteil der Nutzer mit dem Alter der Kinder deutlich an. Unterschiede zwischen Jungen und Mädchen lassen sich bezüglich der Internetnutzung nicht feststellen.

Wäre die intensive Computernutzung durch die Heranwachsenden vor einiger Zeit noch ein Grund zur Besorgnis gewesen, so hat sich die Debatte um das Verhältnis von Kindern zum Computer in den letzten zehn Jahren deutlich gewandelt. War diese Auseinandersetzung in den 1980er-Jahren noch geprägt von einer düsteren Kulturkritik, die die Isolation und die Verarmung der Gefühlswelt und Verkümmerung von Phantasie und Kreativität bis zur Sucht und gesellschaftlichen Abkapselung proklamierte, zeigen neuere Studien, dass auch eine intensive Beschäftigung mit dem Computer nicht zu Vereinsamung und Isolation führt (vgl. etwa Turkle 1995; Döring 1997) und dass Kinder, die häufig Computer nutzen, vielfältig interessiert und wesentlich stärker in soziale Strukturen eingebunden sind als die „technikabstinenten" Kinder. „Kinder, die ihre Freizeit am Rechner verbringen, sind weder Stubenhocker noch vereinsamte Individuen, denn das Freizeitverhalten der Computerkinder weist keine signifikant unterschiedlichen Muster zu den Computerabstinenten auf. Computerkinder können sich auf ebenso viele Freunde und Bekannte stützen und erfahren sogar eine verstärkte Betreuung und Hilfe am Rechner durch Eltern" (Weiler 1997, S. 160f.). In der Tat erfolgt die Einführung in den Umgang mit Computer und Internet bei den 6- bis 13-Jährigen am häufigsten durch die Eltern. So gaben immerhin 71% der befragten Kinder in der KIM-Studie von 2003 an, durch die Eltern erfahren zu haben, wie man das Internet nutzt und 39% gehen auch gemeinsam mit den Eltern ins Internet (Feierabend/Klingler 2003, S. 42).

Im Zusammenhang mit dem Internet sind auch immer wieder die damit verbundenen neuen Lernmöglichkeiten für Kinder diskutiert worden. Das Internet bietet den Kindern vielfältige Möglichkeiten, um mit anderen weltweit zu kommunizieren, Informationen zu erhalten, ihren Interessen nachzugehen und auch eigene Projekte zu entwickeln. Kommunikations- und Kooperationsfähigkeiten, Selbständigkeit, Kreativität und Eigeninitiative sind Kompetenzen, die durch den Umgang mit dem Internet gefördert werden können. Eines darf bei den vielfältigen Möglichkeiten, die die neuen Medien bieten, jedoch nicht vergessen werden: ohne Selbstmotivation, ohne die Fähigkeit zum selbständigen Lernen und zum Umgang mit der wachsenden Angebots- und Informationsflut ist ein produktiver Umgang mit ihnen kaum möglich. Zwar kann das Internet selbstgesteuerte Lernprozesse fördern, jedoch ist dies nicht voraussetzungslos möglich (vgl. Orthmann/Issing 2000).

c)   Kinder und Literatur

Sowohl mit dem Siegeszug des Fernsehens im Kinderalltag als auch durch den Einzug des Computers in die Kinderzimmer, spätestens aber seit der PISA-Studie 2000 wird immer wieder die gesunkene Lesebereitschaft und nun auch die Lesekompetenz von Kindern kritisch diskutiert. Kinder lesen nicht mehr, werden nicht zum Lesen angeregt und sind nur noch an audiovisuellen Medien interessiert, so die Argumente in der öffentlichen Debatte um den Untergang der Lesekultur.

Wie sieht aber das außerschulische Leseverhalten von Kindern tatsächlich aus? In den Erhebungen der KIM-Studie 2003 wird deutlich, dass das Lesen unter den liebsten Freizeitbeschäftigungen mit insgesamt 6% den letzten Platz einnimmt:

Abbildung 40: Liebste Freizeitaktivitäten (3 Nennungen; Angaben in %)

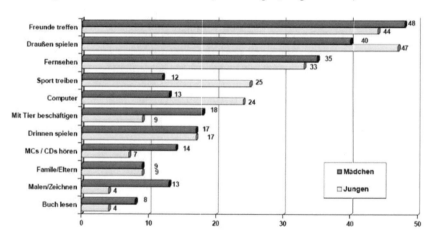

Quelle: Feierabend/Klingler 2003, S. 7

Deutlich stärker vertreten sind hier die informellen Aktivitäten mit Freunden und im medialen Bereich natürlich das Fernsehen und die Beschäftigung mit dem Computer. Deutliche Differenzen finden sich dabei zwischen den Geschlechtern. So geben doppelt so viele Mädchen wie Jungen an, dass das Lesen zu ihren liebsten Freizeitaktivitäten gehört. Gleichwohl konnte in der Studie auch gezeigt werden, dass immerhin 58% der befragten Kinder mindestens einmal pro Woche in einem Buch lesen, unabhängig von den Schulbüchern. Fast ebenso viele geben an, gern (40%) oder sehr gern (15%) zu lesen, wobei sich wiederum ein deutlicher Unterschied zwischen Jungen (45% gern oder sehr gern) und Mädchen (67% gern oder sehr gern) zeigt (Feierabend/Klingler 2003, S. 22).

Solche statistischen Daten über das Hobby Lesen sagen aber noch nichts darüber aus, was Kinder heute eigentlich lesen. Denn die deutlichsten Veränderungen im Leseverhalten von Kindern ergeben sich nicht unbedingt daraus, ob gelesen wird, sondern werden vielmehr in den Inhalten der heutigen Lektüre sichtbar. Hier zeigen sich dann auch die massiven Einflüsse insbesondere des Fernsehens auf das Leseverhalten von Kindern.

Richtig ist zwar, dass in den letzten Jahren auf dem Kinder- und Jugendbuchmarkt die Nachfrage nach den tradierten Unterhaltungsgenres, wie etwa Abenteuerbücher, zurückgegangen ist, jedoch hat sich ein ganz neuer Bereich an Kinder- und Jugendliteratur deutliche Marktanteile erobern können. Dies sind vor allem Bücher, deren Inhalte aus anderen Medien adaptiert werden (vgl. Heidtmann 2002). Begleitbücher zu Daily Soaps wie „Gute Zeiten – schlechte Zeiten" erleben seit einigen Jahren einen enormen Boom und finden vor allem unter den Jüngeren ihre Käufer. Aber auch klassische literarische Figuren wie Aladin, Pipi Langstrumpf oder Heidi lernen Kinder heute primär über das Fernsehen kennen und Bücher, die zu diesen Geschichten gekauft werden, sind nur noch selten die Originale, sondern lehnen sich vielmehr an die Fernsehsendungen an. Ein Großteil des Umsatzes im Bereich der Kinder- und Jugendliteratur wird gegenwärtig mit lizenzierter Literatur, also mit Kinder- und Jugendbüchern im Vermarktungsverbund mit oder nach Vorlagen aus anderen Medien erwirtschaftet.

Eine repräsentative Untersuchung des IfaK (Institut für angewandte Kindermedienforschung) zu Film- und Fernsehbegleitbüchern ergab, dass 45% der 2.700 befragten 10- bis 15-Jährigen diese Art von Literatur lesen. Betrachtet man dabei nur diejenigen, die überhaupt erzählende Literatur lesen, dann steigt die Zahl auf 80%. Bei den 12- bis 13-jährigen Mädchen dominieren dabei die Begleitbücher zur Serie „Gute Zeiten – schlechte Zeiten", die von 15% gelesen werden. Jungen spielen hier als Lesergruppe kaum eine Rolle. Diese dürften andere Themenbereiche, wie etwa „Akte X" oder „TKKG" präferieren (vgl. Heidtmann 2002).

Ähnliches gilt für Zeitschriften, die Kinder lesen. Auch hier dominieren diejenigen Hefte, die sich an Fernsehsendungen oder anderen Medien orientieren. Dabei hat der Zeitschriftenmarkt für Kinder- und Jugendzeitschriften mittlerweile den Buchmarkt für diese Zielgruppe überholt. Begleithefte zu „Marienhof", „Verbotene Liebe" oder „Unter uns" finden ihre Käufer auch in den jüngeren Altersgruppen. Aber auch für die Kleineren gibt es gegenwärtig ein breites Zeitschriftenangebot, dass von „Tabaluga" über „Winnie Puuh" bis zu den „Teletubbies" reicht. Hinzu kommen hier Zeitschriften, wie die „BRAVO", die sich nicht nur mit den Musik- und Fernsehstars, sondern auch mit spezifischen Jugendproblemen beschäftigen, die ein immer jüngeres Käuferpublikum finden.

Das Schaubild 39 zeigt, dass Jugendzeitschriften auch für jüngere Kinder bereits ein wichtiges Printmedium darstellen. Deutlich wird aber auch, dass es vor allem die 11- bis 13-Jährigen sind, die sich häufig mit einer solchen Lektüre beschäftigen und die Mädchen ein weitaus größeres Interesse solchen Zeitschriften haben als die Jungen, die eher das Genre der Comics bevorzugen. Gleichzeitig lässt sich hier auch ein deutlicher Ost-West-Unterschied beobachten. Ein Grund hierfür könnte die stärkere Fernsehorientierung der ostdeutschen Kinder sein, da sich die Inhalte der Zeitschriften häufig am Fernsehgeschehen orientieren.

Ausschlaggebend für das Interesse an der literarischen Adaption von Film- und Fernsehstoffen ist die vom Ausgangsmedium ausgehende Faszination, ist die Attraktivität des Hollywoodfilms, des Trickfilmhelden oder der täglich ausgestrahlten TV-Serie. Das Lesen solcher Lektüre ermöglicht eine ausführlichere Beschäftigung mit den Lieblingsstars, die häufig eine Vorbild- und Orientierungsfunktion haben (vgl. Heidtmann 2002).

Abbildung 41: Anteil der Kinder, die häufig Jugendzeitschriften lesen (Angaben in %)

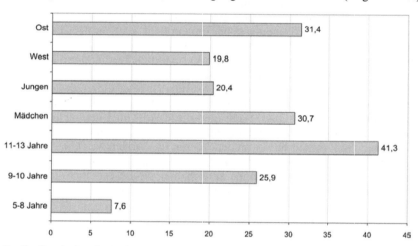

Quelle: Baacke/Sander/Vollbrecht u.a. 1999, S. 40f.

Obwohl in diesem Bereich noch sehr wenige Untersuchungen vorliegen, zeigt dieser Trend, dass sich die Bedeutung des Lesens für Kinder verändert. Printmedien sind für die Heranwachsenden heute ein Medium unter vielen, zu denen sie Zugang haben. Sie stellen nicht mehr wie früher das zentrale Erlebnismedium dar und haben insbesondere für die männlichen Heranwachsenden an Bedeutung verloren (vgl. Bischof/Heidtmann 2002). Unterhaltung, Spaß und Information kommen zunehmend aus anderen Medien, die nicht nur in Konkurrenz zum Lesen stehen, sondern dies vor allem inhaltlich beeinflussen.

Insgesamt lässt sich aber auch festhalten, dass die Lesemotivation von Kindern sehr stark von familialen Bedingungen abhängig ist, die ein Kind vorfindet. Das Leseklima in der Familie ist hierfür von entscheidender Bedeutung für die Entwicklung einer stabilen Lesemotivation von Kindern. Die selbstverständliche Einbindung des Lesens in den Familienalltag, selbst lesende Eltern, Gespräche über Leseerfahrungen, gemeinsame (Vor-) Lesesituationen und Interesse für das Lesen der Kinder sind Faktoren, die eine gelingende Lesesozialisation begünstigen (Hurrelmann/Hammer/Niess 1993; Bischof/Heidtmann 2002). In einer Zeit, in der das Lesen für Erwachsene – ausgenommen zum Zwecke der Aus- und Weiterbildung – ebenfalls an Bedeutung verliert bzw. einen Bedeutungswandel erfährt, stellt sich dies eher schwierig dar. Das Lesen hat sich auch hier vom täglichen Ritual zu einer Nischen-Beschäftigung gewandelt, die vor allem zur Entspannung und in Ruhe ausgeführt wird (vgl. Stiftung Lesen 2001). „Aber gerade diese ersten Schritte in die Lesekultur hinein werden schwieriger, wenn die Erwachsenen ihr eigenes Lesen nur im Rückzug aus dem sozialen Kontakt praktizieren ... Kinder aber brauchen, um zu Lesern zu werden, soziale Situationen, in denen sie erleben können, dass Lesen Sinn macht und Kommunikation stiftet." (Hurrelmann 1995, S. 91) Bischof und Heidtmann konnten so in einer kleineren Studie zum Leseverhalten von Jungen feststellen, dass in den Haushalten, in denen die Eltern selbst zu den Lesern zählen, die Wahrscheinlichkeit größer als bei nichtlesenden Eltern ist, dass auch die Kinder zu aktiven Lesern werden (Bischof/Heidtmann 2002, S. 8).

Gleichzeitig weisen diese Befunde auf bildungs- und schichtspezifische Differenzen in der Lesesozialisation von Kindern hin, denn es sind erster Linie Eltern aus höheren sozialen und bildungsnahen Schichten, die auch regelmäßig Bücher erwerben und lesen. Damit hängt auch bereits die Verfügbarkeit von Büchern, deren exklusiver Besitz und die generelle Ausstattung der Haushalte vom Bildungshintergrund der Eltern ab (vgl. Bonfadelli 1996).

Die Schule kann diese Defizite kaum kompensieren, denn im Gegensatz zu den Eltern wirkt sie Schule kaum positiv auf die Lesemotivation von Heranwachsenden. So schätzt mehr als die Hälfte der von Bischof und Heidtmann befragten Schülerinnen und Schüler die Schullektüre nur als mäßig interessant und etwa ein Viertel als überhaupt nicht interessant ein (2002, S. 9). Zudem konnte gezeigt werden, dass die Diskrepanz zwischen den eigenen Leseinteressen und dem schulischen Lesestoff bei den Gymnasiasten am größten ist.

5.3.5.2 Verhäuslichung und Vereinzelung? – Spielräume und Spielgefährten heute

Könnte durch die bisher beschriebenen Freizeitaktivitäten von Kindern in Deutschland der Eindruck entstanden sein, dass mit der gewachsenen Bedeutung vor allem der Medien auch ein Trend zur Vereinzelung von Kindern einhergeht, so soll dies im Folgenden näher betrachtet werden. Sind Kinder heute, etwa aufgrund einer kinderfeindlichen Stadtentwicklung oder eben der vielfältigen Medieneinflüsse, zu Einzelgängern geworden oder hat sich am Umgang mit Gleichaltrigen eigentlich nichts Wesentliches geändert?

Wie bereits aufgezeigt wurde, haben für Kinder heute gesellige und kommunikative Tätigkeiten wie das Treffen von Freunden einen zentralen Stellenwert. Dies weist bereits darauf hin, dass der Wunsch der Kinder nach sozialen Kontakten mit Gleichaltrigen deutlich ausgeprägt ist. Und so wird auch die informelle, nicht organisierte Freizeit vornehmlich mit Gleichaltrigen verbracht. Jedoch haben sich die Formen der Gleichaltrigenkontakte verändert. Nachbarschaftliche Spielgruppen, die sich spontan zusammenfinden und aus mehreren Kindern bestehen, wie sie noch im Muster der Straßenkindheit charakteristisch waren, sind heute vor allem in den Städten eher selten geworden.

Der Kinderalltag spielte sich in der Nachkriegszeit überwiegend auf der Straße bzw. in der näheren Wohnumgebung ab. Außer den Schulen gab es für die Kinder kaum abgegrenzte Räume, wie Spielplätze, Kinderzimmer oder auch Kindergärten. Das Wohnumfeld war der ausschließliche Ort der Freizeitgestaltung. Heute lässt sich infolge dichterer Verkehrsnetze, der Funktionalisierung des öffentlichen Stadtraums und der vermehrten Institutionalisierung von Erziehung und Freizeit eine deutliche Veränderung des Alltagslebens von Kindern, insbesondere im städtischen Raum, erkennen. Zinnecker (1990) vertritt dabei die These, dass mit diesen veränderten äußeren Bedingungen eine Tendenz zur „Verhäuslichung" des Kinderalltags einhergeht. Das heißt, „die Lebenswelt der Kinder wird in geschützte Räume hineinverlagert; gegenüber der natürlichen Umwelt versiegelt, von den Handlungsorten anderer Altersgruppen abgegrenzt" (Zinnecker 1990, S. 142). Die ehemals in die Wohnquartiere und Stadtviertel eingebettete und nachbarschaftsbezogene Lebenswelt von Kindern löst sich also auf und zersplittert in mehrere voneinander unabhängige und auf spezielle Aktivitäten bezogene Erfahrungsräume. Solche zweckbestimmten Orte für Kinder sind nicht nur die Schule oder der Kindergarten, sondern auch Kinderfreizeiteinrichtungen, Vereine, Kunst- und Musikschulen und natürlich auch das Kinderzimmer.

Sieht man sich die empirischen Ergebnisse zur kindlichen Freizeitgestaltung an, so kann aber festgestellt werden, dass trotz der kindlichen Terminkultur und der Veränderungen der öffentlichen Räume nicht von einem Ende der Straßenkindheit gesprochen werden kann (vgl. Fuhs 1996; Nissen 1992; Wilk/Bacher 1995). Trotz dieser Diagnosen halten sich Kinder auch heute immer noch im öffentlichen Freiraum auf und nutzen Straßen, Grünflächen, Spielplätze oder Parks als Treffpunkte (Nissen 1993). So geben in der KIM-Studie von 2003 immerhin 40% der 6- bis 13-jährigen Mädchen und 47% der Jungen an, dass „draußen spielen" zu ihren liebsten Freizeitaktivitäten gehört (Feierabend/Klingler 2003, S. 7).

Abbildung 42: Sozialer Bezug der Freizeitaktivitäten von Kindern

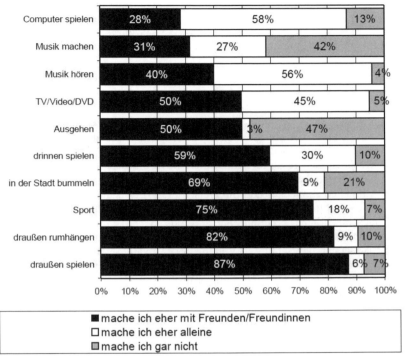

Quelle: LBS-Kinderbarometer 2005, S. 56

Die Bedeutung solcher außerhäuslichen Freiräume für die kindliche und jugendliche Freizeitgestaltung nimmt mit dem Alter der Heranwachsenden zu. So zeigt die Untersuchung von Fölling-Albers und Hopf (1995), dass das Kinderzimmer zwar laut Elternangaben der beliebteste Aufenthaltsort der Kinder im Kindergarten- und Grundschulalter ist. Jedoch wächst mit dem Schuleintritt die Vorliebe der Kinder für „Draußen-Beschäftigungen" (ebd., S. 46). Zentral ist dabei die nähere Wohnumgebung, wie Gärten, Höfe, Spielplätze oder auch die Straße. Auch Roppelt (2003) kommt für die 8- bis 10-Jährigen zu dem Schluss, dass der öffentliche Raum nicht aus dem kindlichen Raumspektrum verdrängt worden ist, sondern an zweiter Stelle nach dem familialen Raum und noch vor den Institutionsräumen rangiert (ebd., S. 211).

Gerade diese „Draußen-Aktivitäten" sind Freizeitbeschäftigungen, die selten allein, sondern mehrheitlich im Verbund mit anderen Gleichaltrigen betrieben werden. Demgegenüber werden Aktivitäten, wie Computerspielen oder Musik machen, eher allein durchgeführt, wenngleich auch hier etwa

30% der 9- bis 14-Jährigen auf ihre sozialen Kontakte zu Gleichaltrigen nicht verzichten (vgl. Abbildung 42).

Mit zunehmendem Alter gehören Gleichaltrigenbeziehungen immer mehr zur Lebensrealität von Kindern und Jugendlichen. Dabei entstehen Einzelfreundschaften und auch Freundschaftsnetzwerke, die sich sowohl als feste Cliquen oder auch als eher lockere Beziehungen gestalten können. Die Kindheitsforschung hat sich diesem Thema vor allem anhand ethnographischer Studien gewidmet, die sich mit den sozialen Interaktionen innerhalb der Gleichaltrigengruppen vor allem im Kontext von Schulklassen beschäftigen (vgl. Krappmann/Oswald 1995; Breidenstein/Kelle 1998; Wulf/Althans/ Audehm u.a. 2001). Mittlerweile liegen aber auch einige quantitativ orientierte Studien vor, die auf die hohe informelle Vernetzung auch der jüngeren Heranwachsenden verweisen und deutlich machen, dass die Gleichaltrigenkontakte über das gesamte Kindesalter hinweg einen wichtigen Sozialisationsfaktor darstellen (vgl. Schilling 2000).

So konnten Zinnecker und Silbereisen (1996) feststellen, dass fast alle der 10- bis 13-jährigen Befragten einen gleichgeschlechtlichen Freund bzw. eine gleichgeschlechtliche Freundin haben (ebd., S. 86). Die Bedeutung fester Freundschaften geht also auch durch die vielen unterschiedlichen Sozialkontakte, die Kinder in der Schule, in Vereinen oder anderen betreuten Freizeitangeboten haben, nicht verloren. Einen wirklichen Freund bzw. eine wirkliche Freundin zu haben, ist für Kinder immer noch ein wichtiger Wert. Insbesondere zu ihren besten Freundinnen und Freunden haben die Heranwachsenden dann auch sehr regelmäßig und häufig Kontakt. So gaben im LBS-Kinderbarometer über zwei Drittel der befragten 9- bis 14-Jährigen an, dass sie ihren besten Freunden oder ihre beste Freundin (fast) jeden Tag sehen und lediglich 9% sagten, dass ein solcher Kontakt seltener als einmal in der Woche zustande kommt (LBS-Kinderbarometer 2005, S. 53). Informelle Netzwerke, die durch einen Verbund mehrerer Gleichaltriger charakterisiert sind, stehen demgegenüber nicht allen Kindern zur Verfügung. So können nur jeweils ein Drittel der Jungen bzw. ein Viertel der Mädchen auf solche gleichgeschlechtlichen Gruppen zurückgreifen. Dabei zeigen sich auch deutliche Unterschiede zwischen Ost- und Westdeutschland. So sind die 10- bis 13-Jährigen in den alten Bundesländern weitaus häufiger in gleichgeschlechtliche Cliquen integriert als die ostdeutschen Kinder. Aber auch die Freizeit, die mit Gleichaltrigen des anderen Geschlechts verbracht wird, wird mit zunehmendem Alter immer wichtiger. So zeigen die Daten des Kindersurveys bereits einen Anteil an festen gegengeschlechtlichen Freundschaften, der um die 15% beträgt. Ähnliches gilt für die Mitgliedschaft von Kindern in Cliquen, die sich sowohl aus Mädchen als auch aus Jungen zusammensetzen. Insgesamt sind in dieser Altersgruppe 42% der Befragten Mitglied einer Gruppe von Freunden (ebd., vgl. Abbildung 43).

Abbildung 43: Gleich- und gegengeschlechtliche Bezugsgruppen von 10- bis 13-Jährigen nach Geschlecht und im Ost-West-Vergleich (Angaben in %)

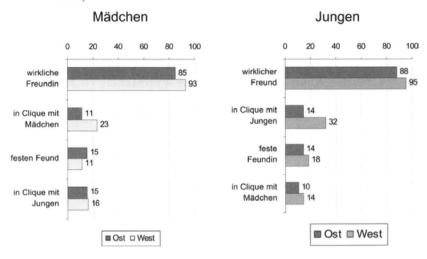

Quelle: Zinnecker/Silbereisen 1996, S. 86

Eine geringere Bedeutung von Gleichaltrigengruppen im jüngeren Kindesalter zeigt sich in denjenigen Untersuchungen, die sich mit 6- bis 10-jährigen Kindern beschäftigen (vgl. etwa Fölling-Albers/Hopf 1995; Roppelt 2003). So macht die Studie von Fölling-Albers und Hopf (1995) deutlich, dass bei Grundschulkindern die Zweiergruppe, also die dyadische Beziehung, die wichtigste Form der Gleichaltrigenbeziehung darstellt. Dies gilt vor allem für die Mädchen, die laut Aussagen der Eltern zu 51% am liebsten mit einem Kind spielen. Die Jungen tun dies nur zu 36% und spielen zu 27% am liebsten in der Gruppe, während Letzteres nur für 17,5% der Mädchen gilt (ebd., S. 79). Für die Jüngeren bildet in erster Linie das gemeinsame Spiel die Basis für Freundschaftsbeziehungen zu Gleichaltrigen. Mit zunehmendem Alter gewinnen dann aber sozio-emotionale Faktoren, wie Geborgenheit, Verlässlichkeit oder Vertrauen für die Zuweisung des Freundesstatus immer mehr an Gewicht (vgl. Salisch/ Seiffge-Krenke 1996). Peer-Beziehungen zu unterhalten bedeutet aber auch schon für die Grundschulkinder eine Erweiterung des Beziehungsnetzwerkes über die familialen Grenzen hinaus und sie bieten den Heranwachsenden Unterstützungsleistungen für den Weg in die Jugendphase.

Das Besondere an Gleichaltrigenbeziehungen ist, dass sie – im Gegensatz zur Eltern-Kind-oder auch zur Lehrer-Kind-Beziehung – auf der Gleichrangigkeit der Interaktionspartner beruhen, so dass der Umgang miteinander von symmetrischer Reziprozität geprägt ist (vgl. Younnis 1982). Zwar exi-

173

stieren Statusunterschiede auch innerhalb von Gleichaltrigengruppen, jedoch sind diese Hierarchien weniger statisch und beruhen stärker auf Aushandlungsprozessen. Diese Spezifik der Peer-Beziehungen bildet gleichzeitig einen Rahmen, der Bildungsprozesse auf eine gänzlich andere Interaktionsgrundlage stellt als dies innerhalb der Familie und insbesondere auch im schulischen Unterricht der Fall ist.

Die bisherige Kindheitsforschung betont in erster Linie die entwicklungsstimulierende Kraft der Auseinandersetzungen unter Gleichaltrigen. Gerade der Austausch zwischen gleichrangigen Partnern, so Youniss (1994), ermöglicht die Ausbildung der Fähigkeit zur reziproken Perspektivenübernahme. Damit bietet die Sozialwelt der Gleichaltrigen aufgrund ihrer Anerkennungsstruktur Potenziale, die die Moralentwicklung der Heranwachsenden beeinflussen (Krappmann 2001). So konnte in verschiedenen Studien festgestellt werden, dass Kinder im Umgang mit anderen Gleichaltrigen Regeln nicht nur passiv übernehmen, sondern diese miteinander aushandeln. In diesem Prozess der co-construction (Youniss 1994) müssen die Heranwachsenden ihre eigenen Bedürfnisse und Ansichten hinterfragen, die Perspektive der anderen einnehmen, daraus Argumente entwickeln und austauschen und sich schließlich gemeinsam auf bestimmte Regeln und Wertmaßstäbe einigen. In diesem Sinne muss jedoch die Qualität der Beziehungen Berücksichtigung finden. Insbesondere lässt sich ein förderlicher Einfluss auf die soziale und moralische Entwicklung bei engen Freundschaften zwischen Kindern bestätigen (Krappmann/Oswald 1995, S. 103f.; Keller 2001, S. 127ff.). Dabei wandelt sich das Konzept, das Kinder von Freundschaft haben, mit zunehmendem Alter von einer zunächst momentbezogenen und auf äußerliche Merkmale ausgerichteten Beziehung hin zu einer Beziehung des intimen gegenseitigen Austauschs (vgl. Salisch/Seiffge-Krenke 1996).

Das Eingehen von Beziehungen mit Gleichaltrigen erfordert und befördert jedoch auch die sozialen Fähigkeiten der Heranwachsenden in einer weiteren Hinsicht. Peer-Beziehungen im Kindesalter bilden einen spezifischen Erfahrungsraum, in dem über Austausch- und Aushandlungsprozesse ein Lernen darüber stattfindet, wie soziale Netzwerke aufgebaut, gefördert und aufrechterhalten werden können (Grundmann/Groh-Samberg/Bittlingmayer/ Bauer 2003, S. 28). Gleichaltrigenbeziehungen erfordern aufgrund ihrer Freiwilligkeit und Gleichberechtigung ein hohes Maß an Kooperations-, Verhandlungs- und Kritikfähigkeit; dies vor allem deswegen, weil sie anders als die Einbindung in die Familie nicht auf Dauer gestellt sind, sondern jederzeit beendet werden können. Eine solche „Netzwerkkompetenz" kann also nur innerhalb der Peer-group und nicht in der Beziehung zu Eltern oder Lehrern erworben werden (vgl. auch Hurrelmann 2004). Gleichwohl werden bereits in der familialen Sozialisation die Grundsteine für die Ausbildung sozialer Kompetenzen sowie für die Fähigkeit zur Beziehungsaufnahme gelegt (vgl. Krappmann/Oswald 1990).

Jedoch stehen dieses Lernfeld und damit auch die Erfahrung sozialer Anerkennung, die mit der Integration in Freundschaftsnetzwerke verbunden ist, nicht allen Kindern und Jugendlichen offen. So konnte Roppelt in ihrer Untersuchung 8- bis 10-jähriger Kinder feststellen, dass ca. 19% der 130 befragten Kinder Probleme mit der sozialen Kontaktaufnahme haben und sich sozial isoliert fühlen (Roppelt 2003, S. 411f.). Gleichaltrigenbeziehungen sind also nicht nur Orte der sozialen Anerkennung, sondern stellen auch eine Herausforderung für Kinder dar, die durchaus in Kritik und Zurückweisung münden kann. Diese erfahrene Ablehnung durch andere erhöht zwar die „Enttäuschfestigkeit und (das) Widerstandspotenzial in zwischenmenschlichen Interaktionen" (Hurrelmann 2004, S. 128), jedoch kann dies auch zu problematischen Situationen führen. So definieren sich kontinuierlich von Diskriminierungen durch Gleichaltrige betroffene Kinder häufig selbst als Außenseiter und neigen zu sozialer Resignation, die ihnen auf Dauer wichtige soziale Kompetenzen in Bezug auf den Aufbau und die Aufrechterhaltung sozialer Netzwerke verwehrt (Roppelt 2003, S. 303).

Als soziale Anerkennungsbeziehungen spiegeln Gleichaltrigenkontakte dann nämlich auch die soziale Relevanz des eigenen Handelns und wirken darüber auf die Entwicklung des Selbstbildes der Kinder (Valtin/Fatke 1997). Verbunden ist dies mit Erfahrungen der Selbstwirksamkeit, verstanden als „die subjektive Überzeugung, schwierige Aufgaben oder Lebensprobleme auf Grund eigener Kompetenz bewältigen zu können" (Schwarzer 1998, S. 159). Sich selbst als etwas wert, als bedeutsam und wichtig zu betrachten, hängt sehr stark von solchen Selbstwirksamkeitsüberzeugungen ab (vgl. Rinker/Schwarz 1996). Kinder, deren Versuche der sozialen Integration misslingen oder die in sozialen Situationen eine eher passive Haltung zeigen, sich an anderen orientieren, ohne selbst mitzubestimmen, verfügen vermutlich über ein geringer ausgeprägtes Selbstwertgefühl im sozialen Bereich als andere. In der Studie von Roppelt (2003) tendierten immerhin ca. 40% der untersuchten Kinder zur Unsicherheit was ihre Selbstbewertung betrifft. Sie haben Zweifel gegenüber der eigenen sozialen Position, betrachten sich als wenig beliebt bei anderen Kindern und haben Sorgen, den Maßstäben der anderen nicht zu entsprechen (ebd., S. 422). In diesem Sinne haben Peer-Beziehungen einen hohen Einfluss auf das Wohlbefinden und das Selbstbild der Heranwachsenden (vgl. LBS-Kinderbarometer 2005), so dass intakte Netzwerkbeziehungen auch die Schulfreude und die aktive und vielfältige Freizeitgestaltung von Kindern und Jugendlichen determinieren (vgl. Büchner 1998).

Kontakte zu Gleichaltrigen kommen heute jedoch immer weniger spontan zustande, sondern müssen von den Kindern geplant und arrangiert werden. Kinder sind heute weitaus mehr dazu gezwungen, in Eigeninitiative soziale Beziehungen herzustellen, um der sozialen Isolation zu entgehen. So verlangen Peer-Beziehungen auch eine enorme Kompetenz zur Selbstorganisation, die eine eigenständige Verabredungspraxis sowie eine Koordination mit anderen Freizeitaktivitäten erfordert. Zeit- und Terminmanagement sowie das Setzen eigener Prioritäten sind Fähigkeiten, die in diesem Zusammenhang entwickelt werden müssen (vgl. Bois-Reymond/Büchner/Krüger u.a. 1994; Zeiher/Zeiher 1994; Preuss-Lausitz 1999).

Gleichaltrige haben, so konnte es in einer Untersuchung des DJI (Furtner-Kallmüntzer u.a. 2002) bestätigt werden, einen großen Einfluss auf die Ausbildung von inhaltlichen Interessen in der mittleren Kindheit, der den der Familie und v.a. den der Schule deutlich übersteigt. Anregung für die wichtigste Beschäftigung der befragten 10- bis 14-jährigen Kinder gaben in erster Linie die Peers, nur 8% der Kinder gaben an, durch Lehrer dazu motiviert worden zu sein (Lipski 2002, S. 122f.). Interessen im Kindesalter bilden sich also primär im Erfahrungsaustausch der Gleichaltrigen heraus und werden mehrheitlich auch gemeinsam mit anderen ausgeübt.

Gemeinsames, informelles Lernen in der Freizeit der Gleichaltrigen findet dabei auf der Grundlage symmetrischer Beziehungen statt. Ebenso wie bei der Entwicklung des moralischen Urteils durch gemeinsames Aushandeln von Regeln und Wertmaßstäben, bietet eine solche Beziehungsform einen anderen Rahmen für Lernprozesse als dies in asymmetrischen Beziehungen der Fall ist. So konnte Krappmann (2001) feststellen, dass Kinder bei manchen kognitiven Aufgaben zu besseren Lösungen kommen und ihre Leistungsfähigkeit nachhaltig steigern können, wenn ihnen ein anderes Kind und nicht ein Erwachsener widerspricht. Das gemeinsame Aushandeln von Lösungswegen und Verfahrensweisen wirkt sich dann positiv auf das Verstehen von Zusammenhängen und die Wissensaneignung aus, da diese auf begründeten Einsichten beruhen.

Insbesondere ausländische Kinder betonten zudem in der Untersuchung von Roppelt, dass die Peer-group ihnen auch bessere Möglichkeiten als die Familie bietet, ihre Sprachkenntnisse zu erproben und zu vertiefen. So berichtet ein neunjähriger Junge im Interview: „Wenn ich zuhause bin, kann ich mit überhaupt keinem deutsch reden und dann vergesse ich das Deutsche immer wieder. Wenn ich mit den Kindern rede, das sind ja Deutsche, kann ich schneller deutsch lernen..." (Roppelt 2003, S. 302).

Insgesamt lässt sich feststellen, dass Gleichaltrige heute in breitem Maße Orientierungsfunktionen übernehmen und für die Sozialisation von Heranwachsenden von zentraler Bedeutung sind. Verwehrte Zugänge zu diesen informellen Peer-Netzwerken haben nicht nur soziale Isolation zur Folge, sondern verhindern auch die Ausbildung der damit verbundenen spezifischen Kompetenzen. Kinder, die aus der Gemeinschaft der Gleichaltrigen ausgeschlossen sind, haben häufig Defizite im Bereich der gemeinsamen Konfliktlösungs- und Aushandlungsstrategien oder auch auf dem Gebiet der Planungs- und Organisationskompetenzen (vgl. Chassé/Zander/Rasch 2003). Vor allem Kinder aus Familien, die von materieller Armut betroffen sind, haben es oft schwer, Gleichaltrigenkontakte aufzubauen. Ökonomisch deprivierte Kinder gehören dann auch, so die Daten des Gesundheitssurveys (Klocke 1996), deutlich seltener einer Clique an (48% zu 61%) als andere und geben auch dann, wenn sie sich einer Peer-group zugehörig fühlen, in geringerem Maße eine hohe Einbindung in diese an (29% zu 46%). Insbesondere die mit der finanziellen Lage verbundene, häufig beengte Wohnsituation ist ein Faktor, der die kindlichen Sozialkontakte beeinflusst (vgl. Walper 1999), indem nur eingeschränkte Möglichkeiten zur Verfügung stehen, andere Kinder einzuladen und eine attraktive Ausstattung mit Objekten der Kinderkultur zu bieten. Gerade Stigmatisierungsprozesse im Zusammenhang mit dem Nicht-Vorhandensein von kinder- und jugendkulturellen Symbolen, die in Form von Markenkleidung, Fanartikeln oder Kommunikationsmedien sehr stark von der Konsumfähigkeit abhängen, können als Ursache defizitärer Gleichaltrigenkontakte betrachtet werden. Kinder, die dabei nicht mithalten können, sind dann schnell nicht mehr „anschlussfähig" an die individualisierte Kinderkulturszene (Büchner 1998, S. 270). Jedoch ist dieser Bereich des kindlichen Sozialverhaltens bislang noch zu wenig erforscht, um gesicherte Aussagen treffen zu können. Insbesondere fehlen Studien, die auch die Perspektive der nicht von Armut betroffenen Kinder auf dieses Phänomen mit einbeziehen (vgl. auch Walper 1999). Fest steht jedoch, dass Kinder in der Gestaltung ihres Alltagslebens und ihrer Sozialkontakte in starkem Maße auf familiale Ressourcen angewiesen sind. Dies gilt nicht nur in materieller Hinsicht, sondern auch soziale und kulturelle Ressourcen der Familie sind ausschlaggebend für den Lern- und Erfahrungsspielraum der Kinder und damit für deren Zugänge zur Kinderkultur. Die Familie fungiert dabei als Ermöglichungs- und Vermittlungsinstanz, die nicht nur die Zugänge zur dinglichen, sondern auch zur sozialen Welt herstellt und die kindlichen Aneignungsweisen formt (vgl. Chassé/Zander/Rasch 2003, S. 145). Mit zunehmendem Alter erlangen jedoch auch Kinder aus benachteiligten Familien größere Handlungsspielräume in der Eigengestaltung ihrer Freizeit und werden unabhängiger von den familialen Schranken. Gleichaltrigenkontakte können dann auch eine kompensatorische Funktion gegenüber der Familiensozialisation einnehmen und den Erwerb spezifischer Kompetenzen erst ermöglichen. So konnten Chassé u.a. (2003) in ihrer qualitativen Untersuchung 7- bis 10-jähriger Kinder und ihrer Eltern, die von Armut betroffen waren, feststellen, dass Kinder mit vielgestaltigen Gleichaltrigenkontakten und Ressourcen in der außerschulischen Anregung und Förderung weitaus weniger schulische Probleme und mehr Spaß am Lernen hatten als Kinder, die kaum über soziale Kontakte verfügen (ebd., S. 320).

Noch problematischer stellt sich die soziale Einbindung der Kinder von Aussiedlern, Asylsuchenden oder von Flüchtlingskindern dar. Die häufige Unterbringung in Hotels, defizitär ausgestatteten Wohnungen oder Sammelunterkünften, die überwiegend in sozialen Brennpunkten gelegen sind, wirkt überaus einschränkend auf die kindlichen Sozialkontakte. Platzmangel, fehlendes Spielzeug und eine anregungsarme Wohnumgebung sind Faktoren, die den Kindern Kontakte zu Gleichaltrigen häufig verwehren (vgl. Dietz 1999; Holzapfel 1999). Hinzu kommen in vielen Familien geschlechtsspezifische Restriktionen seitens der Eltern, die es insbesondere muslimischen oder hinduistischen Mädchen schwer machen, Kontakte mit anderen Kindern zu knüpfen (Holzapfel 1999, S. 95). Ebenso erweist sich das Alter der Kinder, mit dem sie nach Deutschland kommen, häufig als problematisch für das Knüpfen von Gleichaltrigenkontakten. Dies trifft insbesondere für diejenigen Kinder zu, die das Schuleintrittsalter bereits überschritten haben und aufgrund der mangelnden Deutschkenntnisse oft in untere Klassenstufen eingeschult werden (ebd.).

5.4.   Kinderbiographien – Zur Statuspassage Kindheit-Jugend

5.4.1 Kinderbiographien in Ostdeutschland und im deutsch-deutschen Vergleich

Welche unterschiedlichen Formen, die Statuspassage Kindheit – Jugend im Lebenslauf zu passieren, lassen sich bei Kindern finden? Wie gestalten die Heranwachsenden diesen Weg von der Kindheits- in die Jugendphase? Welche Bedeutung haben dabei die Familie, die Gleichaltrigen oder die Schule? Gibt es bestimmte Ereignisse oder Bedingungen, die zu einem beschleunigten Übergang in die Jugendphase beitragen? Und: gibt es dabei Unterschiede zwischen ost- und westdeutschen Heranwachsenden?

Dies alles sind Fragen, die sich zu Beginn der 1990er-Jahre das Forschungsprojekt „Kindheit in Ostdeutschland" stellte (vgl. Krüger/Ecarius/ Grunert 1994). Dieses wiederum war Teil eines größeren, interkulturell orientierten Projektes, das sich mit dem Wandel von kindlichen Normalbiographien, Kinderkultur und familialen Generationenbeziehungen in Ostdeutschland, Westdeutschland und den Niederlanden beschäftigt (vgl. dazu ausführlich du Bois-Reymond/Büchner/Krüger u.a. 1994).

In der ostdeutschen Untersuchung stand die Analyse von Kinderbiographien bzw. der Statuspassage Kindheit-Jugend im Mittelpunkt. Den Ausgangspunkt für diese Untersuchung bildet die Annahme, dass heutige Kindheit von gesellschaftlichen Modernisierungsprozessen sowie von Pluralisierungs- und Individualisierungstendenzen betroffen ist. Diese wirken sich auf die einzelnen Biographieverläufe, soziokulturell bedingt, sehr unterschiedlich aus, so dass sich gegenwärtig sehr verschiedene Formen modernen Kinderlebens auffinden lassen müssten. Gerade in Ostdeutschland haben sich die Lebensbedingungen (nicht nur) von Kindern aufgrund der politischen Wende in der DDR und der deutsch-deutschen Vereinigung, durch die ein fast schlagartiger Modernisierungsschub sowohl auf ökonomischem als auch auf kulturellem Gebiet eingesetzt hat, gravierend verändert.

Ausgehend von diesen Überlegungen bezieht sich die Untersuchung zum einen auf gesellschaftstheoretische Diagnosen zu den Auswirkungen einer reflexiven Modernisierung (vgl. Beck 1986), zum anderen orientiert sie sich an biographie- und lebenslauftheoretischen Diskussionen um eine Individualisierung und Biographisierung des Lebenslaufs (vgl. Fuchs-Heinritz/Krüger 1991; Huinink/Grundmann 1993). In Anlehnung an diese Argumentationen sind auch Thesen darüber formuliert worden, wie sich diese Entwicklungstendenzen auf die Lebensphase Kindheit und die Statuspassage Kindheit-Jugend auswirken. Kinder sind heute aus verschiedenen Gründen einerseits frühzeitiger dazu gezwungen, sich an der Gestaltung ihres eigenen Lebenslaufs zu beteiligen und ihren Werdegang mitzubestimmen. Andererseits erlernen sie schon früh die Fähigkeit, über sich selbst und ihr zukünftiges Leben zu reflektieren (vgl. Zinnecker 1990). Fuchs (1983) spricht dabei von einer frühen Biographisierung des Lebenslaufs. Hierunter wird zum einen die Fähigkeit verstanden, sich selbst und sein zukünftiges Leben bereits in frühem Alter zum Gegenstand biographischer Reflexion zu machen. Zum anderen umfasst dies Prozesse einer frühen individuierten Verselbständigung, das heißt Kinder sind heute dazu angehalten, sich früh in die Gestaltung ihres eigenen Lebenslaufs einzuschalten und biographische Weichenstellungen vorzunehmen. (vgl. Fuchs 1983; Zinnecker 1990). Aus dieser Perspektive wird die These vertreten, dass sich der Statusübergang von der Kindheit in die Jugend heute beschleunigt hat, biographische Fixpunkte sich verschoben haben und in einem früheren Alter erreicht werden (vgl. Büchner 1990; Qvortrup 1993; Zinnecker 1990).

Ursachen für eine frühere Verselbständigung von Kindern sowie für eine zeitliche Vorverlagerung biographischer Fixpunkte werden dabei in folgenden Entwicklungstendenzen gesehen:

- der Trend zur Informalisierung der familialen Generationsbeziehungen, der dazu führt, dass Kinder zunehmend früher eigene Entscheidungen treffen und verantworten müssen,
- die frühe Partizipation an Angeboten der Freizeit- und Konsumindustrie, die zu einer frühzeitigen Entwicklung eines eigenen Medien- und Konsumverhaltens führt,
- der Zwang, in immer früherem Alter schullaufbahnbezogene Entscheidungen zu treffen,
- die veränderten raum-zeitlichen Ordnungsprinzipien des Kinderalltags, die sich in einer „Verinselung" des kindlichen Lebensraumes (vgl. Zeiher/Zeiher 1994) sowie in dem Zwang niederschlagen, die Freizeit mit einem „Terminkalender" zu planen, wodurch Kinder aus festen sozialen Einbindungen freigesetzt werden und selbständig soziale Kontakte aufbauen müssen (vgl. Büchner 1990; Rolff/Zimmermann 1997).

Diese Diagnosen heutigen Kinderlebens stammten ausschließlich aus der westdeutschen Theoriediskussion. Da sich das Projekt jedoch mit Kindern in Ostdeutschland beschäftigte, stellte sich zusätzlich die Frage, ob diese Biographien, aufgrund der unterschiedlichen Ausgangsvoraussetzungen, spezifische Merkmale aufweisen. Die Lebenswege von Kindern in der DDR waren weitaus stärker institutionalisiert und standardisiert (vgl. Kirchhöfer 1993). Die Bildungs- und Erziehungsinstitutionen, wie Kinderkrippe, Kindergarten und die Polytechnische Oberschule, wurden von den meisten Kindern einheitlich und zeitgleich durchlaufen. Frühe schullaufbahnbezogene Entscheidungen mussten damit nicht getroffen werden. Da sich das Freizeitleben der Kinder überwiegend auf der Straße und im näheren Wohnumfeld abspielte, gab es in der DDR das Muster einer „verinselten" Kindheit nicht. Im Gegensatz zum öffentlichen Leben setzte jedoch innerhalb der Familie seit den 1970er-Jahren eine Liberalisierung der familialen Generationsbeziehungen ein. Zudem fand auch seit Beginn der 1980er-Jahre, durch Internationalisierungstendenzen im Freizeit-, Medien- und Konsumbereich und den Einfluss der westdeutschen Medien, eine alltagskulturelle Modernisierung an den Rändern öffentlicher Räume und in der Privatheit statt. Dadurch hatten die Kinder in der DDR bereits ähnliche Orientierungen im Medien- und Konsumbereich wie in Westdeutschland.

Aus diesen Überlegungen heraus ergibt sich die Frage, ob sich die genannten, insbesondere für Westdeutschland beschriebenen Entwicklungstendenzen, die zu einer frühen Biographisierung des Lebenslaufes führen, auch in ostdeutschen Kinderbiographien niederschlagen und welche Muster kindlicher Biographieverläufe sich hier auffinden lassen. Um diese Fragen beantworten zu können wurden 1991 und 1992 biographisch-narrative Interviews mit je 30 zwölfjährigen Kindern in den Regionen Sachsen-Anhalt und Marburg sowie im holländischen Leiden durchgeführt und anhand des Verfahrens der Prozessstrukturanalyse (vgl. Schütze 1983) ausgewertet. Zudem wurden mit diesen Kindern und deren Eltern auch gespiegelte Leitfadeninterviews zum Freizeit- und Familienleben sowie zur schulischen Situation der Kinder erhoben.

Im Folgenden soll eine Kinderbiographie aus diesem Projekt vorgestellt und anhand der in der Forschungsarbeit entstandenen Typologie von biographischen Bewegungsformen in die Jugendphase diskutiert werden. Dabei werden ausgehend von den ostdeutschen Fällen auch die Gemeinsamkeiten und Unterschiede zu Kinderbiographien in Westdeutschland diskutiert.

180

5.4.1.1 "...irgendwann werd' ich dann aufhören mit der Szene und so, sowas, das kann man ja nicht das ganze Leben durchmachen irgendwie..." – Der Fall Krümel

Biographische Rahmendaten

Krümel wurde im Dezember 1978 geboren. Das Interview mit ihm fand im November 1991 statt. Krümel wohnt, nach einem Umzug als er zehn Jahre alt war, mit seinen Eltern in einer großen Wohnung in der Altstadt von H. Seit dem Auszug seiner damals 16jährigen (Halb-) Schwester hat er hier auch ein eigenes Zimmer. Krümels Vater ist zum Zeitpunkt des Interviews 39 Jahre alt. Er hat nach dem Abitur Krankenpfleger gelernt und fährt im Schichtdienst einen Krankenwagen für den Arbeitersamariterbund. Die Mutter ist zum Zeitpunkt des Interviews 42 Jahre alt und hat nach dem Abschluss der Polytechnischen Oberschule den Beruf der Friseuse gelernt. Sie ist damals arbeitslos.

Krümels Eltern kommen beide aus der linken alternativen Szene. Schon vor der Wende waren sie an Hausbesetzungen beteiligt. An den Montagsdemonstrationen im Kontext der Wende waren die Eltern ebenso wie Krümel aktiv beteiligt. Krümel besuchte den Kindergarten und danach die Allgemeinbildende Polytechnische Oberschule. Nach der Wende wurde er Schüler einer Sekundarschule. Zum Zeitpunkt des Gesprächs musste Krümel die sechste Klasse noch einmal wiederholen, da er zu oft im Unterricht gefehlt hatte.

Die lebensgeschichtliche Erzählung

In Krümels Lebensgeschichte spielen Institutionen keine große Rolle. Wichtiger sind ihm die Ereignisse in seinem Leben, die außerhalb von Schule oder Kindergarten ablaufen.

Eine zentrale Bedeutung für Krümels Biographie hat der Umzug als er zehn Jahre alt war. Mit dieser räumlichen Veränderung wandelt sich auch sein Leben, das bis dahin sehr behütet und idyllisch verlief. „...ich fand's da eigentlich ziemlich äh viel besser als jetzt hier, da hatten wir 'n Garten und so durft mer noch 'ne Katze haben und so, was jetzt alles hier nicht mehr geht...“. Durch diesen Umzug erlebt Krümel einen Verlust an Heimat und Geborgenheit und sucht dies nun in einer Jugendsubkultur. „...tja und dann sind wir eben hierher umgezogen und da fing das dann irgendwann alles so an...". Mit ca. elf Jahren wird Krümel in Orientierung an seinem Freund Johannes zum Punk und lebt diesen Stil sehr exzessiv aus. Damit setzen Krümels erste Schritte der Verselbständigung schon in einem sehr frühen Alter ein und gestalten sich eher altersirrelevant. Mit seinem Eintritt in die Punk-Szene beginnt für Krümel etwas völlig Neues, was verbunden ist mit Unsicherheit, mit der Suche nach neuer Emotionalität und Geborgenheit und natürlich auch mit der Suche nach Identität. Der Umzug bedeutet in Krümels Leben also auch den Abschied von der Kindheit.

Kurz nachdem er sich die Haare zum ersten Mal im Punk-Stil geschnitten hat, haut Krümel mit ein paar Freunden nach Berlin ab. Dabei hat Krümel ein genaues Ziel vor Augen und gibt auch einen Grund für diesen Entschluss an, der eher an einen Erwachsenen erinnert als an ein elfjähriges Kind: „...Berlin-Kreuzberg, weil ich mir das echt mal angucken wollte...".

In Berlin bleibt er circa vier Wochen. Gleich am Beginn seines Trips hat er den ersten Kontakt mit Skinheads, vor denen er auch flüchten muss: „...sind wir angekommen...erstmal wieder gerannt vor „Glatzen"...". Die Flucht ist generell ein zentrales Thema in Krümels spannender und sehr detaillierter Schilderung seiner Abenteuer. Nicht nur vor den „Glatzen", sondern auch vor der Polizei muss er immer wieder mit seinen Freunden fliehen. Damit ist für Krümel auch eine ständige Suche nach einer Unterkunft verbunden, die er immer wieder erfolgreich bewältigt. In Potsdam, wohin sie vor der Polizei geflohen sind, haben sie „...in der Besetzerstraße, in der Gutenbergstraße..." sogar eine eigene Wohnung in einem besetzten Haus. Das Überleben während seines Trips fällt Krümel nicht sehr schwer. Er weiß, dass er in die Szene eingebunden ist und sich auf die Solidarität untereinander verlassen kann. Auch hilft er z.B. beim Bühnenaufbau für ein Open-Air-Konzert mit und kann dafür kostenlos trinken und essen oder er geht mit seinen Freunden „schnorren". Damit bringt er seine Unabhängigkeit und seine große Selbständigkeit direkt zum Ausdruck, was sich aber indirekt in seiner gesamten Erzählung zeigt.

Die letzten zwei Wochen seines Berlin-Trips verbringt Krümel bei zwei Mädchen in einer Wagenburg, bis seine Mutter dort auftaucht und ihn mit nach Hause nimmt. Kurz darauf haut Krümel, aufgrund einer Strafversetzung in der Schule und dem Stress in seiner Familie, erneut nach Berlin ab. Er lässt damit alle Unannehmlichkeiten hinter sich und weiß, dass er in Berlin sicher ist, eine Unterkunft bekommt und Freunde hat. Jetzt hat Krümel hier sogar seinen eigenen Wagen in einer Wagenburg und muss diesmal auch vor niemandem flüchten. Aber auch dieser Aufenthaltsort wird von der Mutter „aufgespürt" und sie nimmt ihn, nachdem Krümel zwei Wochen lang in Berlin war, wieder mit zurück.

Nach diesem zweiten Ausreißen kommt es zwischen Krümels Eltern zu einem Streit, der sicher in unterschiedlichen Erziehungsauffassungen begründet liegt. Krümel und seine Mutter ziehen daraufhin vorübergehend zu seiner Schwester. Krümel wird dann aber alles, die Konflikte in seiner Familie und die Notunterkunft bei seiner Schwester, zu viel, und er haut wieder ab: „...und das hat mir alles irgendwie gereicht, da bin ich wieder weg...". Diesen, bis zum Zeitpunkt des Interviews, letzten Trip beschreibt Krümel nicht näher und er kommt scheinbar von allein wieder zurück.

Für Krümels Ausbruchsversuch gab es mehrere Gründe. Zum einen hatte Krümel damals große Schwierigkeiten in der Schule: „...da ging gar nichts mehr, da hab ich dann nur noch Stress gehabt so, weil keine Hausaufgaben gemacht und so ... und irgendwann ham se mich dann einmal strafversetzt in ... so 'ne Stinoklasse und ich war ja nun halt so'n bisschen anders drauf und so und das hat mir überhaupt nich gepasst und da hab ich dann erst recht nichts mehr gemacht, bin nich mehr hingegangen ...". Für Krümel war es scheinbar unmöglich, sein Punk-Dasein mit dem Schüler-Dasein in Einklang zu bringen, so dass seine schulischen Leistungen immer mehr nachließen. Bei ihm steht das subkulturelle Leben im Mittelpunkt, so dass die Schule zur Nebensache wird. Mit Blick auf die Strafversetzung ist auch zu vermuten, dass ihm in der Schule, insbesondere durch die Lehrerinnen und Lehrer kein großes Verständnis entgegengebracht wird. Krümel wird kurz nach der Wende, 1990, zum Punk und gerade für Lehrerinnen und Lehrer in den neuen Bundesländern stellten solche subkulturell orientierten Kinder ein ganz neues Phänomen dar. Natürlich gab es auch in der DDR Jugendliche, die sich an unterschiedlichen subkulturellen Stilen orientierten, aber ein Punk in Krümels Alter war damals sicher eine große Seltenheit. Dadurch waren die LehrerInnen völlig neu mit dem Phänomen der Subkulturen konfrontiert und hatten wenig oder keine Erfahrungen im Umgang damit.

Zum anderen war auch die Situation innerhalb der Familie, die sich seit dem Umzug in die neue Wohnung zunehmend verschlechterte, ein Auslöser für Krümels Abhauen. Diese Art der Problemlösung durch Weglaufen bekommt Krümel in seiner Familie vorgelebt. So ist die schlechte Familiensituation auch die Ursache für den Auszug von Krümels damals 16-jähriger (Halb-) Schwester, worüber Krümel sehr enttäuscht ist. Auch seine Mutter geht Meinungsverschiedenheiten mit dem Vater durch einen Ortswechsel aus dem Weg, indem sie zusammen mit Krümel vorübergehend in die Wohnung der Schwester zieht.

Krümels Abhauen von zu Hause ist aber weniger eine Verzweiflungstat, sondern eher ein Mittel der Identitätsfindung vor dem Hintergrund von Schule und Familie. Deutlich wird dies zum einen im Punk-Sein selbst und zum anderen in Krümels Abenteuern. Durch seine Aufenthalte in Berlin ist er schon sehr früh dazu gezwungen, selbständig zu werden. Er muss ganz allein, das heißt ohne seine Eltern, in Berlin zurechtkommen und überleben. Dies bewältigt Krümel und er hat am Ende sogar seinen eigenen Wagen in einer Wagenburg, einen Raum also, der nur ihm gehört und in dem er er selbst sein kann.

Diese erzwungene Selbständigkeit ist ein entscheidender Grund für Krümels fast sprunghaften Übergang vom Kind zum Jugendlichen, der für seine Biographie charakteristisch ist. Krümels Ausbruchsversuch ist aber andererseits auch eine Suche nach Emotionalität und Geborgenheit. Diese Dinge, die ihm durch den Umzug verlorengegangen sind, kann ihm die Punk-Szene jedoch nicht bieten. Krümel erfährt hier zwar einen großen Zusammenhalt und Solidarität untereinander, er findet aber in dieser Jugendkultur keine Ersatzgruppe für seine Familie. Deshalb kehrt er von seinem dritten Berlin-Trip auch von allein wieder nach Hause zurück. Gemeinsam mit den Eltern werden bestimmte Regeln ausgehandelt, die es Krümel ermöglichen, sein Leben relativ selbständig einzurichten und gleichzeitig die Geborgenheit in der Familie zu finden, die er noch braucht. Krümel ist nun wieder in seine Familie integriert, jedoch nimmt seine schulische Laufbahn eine negative Entwicklung. So muss er die sechste Klasse wiederholen, da er durch seine Berlin-Aufenthalte zu oft im Unterricht gefehlt hat.

5.4.1.2 Krümel – ein typisch ostdeutscher Fall?

Inwieweit der hier vorgestellte Fall spezifisch für einen ostdeutschen jugendlichen Biographieverlauf ist, lässt sich nur schwer abschätzen. Oberflächlich betrachtet lassen sich kaum derartige Merkmale erkennen. Zumindest in seiner äußeren Gestalt könnte man einen ähnlichen Fall auch in Westdeutschland finden. Dennoch bestehen für diesen Biographieverlauf gänzlich andere Rahmenbedingungen und Ausgangsvoraussetzungen. Der gesellschaftliche Umbruch in der DDR scheint hier geradezu als Beschleuniger für den Übergang in die Jugendphase zu wirken. Unter modernisierungstheoretischen Gesichtspunkten ging mit diesem Ereignis eine Freisetzung aus historisch vorgegebenen Sozialformen und Bindungen einher, an deren Stelle eine Vielfalt zum Teil neuer, aber auch vorher bereits eher „inoffiziell" gelebter, Lebensformen und Lebensstile traten. Daraus ergab sich einerseits eine größere Freiheit, seinen eigenen Weg zu wählen und diesen auch weitgehend ohne staatliche Repressionen gehen zu können. Zum anderen bestand jedoch durch den Wegfall alter Verbindlichkeiten der Zwang, sich neu zu orientieren und der Pluralisierung und Ausdifferenzierung von Lebensstilen zu begegnen, ohne auf traditionelle Sicherheiten und leitende Normen zurückgreifen zu können, und ohne dass diese, wie in Westdeutschland, in einem allmählich voranschreitenden Modernisierungsprozess schrittweise entstanden wären. Der abrupt einsetzende Modernisierungsschub in den neuen Bundesländern bringt somit eine Vielzahl an unterschiedlichen Gestaltungsmöglichkeiten für das eigene Leben mit sich, birgt aber auch, durch die plötzliche Konfrontation mit dem Neuen, eine Reihe von Gefahren in sich, da die Veränderungen gleichzeitig etwas relativ Unbekanntes und in ihrer Wirkung schwer Abzuschätzendes darstellen (vgl. Beck/Beck-Gernsheim 1994). So brachen mit dem gesellschaftlichen Umbruch in der DDR alte Sicherheiten weg, was für die Heranwachsenden eine Suche nach neuen Orientierungen erforderlich machte.

In unserem Fall sind es zudem die familialen Schwierigkeiten, die einen Verlust an Orientierung und Zugehörigkeitsgefühlen bedingen. Für Krümel wird diese Suche nach Zuortbarkeit und Identität zunächst durch den Übergang in die Jugendsubkultur der Punks gelöst. Eine Gruppenzugehörigkeit, die eine neue Orientierung ermöglicht und eine neue Selbstdefinition zulässt. Gleichzeitig ist dies aber auch eine Jugendkultur, die im Gesellschaftssystem der DDR nur unter größeren Schwierigkeiten lebbar war. Soziale und staatliche Kontrollinstanzen erschwerten das Ausleben eines solchen Lebensstils enorm. Zudem war eine derartige subkulturelle Orientierung in der DDR kaum bei jüngeren Jugendlichen bzw. Kindern anzutreffen. Zu untersuchen wäre, ob es Punks in Krümels Alter in der DDR überhaupt gegeben hat, denn durch die relativ starke Eingebundenheit in institutionelle Zusammenhänge und unter den damit verbundenen Kontrollinstanzen in Form der Pionier- oder FDJ-Organisation war es vor allem für jüngere Jugendliche sicher schwer möglich, einen subkulturellen Stil voll auszuleben.

Aufgrund der weitaus weniger ausgeprägten Modernisierungstendenzen in der DDR war ein beschleunigter Übergang in die Jugendphase wohl eher die Ausnahme. Durch den gesellschaftlichen Umbruch jedoch, so macht es der vorgestellte Fall deutlich, änderte sich dies schlagartig. Zumindest für diese Biographie war die politische Wende in der DDR eine zentrale Ursache für einen beschleunigten Übergang in die Jugendphase. Krümel (und nicht nur er) kann jetzt Dinge tun, die für ihn vorher unmöglich gewesen wären. Der Zugewinn an Gestaltungsmöglichkeiten für die eigene Biographie gibt ihm die Möglichkeit, einen früher nur schwer auslebbaren Lebensstil für sich zu wählen. Der nun möglich gewordene frühe Einstieg in die Punk-Szene und das darauf folgende extreme Ausleben dieses Stils bewirkt in dieser Biographie eine rasche Verselbständigung in fast allen Lebensbereichen und einen fast sprunghaften Übergang von der Kindheit in die Jugendphase.

Gleichzeitig werden in diesem Fall auch sehr gut die Schattenseiten eines solchen hochmodernen Biographieverlaufs erkennbar. Die große Wahlfreiheit, die in dieser Biographie deutlich wird, geht einher mit dem Zwang, eigene Entscheidungen treffen und verantworten zu müssen, deren Reichweite oft gar nicht überschaut werden kann. Die starke subkulturelle Orientierung wird in diesem Fall dem schulischen Werdegang vorgezogen und bedingt schließlich die extremen Brüche in der Schulbiographie. Der Fall macht diesbezüglich aber noch einen anderen Aspekt des Modernisierungsschubs deutlich. Die Gründe für das Fernbleiben von der Schule liegen auch in dem Unverständnis, das Krümel von Seiten der Lehrerinnen und Lehrer entgegengebracht wird. Auch für die Lehrerinnen und Lehrer in den neuen Bundesländern sind solche subkulturell orientierten Kinder etwas völlig Neues.

Neue Lebensstile und alte Erwartungen und Vorstellungen prallen damit aufeinander, was ebenfalls ein Auslöser für derartige Brüche sein kann. Die oft nicht langsam gewachsenen, sondern plötzlich auftauchenden sehr unterschiedlichen Lebensvorstellungen und Lebensformen bilden Reibungsflächen, die nur sehr schwer abgebaut werden können.

5.4.1.3 Krümel im Spektrum möglicher Wege in die Jugendphase

Der Fall Krümel zeigt einen beschleunigten Weg in die Jugendphase, der sehr stark von jugendkulturellen Orientierungen geprägt ist. Ein solcher Weg durch die Biographie ist jedoch nur *ein* Beispiel aus den erhobenen Fällen. Im Verlauf der Untersuchung konnten sehr verschiedene Muster von Wegen in die Jugendbiographie herausgearbeitet werden. Durch kontrastive Vergleiche aller erhobenen Fälle, wurde eine Typologie von biographischen Bewegungsformen erarbeitet, die die unterschiedlichen Grade der Biographisierung deutlich macht. Um die einzelnen Fälle miteinander vergleichen und den jeweiligen Grad der Verselbständigung bestimmen zu können, wurden anhand des Datenmaterials folgende Kriterien erarbeitet, die dies ermöglichen:

der Grad der erreichten biographischen Reflexionskompetenz (kognitive Verselbständigung)	- Art der Verortung des Ichs in der Welt - Grad der Fähigkeit, eine Lebensgeschichte erzählen zu können - Grad eines expliziten Zukunftsentwurfes
der Grad der individuiert-praktischen bzw. alltagspraktischen Verselbständigung	- Freizeitorganisation - Terminplanung, Verabredungspraxis - Körperpflege, Kleidungsauswahl - Verwaltung von Geld, Nutzung von Konsumangeboten - Planung der Schullaufbahn - Organisation des Beziehungsnetzes
der Grad der Eingebundenheit in familiale Verpflichtungen und Zeitbudgets	- Erziehungsform der Eltern (offener Verhandlungshaushalt versus traditionaler Befehlshaushalt) - Grad der Mithilfe im Haushalt - Grad der Verflechtung von Eigenzeit und Familienzeit

Vor diesem Hintergrund konnten die erhobenen Fälle zu einer Typologie verdichtet werden, die das Spektrum an möglichen Wegen in die Jugendphase deutlich macht:

186

Typ A: die hochmoderne Verselbständigung
Typ B: die moderne Verselbständigung
Typ C: die partielle Verselbständigung
Typ D: die traditionale Verselbständigung

Der Fall Krümel wurde dem Muster der *hochmodernen Verselbständigung* zugeordnet, da er einen hohen Grad an biographischer Reflexionskompetenz, eine ausgeprägte individuiert-praktische Verselbständigung und eine geringe Eingebundenheit in familialen Verpflichtungen und Zeitbudgets aufweist. Nur zwei Fälle von insgesamt 30 aus dem ostdeutschen Sample konnten diesem Muster zugeordnet werden. Der beschleunigte Weg von der Kindheit in die Jugendphase ist hier also, ganz entgegen den in den kindheitstheoretischen Diskussionen vorgetragenen Diagnosen um eine frühe Biographisierung der Kindheit, eher eine Ausnahme.

Vielmehr dominiert im Spektrum der biographischen Verlaufsmuster das Muster der *traditionalen Verselbständigung*. Kennzeichnend hierfür ist ein geringer Grad an biographischer Reflexionskompetenz, eine nicht individuierte alltagspraktische Verselbständigung und ein hoher Grad der Verflechtung mit dem Zeitbudget der Familie. Hier bestimmen in erster Linie die Eltern über das Aussehen, die Verwendung des Taschengeldes sowie die Schullaufbahn und sie greifen auch in die Terminplanung und Verabredungspraxis des Kindes ein. Die Fähigkeit, eine Lebensgeschichte zu erzählen, ist hier noch wenig ausgeprägt und es liegt auch kein expliziter Zukunftsentwurf vor.

Das Muster der *modernen Verselbständigung* weist ähnlich wie das der hochmodernen Verselbständigung einen hohen Grad an biographischer Reflexionskompetenz und eine weitgehend individuierte praktische Verselbständigung auf. Im Unterschied zum ersten Typus ist hier eine mittlere Eingebundenheit in familiale Verpflichtungen und Zeitbudgets sowie ein weniger expliziter Zukunftsentwurf charakteristisch.

Den Typ C, die *partielle Verselbständigung*, haben wir im ostdeutschen Sample in zwei Ausprägungen gefunden. Zum einen mischt sich hier eine hohe biographische Reflexionskompetenz mit einer sehr gering ausgeprägten alltagspraktischen Verselbständigung und einer starken Eingebundenheit in familiale Verpflichtungen und Zeitbudgets. Die andere Variante dieses Musters ist durch eine eher schwach ausgeprägte biographische Reflexionskompetenz, jedoch durch einen hohen Grad an alltagspraktischer Verselbständigung gekennzeichnet. Die Eingebundenheit in familiale Verpflichtungen und Zeitbudgets liegt hier auf mittlerem Niveau und ein Zukunftsentwurf ist noch kaum entwickelt.

5.4.1.4 Kinderbiographien im deutsch-deutschen Vergleich

Ein interessantes Ergebnis dieses Projektes war zunächst, dass die am ost-deutschen Fallmaterial herausgearbeitete Typologie auch dazu geeignet ist, das Spektrum kindlicher Biographieverläufe in Westdeutschland zu be-schreiben. Kontrastiv sollen im Folgenden die beiden Pole unserer Typolo-gie, die hochmoderne und die traditionale Verselbständigung, vergleichend betrachtet werden.

Im Vergleich beider Regionen wurde in Westdeutschland das Muster der hochmodernen Verselbständigung häufiger gefunden, jedoch nicht in einer solchen subkulturellen Variante, wie sie den Fall Krümel auszeichnet. Die Kinder, die in Westdeutschland diesem Muster zugeordnet wurden, kommen in der Regel aus einem hohen sozialen Milieu, die Eltern praktizieren einen offenen Verhandlungshaushalt und die Kinder partizipieren schon frühzeitig an den Angeboten der Medien- und Konsumindustrie. Zudem verfügen die Kinder bereits über einen hohen Grad an biographischer Reflexionskompe-tenz und sind auch im alltagspraktischen Bereich bereits sehr selbständig. Ein Beispiel hierfür wäre etwa der Fall Alexander:

Der Fall Alexander, 12 Jahre, Westdeutschland

Alexander lebt mit seinen Eltern, die beide Ärzte sind, und seinen drei jüngeren Geschwistern in einem großen Einfamilienhaus. Er erzählt eine narrativ hoch ausgestaltete Lebensgeschichte, in der er seine biographischen Verselbständigungsschritte ausführlich kommentiert und reflektiert. Alexander hat bereits eine Freundin, die in seine Klasse geht und er organisiert seine vielfältigen Freizeitaktivitäten selbständig. Er ist Mitglied in vier Vereinen: im Judoclub, im Leichtathletik-Verein, im CVJM und im Flötenchor. Dabei macht es ihm keine Schwierigkeiten, dass sich das von ihm besuchte Gymnasium und damit auch sein Freundeskreis in der nahegelegenen Klein-stadt befindet, da er bereits über genügend Mobilität verfügt, um die verinselten Lebensräume selbständig zu überbrücken. Selbständigkeit wird ihm von seinen Eltern nicht nur zugestanden, sondern geradezu erwartet. Dies und Alexanders starke Orientierung an Gleichaltrigen können als ausschlaggebende Faktoren für seinen beschleunigten Weg in die Jugendphase gelten.

Im westdeutschen Sample konnten neben Alexander noch vier weitere Fälle ausgemacht werden, die dem Muster der hochmodernen Verselbständigung zugeordnet wurden. Im ostdeutschen Fallmaterial ist neben dem vorgestellten Krümel noch der Fall Bonnie diesem Typus zuzuordnen. Deutlich wird aber in den beiden ostdeutschen Fällen, dass es vor allem die Modernisierungs-tendenzen im Gefolge der deutsch-deutschen Vereinigung sind, die einen be-schleunigten Übergang in die Jugendphase vorantreiben. Neue Optionen in Form von Freizeit- und Konsumangeboten und erweiterten Handlungsspiel-räumen, die sich durch den Wegfall der deutsch-deutschen Grenzen ergeben, werden in diesen Biographien aktiv genutzt.

Im Gegensatz dazu ist das Muster der traditionalen Verselbständigung im ostdeutschen Sample stärker vertreten als im westdeutschen. Ursachen hier-für können darin gesehen werden, dass in Westdeutschland bereits seit den

1960er-Jahren Modernisierungsprozesse eingesetzt haben, die sich in einer verstärkten Urbanisierung der Kleinstädte und Dörfer sowie in der Erosion traditioneller Familien- und Frauenleitbilder niedergeschlagen haben. Diese Entwicklung verlief natürlich nicht unilinear, wirkte sich also nicht in allen Familien in gleichem Maße aus. So wurde das Muster der traditionalen Verselbständigung in Westdeutschland eher in traditionellen sozialökologischen und sozialisatorischen Bedingungskonstellationen vorgefunden, nämlich überwiegend bei Kindern, die in ländlichen Gegenden wohnen und zumeist in einem eher restriktiven Erziehungsmilieu groß werden. Dies lässt sich etwa an der Biographie von Thomas verdeutlichen:

Der Fall Thomas, 12 Jahre, Westdeutschland

Thomas lebt zusammen mit seinen Eltern und seinem älteren Bruder in einem Reihenhaus am Rande einer Kleinstadt. Sein Vater ist Elektromeister und seine Mutter Friseurmeisterin mit eigenem Betrieb. Thomas' biographische Erzählung fällt sehr knapp aus, biographische Selbsteinschätzungen und ein expliziter Zukunftsentwurf werden von ihm nicht formuliert. Innerhalb der Familie hat Thomas eine ganze Reihe von Pflichten, wie etwa Gartenarbeit oder Saubermachen. Seine Eltern greifen auch regelnd in seine Nachmittagsgestaltung ein und kontrollieren diese streng. So muss er von 14 Uhr bis 16.30 Uhr seine Hausaufgaben machen und auch zu Hause sein, wenn der Vater von der Arbeit kommt. In seiner Freizeit unternimmt Thomas viel mit seinem Vater, er spielt aber auch mit seinen Freunden Fußball und geht einmal wöchentlich zum Turnen, zum Handballtraining und zum Volkstanz in einen Trachtenverein.

In diesem Zusammenhang muss jedoch darauf hingewiesen werden, dass mit der Charakterisierung ‚traditional' keineswegs ein Vergleich zu historisch traditionellen Lebensformen gezogen werden kann, wie sie etwa in den 1950er-Jahren im Muster der Straßenkindheit aufzufinden waren. Vielmehr sind auch die diesem Typus zugeordneten Kinderbiographien durchaus durch Modernisierungstendenzen gekennzeichnet, die sich etwa in der Mediatisierung des Kinderalltages, der Veränderung der Wohnbedingungen sowie der Teilhabe am Konsum ausdrücken.

Das stärkere Vorhandensein dieses Musters der traditionalen Verselbständigung im ostdeutschen Sample kann, wie bereits erwähnt, zum einen mit den längerfristigen Modernisierungsprozessen in Westdeutschland erklärt werden. Zum anderen sollte, mit Blick auf die starke Familienzentrierung, die diesen Typus kennzeichnet, die spezifische ostdeutsche Situation nicht außer Acht gelassen werden. Vor dem Hintergrund des Erhebungszeitraumes der biographischen Erzählungen, muss nämlich auch die Bedeutung familialer Zusammenhänge in der DDR-Gesellschaft und im gesellschaftlichen Transformationsprozess mit berücksichtigt werden. So hatte die Familie in der DDR verstärkt eine Nischenfunktion, indem sie häufig die einzigen Freiräume für die Selbstverwirklichung der Familienmitglieder bot (vgl. Huinink/Mayer 1993; Schönpflug/Fraczek 1993) und auch in der Phase der gesellschaftlichen Umstrukturierungen kam gerade der Familie eine wichtige Rolle als emotionale Rückzugs- und Stabilisierungsinstanz zu.

Im ostdeutschen Fallmaterial wurde das Muster der traditionalen Verselbständigung über alle sozialen Schichten hinweg gefunden, während es in
Westdeutschland eher in unteren sozialen Milieus auszumachen war. In der
Diskussion dieser Ergebnisse muss aber darauf verwiesen werden, dass eine
qualitativ angelegte Untersuchung keine generellen Aussagen über die Zusammenhänge zwischen sozialer Lage und den herausgearbeiteten Mustern
an biographischen Bewegungsformen machen kann. Vor dem Hintergrund
einer Pluralisierung von Lebensformen (vgl. Beck 1986) ist eher anzuneh-
men, dass die verschiedenen Typen von biographischen Verläufen in allen
sozialen Schichten aufzufinden sind. Gesichertere Antworten auf die Frage
nach der Verteilung der aufgefundenen Verlaufsmuster können also nur mittels eines quantitativen Vorgehens belegt werden, wie es im zweiten Teil dieses Abschnittes beschrieben wird.

Bei der Zusammenfassung der Ergebnisse des Ost-West-Vergleiches der
Kinderbiographien kann auf zwei zentrale Resultate verwiesen werden:

Erstens konnten wir das gesamte Spektrum an kindlichen Biographieverläufen und Verselbständigungsmustern auf dem Weg in die Jugendphase (die
hochmoderne, die moderne, die partielle und die traditionale Verselbständigung), wenn auch in unterschiedlichen Ausprägungen sowohl in Ost- als
auch in Westdeutschland auffinden. Dies verweist zum einen aus einer modernisierungstheoretischen Perspektive darauf, dass solche Wandlungsprozesse nicht unilinear, sondern historisch ungleichzeitig verlaufen. Zum anderen lässt dieses Ergebnis die These zu, dass es in der DDR-Gesellschaft bereits ähnliche Modernisierungstendenzen wie in westeuropäischen Staaten
gegeben hat, die im Zuge des gesellschaftlichen Transformationsprozesses
deutlicher zum Tragen kommen konnten. Trotz der unterschiedlichen Aus-
gangsbedingungen lassen sich also ähnliche Veränderungstendenzen des
Kinderlebens ausmachen.

Zweitens wurde deutlich, dass ein hochmoderner beschleunigter Weg in
eine lange Jugendphase, in den Untersuchungsregionen eher die Ausnahme
ist. Dass dieses Muster am häufigsten in Westdeutschland anzutreffen ist, ist
vor dem Hintergrund des längerfristigen Modernisierungsprozesses wenig
überraschend. Die Umstrukturierungsprozesse, die in den neuen Bundesländern im Zuge der deutsch-deutschen Vereinigung in Familie, Schule und
Freizeit stattgefunden haben, bedingen jedoch auch das Entstehen solcher
biographischer Muster in Ostdeutschland.

5.4.2 Wege aus der Kindheit in die Jugendphase – Ergebnisse von Studien mit quantitativem methodischen Zugang

Im Anschluss an die Ergebnisse der qualitativen Studie zum Übergang von
der Kindheits- in die Jugendphase soll diese Statuspassage im Folgenden an-

hand der Befunde quantitativer Untersuchungen näher beleuchtet werden. Dazu werden in einem ersten Schritt Befunde zu den biographischen Selbst- und Fremdwahrnehmungen der altersbezogenen Grenzen zwischen diesen beiden Lebensphasen vorgestellt. Gegenstand des zweiten Abschnittes sind die am Ende der Kindheit einsetzenden, gleichsam also den Übergang in die Jugendphase markierenden Verselbständigungsschritte Heranwachsender. Schließlich wird der Blick in einem dritten Abschnitt auf ausgewählte Zukunftsvorstellungen von Kindern gerichtet.

5.4.2.1 Grenzen und Übergänge zwischen Kindheit und Jugendphase – Biographische Selbst- und Fremdwahrnehmungen

Sichtet man die wissenschaftliche Literatur, die sich mit dem biographischen Übergang von der Kindheit in die Jugendphase befasst, so fällt einem schnell auf, dass sich die Forscher sehr schwer tun, diesen Übergang altersmäßig festzulegen. Es scheint nicht möglich, zwischen diesen beiden Lebensphasen eine eindeutige auf das Lebensalter bezogene Trennlinie zu ziehen: Zum Beispiel Neubauer/Ferchhoff (1990) und Hurrelmann/Mansel (1993) machen das Ende der Kindheitsphase zwischen 9 und 12 Jahren fest. Du Bois-Reymond/Büchner/Krüger u.a. (1994) vermuten demgegenüber, dass sich der Übergang von der Kindheit in die Jugendphase erst im Alter von 12 Jahren zu vollziehen beginnt. Diese Angabe ist mit der entwicklungspsychologischen Festlegung des Endes der Kindheits- bzw. des Beginns der Jugendphase von Bonfadelli (1990) vereinbar, wonach im Alter von 12 bis 13 Jahren die Pubertät einsetzt. Der Übergang von der Kindheit in die Jugendphase scheint im Altersverlauf also zwischen dem 9. und dem 14. Lebensjahr zu erfolgen.

Eine Möglichkeit, die zeitliche Dynamik des Übergangs vom Kind zum Jugendlichen empirisch zu verfolgen, besteht in der Erfassung der subjektiven Selbst- und Fremdwahrnehmungen. Es bietet sich einerseits die Möglichkeit, Heranwachsende bestimmter Altersgruppen zu fragen, ob sie sich noch als Kind oder bereits als Jugendliche bzw. Jugendlicher sehen. Andererseits kann man zum Beispiel auch die Mütter und Väter angeben lassen, wo sie ihre Tochter oder ihren Sohn auf der Landkarte der Lebensphasen verorten. Beide Möglichkeiten haben Zinnecker und Silbereisen zusammen mit ihren Mitarbeiterinnen und Mitarbeitern in ihrem Survey über 10- bis 13-jährige Kinder und deren Eltern (1996) aufgegriffen und empirisch umgesetzt.

Theoretisch fußt die Abfrage der Altersselbstzuschreibung (Kind/Jugendlicher) auf dem Konzept des *Alters-Selbst*. Dieser Aspekt des Selbst, der sich nicht immer mit dem Fremdbild der Alterszuschreibung erwachsener Bezugspersonen deckt, ist aufgrund des sich damit für die Heranwachsenden verbindenden Statusanspruches wichtig. Denn die Heranwachsenden verknüpfen mit ihrer subjektiven Altersselbstzuschreibung die Einforderung von Handlungsmöglichkeiten und Ansprüchen im Bereich sozialer Beziehungen. Stecher und Zinnecker (1996, S. 175) beschreiben das *Alters-Selbst* als einen „Aspekt des Selbst im Kind (...), der die eigene Person im sozialen und kulturellen System des Lebenslaufs verortet. Die Heranwachsenden entwickeln persönliche Vorstellungen von den „Landkarten" der Lebenswege" und positionieren sich darin. Das Alters-Selbst wird, mit dem Lebensverlauf, bearbeitet und den jeweiligen Positionen oder Stationen angepasst, die man im gesellschaftlichen curriculum vitae erreicht hat. Die Passung von „objektivem" Lebenslauf-Status und subjektivem Bild davon kann man sich als mehr oder weniger eng vorstellen (...) in der Mitte gesellschaftlich klar ausgewiesener Lebensphasen ist die Passung von Alters-Status und Alters-Selbst am größten". Stecher und Zinnecker gehen davon aus, dass die folgenden Momente im Alters-Selbst Verarbeitung finden (ebd., S. 177):

1. das kalendarische Alter (ausgedrückt als Lebensalter in Jahren)
2. das soziale Handlungs-Alter (ausgedrückt durch Statuspassagen, die Beteiligungen der Heranwachsenden am gesellschaftlichen Handlungsraum eröffnen)
3. das biologische Alter (ausgedrückt im körperlichen Entwicklungsstand)

Die Forschergruppe um Zinnecker und Silbereisen hat zur Erfassung des Alters-Selbst die Heranwachsenden ganz allgemein gefragt, ob sie sich eher der Gruppe der Kinder oder der Gruppe der Jugendlichen zugehörig sehen. Analog dazu erörterte die an die Eltern gerichtete Frage, ob die Mütter und die Väter ihrem Kind eher den Status eines Kindes oder eher den Status eines Jugendlichen zuschreiben würden. In der *Selbsteinschätzung* der in der Studie befragten Heranwachsenden lässt sich das Ende der Kindheit auf das 13. Lebensjahr datieren. Diese Grenzziehung deckt sich mit dem Ergebnis einer Untersuchung von Meulemann (1992), wonach sich die meisten der Elfjährigen noch als Kinder fühlen, während sich die Mehrzahl der 13-jährigen Heranwachsenden bereits der Gruppe der Jugendlichen zuordnet. Markant an den Ergebnissen des Projektes „Kindheit in Deutschland" ist jedoch, dass sich die ostdeutschen Heranwachsenden in etwas späterem Alter als die westdeutschen als Jugendliche einschätzen (13,2 gegenüber 13 Jahre). Diese Selbsteinschätzung durch die Heranwachsenden gilt für Jungen und Mädchen im gleichen Maße.

Die Übereinstimmung zwischen dieser Selbstwahrnehmung der befragten Heranwachsenden und der Fremdwahrnehmung durch ihre Väter und Mütter ist mit knapp drei Viertel der Familien relativ hoch. Divergenzen zwischen der Selbstsicht der Heranwachsenden und der Fremdsicht der Kinder gibt es in rund einem Viertel der Familien.

Das Ergebnis, dass in ungefähr einem Drittel der Familien mit einem Zwölfjährigen Heranwachsenden die Eltern ihr Kind noch als Kind sehen, während es sich bereits als Jugendlicher sieht, beschreiben die Autoren der Studie als folgenreich: „Eltern verbinden mit der Einschätzung des Kindes als Kind ein bestimmtes (kind-bezogenes) Erziehungsverhalten. (...) Es zeigt sich, daß vor allem Mütter ihren Kindern, die sie selbst als Kinder ansehen, unabhängig von deren Alter weniger alltägliche Freiräume gestatten. Diese Kinder dürfen zum Beispiel weniger selbst entscheiden, wohin sie in den Ferien fahren oder welche Kleidung sie sich kaufen. Gleichzeitig ist davon auszugehen, dass Kinder, die sich selbst als Jugendliche sehen, damit einen gewissen Grad an Unabhängigkeit von den Eltern symbolisieren und diesen auch für sich in Anspruch nehmen wollen. Als in dieser Hinsicht konfliktträchtig dürfte sich besonders das 12. und 13. Lebensjahr der Kinder zeigen. In dieser Zeit differiert der von den Kindern in Anspruch genommene (Jugendlichen-) Status am häufigsten mit dem von den Eltern zugebilligten" (ebd., S. 187).

Im Zusammenhang mit der Abfrage dieser Selbstverortung als Kind oder Jugendlicher ist die Frage interessant, an welchen konkreten Statusübergängen die Heranwachsenden den Übergang zum Jugendlichen-Sein, das heißt das Ende der Kindheit, festmachen. Die Voruntersuchung der Jugendstudie '91 (Jugendwerk der Deutschen Shell 1992) kam auf der Basis mündlicher Interviews mit 13- bis 29-Jährigen zu folgenden Ergebnissen (vgl. Stecher/Zinnecker 1996, S. 177ff). Knapp die Hälfte der ostdeutschen und rund ein Drittel der westdeutschen Befragten konnte sich spontan an ein besonderes Ereignis erinnern, das für sie den Markierungspunkt der globalen Statusfigur „Ende der Kindheit" symbolisierte. Die unterschiedliche Antworttendenz der Befragten ist ein Hinweis darauf, „daß die Statuspassagen in die Adoleszenz in Ostdeutschland für die Beteiligten sichtbarer und klarer markierbar sind (...) als in Westdeutschland" (ebd., S. 178).

Während für die Befragten aus Ostdeutschland die Jugendweihe, erste Liebes- und Sexualitätserfahrungen sowie der Eintritt in Berufs- und Ausbildungsinstitutionen am häufigsten das Ende der Kindheit anzeigen, sind es in Westdeutschland neben den ersten Liebes- und Sexualitätserfahrungen vor allem die körperlichen Entwicklungsschritte, die das Verlassen der Kindheit symbolisieren. Insgesamt wird an den Nennungen deutlich, dass den sozialen Statuspassagen bei der persönlichen Konstruktion des jugendlichen Lebenslaufs das größte Gewicht zufällt. Für 90% der ostdeutschen und 70% der westdeutschen Befragten „sind es Ereignisse aus diesem Bereich, die das Kindheitsende subjektiv erfahrbar werden lassen" (Stecher/Zinnecker 1996, S. 180). Der stärkere Bezug der ostdeutschen 13- bis 29-Jährigen auf soziale Statuspassagen ist als ein Beleg dafür zu zählen, „daß die Gliederung der Altersklassen in Ostdeutschland durchgängig sichtbarer als im Westen inszeniert war" (ebd., S. 182).

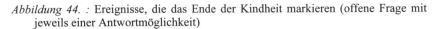

Abbildung 44. : Ereignisse, die das Ende der Kindheit markieren (offene Frage mit jeweils einer Antwortmöglichkeit)

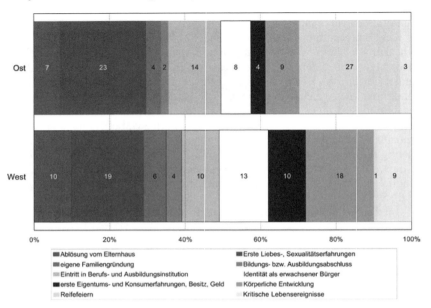

Quelle: Vorstudie Jugend '91, zit. in: Zinnecker/Silbereisen 1996, S. 179f.

Fremdwahrnehmungen des zeitlichen Übergangs vom Kind zum Jugendlichen lassen sich nicht nur durch die Befragung von unmittelbaren Bezugspersonen Heranwachsender einfangen, sondern werden u.a.[8] auch dort sichtbar, wo Kindheits- und Jugendforscher anhand bestimmter biographischer Marker kategorisieren, wann ein Heranwachsender ein Kind bzw. ein Jugendlicher sei. Einige dieser Marker lassen sich unter dem Stichwort „Verselbstständigung" subsumieren.

Die Verselbstständigungsprozesse von Heranwachsenden auf ihrem Weg aus der Kindheit in die Jugendphase wurden in einem eigenen Forschungsprojekt detailliert untersucht (vgl. Kötters 2000). Dieses Projekt nutzt die Befunde der zuvor vorgestellten qualitativen Studie und versucht diese mittels einer Surveystudie, das heißt einer mit quantifizierenden Verfahren arbeitenden Untersuchung, nachzuzeichnen und auf ihre quantitative Verteilung hin zu überprüfen (vgl. Büchner/Fuhs/Krüger 1996).

---

8   Zentrale gesellschaftliche Institutionen, wie Bildungssysteme, medizinische und juristische Einrichtungen definieren ebenso aus der Fremdperspektive die Grenzen von Altersgruppen (vgl. Zinnecker/Silbereisen 1996).

5.4.2.2 Verselbstständigung als Kennzeichen des Übergangs von der Kindheit in die Jugendphase

5.4.2.2.1 Selbstständigkeit/Verselbstständigung als Gegenstand der Sozialisationsforschung

Selbstständigkeit von Kindern galt in der Sozialisationsforschung lange Zeit als funktionale Zielnorm für Erziehungs- und Sozialisationsprozesse. Die Genese von Selbstständigkeit wurde in der Regel mit einem sehr normativen Blick als *konfliktfreie Vereinbarung von individuellen und gesellschaftlichen Interessen* verstanden (vgl. z.b. Hurrelmann 1983). Diese Auffassung geriet jedoch zunehmend in die Kritik. Die zentralen Vorwürfe bezogen sich darauf, dass der Bezugspunkt dieser Vorstellung ein erwachsener Mensch ist, der handlungsfähig und mündig ist, dabei aber festgelegte Akzeptanzgrenzen nicht überschreitet und auftretende Spannungen als misslungene Sozialisation begriffen werden.

Nun gibt es in der Sozialisationsforschung seit einigen Jahren eine Wende, in deren Folge als „selbstständig" demgegenüber ausschließlich solche Aktivitäten bezeichnet werden, die nicht nur Dritten als angemessene Aufgabenbewältigung erscheinen, sondern auch von den Heranwachsenden selbst als eine ihren Interessen oder Wertvorstellungen entsprechende Tätigkeit erfahren werden (vgl. zusammenfassend Leu 1996). Es rückt die Perspektive der Heranwachsenden selbst in den Blick und Selbstständigkeit wird als die „in der gegenwärtigen Situation (neu) erfahrene Unabhängigkeit" (vgl. Rülker 1990, S. 20) gefasst. Das komplexe Geflecht der biographischen Entwicklung dieser Selbstständigkeit wird in der modernen Kindheits- und Jugendforschung als „Verselbstständigung" (vgl. Büchner 1990; Kötters 2000) verstanden. Im Folgenden sollen die Ergebnisse einer ost-west-vergleichenden Studie expliziert werden, die mittels quantitativer Methoden ein Bild davon gezeichnet hat, welche Schritte der Verselbstständigung für den Statusübergang vom Kind zum Jugendlichen typisch sind. Dafür müssen zunächst die einzelnen untersuchten Bereiche inhaltlich knapp definiert und in ihre Einzelmerkmale zerlegt werden. Bezugspunkte sind dabei die Kategorien, die in der qualitativen Untersuchung herausgearbeitet wurden (vgl. Punkt 6.1; Kötters 2000).

5.4.2.2.2 Bereiche der Verselbstständigung, die für den Übergang von der Kindheit in die Jugendphase kennzeichnend sind

Die biographischen Verselbstständigungsschritte, die den Statuswechsel vom Kind zum Jugendlichen markieren, verdichten sich zu drei Bereichen: der praktischen, sozialen und kognitiven Verselbstständigung:

Praktische Verselbstständigung

Die Praktische Verselbstständigung umfasst Bereiche der selbstständigen Alltagsgestaltung. Dazu gehören die Selbstbestimmung in verschiedenen Bereichen des Alltagslebens, die Terminplanung im Freizeitbereich sowie das Erleben bestimmter, für den betrachteten Statuswechsel relevanter, biographischer Fixpunkte (z.B. selbst bestimmen, wie man aussehen will; Weggehen und Heimkommen, wann man will; Einstieg in die Geschlechtsrolle – das erste Mal eine Disko besuchen, zum ersten Mal verliebt sein, erste sexuelle Erfahrungen machen).

Soziale Verselbstständigung

Die Soziale Verselbstständigung bezieht sich auf die Ablösung der Heranwachsenden von der Herkunftsfamilie. Dazu gehören neben dem Grad der Verflechtung des Zeitbudgets des Kindes oder Jugendlichen mit dem der Eltern auch die Distanzierung von den Ansichten der Eltern und das Durchsetzen eigener Standpunkte. Sie bedeutet somit die Veränderung der Intensität des Abhängigkeitsverhältnisses der Heranwachsenden von ihren Eltern. In diesem Bereich tritt vor allem der „kämpferische Aspekt der aktiven und konfliktreichen Auseinandersetzung" (Fend, 1990, S. 96) mit den Eltern in den Vordergrund. Heranwachsende, die sich von ihrer Herkunftsfamilie ablösen, zeichnen sich insgesamt vor allem dadurch aus, dass sie „Autonomie gegenüber den Eltern sowohl in Fragen der individuellen Körpermodellierung, Urteils- und Geschmacksbildung, als auch hinsichtlich einer raum- und zeitbezogenen Perspektive zum Ausdruck bringen" (Schröder 1995, S. 153).

Kognitive Verselbstständigung

Die Kognitive Verselbstständigung meint als dritter Bereich die biographische Reflexionskompetenz. Diese lässt sich am Grad der Verortung des Ichs in der Welt, der Fähigkeit, eine Lebensgeschichte erzählen zu können und am Grad eines expliziten Zukunftsentwurfs einschätzen. Ein quantitativer Forschungszugang ermöglicht hier nur Aspekte des Zukunftsentwurfs (z.B. Reflexion über den Berufswunsch sowie über den eigenen Kinderwunsch) zu erfassen.

5.4.2.3 Verselbstständigung der Heranwachsenden – empirische Befunde

Haben u.a. Fuchs (1982, 1985), Fend (1990), Schröder (1995), Behnken/Zinnecker (1992) und Wilk/Beham (1994) in eigenen Untersuchungen jeweils nur Ausschnitte der Verselbstständigung beleuchtet, wurde in der hier vorgestellten quantitativen Studie dieser Entwicklungsprozess als komplexes Geflecht unterschiedlicher Faktoren erfasst. Bezogen auf die Verselbstständigungsschritte der Heranwachsenden standen u.a. folgende Fragestellungen im Zentrum des Forschungsinteresses (vgl. zusammenfassend Kötters 2001).

1) Zeigen die ost- und westdeutschen Heranwachsenden auf ihrem Weg in die Jugendphase unterschiedliche Muster, die einen jeweils spezifischen Verselbstständigungs- und Modernitätsgrad aufweisen?

2) Gehen die ost- und westdeutschen Heranwachsenden unterschiedliche Wege in die Jugendphase, oder überwiegen Ähnlich- und Gleichartigkeiten?

3) Führen Bedingungen des Aufwachsens je nach sozio-kulturellem Kontext zu unterschiedlichen Wegen in die Jugendphase?

4) Welche Auswirkungen zeitigen der elterliche Erziehungsstil sowie die Eltern- bzw. Gleichaltrigenorientierung der Heranwachsenden auf die Verselbstständigungsprozesse?

5) Eröffnen typische Verlaufsformen der Verselbstständigung in Abhängigkeit von diesen Faktoren eher Chancen oder Zwänge für die Heranwachsenden?

Um diese Fragen beantworten zu können, wurden im Frühjahr 1993 insgesamt ca. 2.700 10- bis 15-jährige Schülerinnen und Schüler in den Regionen Sachsen-Anhalt und Hessen schriftlich befragt.

5.4.2.3.1 Der Grad der biographischen Verselbstständigung

Bezogen auf den von den 10- bis 15-Jährigen erreichten Grad an biographischer Verselbstständigung konnten drei unterschiedliche Gruppen identifiziert werden – Heranwachsende mit einem geringen, mittleren und hohen Verselbstständigungsgrad. Folgende Merkmale sind für diese Gruppen kennzeichnend:

Gruppe 1:	*Heranwachsende mit einem geringen biographischen Verselbstständigungsgrad*
	(50 % der Befragten)

- Praktische Verselbstständigung: Selbstbestimmung über einige wenige Alltagsfragen, aber insgesamt starke Elternorientierung bei Entscheidungsfindungen; Einstieg in gegengeschlechtliche Beziehungen ist noch nicht erfolgt
- Soziale Verselbstständigung: sehr starke Mithilfe im Haushalt; Einhaltung der elterlichen Gebote; passives Verhalten gegenüber der elterlichen Autorität; keine Konflikte mit den Eltern - Ablösungsprozesse werden nicht bewusst herbeigeführt
- Kognitive Verselbstständigung: unspezifisch

Gruppe 2:	*Heranwachsende mit einem hohen biographischen Verselbstständigungsgrad*
	(7 % der Befragten)

- Praktische Verselbstständigung: Selbstbestimmung in allen wichtigen Alltagsbereichen; Einstieg in gegengeschlechtliche Beziehungen ist bereits erfolgt
- Soziale Verselbstständigung: Mithilfe im Haushalt wird ausgehandelt; im auftretenden Konfliktsituationen wird die Durchsetzung der eigenen Interessen anvisiert; gelegentliches aktives Übergehen elterlicher Verbote. Ablösungsprozesse werden bewusst herbeigeführt
- Kognitive Verselbstständigung: unspezifisch

Gruppe 3:	*Heranwachsende mit einem mittleren biographischen Verselbstständigungsgrad*
	(43 % der Befragten)

- Praktische Verselbstständigung: ähnlich wie Gruppe 2, aber: in einigen wenigen Alltagsbereichen noch keine Selbstbestimmung
- Soziale Verselbstständigung: ähnlich wie Gruppe 2, aber kein aktives Übergehen von Verboten
- Kognitive Verselbstständigung: unspezifisch

Ein wichtiges Ergebnis der Studie besteht darin, dass das Gelingen der Verselbstständigungsschritte in Abhängigkeit vom makrostrukturellen, soziokulturellen und interaktionellen Lebenskontext der Heranwachsenden unterschiedlich chancenreich ist.

Dabei erwies sich als ein zentrales Ergebnis der Untersuchung, dass sich die ostdeutschen Heranwachsenden von den westdeutschen Mädchen und Jungen nicht in allen Bereichen unterscheiden. Zwar beanspruchen die westdeutschen Heranwachsenden biographisch frühzeitiger größere Selbstbestimmungsspielräume und tragen zur Durchsetzung eigener Interessen Konflikte mit den Eltern aus. Beim Einstieg in das jugendkulturelle Leben und die Reflexion über die persönliche Zukunft haben jedoch die ostdeutschen Heranwachsenden einen leichten biographischen Vorsprung. In den anderen Bereichen gibt es keine Ost-West-Unterschiede, so etwa beim Einstieg in gegengeschlechtliche Beziehungen oder bei den Durchsetzungsstrategien in Konfliktsituationen. Insgesamt weisen die westdeutschen Heranwachsenden im Durchschnitt einen etwas höheren Grad der biographischen Verselbstständigung auf – sie gehen den Weg aus der Kindheit in die Jugendphase etwas schneller und gleichzeitig individuierter.

Abbildung 45: Einflussgrößen Alter, Ost/West auf Verselbständigungsschritte (Angaben in %)

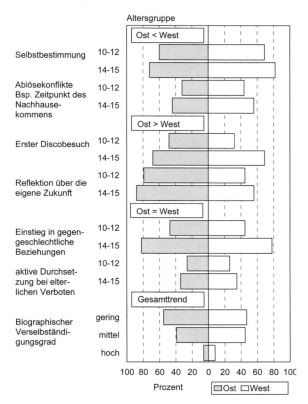

Quelle: Kötters 2001, S. 136

Bezogen auf den biographischen Verselbstständigungsgrad insgesamt zeigen sich auch Unterschiede zwischen Mädchen und Jungen: Auf der Altersstufe von zehn bis zwölf Jahren sind die westdeutschen Mädchen am wenigsten und die westdeutschen Jungen am stärksten verselbstständigt. Dazwischen liegen die ostdeutschen Mädchen gefolgt von den ostdeutschen Jungen. Bei den 13-Jährigen haben die westdeutschen Mädchen die ostdeutschen Mädchen überholt. Und auf der Altersstufe von 14 bis 15 Jahren haben schließlich die westdeutschen Mädchen und Jungen einen durchschnittlich höheren Verselbstständigungsgrad erreicht als die Mädchen und Jungen aus den neuen Bundesländern. Der auf den anderen Altersstufen beschriebene Vorsprung der Jungen gegenüber den Mädchen besteht bei den 14- bis 15-Jährigen nur in den alten Bundesländern.

Abbildung 46: Einflussgrößen: Geschlecht, Alter, Ost/West auf Verselbständigungs-grad (Angaben in Prozent)

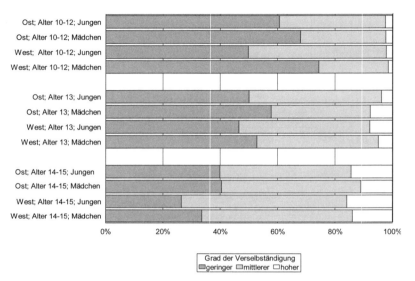

Quelle: Kötters 2000, S. 251

Einen Einfluss auf die Geschwindigkeit der Verselbstständigung üben insbe-sondere auch das elterliche Erziehungsverhalten und die Bezugsgruppenori-entierung der Heranwachsenden aus. Sehr stark elternbezogene Kinder be-schreiten den Weg in die Jugendphase unabhängig vom elterlichen Erzie-hungsverhalten eher langsam. Ursächlich hierfür könnte sein, dass „erstens in Befehlshaushalten die starke Elternorientierung als Indiz dafür zu werten ist, dass die betroffenen Heranwachsenden das traditionelle Erziehungsverhalten ihrer Eltern nicht in Frage stellen. Sie zeigen von sich aus keine Tendenz, die enge Bindung zu den Eltern aufzugeben. Vielleicht werden sie jedoch durch die erfahrenen Verregelungen auch entmutigt, sich von den Eltern zu lösen. Zweitens ist es denkbar, daß bei einigen der in einem Verhandlungshaushalt aufwachsenden Jungen und Mädchen die emotionale Bindung zu den Eltern durch eine enorme Intimisierung der Beziehungen derart stark ist, daß sie aus der Sicht der Eltern, aber auch des Kindes, langfristig bestehen bleiben soll. Die emotionale Ablösung von den Eltern könnte hier nicht beabsichtigt oder schwierig zu balancieren sein" (Kötters 2001, S. 137f.).

Abbildung 47: Einflussgrößen: Elterliches Erziehungsverhalten; Bezugsgruppen auf biographische Verselbständigung (Angaben in %)

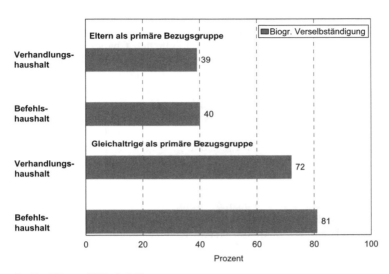

Quelle: Kötters 2001, S. 138

Gleichaltrigenorientierte Heranwachsende gehen den Weg in die Jugendphase beschleunigter. Leben sie in familialen Befehlshaushalten, verselbstständigen sie sich biographisch noch frühzeitiger als Gleichaltrigenorientierte aus familialen Verhandlungshaushalten. „Bei diesen Heranwachsenden, die das konfliktreiche und wenig intimisierte Familienleben durch die verstärkte Bezugnahme auf Gleichaltrige kompensieren, ist die frühzeitige Ablösung als auferzwungene Verselbständigung unter ungünstigen Bedingungen zu interpretieren. Diese Heranwachsenden sehen in ihrer Familie aufgrund mangelnder Verhandlungsmöglichkeiten insgesamt wenig Chancen, ihrem mit wachsendem Alter zunehmendem Selbstbestimmungsbedürfnis entsprechen zu können. Sie verschaffen sich auf der Basis aktiver Durchsetzungsstrategien eigene Handlungsspielräume und verlagern ihre Bezugsgruppenorientierung auf die Gleichaltrigen. Andererseits muß bei Mädchen und Jungen, die in einem modernisierten Erziehungshaushalt aufwachsen, unbedingt berücksichtigt werden, daß Verselbständigungsschritte weniger sichtbar werden" (Kötters 2001, S. 138f).

5.4.2.3.2. Varianten der biographischen Verselbstständigung – biographische Chancen und Risiken

Die Untersuchung konnte über die einzelnen Verselbständigungsschritte hinaus auch typische Verlaufsformen des Übergangs von der Kindheit in die Jugendphase nachweisen, die sich mit unterschiedlichen Chancen bzw. Zwängen für die Heranwachsenden verknüpfen. Herausgearbeitet wurden dabei eine traditionale verzögerte, eine moderne, eine traditionale beschleunigte und eine hochmoderne Variante dieser Statuspassage.

Den *traditionalen, verzögerten Verselbstständigungsweg* ist eine große Gruppe der von uns untersuchten 14- bis 15-Jährigen gegangen. Im Bereich der alltagspraktischen Selbstbestimmung und erster Liebesbeziehungen sind sie nur wenig individuiert – Verselbstständigungsprozesse setzen hier biographisch verzögert ein. Kennzeichnend ist darüber hinaus ihre überdurchschnittlich starke Orientierung an den Eltern, unabhängig davon, ob das elterliche Erziehungsverhalten auf dem Modus des liberalen Verhandelns oder vielmehr des Befehlens und Gehorsams beruht.

Der Verselbstständigungsweg der Mehrheit der Jugendlichen lässt sich demgegenüber als *modern* charakterisieren. Kennzeichnend ist hier, dass die Heranwachsenden biographisch frühzeitig nur noch in wenigen Alltagsbereichen die elterliche Meinung als Orientierungsmaßstab für das eigene Handeln ansetzen, in weiten Teilen also über biographische Weichenstellungen selbst oder zumindest mitentscheiden. Dies wird in einem innerfamilialen Raum mit weitreichenden Verhandlungsmöglichkeiten besonders gefördert. Werden ihnen von den Eltern Handlungsgrenzen gesetzt, bleiben sie allerdings passiv – sie versuchen nicht, diese Barrieren aktiv zu umgehen.

Eine kleinere Gruppe von Heranwachsenden ist den Weg in die Jugendphase biographisch frühzeitig gegangen. Gegenüber der chanceneröffnenden modernen Verselbstständigung überwiegen bei der *traditionalen beschleunigten Verselbständigung* jedoch die mit starken Belastungsmomenten verbundenen Schattenseiten der Individuation: In der Familie stehen die Chancen für die Aushandlung von Rechten aufgrund starker Verregelungen schlecht – die betroffenen Heranwachsenden müssen sich auf der Basis aktiver Durchsetzungsstrategien eigene Handlungsspielräume erkämpfen, die das innerfamiliale Konfliktpotential anschwellen lassen. Parallel zu dieser problembehafteten Ablösung denken sie sehr stark über ihre berufliche und private Zukunft nach. Besonders auffällig an diesen Jugendlichen ist ihre starke Belastung durch schulische Problemlagen.

Den *hochmodernen* Weg in die Jugendphase gehen insgesamt recht wenige Kinder. Sie erreichen biographisch relativ frühzeitig einen hohen Grad an praktischer und sozialer Selbständigkeit, tendieren jedoch im Bereich der kognitiven Verselbstständigung zu offenen, weniger deutlich fixierten persönlichen und beruflichen Zukunftshorizonten. Welche individuellen und interaktionellen Bedingungen bilden die Basis für einen solchen Weg? Vordergründig die Kontextbedingungen eines offenen familialen Verhandlungshaushaltes. Jedoch auch wenn er dem Kind frühe Wahlchancen und Selbstbestimmungsmöglichkeiten bietet, kann er auch voller Ambivalenzen stekken, indem er gleichzeitig erhebliche Potentiale von Orientierungslosigkeit und Überforderung beinhaltet. Dies konnte in der qualitativen Studie am Fallbeispiel Krümel aufgezeigt werden (vgl. Punkt 5.4.1.1).

Abbildung 48: Typologie der biographischen Verselbstständigung (14- bis 15-Jährige)

Kennzeichen	traditional, verzögert	modern	traditional, beschleunigt	hochmodern
Verteilung	33%	53%	9%	5%
Verselbstständigungsgrad	gering	mittel	hoch	hoch
Grad der praktischen Verselbstständigung	gering, Selbstbestimmung über Musik- u. Freundeswahl	hoch, keine Selbstbestimmung über Schule u. Kleidung	uneingeschränkt hoch	uneingeschränkt hoch
Grad der sozialen Verselbstständigung	gering	hoch, eher wenig aktive Durchsetzungsstrategien	uneingeschränkt hoch	uneingeschränkt hoch
Reflexion über berufliche und private Zukunft	60%	57%	64%	51%
Familialer Erziehungshaushalt	Befehls- o. Verhandlungshaushalt	vor allem Verhandlungshaushalt	Befehlshaushalt	Verhandlungshaushalt
Bezugsgruppenorientierung	starke Elternorientierung	geringe o. starke Gleichaltrigenorientierung, geringe o. starke Elternorientierung	geringe Elternorientierung, geringe o. starke Gleichaltrigenorientierung	geringe Elternorientierung, geringe o. starke Gleichaltrigenorientierung
Besonderes Kennzeichen			Schulische Problemlagen	
Ost (n=195)	40%	47%	11%	2%
West (n=450)	30%	55%	9%	6%

Quelle: Kötters 2001, S. 140

5.4.2.4 Zukunftsvorstellungen am Scheidepunkt zwischen Kindheit und Jugendphase

Im letzten Teil dieses Abschnittes zur Statuspassage Kindheit-Jugend soll schließlich noch ein Blick auf die Zukunftsvorstellungen der jungen Heranwachsenden geworfen werden. In der einschlägigen Literaturlandschaft fallen die Funde empirischer Ergebnisse insgesamt eher spärlich aus – Zukunftsvorstellungen von Kindern werden in standardisierten Befragungen der entsprechenden Altersgruppe kaum zum Erhebungsgegenstand. Quantitative Studien, die dieses Thema aufgreifen, beziehen in die Untersuchungspopulation allenfalls junge Jugendliche ein – so z.B.

- befragen Behnken/Krüger u.a. (1991) in ihrer Schülerstudie `90 Schülerinnen und Schüler aus 7., 9. und 11. Klassen, das heißt 13- bis 17-Jährige,
- grenzt Steiner (1991) ihre Beschreibung der Lebenslaufpläne ostdeutscher Schülerinnen und Schüler auf Neuntklässler, d.h. also in etwa 14- bis 15-Jährige ein und
- befragt Fuchs-Heinritz (2000) im Rahmen der 13. Shell Jugendstudie als jüngste Altersgruppe 15-jährige Jugendliche.

Die Aktualität von Jugendbefragungen zu dieser Thematik ist als bemerkenswert einzuschätzen – der Zukunftssicht von Kindern widmen sich jedoch nur wenige empirische Arbeiten am Rande. Erst im LBS-Kinderbarometer „Kindheit 2001" (LBS-Initiative Junge Familie 2002) wurden Wünsche, Hoffnungen und Ängste von Kindern im Alter von neun bis 14 Jahren in Nordrhein-Westfalen erstmals umfassender untersucht.

Im Rahmen dieser Studie haben sich Walper und Schröder explizit mit den Zukunftsperspektiven von Kindern beschäftigt. Dazu wurden die Kinder gefragt, wie sie ihre „Zukunft als Erwachsene sehen, welche Hoffnungen und Befürchtungen sie hegen, was sie sich für ihr späteres Leben wünschen, und wie sie ihre Möglichkeiten einschätzen, die eigene Zukunft zu bestimmen" (Walper/Schröder 2002, S. 99).

Dabei identifiziert das Kinderbarometer das eigene Auto, die Selbständigkeit, den späteren Beruf und die eigene spätere Familie und Partnerschaft als die Dinge, auf die sich die Kinder am meisten freuen, wenn sie daran denken, einmal erwachsen zu sein. In der Rangfolge dieser Freuden unterscheiden sich erwartungsgemäß die Mädchen von den Jungen: Während das Auto bei den Jungen auf dem ersten Platz rangiert – fast ein Drittel von ihnen freut sich darauf, selbst ein solches Fahrzeug zu besitzen oder es zumindest fahren zu dürfen, sind den Mädchen der spätere Beruf, eine eigene Familie und insbesondere die Selbstständigkeit wichtiger.

Tabelle 15: Größte Zukunftsfreude von Mädchen und Jungen (Angaben in %)

	Auto	Selbständigkeit	Arbeitsplatz	Familie	andere Nennungen
Mädchen	14% *(4.)*	19% *(1.)*	15% *(3.)*	18% *(2.)*	34%
Jungen	31% *(1.)*	15% *(3.)*	18% *(2.)*	10% *(4.)*	26%

Quelle: Walper/Schröder 2002, S.

Nach ihren größten Zukunftsängsten befragt, nennen die Kinder am häufigsten Arbeitslosigkeit, den eigenen Tod, die Verwicklung in einen Unfall bzw. eine schwere Krankheit, den Verlust der Kindheit und allgemeine Versagensängste. Die Angst vor Arbeitslosigkeit und Armut steht dabei sowohl bei Jungen als auch bei Mädchen auf dem ersten Rangplatz formulierter Zukunftsängste. Diese Angst ist bei den älteren Kindern noch deutlich stärker ausgeprägt als bei den Jüngeren.

Tabelle 16: Größte Zukunftsangst von Mädchen und Jungen (Angaben in %)

	Arbeitslo-sigkeit/ Armut	der eigene Tod	Unfall/ Krankheit	Verlust der Kindheit	Versagens-ängste	andere Nennungen
Mädchen	22% (1.)	10% (2.)	7% (4.)	8% (3.)	5% (5.)	48%
Jungen	31% (1.)	11% (2.)	10% (3.)	5% (5.)	6% (4.)	63%

Quelle: Walper/Schröder 2002, S.

Nach dem eigenen Kinderwunsch gefragt, äußerten fast drei Viertel der Kinder, später einmal Kinder haben zu wollen. Nur 5% teilten diesen Wunsch nicht und knapp ein Fünftel der Kinder zeigte sich in dieser Frage noch unentschieden. Ebenso wie sich die Mädchen und die Jungen in diesem Punkt nicht nennenswert voneinander unterscheiden, ist ihre Meinung zu Rollenverteilungen im familiären Bereich ähnlich deutlich: Weder für die Mädchen noch für die Jungen ist die Vorstellung attraktiv, sich später hauptsächlich um Kinder und Haushalt zu kümmern. Sie finden es darüber hinaus auch wichtig, dass sich Frauen und Männer die Hausarbeit teilen. Mädchen und Jungen unterstreichen durch ihre Positionen somit ihren Anspruch auf Gleichberechtigung.

Demgegenüber wird am Bereich der von den Kindern auf Nachfrage angegebenen Berufswünsche die starke Verankerung von tradierten Geschlechtsrollen im Denken deutlich, das belegt die folgende Rangfolge der Lieblingsberufe (Platz 1 bis 6) von Mädchen und Jungen:

Tabelle 17: Lieblingsberufe von Mädchen und Jungen

Mädchen	Jungen
Ärztin	Fußballprofi
Krankenschwester	Polizist
Künstlerin	Beruf des technischen Handwerks
Beruf mit Tieren	Arzt
Beruf des nichttechnischen Hand-werks	Wissenschaftler
Lehrerin	Beruf in Luftfahrt

Quelle: Walper/Schröder 2002, S.

Die Rangliste dieser Lieblingsberufe bleibt im Altersquerschnitt nahezu konstant und zeigt die Orientierung der Mädchen und Jungen an traditionellen Berufswünschen: „Die Jungen bevorzugen eher „öffentlichkeitsorientierte", „regelnde" Berufe, während sich die Mädchen ihren späteren Beruf eher in der Rolle der „Helferin" und „Lehrenden" vorstellen" (Walper/Schröder 2002, S. 117).

Um die subjektive Gewichtung von Zukunftsaspekten durch die Kinder beleuchten zu können, wurden sie in der Untersuchung danach gefragt, was ihnen im Leben wirklich wichtig ist. Die Nennungen, die über die Altersstufen gleich und auch geschlechtsunabhängig ausfallen, reichen von persönlichen Belangen über familiäre Aspekte bis hin zu altruistischen Aspekten: Ungeschlagen unter den Angaben ist die eigene Familie, die für fast 40% der Kinder wirklich wichtig ist. Deutlich weniger bedeutsam, aber im Vergleich zu den anderen Nennungen überdurchschnittlich wichtig sind den Kindern Freundschaften (22%). Dieses Ergebnis ist zusammen mit dem Verweis auf die Familie ein Beleg für die hohe Bedeutsamkeit sozialer Beziehungen. Mit zwischen 6 und 8% der Stimmen ragen schließlich auch die eigene Gesundheit, Schule und Ausbildung sowie Haustiere aus den verschiedenen Antworten heraus.

Im aktuellen LBS-Kinderbarometer (2005) wurden die Kinder vor allem nach ihren Zukunftswünschen bzgl. der späteren Wohnform befragt. Im Hinblick auf die Größe des späteren Wohnortes zeigt sich, dass die Kinder mit ihrer jetzigen Situation recht zufrieden sind. So wünscht sich fast die Hälfte der Befragten die gleiche Wohnortgröße, in der sie auch momentan leben, ein Drittel würde später lieber in einem größeren Ort leben und 19% in einem kleineren. Dabei sind es eher die jüngeren Kinder, die ein Leben in dörflicher Umgebung präferieren würden (34% in Klasse 4 gegenüber 20% in Klasse 7) (LBS-Kinderbarometer 2005, S. 87). Grundsätzlich verfügen Kinder, die sich für ihre Zukunft einen Wechsel der Siedlungsgröße wünschen über ein geringer ausgeprägtes Wohlbefinden an ihrer jetzigen Wohnumgebung als Kinder, die nicht den Wunsch nach einer Veränderung äußern.

Gefragt nach dem Land, in dem die Kinder später einmal leben möchten, geben nur 68% der Befragten Deutschland als späteres Wunschwohnland an. 17% würden gern in anderen westeuropäischen Staaten leben und 6% könnten sich eine Zukunft in Nordamerika vorstellen. Etwa 4% der Kinder geben die Türkei als Zielland an. Besonders deutliche Unterschiede zeigen sich hier zwischen Kindern mit und ohne Migrationshintergrund.

Abbildung 49: Wunschwohnländer der Kinder nach Migrationshintergrund

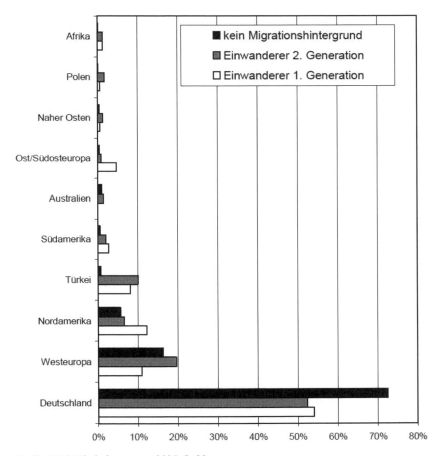

Afrika
Polen
Naher Osten
Ost/Südosteuropa
Australien
Südamerika
Türkei
Nordamerika
Westeuropa
Deutschland

■ kein Migrationshintergrund
■ Einwanderer 2. Generation
□ Einwanderer 1. Generation

0% 10% 20% 30% 40% 50% 60% 70% 80%

Quelle: LBS-Kinderbarometer 2005, S. 90

Etwas weniger als die Hälfte der Kinder von Einwanderern der ersten und zweiten Generation stellt sich eine Zukunft außerhalb von Deutschland vor, während dies für gut ein Viertel der Kinder ohne Migrationshintergrund zutrifft. Dabei wünschen sich 22% der Einwandererkinder eine Rückkehr in das Herkunftsland ihrer Eltern. Im Gegensatz zur Größe des Wohnortes lässt sich kein Zusammenhang zwischen dem Wunsch, in ein anderes Land auszuwandern und dem aktuellen Wohlbefinden der Kinder feststellen.

5.5. Kinderrechte und Kinderpolitik

In diesem Abschnitt werden Fragen der Kindheitspolitik aus zwei Perspektiven analysiert. Zum einen werden wir die vor allem im letzten Jahrzehnt auftauchende Debatte um die Stärkung von Kinderrechten und Kinderpartizipation nachzeichnen und unter Bezug auf empirische Studien prüfen, inwieweit auch Kinder daran interessiert sind, solche Rechte wahrzunehmen. Zum anderen werden wir in einem abschließenden Ausblick unsere Diagnosen zur Situation von Kindheit im deutsch-deutschen Vergleich noch einmal knapp resümieren und einige Herausforderungen diskutieren, die sich aus den Befunden für die Kindheitspolitik ergeben.

5.5.1 Kinderrechte und Kinderpartizipation

Nachdem Forderungen, Kinder aktiv am gesellschaftlichen und politischen Leben zu beteiligen, im Kontext der Kinderladenbewegung und der Schülerbewegung in den späten 1960er- und 1970er-Jahren in Westdeutschland einen ersten Höhepunkt erlebten, waren solche Vorstellungen politisch lange nicht mehr en vogue. Erst in den späten 1980er-Jahren in Westdeutschland und seit Beginn der 1990er-Jahre in ganz Deutschland setzten verstärkt Diskussionen um eine Förderung von Kinderrechten und um eine Partizipation von Kindern an politischen Entscheidungsprozessen ein. Die vermehrt öffentlich sichtbare Gewalt Jugendlicher sowie die Sorge um die sich abzeichnende Politikverdrossenheit zukünftiger Generationen (vgl. Helsper/Krüger u.a. 2006) waren Ursachen für das neue Interesse der politischen Entscheidungsinstanzen am Thema Demokratie-lernen für Kinder (vgl. Swiderek 2001, S. 115). Entscheidende Impulse für diese Entwicklung gingen auch von der 1989 verabschiedeten UN-Konvention für die Rechte des Kindes aus, die 1992 auch von der Regierung der Bundesrepublik Deutschland ratifiziert wurde. In dieser Konvention wurde nicht nur das Recht jeden Kindes auf einen seiner körperlichen, geistigen, sittlichen und sozialen Entwicklung angemessenen Lebensstandard als eine zentrale kindheitspolitische Herausforderung formuliert, sondern auch das Recht des Kindes auf freie Meinungsäußerung, auf Versammlungsfreiheit und auf Teilnahme am kulturellen und künstlerischen Leben gefordert (vgl. Sünker 2001, S. 73). Auch in dem seit 1991 im vereinigten Deutschland geltenden Kinder- und Jugendhilfegesetz wurden die Beteiligungsrechte für Kinder und Jugendliche an kinder- und jugendpolitischen Entscheidungen gestärkt: so heißt es im Paragraph 8, Kinder sind entsprechend ihrem Entwicklungsstand an allen sie betreffenden Entscheidungen der öffentlichen Jugendhilfe zu beteiligen (vgl. Swiderek 2001, S. 119).

Vor dem Hintergrund dieser veränderten rechtlichen Rahmenbedingungen hat sich in Deutschland im vergangenen Jahrzehnt eine bemerkenswerte Infrastruktur der Politik für Kinder entwickelt. Auf Bundesebene existiert seit 1988 allerdings nur als Unterausschuss der Ausschüsse für Familie und Senioren sowie für Frauen und Jugend eine parteiübergreifende, paritätisch besetzte so genannte Kinderkommission, um die Belange der Kinder zu vertreten. Auf Länderebene wurden in der ersten Hälfte der 1990er-Jahre, zwar eingebunden in die Hierarchie der Sozialministerien, aber dennoch mit informellen Einflussmöglichkeiten in einer Reihe von Bundesländern (z.B. Nordrhein-Westfalen, Sachsen-Anhalt) Kinderbeauftragte eingesetzt. Auf kommunaler Ebene wurden in verschiedenen Städten Kinderbüros, Kinderanwälte, Kinderbeauftragte oder Ämter für Kinderinteressen etabliert, die oft inhaltlich und organisatorisch den Jugendämtern zugeordnet sind. Neben diesen Stellenvertretungsorganen, die sich als Sprachrohr für die Belange der Kinder gegenüber den Interessen der Erwachsenen verstehen, entstanden und entstehen zudem weiterhin Modelle der indirekten oder direkten Beteiligung von Kindern in Gestalt von Kinder- und Jugendparlamenten, Kinderforen, Runden Tischen, Sprechstunden beim Bürgermeister oder fallbezogenen Projektbeteiligungen (vgl. Swiderek 2001, S. 115). Die Ergebnisse einer repräsentativen Expertenbefragung des Deutschen Jugendinstitutes (vgl. BMFSFJ 1999), an der sich 400 Kommunen in Deutschland beteiligten, machen deutlich, dass im Jahr 1998 in 38% der Städte und Gemeinden ein oder mehrere Beteiligungsangebote für Kinder realisiert worden sind. Dabei dominieren mit 70% projektorientierte Formen der Kinderpartizipation, an zweiter Stelle folgen mit 30% offene Formen, wie z.B. Kinderforen und Runde Tische und in 20% der befragten Kommunen wurden repräsentative Beteiligungsformen in Gestalt von Kinder- und Jugendparlamenten eingerichtet. Oft sind solche Projekte allerdings nur modellhaft und von kurzfristiger Dauer, nicht in Konzepte eines alltäglichen Lernens von Demokratie eingebunden, von manchen Politikern nur halbherzig gewollt oder von ihnen instrumentell auf die Nachwuchsgewinnung für die politischen Parteien ausgerichtet (vgl. Sünker/ Swiderek 2002).

Welches Interesse, sich an kommunalen Entscheidungsprozessen zu beteiligen, besteht nun bei den Heranwachsenden? Zu diesem Thema wurde im Rahmen der von Zinnecker/Behnken u.a. (2002) in Nordrhein-Westfalen im Jahr 2000 durchgeführten repräsentativen Befragung von über 6.000 Heranwachsenden im Alter zwischen zehn und 18 Jahren eine Frage gestellt, deren Ergebnisse nachfolgend veranschaulicht sind.

Überraschender Weise zeigte sich, dass fast 60% der Befragten ein Interesse artikulierten, bei Entscheidungen in ihrer Stadt gerne mitzureden. Dieses Interesse war bei den befragten Grundschülern mit 44% noch etwas geringer ausgeprägt, während bei den befragten Sekundarschülern der verschiedenen Schulformen nur die Hauptschüler mit 49% unter dem ansonsten angegebenen Beteiligungsinteresse von rund 60% lagen (vgl. Zinnecker/Behnken u.a. 2002, S. 89).

Abbildung 50: Interesse von Kindern und Jugendlichen an kommunaler Partizipation (Angaben in %)

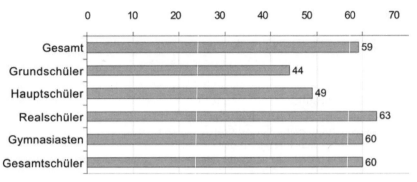

Quelle: Zinnecker/Behnken u.a. 2002, S. 88

In dieser Studie wurden die Kinder und Jugendlichen auch gefragt, in welchen gesellschaftlichen Bereichen sie sich engagieren, wofür sie sich einsetzen. Die Antworten auf diese Frage beziehen sich sowohl auf die aktive Umsetzung als auch auf die Relevanz dieser Themen für die Heranwachsenden. Dabei konnten die Befragten aus einer vorgegebenen Antwortliste von 16 Möglichkeiten bis zu sechs Engagements auswählen. In der folgenden Abbildung sind die Antworttendenzen differenziert nach Kindern im Alter von 10 bis 12 Jahren und Jugendlichen zwischen 13 und 18 Jahren dargestellt.

In Abbildung 51 wird deutlich, dass die Kinder im Vergleich zu den Jugendlichen vielfältiger und ausgeprägter engagiert sind. Lediglich beim Einsatz für die Rechte von Kindern und die Menschenrechte sowie für die Familie haben die Jugendlichen einen leichten Vorsprung. Die Kinder betonen hingegen deutlich stärker den Tier- und Umweltschutz, den Einsatz gegen Gewalt unter Gleichaltrigen und immerhin ein Viertel der Jüngeren engagiert sich für alte Menschen (bei den Jugendlichen sind es nur 6%).

In dieser Studie wurde zudem untersucht, ob Kinder und Jugendliche dem Namen nach Kinderrechte kannten, was bei der Hälfte der Befragten der Fall war, und gefragt gegen welche Rechte, die in der UN-Kinderrechtskonvention stehen, in Deutschland auf häufigsten verstoßen wird. Sechs Rechte waren exemplarisch vorgegeben, aus denen maximal drei ausgewählt werden durften: Das Recht auf Gleichheit, gewaltfreie Erziehung, freie Meinungsäußerung, elterliche Fürsorge, Spiel und Freizeit und Schutz vor Ausbeutung. Im folgenden Schaubild sind die Einschätzungen zur Verletzung von Kinderrechten in Deutschland differenziert nach den Altersgruppen 10- bis 12-Jährige und 13- bis 15-Jährige wiedergeben.

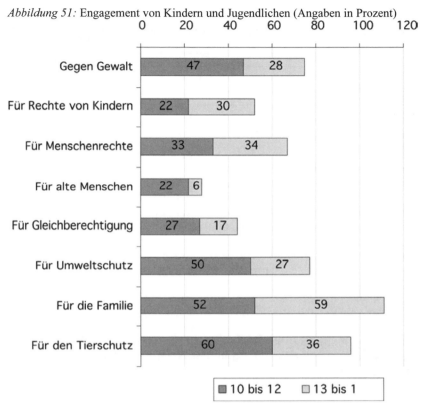

Abbildung 51: Engagement von Kindern und Jugendlichen (Angaben in Prozent)

Quelle: Zinnecker/Behnken u.a. 2002, S. 83

In dieser Studie wurde zudem untersucht, ob Kinder und Jugendliche dem Namen nach Kinderrechte kannten, was bei der Hälfte der Befragten der Fall war, und gefragt gegen welche Rechte, die in der UN-Kinderrechtskonvention stehen, in Deutschland auf häufigsten verstoßen wird. Sechs Rechte waren exemplarisch vorgegeben, aus denen maximal drei ausgewählt werden durften: Das Recht auf Gleichheit, gewaltfreie Erziehung, freie Meinungsäußerung, elterliche Fürsorge, Spiel und Freizeit und Schutz vor Ausbeutung. Im folgenden Schaubild sind die Einschätzungen zur Verletzung von Kinderrechten in Deutschland differenziert nach den Altersgruppen 10- bis 12-Jährige und 13- bis 15-Jährige wiedergeben.

211

Tabelle 18: Kinderrechtsverletzungen (Angaben in %)

Recht auf ...	10-12 Jahre	13-15 Jahre
Gewaltfreie Erziehung	38	50
Gleichheit	30	40
Freie Meinungsäußerung	32	36
Schutz vor Ausbeutung	21	28
Spiel und Freizeit	33	23
Elterliche Fürsorge	14	14

Quelle: Zinnecker/Behnken u.a. 2002, S. 91

Am häufigsten, so urteilen Kinder und jüngere Jugendliche, werden das Recht auf gewaltfreie Erziehung, auf Gleichheit und auf freie Meinungsäußerung verletzt. Dabei nimmt der Anteil derer, die diese Rechte missachtet sehen, mit zunehmendem Alter zu. Eine Ausnahme bildet das Recht auf Spiel und Freizeit, das besonders die jüngere Altersgruppe häufiger als verletzt ansieht (vgl. Zinnecker/Behnken u.a. 2002, S. 91).

Im Unterschied zur damaligen Bundesregierung, die bei der Einführungsdebatte der UN-Kinderrechtskonventionen die Auffassung vertrat, der Forderungskatalog der Kinderrechte sei in Deutschland erfüllt, wird dies aus der Sicht der jüngeren Generation somit deutlich kritischer eingeschätzt.

Zu ähnlichen Ergebnissen im Hinblick auf das Interesse von Heranwachsenden an kommunaler Beteiligung wie die Studie von Zinnecker/Behnken u.a. (2002) kam auch das LBS-Kinderbarometer. 61% der im Jahr 2004 ebenfalls in Bundesland Nordrhein-Westfalen befragten 9- bis 14-jährigen Kinder würden bei Entscheidungen in ihrer Stadt bzw. Gemeinde gerne mitreden (vgl. LBS-Kinderbarometer 2005, S. 92). Dabei würden gut ein Fünftel der Befragten sich am liebsten an institutionalisierten Kinder- und Jugendgremien beteiligen, gut die Hälfte der Befragten würde lieber bei zeitlich begrenzten Aktionen, wie beispielsweise bei einer Spielplatzplanung, mitarbeiten. Allerdings zeigen die Resultate dieser quantitativen Studie aber auch, dass nur gut ein Drittel der befragten Kinder, die Kinder- und Jugendgremien in ihrer Stadt überhaupt kennt und über mögliche Ansprechpartner in ihrer Kommune zur Vertretung von Kinderinteressen informiert sind (vgl. LBS-Kinder-Barometer 2005, S. 93).

5.5.2 Fazit und kindheitspolitischer Ausblick

In der zugespitzten Zusammenfassung der in diesem Kapitel vorgestellten empirischen Befunde zur Kindheit im deutsch-deutschen Vergleich, lässt sich konstatieren, dass sich im Verlaufe des vergangenen Jahrzehnts die biographischen Verlaufsmuster und Lebensvorstellungen in vielen Punkten angenähert haben, auch wenn die Kinder in den neuen Bundesländern noch etwas familienorientierter sind. Sie tragen weniger Ablösungskonflikte mit den Eltern aus und sind deutlich stärker, vor allem die Mädchen noch in familiale Haushaltspflichten eingebunden. Außerdem verfügen sie über geringere finanzielle Ressourcen für das Einüben der materiellen Selbständigkeit und können weniger als westdeutsche Heranwachsende eine breit entfaltete Freizeitinfrastruktur etwa in Gestalt der Angebote von Vereinen und Verbänden nutzen.

Unterhalb dieser Ebene der Ost-West-Unterschiede lassen sich jedoch in Ost- und Westdeutschland zudem starke milieuspezifische Disparitäten ausmachen, auf die bei der Vorstellung der empirischen Daten und Trends bereits mehrfach hingewiesen wurde. Da gibt es auf der einen Seite die Kinder aus den höheren sozialen Milieus, die gute schulische Bildungschancen und Zugänge zu vielfältigen bildungsrelevanten kinderkulturellen Freizeitangeboten haben und diese auch nutzen. Und da gibt es auf der Verliererseite die Kinder aus Familien mit niedrigerem sozialen Status, die nur geringe Chancen haben, weiterführende Schulformen wie das Gymnasium zu besuchen und die auch kaum an außerschulischen Lernmöglichkeiten partizipieren, sondern eher jene Angebote des Kinderkulturmarktes (wie etwa Fernsehen, Video, Computerspiele) intensiver nutzen, die für eine Bildungskarriere kaum förderlich sind.

Jürgen Zinnecker (1995, S. 85) kommt in einem Beitrag zur kulturellen Modernisierung von Kindheit zu einem ähnlichen Befund, wenn er feststellt, dass das Modell von Kindheit als kulturelles Moratorium, das in den 1950er-Jahren noch ein Privileg des Bürgertums war und das durch den Erwerb von schulischen Bildungstiteln sowie von Titeln und Bildungskompetenzen im Freizeitbereich gekennzeichnet ist, sich in den vergangenen Jahrzehnten ausgeweitet hat und gegenwärtig auf den Alltag von zwei Dritteln der Kinder in Deutschland zutrifft. Ein Drittel der Kinder wird seiner Einschätzung nach hingegen marginalisiert und an den Rand gedrängt. Als besonders eklatantes Beispiel für dieses Muster benachteiligter Kindheit könnte man sicherlich auch jene knapp 20% der Kinder im Alter zwischen zehn und 15 Jahren in Deutschland nennen, die im Jahre 2003 direkt von Armut betroffen waren (vgl. BMFSFJ 2005, S. 30).

Ob der von Zinnecker bei der Charakterisierung der Veränderung der Lebensphase Kindheit zugrundegelegte Moratotiumsbegriff besonders gut geeignet ist, die aktuellen Wandlungsprozesse von Kinderbiographie und Kinderleben kategorial zu fassen, würden wir jedoch bezweifeln, da Moratorium im Sinne von von Erikson (1973) zu einseitig nur den Schon- und Erprobungscharakter dieser Lebensphase betont. Es bleibt festzustellen, dass sich durch die Individualisierung des kindlichen Lebensverlaufes, durch das Brüchigwerden von klar fixierten Altersnormen sowie durch die Ausdifferenzierung der Lebensformen und Lebensentwürfe das Spektrum an biographischen Wahlmöglichkeiten gerade auch für Heranwachsende in den neuen Bundesländern im letzten Jahrzehnt enorm vergrößert hat (vgl. Krüger 2000,

S. 87). Gleichzeitig verweisen jedoch die empirisch aufgezeigten Phänomene der Schul- und Prüfungsangst, die verschiedenen Formen aggressiven Verhaltens in der Schule, der hohe Medienkonsum bei einem Teil der Kinder aus unteren sozialen Statusgruppen oder die nicht nur in den neuen Bundesländern relevanten Problemzonen der Kinderarmut auch auf die Schattenseiten einer Individualisierung des kindlichen Lebensverlaufs. Diese können eben auch zu einer Zunahme von Orientierungsdilemmata und Problembelastungspotentialen bei den Heranwachsenden führen, vor allem wenn diese Entwicklungen nicht von funktionierenden familialen, schulischen oder vor- und außerschulischen Netzwerken gestützt und stabilisiert werden.

Aus den aufgezeigten Veränderungen der Lebensbedingungen von Kindern ergeben sich eine Vielzahl an Herausforderungen für die zukünftige Kinder- und Bildungspolitik in Deutschland. In diesem Zusammenhang möchten wir exemplarisch drei Reformbereiche nennen. Erstens ist angesichts der skizzierten Tendenzen zur Pluralisierung familialer Lebensformen sowie der im Osten Deutschlands bereits gegebenen, im Westen kontinuierlich ansteigenden Berufstätigkeit der Mütter der verstärkte Ausbau der Institutionen der öffentlichen Kindererziehung von der Kleinkindbetreuung über den Kindergarten bis hin zu Tageseinrichtungen für Schulkinder erforderlich. In den neuen Bundesländern wird es in den nächsten Jahren bei wieder deutlich steigenden Zahlen von Kindern im Vorschul- und Grundschulalter (vgl. Klemm 2001, S. 18) in erster Linie darum gehen, die in den 1990er-Jahren noch vorhandenen guten Versorgungsstandards im Bereich der öffentlichen Kindererziehung zu erhalten. Gleichzeitig gilt es in Ost- und Westdeutschland die Qualität der Tageseinrichtungen für Kinder zu verbessern, den Bildungsanspruch des Kindergartens zu stärken und durch eine gezielte vorschulische Sprachförderung die Kinder aus Migrationsfamilien für ein erfolgreicheres Durchlaufen der Bildungsinstitutionen zu befähigen (vgl. auch BMFSFJ 2005, S. 357).

Zweitens gilt es vor dem Hintergrund der internationalen und nationalen Ergebnisse der PISA-Studien durch die Einführung von Kerncurricula im Grundschul- und Sekundarschulbereich die mathematisch-naturwissenschaftlichen und die Lese- und Sprachkompetenz aller Kinder, vor allem aber aus sozial benachteiligten Familien besser zu fördern. Dabei darf jedoch nicht übersehen werden, dass der Schule nicht nur ein kognitiver, sondern auch ein sozialer Bildungsauftrag zukommt. Angesichts der Tatsache, dass die Freizeitangebote von Vereinen und Verbänden im Alltagsleben ostdeutscher Kinder immer noch eine geringe Bedeutung haben und auch in den alten Bundesländern vor allem die Kinder aus Familien mit höheren sozialen Status ansprechen, sind mehr Freizeitangebote auch seitens der Schule, etwa im Rahmen von Ganztagsschulen erforderlich. Der seit 2002 durch eine Initiative der damaligen Bundesregierung in Gang gesetzte Impuls zum Ausbau von Ganztagsschulen, der dazu geführt hat, dass inzwischen knapp 11% aller

Kinder in Grundschulen und in der Sekundarstufe I solche Schulen besuchen, stellt dafür sicherlich eine wichtige Voraussetzung dar (vgl. BMFSFJ 2005, S. 311). Nicht nur die Schule sollte sich gegenüber dem Freizeitbereich öffnen und zu einer gemeinwesenorientierten Stadtteilschule werden. Auch umgekehrt sollten die kommunalen Institutionen der Kinder- und Jugendarbeit attraktive Bildungs- und Freizeitangebote für jene Heranwachsenden anbieten, die bislang durch das Netz von Vereinsprogrammen und kommerziell organisierten Angeboten fallen.

Vor dem Hintergrund der empirisch konstatierbaren Politikverdrossenheit der jungen Generation und ihrem gleichzeitig artikulierten Interesse an ehrenamtlichem Engagement und kommunalpolitischer Partizipation sollten in allen Städten und Gemeinden in Ost- und Westdeutschland nicht nur Kinderbüros eingerichtet, sondern vor allem direkte Formen demokratischer Partizipation für Kinder ermöglicht und auf Dauer gestellt werden. Dies gilt ebenso für die Verstärkung von Mitbestimmungsmöglichkeiten für Heranwachsende in der Schule, vor allem im Unterricht, damit Demokratie-lernen in der Schule mehr wird als nur ein sachpolitischer Unterricht im Fach Sozialkunde für ältere Schülerinnen und Schüler (vgl. Krüger/Reinhard u.a. 2002)..

Angesichts der sich abzeichnenden demographischen Entwicklung in den nächsten Jahrzehnten erscheinen die Umsetzungsmöglichkeiten für die hier gemachten Vorschläge für eine an sozialer Gerechtigkeit und Partizipation orientierten Kindheitspolitik nicht gerade günstig.

Tabelle 19: Anteil der Altersgruppen an der Gesamtbevölkerung in Deutschland (Angaben in %)

	< 20	20 – 60	> 60
2000	21,2	55,7	23,1
2010	18,6	56,5	24,9
2030	16,8	49,6	33,6

Quelle: Münz 1997, S. 58

Denn wie Münz (1997) in der obigen Tabelle dargestellten Bevölkerungsprognose bis 2030 aufgezeigt hat, wird in den nächsten drei Jahrzehnten der Anteil der über 60-Jährigen auf mehr als ein Drittel der Gesamtbevölkerung steigen (33,9% in den alten, 31,4% in den neuen Bundesländern), während die Altersgruppe der unter 20-Jährigen auf 16,8% (17,0% in den alten, 16,1% in den neuen Bundesländern) zurückgehen wird.

Dafür, dass trotz dieser demographischen Entwicklung die Rahmenbedingungen für eine aktive Kindheitspolitik nicht so schlecht sind bzw. sein werden, sprechen zumindest zwei Gründe. Erstens wird angesichts der sich abzeichnenden Probleme im Bereich der Alterssicherung und der Rentenfinanzierung die Förderung des Humankapitals „Kind" allein schon aus instrumentell-ökonomischen Motiven ein Dauerthema in der politischen Diskussion bleiben. Zweitens werden auch die für die nächsten Jahre geplanten PISA-Nachfolgestudien dafür sorgen, dass kindheits-, bildungs- und familienpolitische Fragen weiter im Blickfeld der medialen und politischen Diskurse stehen werden. Ob solche medialen Thematisierungen dann auch in konkrete Kindheitspolitik umgesetzt werden, ist allerdings noch eine ganz andere Frage. Die Chancen dafür sehen die von Zinnecker/Behnken u.a. (2002, S. 160) im Jahr 2000 in Nordrhein-Westfalen befragten Kinder und Jugendlichen eher skeptisch. Auf die Frage, ob die Regierung genug für junge Leute tue, antworteten nur 17% der Befragten mit „ja". In den 1950er-Jahren und zu Beginn der 1990er-Jahre wurde die gleiche Frage noch von 50% bzw. 34% der Befragten positiv beantwortet. Die zukünftige Entwicklung in der Kindheitspolitik wird zeigen, ob die Einschätzungen der aktuellen Jugendgeneration oder die Prognosen der Kindheitsforscher realistisch waren.

6. Kindheit in Europa

Wir wollen in diesem Kapitel nun die nationale Ebene verlassen und den Blick auf die Bedingungen des Aufwachsens von Kindern und Jugendlichen in Europa richten. Genauer gesagt werden wir in einem ersten Schritt untersuchen, wie stark sich Heranwachsende überhaupt mit dem geopolitischen und wirtschafts- sowie gesellschaftspolitischen Raum Europas identifizieren. In einem zweiten Schritt werden wir den bisherigen Stand und die zukünftigen Aufgaben einer europäischen Kindheits- und Jugendforschung in groben Umrissen skizzieren. In einem dritten Schritt werden wir einige ausgewählte Ergebnisse aus einem von uns mit durchgeführtem Forschungsprojekt zu Lebenslagen von Kindern und jüngeren Jugendlichen in drei europäischen Regionen, in Ost- und Westdeutschland und den Niederlanden, vorstellen. Und in einem vierten Schritt werden wir fragen, welche Herausforderungen sich aus den skizzierten soziopolitischen Orientierungen der Heranwachsenden bzw. aus dem bisherigen Stand der Forschung für die Forschungs- bzw. Bildungs- und Jugendpolitik in Europa bzw. in den Mitgliederländern der Europäischen Gemeinschaft ergeben.

6.1 'Europe is a cool issue, not a hot one' - wie Heranwachsende Europa sehen

In der ersten noch vor der deutsch-deutschen Vereinigung im Sommer 1990 durchgeführten Kindheits- und Jugendstudie (vgl. Behnken u.a. 1990) wurden die 10- bis 18-jährigen Schüler im Raum Ruhrgebiet und im Raum Halle-Leipzig gefragt, wie sie sich im geopolitischen Raum verorten, ob sie sich als Bürger eines Wohnortes, eines Bundeslandes, als BRD-, DDR-Bürger, als Deutscher und als Europäer begreifen (vgl. Tabelle 20). Bei der Betrachtung der abgefragten Identifikation mit Europa, fällt auf, dass nur 41% der befragten westdeutschen und immerhin 52% der befragten ostdeutschen Schüler sich als Europäer begreifen. Dass sich insbesondere die ostdeutschen Heranwachsenden, angesichts des gerade erfolgten Zusammenbruchs ihres eigenen Gesellschaftssystems und in damals naiver Hoffnungsbereitschaft auf die individuellen Entwicklungschancen in einem vereinigten Europa, stärker mit Europa identifizieren, ist unter Berücksichtigung des Befragungszeitpunkts, verständlich (vgl. Behnken u.a. 1991; ähnliche Ergebnisse bei Gotschlich 1990). Gleichzeitig muss jedoch auch gesehen werden, dass sich nur die Hälfte der Befragten in den alten und neuen Bundesländern überhaupt auf Europa bei der Bestimmung ihrer sozio- und geopolitischen Identität bezieht.

Tabelle 20: Verortung im geopolitischen Raum

"Es gibt verschiedene Möglichkeiten, als was man sich selbst fühlen kann." "Ich fühle mich als...", Skalenwert: „Ja, vollkommen" (Angaben in %)		
	BRD	DDR
Bürger meines Wohnortes	63	62
Bürger meines Bundeslandes	37	38
BRD-Bürger	50	3
DDR-Bürger	-	41
Deutscher	55	71
Europäer	41	52

Skala: 1 = ja, vollkommen bis 5 = absolut nicht

Quelle: Behnken, I. u.a.: 1991, S. 49

Zu einem ähnlichen Ergebnis kam eine Anfang der neunziger Jahre durchgeführte Mainzer Studie, die zeigte, dass sich 47% der befragten westdeutschen Jugendlichen für Europa interessieren, während die beiden Extremgruppen der ‚engagierten Europäer' und der ‚Anti-Europäer' mit jeweils 14 bis 16% in etwa gleich stark in den Ergebnissen vertreten sind. Als Gründe für dieses im Mittelbereich wenig differenzierte, doch relativ distanzierte Einstellungsprofil der westdeutschen Jugend zu EG-Europa erwähnen die Mainzer Forscher das ungenügende Grundwissen über die EG-Institutionen und ihre Politik, Vorbehalte gegenüber der Problemlösungskompetenzen der EG in der europäischen Bildungspolitik und beim Abbau der Arbeitslosigkeit sowie die mangelnde positive Erfahrbarkeit der Arbeit der EG (vgl. Weidenfeld/Piepenschneider 1990, S. 167).

Ähnlich ernüchternde Trends signalisieren auch die Ergebnisse der 1987 durchgeführten Studie ‚Young Europeans', bei der 7.000 Jugendliche im Alter von 15 bis 24 Jahren in zwölf EG Ländern befragt wurden (vgl. Office for Official Publications of the European Communities 1989). Die überwiegende Mehrzahl der jungen Europäer hat kaum eine Ahnung von dem institutionell-bürokratischen Rahmen, in den ihr Leben in Europa eingebettet ist. Europa als reale Größe und institutionelle Wirklichkeit, die zwischen diesen beiden Polen eine erfahrbare Brücke schlagen könnte, existiert in der Welt der europäischen Jugendlichen nicht. Der italienische Jugendforscher Alessandro Cavalli (1990, S. 16) hat dies einmal in dem Spruch zusammengefasst: „Europe is a cool issue, not a hot one!" Europa lebt bei Kindern und Jugendlichen, ähnlich wie vermutlich bei Erwachsenen in den EG-Ländern nicht auf einer politisch-wertbesetzten, sondern nur auf einer pragmatischen Ebene des Alltagsverhaltens: im Reisen, im Genuß von internationaler Musik, im Konsum, im Sport und anderen Hobbies (vgl. du Bois-Reymond 2002, S. 374; European Commission 1997, 2002).

6.2 Zur aktuellen Situation der europäischen Kindheits- und Jugendforschung

Das überwiegende Spektrum der in Europa stattfindenden Kindheits- und Jugendforschung ist bislang immer eher noch national orientiert. Dennoch gibt es vor allem seit den 1980er-Jahren verstärkt europäische Netzwerke und Initiativen. Zu nennen sind in diesem Zusammenhang etwa im Bereich der Kindheitsforschung die vom Wiener Europäischen Zentrum angeregte Studie ‚Childhood as a Social Phenomenon' in Gestalt von quantitativen Datenreports über die Lebenslagen von Kindern in 16 europäischen Ländern (vgl. Qvortrup 1993, 2001) oder den vom 1988 gegründeten UNICEF International Child Developement Centre (ICDC) vorgelegten Datenbericht zur sozioökonomischen Situation von Kindern in 18 osteuropäischen Ländern (vgl. du Bois-Reymond 2002, S. 383). Im Bereich der Familien- und Jugendpolitik und der Jugendforschung zu erwähnen sind z. B. die Konferenzen der europäischen Jugendminister, die sich mit gesetzlichen Maßnahmen zur Verbesserung des Jugendarbeitsmarkts oder der Lage jugendlicher Randgruppen befassen, die jugendpolitischen Expertenkomitees des Europarats oder die Forschungsinitiativen der Europäischen Kommission, die seit den frühen 1990er-Jahren Forschungsprojekte zum Wandel der Familie, zu politischen Orientierungen von Jugendlichen, zur Jugendarbeitslosigkeit, zur politischen Partizipation oder zum non-formalen Lernen von jungen Europäern finanziell gefördert hat (vgl. du Bois-Reymond 2002, S. 377).

Trotz dieser vielfältigen kindheits- und jugendpolitischen sowie wissenschaftspolitischen Initiativen gibt es jedoch kein klar erkennbares Forschungsprofil und eine geeignete Infrasruktur für übernationale Forschergruppen ist erst in Ansätzen vorhanden. Viele der bislang durchgeführten Forschungsprojekte im europäischen Raum sind zudem ein Produkt kurzfristiger politischer Verwertungsinteressen. Deshalb beschäftigt sich die Mehrzahl der von der EU finanzierten Jugendprojekte mit Fragen der Übergangsforschung, also mit Problemen der Eingliederung Jugendlicher in den Arbeitsmarkt (vgl. Überblick bei Bynner/Chisholm 1998) sowie des Demokratiepotentials und der Herausbildung einer europäischen Identität der jungen Generation (vgl. European Commission 1997, 2001). Eine eigenständige Kindheitsforschung könnte sich im EU geförderten Kontext gar nicht etablieren, da die EU keine integrierte Familien- geschweige denn Kindheitsforschung initiieren kann, weil sie an das Subsidaritätsprinzip gebunden ist, das den Mitgliedstaaten Kulturhoheit und Forschungsautonomie belässt.

Deshalb war eine Ingangsetzung einer europäischen Kindheits- und Jugendforschung oft auf die Initiativen einzelner Wissenschaftlerinnen und Wissenschaftler angewiesen, die sich u.a. mit Kinder- und Jugendkulturen im Vergleich (vgl. Büchner/Chisholm/Krüger 1990), mit allgemeinen Fragen der europäischen Kindheitsforschung (vgl. Büchner/Chisholm/Krüger 1995; du Bois-Reymond/Sünker/Krüger 2001), mit Aspekten der Kinderarmut (vgl. Cortina/Danzinger 1997), mit den Folgen von Jugendarbeitslosigkeit in mehreren EU-Ländern (vgl. Braun u.a. 1990) oder dem jugendlichen Gewalt- und Protestpotential in Europa (vgl. Eckart/Willems 1990) beschäftigt haben. Bei diesen Studien handelt es sich oft nur um eine Ansammlung von Länderreports und nicht um im strengen Sinne kulturvergleichend angelegte empirische Untersuchungen.

Es sind auch gegenwärtig immer noch vor allem zwei Faktorenkomplexe, die eine interkulturell vergleichende Forschung erschweren bzw. behindern. Erstens ist die finanzielle Unterstüzung von europäischen Kindheits- und Jugendstudien noch immer ein zentrales Problem, da die EU-Institutionen für Kindheitsforschung keine eigenständigen Fördertöpfe zur Verfügung stellen und die gemeinsame Antragsstellung eines Projektes über die jeweiligen nationalen Forschungsgemeinschaften sehr aufwändig und kompliziert ist. Ein zweites Problem interkultureller Forschung sind Sprachprobleme und kulturelle Verstehensprobleme sowie die länderspezifischen unterschiedlichen Wissenschaftstraditionen. Probleme der begrifflich-sprachlichen Äquivalenz treten im Rahmen interkultureller Forschungsprozesse sowohl bei der Konstruktion der Befragungsinstrumente als auch bei der Interpretation von quantitativen Daten oder qualitativen Fallmaterial auf. Missverständnisse der Dateninterpretation und ganz allgemein Unklarheiten hinsichtlich methodischer und theoretischer Konstrukte sind eher an der Tagesordnung als die Ausnahme, ohne dass dies oft als Gefahr erkannt wird. Ist das Sprach- und Kulturproblem bei relativ kontextunabhängigen Strukturindikatoren, wie Schichtungsniveau, Beruf etc. noch zu meistern, so sind die Schwierigkeiten bei der vergleichenden Interpretation qualitativer, erlebnisorientierter Daten in der Kindheits- und Jugendforschung noch größer.

Trotz dieser methodologischen Problematiken sind insbesondere im letzten Jahrzehnt in Deutschland und Europa eine Reihe von kulturvergleichenden Projekten durchgeführt worden. Dabei kann der additiv-deskriptive Forschungstypus von einem integrierten Forschungstypus unterschieden werden (vgl. du Bois-Reymond/Hübner-Funk 1993, S. 77-78; Bois-Reymond 2002). Zur ersten Gruppe von Arbeiten sind einige Reader zu zählen, die die Ergebnisse von länderübergreifenden Konferenzen zusammenfassen, in denen über die Lage von Kindern und Jugendlichen in verschiedenen europäischen Ländern berichtet wird (vgl. Bertram u.a. 1989; Büchner/Chisholm/Krüger/ Brown 1990; Büchner/Chisholm/Krüger u.a. 1995; du Bois-Reymond/Sünker/Krüger 2001). Durch eine solche additive Zusammenstellung von Länderreports kann zumindest der Dialog zwischen europäischen Kindheits- und Jugendforschern angeregt werden und ein lockerer Verbund von Projekten und Personen initiiert werden. Zu dem erweiterten additiv-deskriptiven Forschungstypus kann man auch die seit 1982 durchgeführten EG-Studien über die jungen Europäer rechnen, bei denen identische Meinungssurveys in zehn bzw. zwölf EG-Ländern realisiert wurden. Additiv-deskriptiv bleibt dieser Forschungszugriff dennoch, da die Befragungsergebnisse zumeist nur deskriptiv miteinander verglichen werden und häufig eine nationalorientierte Auswertung im Zentrum steht. Zuzurechnen sind diesem Typus ebenfalls Studien im Auftrag der EU (vgl. Avramov 1997; Bendit 1999) oder Projekte im Rahmen von ‚Leonardo', ‚Socrates' und ‚Youth for Europe'.

In Studien, die dem integrierten Forschungstypus zugerechnet werden können, steht ein ausgewählter Zwei- oder Dreiländervergleich oder ein entsprechender Regionalvergleich im Zentrum, wie wir dies etwa in dem Projekt ‚Kindheit im interkulturellen Vergleich' umgesetzt haben (vgl. Bois-Reymond/Büchner/Krüger u.a. 1994). Andere Studien, die diesem Typus zugerechnet werden können, wären etwa die Arbeiten von Schönpflug und Fraczek zur Kindheit in West- und Osteuropa (1993) oder die Arbeiten von Irmgard Steiner u.a. (1995), die die familialen Aufwachsbedingungen von Jugendlichen in zwölf europäischen Städten untersucht haben oder die Studie 'Childhood as a Social Phenomenon', die sich einem europaweiten Vergleich der Lebenslagen von Kindern und deren Familien aus 16 verschiedenen Ländern widmet (vgl. Qvortrup 2001). Insgesamt sind jedoch Studien, die die Lebenslagen von Kindern und Jugendlichen in einer Reihe von europäischen Regionen nach im Voraus festgelegten inhaltlichen und geographischen Kriterien miteinander vergleichen, aus den oben genannten Gründen immer noch die große Ausnahme. Spannende und bislang kaum untersuchte Themen für diese Art von europäischer Kindheits- und Jugendforschung, in der methodisch auch longitudinale Forschungsdesigns einen größeren Stellenwert bekommen müssten, wären etwa:

- kindliche und jugendliche Lebensmuster in einer multikulturellen europäischen Gesellschaft;
- kindliche und jugendliche Lebenslagen in den ökonomischen prosperierenden Zentren und in den Armutsregionen der europäischen Peripherie;
- Kinder- und Jugendkulturen im interkulturellen Vergleich;
- eine europäisch-vergleichende Kinder-Geschlechterforschung.

6.3 Ein Beispiel: Kindheit in Ost-, Westdeutschland und den Niederlanden

Ein Beispiel für einen schon stärker integrierten Forschungstypus europäischer Kindheitsforschung ist das Projekt ‚Kindheit im interkulturellen Vergleich', das wir zusammen mit Büchner (Marburg) und du Bois-Reymond (Leiden in den Niederlanden) in den Jahren 1992 bis 1997 durchgeführt haben. Theoretisch stützte sich dieses Projekt auf modernisierungs- und ziviltheoretische Traditionslinien sowie auf kultursoziologische Bezüge und Ansätze der sozialen Ungleichheitsforschung. Inhaltlich haben wir den Wandel des Kinderlebens im Bereich von Kinderbiographien, familialen Aufwachsbedingungen und kinderkulturellen Aktivitäten untersucht. Methodisch haben wir sowohl eine qualitative Längsschnittstudie (biographische und Leitfadeninterviews mit 12- und 14- bis 15-jährigen Heranwachsenden und deren Müttern) als auch eine quantitative Surveystudie zur Kindheit in Ost- und Westdeutschland durchgeführt (vgl. Büchner/Fuhs/Krüger u.a. 1996), deren Themen teilweise auch in den Niederlanden in einer Replikationsstudie wieder aufgegriffen wurden. Untersuchungsregionen der Studie waren in Hessen die Stadt Frankfurt und der Raum Marburg/Biedenkopf, in Sachsen-Anhalt die Region Halle/Merseburg und Saalkreis und in den Niederlanden die Region Leiden/Rotterdam.

Es ist hier nicht der Raum, um alle Ergebnisse unseres Projektes vorzustellen, (vgl. dazu du Bois-Reymond/Büchner/Krüger u.a. 1994; Büchner/du Bois-Reymond/Ecarius u.a. 1998; Büchner/Fuhs/Krüger 1996). Wir wollen deshalb im Folgenden exemplarisch auf zwei Ergebnisbereiche eingehen: auf den Wandel der familialen Umgangsformen und auf die kinderkulturellen Praxen in den drei von uns untersuchten Regionen. Eines der zentralen Resultate unserer qualitativen Studie war, dass sich der für Westeuropa schon seit längerem diagnostizierte Wandel der familialen Umgangsformen von einem restriktiven Befehlshaushalt zu einem offenen, auf Argumentationen basierenden Verhandlungshaushalt als Entwicklungstendenz sowohl in unserem niederländischen und westdeutschen, aber auch in unserem ostdeutschen Fallmaterial abzeichnet. Dieses für die ostdeutsche Region auf den ersten Blick überraschende Ergebnis ist jedoch erklärbar, wenn man berücksichtigt, dass die Familie bereits in der DDR entgegen den Vorstellungen und dem einstigen Anspruch der SED vor allem in den 1980er-Jahren bereits eine Gegenwelt zur öffentlichen Gesellschaft geworden ist, ein Synonym für Privatheit in einer formierten Gesellschaft, die schon lange vor der „Wende" die einzigen Freiräume für die Selbstverwirklichung der Kinder und für die Förderung der Heranwachsenden hat. Als Besonderheiten der holländischen gegenüber der westdeutschen und der ostdeutschen Region fanden wir einen hohen Grad an Informalisierung und ein besonders warmes Familienklima, das sicherlich mit der länger durchgehaltenen Tradition der Frauen- und Mutterrolle und mit dem besonders kinderfreundlichen und gemütlichen Familienklima in den Niederlanden zu tun hat (vgl. Krüger/Ecarius/Grunert 1994, S. 271). Die Ergebnisse unserer quantitativen Surveystudien machten nun deutlich, dass sich der familiale Verhandlungshaushalt in über zwei Dritteln der von uns untersuchten Familien in allen drei Untersuchungsregionen durchgesetzt hat und dass insbesondere die Familien aus höheren sozialen Statusgruppen eine Schrittmacherfunktion bei der Modernisierung der familialen Generationsbeziehungen einnehmen.

In unserer qualitativen Teilstudie hatten wir bereits als gemeinsamen Entwicklungstrend in allen drei Untersuchungsregionen herausgearbeitet, dass heute eine starke soziale Polarisierung der kindkulturellen Praktiken von Kindern und Jugendlichen aus unterschiedlichen sozialen Milieus beobachtbar ist. Die Heranwachsenden aus den höheren sozialen Milieus sind nicht nur in der Schule erfolgreicher, sondern ihnen gelingt es auch, in außerschulischen Handlungszusammenhängen, z.B. durch den Besuch von Ballett- und Musikschulen, zusätzliches kulturelles Kapital zu erwerben (vgl. Büchner/ Fuhs/Krüger 1996).

Die Resultate unserer in den drei europäischen Regionen durchgeführten Surveystudien zeigen, dass es große Übereinstimmungen bei den informellen Freizeitaktivitäten gibt. Heutige Kinder und junge Jugendliche haben in ihrer Freizeit ein hohes informelles Aktivitätsniveau. Fernsehen, Musik hören und „Quatschen" mit Freunden und Freundinnen sowie Sport stehen bei ihnen ganz oben au der Prioritätenliste. Große Unterschiede gibt es hingegen bei den terminlich festgelegten und in Vereinen organisierten Freizeitaktivitäten. Das für Westdeutschland typische Muster einer Termin- und Vereinskindheit hat sich in Ostdeutschland und in etwas weniger in den Niederlanden nicht in so starkem Maße bislang etabliert (vgl. Abbildung 52). Bei einem Vergleich der Vereinsmitgliedschaften fällt auf, dass die ostdeutschen Kinder und jüngeren Jugendlichen im Unterschied zu den westdeutschen und niederländischen AltersgenossInnen am wenigsten in Vereinen aktiv sind (kein Verein in Ost 51,7%, in West 29,2% in den Niederlanden 22,4%). Die Ursachen für diese geringe Vereinsorientierung in den neuen Bundesländern sind vielfältig. Neben einer gewissen Organisationsdistanz nach dem Zusammenbruch der staatlich verordneten und kontrollierten Kinder- und Jugendfreizeit in Gestalt der jungen Pioniere und der FDJ sind vor allem das gering ausgebaute Freizeitangebot und die fehlenden finanziellen Möglichkeiten der ostdeutschen Eltern, teure Freizeitaktivitäten finanziell zu unterstützen als Ursachen zu nennen. Eine Analyse der Vereinsmitgliedschaften in den drei europäischen Regionen macht zudem deutlich, dass die Gruppe der 'Vereinsmeier' (Mitglied in zwei und mehr Vereinen) in Westdeutschland am stärksten ausgeprägt ist (39,1%), während Ostdeutschland das Schlusslicht bildet (mit 20,9%), und die Niederlande in der Mitte (mit 32,9 %) platziert. Dass die niederländischen Kinder deutlich weniger als die westdeutschen Mitglieder in zwei und mehr Vereinen sind, hängt sicherlich mit dem Ganztagscharakter der meisten Schulen zusammen, der den Heranwachsenden für außerschulische Freizeitaktivitäten weniger Zeit lässt (vgl. Zeijl/du Bois-Reymond 1998, S. 232).

Zusammenfassend lässt sich dennoch feststellen, dass die kulturellen Übereinstimmungen im Freizeitbereich bei niederländischen und deutschen Kindern und Jugendlichen überwiegen, dass aber gerade die gefundenen Unterschiede auf länder- bzw. regionalspezifische Besonderheiten hinweisen.

Abbildung 52: Mitgliedschaft in Vereinen (Angaben in %)

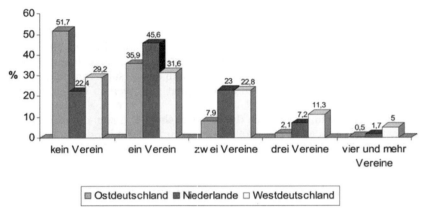

Quelle: Zeijl/du Bois-Reymond 1998; eigene Berechnungen

6.4 Perspektiven für eine europäische Forschungs- und Bildungspolitik

Wir wollen abschließend noch einige forschungs- bzw. bildungspolitische Forderungen skizzieren, die sich aus der dargestellten Situation der europäischen Kindheits- und Jugendforschung und ihrer empirischen Befunde ergeben.

Forschungspolitisch scheint es notwendig zu sein, einen transnationalen Forschungsfond auf EG-Ebene einzurichten, durch den erst geeignete finanzielle Infrastrukturen für die Arbeit übernationaler Forschergruppen, für die Realisierung umfassender Forschungsprogramme und für die Ingangsetzung eines sich ausweitenden Netzwerkes europäischer Kindheits- und Jugendforscher geschaffen werden können. Mit der neu eingeräumten Möglichkeit über die EU und die jeweils nationalen Forschungsgesellschaften einen gemeinsamen Antrag mit europäischen Kooperationspartnern zu stellen, wurde hierfür ein erster Anfang gemacht. Bildungs- und jugendpolitisch scheint es notwendig zu sein, den Schüler- und Studentenaustausch durch die Ausweitung der bereits existierenden Förderungsprogramme und Institutionen zu stärken und vor allem durch den Ausbau von Schulen, die eine europäische Orientierung zum Schwerpunkt ihres Schulprofils machen (sog. Europa-Schulen), voranzutreiben. Dies schließt auch ein, den bilingualen Unterricht schon ab der Grundschule zu forcieren, damit die fremdsprachliche Kompetenz von Kindern und Jugendlichen deutlich verbessert wird.

224

Tabelle 21: Zum Wandel ausländerfeindlicher Einstellungen bei Jugendlichen in Sachsen-Anhalt (Angaben in %)

	1993	1997	2000
Ich bin der Meinung, dass es zu viele Ausländer in Deutschland gibt.	43	54	73
Gewalt gegen Ausländer lehne ich prinzipiell ab.	67	56	73
Gegen Ausländerfeindlichkeit muss man sich aktiv wehren.	67	56	60

Quelle: Krüger/Pfaff 2001, S. 15

Insbesondere in den neuen Bundesländern scheinen verstärkte jugend- und bildungspolitische Maßnahmen in der hier angedeuteten Richtung dringlich erforderlich zu sein, um dem großen Ausmaß an fremdenfeindlichen Orientierungen, das die Einstellungen der Heranwachsenden (im Alter von 14 bis 15 Jahren) in Sachsen-Anhalt gegenwärtig kennzeichnet (vgl. Tabelle 21), begegnen zu können. So lässt sich im Hinblick auf den Wandel der ethnozentrischen Orientierungen der befragten SchülerInnen in Sachsen-Anhalt zwischen 1993 und 2000 ein dramatischer Anstieg des Anteils derjenigen feststellen, die das Statement „Ich bin der Meinung, dass es zu viele Ausländer in Deutschland gibt". Waren es im Jahr 1993 noch 43% der Schülerinnen und Schüler, die dieser Aussage zustimmten, so sind es im Jahr 2000 bereits knapp drei Viertel der Befragten. Dieses Ergebnis ergibt sich vor dem Hintergrund der Tatsachen, dass in demselben Zeitraum der Anteil der Ausländerinnen und Ausländer in den neuen Bundesländern nur unwesentlich zugenommen hat und mit ca. 3% generell sehr gering ist. Demgegenüber ist der Anteil derjenigen, die der Meinung sind, dass man sich gegen Ausländerfeindlichkeit aktiv zur Wehr setzen muss, mit ca. 60% zwischen 1993 und 2000 relativ stabil geblieben. Umgekehrt heisst dieses Ergebnis aber auch, dass immerhin ca. 40% der Befragten Gewalt gegen Ausländerinnen und Ausländer zumindest tolerieren.

Dass gerade die Schule eine nicht zu unterschätzende Bedeutung bei der Förderung bzw. der Verhinderung solcher Einstellungen hat, darauf verweisen unsere recht divergierenden Befunde zu diesem Themenbereich auf der Ebene der Einzelschulen. Hier zeigt sich ein deutlicher Einfluß von sowohl schulklimatischen als auch schulkulturellen Bedingungen auf die rechtsextremen bzw. ausländerfeindlichen Einstellungen der Schülerschaft. Vor allem Schulen mit einem interkulturellen bzw. an Europa orientierten Schulprofil schneiden dabei deutlich besser ab (vgl. Krüger/Pfaff 2001; Helsper/Krüger u.a. 2006). Damit lässt sich der Schluss ziehen, dass neben bildungspolitischen Maßnahmen, wie etwa eine Sensibilisierung der Lehrerinnen und Lehrer für das Problem rechtsextremer bzw. ausländerfeindlicher Einstellungen der Schülerinnen und Schüler, auch eine stärkere finanzielle und organisatorische Förderung von schulischen Profilbildungen, wie etwa Europa- oder UNESCO-Schulen, sowie eine Intensivierung des internationalen Schüleraustausches erfolgversprechende Möglichkeiten sein können, ausländerfeindlichen Einstellungen bei Kindern und Jugendlichen entgegenzuwirken. Dass interkulturelle Begegnungen im Rahmen des Jugendaustausches Möglichkeiten interkulturellen Lernens bieten und Reflexionen über politische Haltungen in einem multikulturellen Europa fördern können, wird durch mehrere internationale Studien bestätigt (vgl. z.B. IARD 1997).

7. Bilanz und zukünftige Entwicklungsperspektiven der Kindheitsforschung

Bei der Bilanz zum aktuellen Entwicklungsstand der Kindheitsforschung so lässt sich feststellen, dass diese in den vergangenen beiden Jahrzehnten einen enormen Aufschwung erlebt hat. Bis heute wurde eine Vielzahl von empirischen Studien durchgeführt, die sich mit den Lebenslagen und Orientierungen von Kindern in familialen, schulischen und außerschulischen Lebenswelten beschäftigt haben. Weitere Indikatoren für die Konsolidierung und Ausdifferenzierung dieses Wissenschaftszweiges sind zudem ein Sonderforschungsbereich an der Universität Bielefeld, in dem zwischen 1986 und 1998 das Thema „Prävention und Intervention im Kindes- und Jugendalter" untersucht worden ist, sowie ein bilanzierendes Handbuch aus den frühen 1990er-Jahren (Markefka/Nauck 1993) sowie ein Handbuch zu Kindheit und Lebensgeschichte (vgl. Behnken/Zinnecker2001) und ein Handbuch zur Kindheits- und Jugendforschung (vgl. Krüger/Grunert 2002), die den Stand der Forschung zusammenfassen.

Trotz dieser Fortschritte darf jedoch nicht übersehen werden, dass die Themen- und Fragestellungen sowie die Finanzierungsspielräume der Kindheitsforschung immer noch zu stark von kurzfristigen Verwertungsinteressen politischer und ökonomischer Auftraggeber abhängig sind und sich u.a. deshalb auch gegenwärtig zeitlich und inhaltlich klar konturierte Forschungsprogramme und Forschungslinien nicht erkennen lassen. Zur Verbesserung dieser Situation ist der Wissenschaftsbereich der Kindheitsforschung zum einen auf eine kontinuierliche Forschungsförderung durch die DFG, private Stiftungen oder bundesministerielle Instanzen angewiesen. Zum anderen ist insbesondere im Bereich der qualitativen Kindheitsforschung der Aufbau umfassender Archivierungs- und Dokumentationssysteme notwendig, die erst die Voraussetzungen für systematisch aufeinander aufbauende Forschung abgeben können. Mit Hilfe des Internets oder unter Verwendung von CD-Roms könnten neue Wege zu einer Dokumentation und öffentlichen Zugänglichkeit qualitativer, aber auch quantitativer Materialien und Daten beschritten werden, durch die die Voraussetzungen für die kontinuierliche Weiterentwicklung und für zwei Typen von Anschlussforschung geschaffen werden könnten: für die Realisierung von Sekundäranalysen bereits vorliegender Studien sowie für Replikationsstudien, die die Fragestellungen und Erhebungsinstrumente älterer Studien unter veränderten gesellschaftlichen Rahmenbedingungen wiederholen.

7.1. Theoretische Herausforderungen

Mit Blick auf die Entwicklung der Theoriediskurse in der Kindheitsforschung im letzten Jahrzehnt lässt sich feststellen, dass es zu einer Annäherung der theoretischen Sichtweisen gekommen ist. Das Konzept vom Jugendlichen als Akteur seiner Selbst oder als produktivem Verarbeiter seiner Realität, das beeinflusst durch interaktionistische oder sozialisationstheoretische Diskurslinien spätestens seit den 1980er-Jahren im jugendtheoretischen Diskurs dominant geworden ist und auch in den Diskussionen um die Individualisierung von Lebenslagen ungebrochene Aktualität behielt, hat sich in begrifflicher Variation ein Jahrzehnt später auch in der Kindheitsforschung durchgesetzt (vgl. Lüders/Mack 2001, S. 123). Stichworte wie frühe Formen des kindlichen Selbst, Kinder als Akteure, kindliche Selbstbildung dokumentieren einen tief greifenden Perspektivenwechsel auf Kindheit und liefern gemeinsame Bezugspunkte für Studien im Bereich der Entwicklungspsychologie, der Kindheitssoziologie und der erziehungswissenschaftlichen Kindheitsforschung (vgl. Behnken/Zinnecker 2001, S. 13; Stern 1998). Wenig hilfreich für eine Weiterführung der Theoriediskussion scheinen hingegen insbesondere in der Kindheitsforschung vorgenommene Unterscheidungen und Aufteilungen in eine subjekt- und lebensweltliche Kindheitsforschung auf der einen und eine sozialstrukturelle Kindheitsforschung auf der anderen Seite zu sein (vgl. Honig/Leu/Nissen 1996, S. 20).

Aufgabe zukünftiger Kindheitsforschung muss es vielmehr sein, solche vermeintlichen Trennungen in eine akteursbezogene und eine strukturbezogene Forschung zu überwinden, da erst Binnen- und Außenperspektive zusammen, sich wechselseitig ergänzend und korrigierend, ein komplexeres Bild von kindlichen Biographieverläufen und von deren Bedingungsfaktoren ergeben (vgl. Grunert/Krüger 1999, S. 233; Zeiher 1996, S. 10). Notwendig ist deshalb für die Kindheitsforschung die Entwicklung eines komplexen und interdisziplinär orientierten Theoriedesigns, das gesellschaftstheoretische, sozialökologische und persönlichkeitstheoretische Ansätze miteinander verbindet, um so die makro- und mesosozialen Kontextbedingungen ebenso wie die Prozesse der Persönlichkeitsentwicklung im Kindesalter gleichzeitig analytisch fassen zu können.

Die Bezugnahme auf Ansätze einer kritischen Modernisierungstheorie (vgl. Beck/Giddens/Lash 1996; Heitmeyer 1997) bietet die Möglichkeit, die historische Entwicklung und aktuelle Verfasstheit kindlicher Lebenszusammenhänge vor dem Hintergrund der ambivalenten Folgen gesellschaftlicher Modernisierungsprozesse zu analysieren, die nicht nur zu einer Ausdifferenzierung gesellschaftlicher Teilsysteme und insbesondere durch den Ausbau des Bildungssystems seit der Nachkriegszeit zu einer Scholarisierung der Lebensphase Kindheit geführt haben. Die systemischen Imperativen folgenden Vergesellschaftungsprozesse kapitalistischer Rationalisierung haben zugleich zu einer Globalisierung von Kapital-, Finanz- und Arbeitsmärkten sowie Kommunikationsnetzen, zu einer Verschärfung sozialer Ungleichheiten, zu einer Erosion traditioneller sozialer Milieus und überlieferter sinnstiftender Weltbilder sowie zu einer Zersplitterung und Atomisierung kindlicher Lebenslagen geführt. Diese Ausdifferenzierungsprozesse auf der Ebene der unmittelbaren sozialen und räumlichen Umgebung oder in übergeordneten Sozialisationskontexten zu beschreiben, dafür liefern sozialökologische Theorieansätze (vgl. etwa Baacke 1993; Bronfenbrenner 1981; Engelbert/ Herlth 2002) ein geeignetes Instrumentarium. Mit Hilfe persönlichkeitstheoretischer Ansätze, wie sie in der neueren Diskussion in kritischer Weiterführung klassischer identitätstheoretischer Ansätze etwa von Joas (1996) und Keupp (1996) entwickelt worden sind, ließen sich schließlich die Auswirkungen gesellschaftlicher Individualisierungsprozesse auf die Identitätsgenese und die alltägliche Identitätsarbeit von Kindern ebenso untersuchen wie die Frage, in welchen Sozialisationskontexten ihnen Anerkennung eingeräumt bzw. verweigert wird. Solch ein interdisziplinär orientierter Theorieverbund von Gesellschafts-, Umwelt- und Persönlichkeitstheorie eröffnet nicht nur die Möglichkeit, die verschiedenen makro-, mesosozialen und individuellen Analyseebenen des Gegenstandsfeldes Kindheit theoretisch zu fassen, sondern auch akteurs- und strukturbezogene Perspektiven zu verbinden, da alle gewählten Bezugstheorien von handlungstheoretischen Grundannahmen ausgehen und dabei gleichzeitig strukturtheoretische bzw. systemische Modellvorstellungen mit berücksichtigen.

7.2 Methodische Herausforderungen

Bei einer Bilanz zur Entwicklung der Methodendiskussion in der Kindheitsforschung lässt sich konstatieren, dass insgesamt gesehen im Bereich der quantitativen wie auch der qualitativen methodischen Zugänge vor allem im vergangenen Jahrzehnt enorme Fortschritte gemacht wurden.

Gleichwohl muss festgehalten werden, dass quantitative Forschungsdesigns in der Kindheitsforschung immer noch eher die Ausnahme darstellen und hier zukünftig somit noch ein erheblicher Nachholbedarf besteht (etwa Büchner/Fuhs/Krüger 1996; Zinnecker/Silbereisen 1996; Furtner-Kallmünzer u.a. 2002; Zinnecker u.a. 2002). Insbesondere fehlen groß angelegte und langlaufende Längsschnittstudien, die bereits mit der Geburt beginnen und die durch die Einbeziehung unterschiedlicher Kohorten die Realisierung von Kohorten-Sequenz-Analysen ermöglichen. Verstärkt eingesetzt werden sollte in der quantitativen Kindheitsforschung auch das methodische Auswertungsverfahren der Mehrebenenanalyse (vgl. Ditton 1998), das bei der Auswertung quantitativer Daten die Einflüsse von Kontext- und Individualvariablen auf ein zu untersuchendes Phänomen getrennt berücksichtigt und sich somit als quantitatives methodisches Instrumentarium für die empirische Umsetzung von mehrebenenanalytisch angelegten kindheitstheoretischen Konzepten optimal eignet.

Die qualitative Kindheitsforschung ist inzwischen zu einem wichtigen Forschungsgebiet geworden, in dem fast das gesamte Spektrum qualitativer Erhebungsmethoden von der teilnehmenden Beobachtung, über differente Formen von Interviews bis hin zu Gruppendiskussionen sowie verschiedene elaborierte Auswertungsverfahren (z.B. narrationsstrukturelles Verfahren, Dokumentarische Methode, Objektive Hermeneutik) eingesetzt werden. Die Suche nach geeigneten Analyseverfahren führte dabei zu einer intensiven Methodendiskussion, die gleichzeitig neue Forschungswege hervorgebracht hat (vgl. etwa das Tagesablaufinterview – Zeiher/Zeiher 1994). Jedoch zeigt sich in der Auseinandersetzung um geeignete Erhebungs- und Analyseverfahren, dass hier noch längst nicht alle Möglichkeiten, einen Zugang zur kindlichen Lebenswelt zu finden, ausgeschöpft sind. So ist etwa die von Heinzel (2000) vorgeschlagene Nutzung der an vielen Grundschulen etablierten Gesprächskreise für die Analyse kindlichen Alltagslebens eine neue Form des Zugangs gerade auch zu jüngeren Altersgruppen und ihren erzählten Erfahrungen, die in der Kindheitsforschung bisher kaum genutzt wird (erste Ansätze vgl. etwa Nentwig-Gesemann 2002).

Forschungsdesiderata auf methodischem Gebiet stellen zudem noch die verstärkte Durchführung von qualitativen Längsschnittstudien, die Sammlung und hermeneutische Interpretation von visuellen Dokumenten (z.B. Fotos und Filme) oder die Analyse von digitalen Sozialisationsumwelten dar (vgl. Krüger/Grunert 2001, S. 141). Methodisch wünschenswert wäre in der qualitativen Kindheitsforschung zudem, wenn zukünftig noch ausgeprägter verschiedene qualitative Methoden, z.B. biographische und ethnographische Methoden, miteinander trianguliert würden, um auf diese Weise komplexere Zusammenhänge zwischen Biographieentwicklung und institutionellen Strukturen oder soziokulturellen Kontexten empirisch untersuchen zu können (vgl. Bohnsack/Marotzki 1998).

Diese Forderung nach mehr Triangulation gilt erst recht für die Verbindung quantitativer und qualitativer methodischer Zugänge, die in der Kindheitsforschung zwar oft programmatisch postuliert, aber nur selten eingelöst worden ist. Erst durch die Verknüpfung von Fall- und Surveystudien in zeitlich sequenziell angelegten Phasenmodellen können nicht nur ganzheitliche Analysen von Handlungsräumen und individuellen Ausprägungen vorgenommen und systematische Überblicke über Entwicklungsdaten im Kindesalter gewonnen werden. Vielmehr kann auf diese Weise auch eine auf der Basis ausführlicher Einzelfallinterpretation gewonnene Typologie, z.B. von biographischen Handlungsorientierungen, in einem zweiten Schritt mit Hilfe quantitativer Verfahren auf ihre Verteilung nach Häufigkeiten untersucht werden (vgl. etwa Kötters 2000). Eine zweite Variante der Triangulation quantitativer und qualitativer Verfahren und Daten besteht in so genannten Komplementaritätsmodellen, die bereits in der ökologischen Kindheitsforschung angewandt worden sind (vgl. Krüger/Pfaff 2004). Hier werden Sekundäranalysen statistischer Daten über Gesellschaft und Umwelt mit Fragebogenerhebungen und ethnographischen Methoden der teilnehmenden Beobachtung verbunden, um zu differenzierenden Analysen von kindlichen Lebensräumen und Situationsdefinitionen im gesamtgesellschaftlichen Kontext zu gelangen. Gerade solche Modelle der Triangulation quantitativer und qualitativer Zugänge scheinen somit forschungsmethodisch in besonderer Weise geeignet zu sein, einen mehrperspektivischen Blick auf die Lebenslagen und Orientierungen von Kindern zu eröffnen, bei dem individuelle Entwicklungsprozesse und Verarbeitungsmuster in ihrer Abhängigkeit von ökologischen und gesamtgesellschaftlichen Einflussfaktoren gleichzeitig erfasst werden. Insofern stellen sie ähnlich wie qualitative Triangulationsversuche oder quantitative Mehrebenenanalysen sinnvolle und konsequente methodische Ergänzungen zu komplexen und mehrdimensional angelegten Entwürfen zu einer Theorie der Kindheit dar.

7.3 Zukünftige Forschungsaufgaben

Im Hinblick auf die bisherigen thematischen Forschungsschwerpunkte der Kindheitsforschung zeigt sich, dass in den vergangenen Jahrzehnten die verschiedensten Facetten der Lebenslagen und des Alltags von Kindern untersucht worden sind. Auch ist im Überschneidungsbereich zwischen Kindheits- und Jugendforschung in den letzten Jahren insbesondere die Altersgruppe der 10- bis 14-Jährigen mit ihren biographischen Übergängen ins Jugendalter, ihren familialen Lebenswelten und ihren kulturellen Freizeitpraxen ins Zentrum der Analysen mehrerer Studien gerückt worden (vgl. Büchner/Krüger/Fuhs 1996; Zinnecker/Silbereisen 1996; Furtner-Kallmünzer u.a. 2002), die lange Zeit als in der Forschung vernachlässigte „Lücke-Kindheit" galt. Kaum untersucht wurden hingegen bislang die Muster der Lebensführung und der Alltag von Kindern im Alter zwischen vier und acht Jahren, insbesondere auch in pädagogischen Institutionen, wie dem Kindergarten oder den Eingangsklassen der Grundschule. Bei der Analyse dieser Forschungsbereiche ist die Kindheitsforschung insbesondere auf den Einsatz spezifischer qualitativer Erhebungsmethoden, wie z.B. teilnehmende Beobachtung, Gruppendiskussionen oder die Sammlung von Kinderzeichnungen angewiesen, da biographische Interviewverfahren bei Kindern im Vorschul- und Grundschulalter noch nicht verwendet werden können (vgl. Krüger/Grunert 2001).

Eine zweite wichtige Forschungsaufgabe, die sich insbesondere für die zukünftige erziehungswissenschaftliche Kindheitsforschung stellt, ist die Untersuchung der Lern- und Sozialisationsprozesse von Kindern im interdependenten Kontext unterschiedlicher Bildungsorte. Während aktuelle Schulstudien, wie etwa die PISA-Studien (vgl. Baumert u.a. 2001; Prenzel u.a. 2004) nur die durch Schule erzeugten Lernleistungen sowie die Familie als Unterstützungsinstanz für solche Lernerfolge analysieren, hat sich die bisherige Kindheitsforschung vorrangig mit dem Alltag von kindlichen Peer-Welten in der Schule (vgl. z.B. Breidenstein/Kelle 1998) beschäftigt und dabei den Unterricht als zentrale Dimension von Schule weitgehend ausgeblendet. Notwendig ist es deshalb, Frage- und Themenstellungen der Kindheitsforschung sowie der Schulforschung stärker miteinander zu verbinden und etwa zu untersuchen, welche ähnlichen oder unterschiedlichen kognitiven und sozialen Kompetenzen Heranwachsende im schulischen Unterricht bzw. in schulischen oder außerschulischen Peer-groups erwerben. Zudem wurden gerade angesichts der Diskussion um eine zunehmende Pädagogisierung des außerschulischen Kinderalltags bisher die Muster kindlicher Lebensführung und der Alltag von Kindern in außerschulischen pädagogischen Institutionen, wie dem Kindergarten, dem Hort oder in Einrichtungen der offenen Kinder- und Jugendarbeit kaum erforscht.

Ein drittes Forschungsfeld, das von der Kindheitsforschung noch weitgehend neu zu erschließen ist, ist die kulturvergleichende Forschung. Zwar gibt es im Kontext der ethnologischen Kindheitsforschung bereits einige spannende qualitative Studien zum Alltagsleben von Kindern in außereuropäischen Kulturkreisen (vgl. Renner 2002) und auch in der psychologisch orientierten Kindheitsforschung wurden erste komparativ angelegte quantitative Untersuchungen durchgeführt (vgl. Helfrich 2002). Insgesamt gesehen steht die kulturvergleichende Kindheitsforschung trotz eines angesichts der Internationalisierung von kindlichen Lebenslagen und Lebensverläufen steigenden Bedarfs an grenzüberschreitenden Projekten jedoch immer noch eher am Anfang (vgl. du Bois-Reymond/Sünker/Krüger 2001). Finanzierungsprobleme und sprachlich-kulturelle Verständigungsprobleme erweisen sich oft als Hemmnisse. Hinzu kommt die Tatsache, dass die Methodik einer interkulturellen Kindheitsforschung erst in Ansätzen entwickelt ist. Gerade aus den sozialen Folgeproblemen einer ökonomischen, politischen und kulturellen Globalisierung mit ihren Auswirkungen auf Arbeitslosigkeit, soziale Armut und Migration, die auch die Lebensbedingungen eines Teils der Kinder zukünftig bestimmen, ergeben sich nicht nur für die deutsche, sondern auch für die international orientierte Kindheitsforschung eine Vielzahl neuer Herausforderungen (vgl. Bois-Reymond 2002).

Es stellt sich abschließend noch die grundsätzliche Frage, ob angesichts der zukünftigen demographischen Entwicklung in den ersten drei Jahrzehnten des 21. Jahrhunderts, in denen die Altersgruppe der über 60-Jährigen in Deutschland auf gut ein Drittel der Gesamtbevölkerung steigen und die Altersgruppe der unter 20-Jährigen von 20 auf 16% zurückgehen wird (vgl.

Münz 1997), die Kindheitsforschung überhaupt noch eine Zukunft hat oder ob sie nicht im Spektrum der Forschungen zu den verschiedenen Lebensaltern durch die Altersforschung verdrängt wird. Dass nach dem Wissenschaftsgebiet der Kindheitsforschung in den ersten Jahrzehnten des 21. Jahrhunderts noch eine Nachfrage besteht, dafür sprechen jedoch zumindest drei Gründe. Erstens wird der demographische Rückgang bei den Heranwachsenden einen Umbau der pädagogischen Institutionen vom Kindergarten über die Schule bis hin zur Jugendarbeit erforderlich machen, dessen Realisierung auf wissenschaftliche Expertisen angewiesen ist. Zweitens wird, wenn die Altersgruppe Kindheit zu einer Minorität wird, der Mythos Kindheit nicht verschwinden, sondern vermutlich noch an Attraktivität gewinnen. Drittens wird auf die Kindheitsforschung auch die Aufgabe zukommen, die Interessen ihrer Klientel in einer Gesellschaft mit zu vertreten, in der bereits demnächst eine Mehrheit der Wahlberechtigten über 50 Jahre alt sein wird. Vor diesem Hintergrund ist zu beobachten, wie sich die Forschungsprioritäten der Kindheitsforschung entwickeln werden und wie sich die Beiträge von Erziehungswissenschaft, Psychologie, Soziologie, Ethnologie und Geschichtswissenschaft zu diesen Forschungsfeldern dabei gruppieren.

Literatur

Ahnert, L.: Entwicklungspsychologische Erfordernisse bei der Gestaltung von Betreuungs- und Bildungsangeboten im Kleinkind- und Vorschulalter. In: Sachverständigenkommission Zwölfter Kinder- und Jugendbericht (Hrsg.): Bildung, Betreuung und Erziehung von Kindern unter sechs Jahren. Materialien zum 12. Kinder- und Jugendbericht. Bd. 1. München 2005, S. 9-54

Alheit, P./Glaß, C.: Beschädigtes Leben. Soziale Biographien arbeitsloser Jugendlicher. Frankfurt a.M./New York 1986

Allerbeck, K./Hoag, W.: Jugend ohne Zukunft? Einstellungen, Umwelt, Lebensperspektiven. München 1985

Alt, Ch. (Hrsg.): Kinderleben – Aufwachsen zwischen Familie, Freunden und Institutionen. 2 Bde., Wiesbaden 2005

Alt, Ch. (Hrsg.): Kinderleben. Aufwachsen zwischen Familie, Freunden und Institutionen. Bd. 2: Aufwachsen zwischen Freunden und Institutionen. Wiesbaden 2005

Alt, Ch./Blanke, K./Joos, M.: Wege aus der Betreuungskrise? Institutionelle und familiale Betreuungsarrangements von 5- bis 6-jährigen Kindern. In: Alt, Ch. (Hrsg.): Kinderleben. Aufwachsen zwischen Familie, Freunden und Institutionen. Bd. 2: Aufwachsen zwischen Freunden und Institutionen. Wiesbaden 2005, S. 123-156

Alt, Ch./Quellenberg, H.: Daten, Design, Konstrukte. Grundlagen des Kinderpamels. In: Alt, Ch. (Hrsg.): Kinderleben. Aufwachsen zwischen Familie, Freunden und Institutionen. Bd. 2: Aufwachsen zwischen Freunden und Institutionen. Wiesbaden 2005, S. 317-343

Andres, B.: Stand und Perspektiven der Krippenerziehung in Ostdeutschland. In: Büchner, P./Krüger, H.-H. (Hrsg.): Aufwachsen hüben und drüben. Opladen 1991, S. 117-126

Apel, H. u.a.: Kulturanalyse und Ethnographie. Vergleichende Feldforschung im studentischen Raum. In: König, E./Zedler, P. (Hrsg.): Bilanz qualitativer Forschung. Bd. 2: Methoden. Weinheim 1995, S. 343-375

Arbeitsgruppe Schulforschung: Leistungen und Versagen. Alltagstheorien von Schülern und Lehrern. München 1980

Arbeitsstab Forum Bildung: Empfehlungen des Forum Bildung. Bonn 2001

Ariès, P.: Geschichte der Kindheit (Paris 1960). München/Wien 1975

Aufenanger, S.: Lernen mit neuen Medien - Was bringt es wirklich? In: medien praktisch (1999), H. 4, S. 4-8

Avramov, D. (Ed.): Youth Homelessness in the European Union. Brüssel 1997

Baacke, D./Sander, U./Vollbrecht, R. u.a.: Zielgruppe Kind. Kindliche Lebenswelten und Werbeinszenierungen. Opladen 1999

Baacke, D./Sander, U./Vollbrecht, R.: Lebensgeschichten sind Mediengeschichten. Opladen 1990

Baacke, D./Sander, U.: Biographieforschung und pädagogische Jugendforschung. In: Krüger, H.-H./Marotzki, W. (Hrsg.): Handbuch erziehungswissenschaftliche Biographieforschung. Opladen 1999, S. 243-258

Baacke, D.: Der sozialökologische Ansatz zur Beschreibung und Erklärung des Verhaltens Jugendlicher. In: deutsche jugend (1980), H. 11, S. 493-505

Baacke, D.: Sozialökologische Ansätze in der Jugendforschung. In: Krüger, H.-H. (1993), S. 135-158

Baacke, D.: Die 6- bis 12-Jährigen. Einführung in die Probleme des Kindesalters. Weinheim/Basel 1993

Baethge, M. u.a.: Jugend: Arbeit und Identität. Lebensperspektiven und Interessenorientierungen von Jugendlichen. Opladen 1988

Barabas, F.K./Erler, M.: Die Familie. Einführung in Soziologie und Recht. Weinheim/München 1994.

Barz, H.: Postmoderne Religion: am Beispiel der jungen Generation in den Alten Bundesländern. Opladen 1992

Barz, H.: Postsozialistische Religion: am Beispiel der jungen Generation in den Neuen Bundesländern. Opladen 1993

Baumert, G.: Jugend in der Nachkriegszeit. Darmstadt 1952

Baumert, J. u.a. (Deutsches PISA-Konsortium) (Hrsg.): PISA 2000: Basiskompetenzen von Schülerinnen und Schülern im internationalen Vergleich. Opladen 2002

Baumert, J./Lehmann, R. u.a. (TIMSS – Mathematisch-naturwissenschaftlicher Unterricht im internationalen Vergleich. Opladen 1997

Baumert, J./Schümer, G.: Familiäre Lebensverhältnisse, Bildungsbeteiligung und Kompetenzerwerb im nationalen Vergleich. In: Baumert, J. u.a. (Deutsches PISA-Konsortium): PISA 2000 – Die Länder der Bundesrepublik Deutschland im Vergleich. Opladen 2002, S. 159-301

Beck, G./Scholz, G.: Teilnehmende Beobachtung von Grundschulkindern. In: Heinzel, F. (Hrsg.): Methoden der Kindheitsforschung. Ein Überblick über Forschungszugnäge zur kindlichen Perpsektive. Weinheim/München 2000, S. 147-170

Beck, U./Beck-Gernsheim, E. (Hrsg.): Riskante Freiheiten. Individualisierung in modernen Gesellschaften. Frankfurt a.M. 1994

Beck, U./Giddens, A./Lash, S.: Reflexive Modernisierung. Frankfurt a. M. 1996

Beck, U.: Jenseits von Stand und Klasse? Soziale Ungleichheiten, gesellschaftliche Individualisierungsprozesse und die Entstehung neuer Formationen und Identitäten. In: Kreckel, R. (Hrsg.): Soziale Ungleichheiten. Göttingen 1983, S. 35-74

Beck, U.: Risikogesellschaft. Auf dem Weg in eine andere Moderne. Frankfurt a.M. 1986

Becker, H./Eigenbrodt, J./May, M.: Unterschiedliche Sozialräume von Jugendlichen in ihrer Bedeutung für pädagogisches Handeln. In: Zeitschrift für Pädagogik 30 (1984), H. 4, S. 498-517

Beher, K.: Tageseinrichtungen für Kinder. In: Rauschenbach, T./Schilling, M. (Hrsg.): Die Kinder- und Jugendhilfe in der Statistik. Bd. II, Neuwied u.a. 1997, S. 321-366

Behnken, I. (Hrsg.): Stadtgesellschaft und Kindheit im Prozess der Zivilisation. Opladen 1990

Behnken, I. u.a.: Projekt Kindheit im Siegerland. Fallstudien zur Modernisierung von Kindheit. Methoden Manuale. Broschüre Nr. 2. Siegen 1991

Behnken, I./Bois-Reymond, M. du/Zinnecker, J.: Stadtgeschichte als Kindheitsgeschichte. Opladen 1989

Behnken, I./Günter, C./Kabat vel Job, O./Kaiser, S./Karig, U./Krüger, H.-H./Lindner, B./Wensierski, H.-J., v./Zinnecker, J.: Schülerstudie '90. Jugendliche im Prozeß der Vereinigung. Weinheim/München 1991

Behnken, I./Jaumann, O. (Hrsg.): Kindheit und Schule. Kinderleben im Blick von Grundschulpädagogik und Kindheitsforschung. Weinheim/München 1995

Behnken, I./Zinnecker, J. (Hrsg.): Kinder, Kindheit, Lebensgeschichte. Ein Handbuch. Seelze-Velber 2001

Behnken, I./Zinnecker, J.: Die Lebensgeschichte der Kinder und die Kindheit in der Lebensgeschichte. In: Behnken, I./Zinnecker, J. (2001), S. 16-32

Behnken, I./Zinnecker, J.: Expressives Schreiben in der Adoleszenz. Bericht aus einer qualitativ-empirischen Studie. In: Behnken, I./Schulze, Th. (Hrsg.): Tatort Biographie. Opladen 1997

Behnken, I./Zinnecker, J.: Lebenslaufereignisse, Statuspassagen und biographische Muster in Kindheit und Jugend. In: Jugendwerk der Deutschen Shell (Hrsg.) : Jugend '92. Lebenslagen, Orientierungen und Entwicklungsperspektiven im vereinigten Deutschland. Bd. 2. Opladen 1992, S. 127-144.

Bellenberg, G./Böttcher, W./Klemm, K.: Schule und Unterricht. In: Böttcher, W./Klemm, K./Rauschenbach, T. (Hrsg.): Bildung und Soziales in Zahlen. Weinheim/München 2000, S. 93-126

Beller, E. K.: Kinderkrippe. In: Markefka, M./Nauck, B. (Hrsg.): Handbuch der Kindheitsforschung. Neuwied u.a. 1993, S. 535-546

Beller, K.: Forschung mit Säuglingen und Kleinkindern. In: Heinzel, F. (Hrsg.): Methoden der Kindheitsforschung. Weinheim/München 2000, S. 247-264

Bendit, R.: Youth and housing in Germany and the European Union: data and trends on housing: biographical, social and political aspects. Opladen 1999

Bernfeld, S.: Über den Begriff der Jugend. Wien 1915

Bertlein, H.: Das Selbstverständnis der Jugend heute. Hannover/Berlin/Darmstadt/ Dortmund 1960.

Bertlein, H.: Jugendleben und soziales Bildungsschicksal. Hannover 1960

Bertram, H. u.a. (Hrsg.): Blickpunkt Jugend und Familie: internationale Beiträge zum Wandel der Generation. München 1989

Bertram, H.: Sozialberichterstattung zur Kindheit. In: Markefka, M./Nauck, B. (1993), S. 91-108

Bertram, H.: Von der schichtspezifischen zur sozialökologischen Sozialisationsforschung. In: Vaskovics, L. A. (Hrsg.): Umweltbedingungen familialer Sozialisation. Stuttgart 1982, S. 25-54

Bien, W. u.a.: Cool bleiben - erwachsen werden im Osten. Ergebnisse der Leipziger Längsschnittstudie 1. München 1994

Bietau, A.: Arbeiterjugendliche zwischen Schule und Subkultur – Eine Straßenclique in einer ehemaligen Bergarbeitersiedlung des Ruhrgebietes. In: Breyvogel, W. (Hrsg.): Pädagogische Jugendforschung. Opalden 1989, S. 131-159

Blossfeld, H.-P.: Bildungsexpansion und Berufschancen. Empirische Analysen zur Lage der Berufsanfänger in der Bundesrepublik. Frankfurt a.M./New York 1988

Bohleber, W.: Jugend – Ausgang der Sozialisation: Narziß? In: Markefka, M./Nave-Herz, R. (Hrsg.): Handbuch der Familien- und Jugendforschung. Neuwied/ Frankfrut a.M. 1989, S. 93-101

Böhm, A.: Theoretisches Codieren: Textanalyse in der Grounded Theory. In: Flick, U./Kardoff, E. v./Steinke, J. (Hrsg.): Qualitative Forschung. Ein Handbuch. Reinbek 2000, S. 475-484

Böhme, J.: Schulmythen und ihre imaginäre Verbürgung durch oppositionelle Schüler. Bad Heilbrunn 2000

Böhm-Kasper, O.: Schulische Belastung und Beanspruchung. Münster/New Y-ork/München/Berlin 2004

Böhnisch, L./Funk, H./Huber, J. (Hrsg.): Ländliche Lebenswelten. Fallstudien zur Landjugend. München 1991

Bohnsack, R./Loos, P./Schäffer, B./Städtler, K./Wild, B.: Die Suche nach Gemeinsamkeit und die Gewalt in der Gruppe. Hooligans, Musikgruppen und andere Jugendcliquen. Opladen 1995

Bohnsack, R./Marotzki, W. (Hrsg.): Biographieforschung und Kulturanalyse. Opladen 1998

Bohnsack, R.: Generation, Milieu und Geschlecht. Ergebnisse aus Gruppendiskussionen mit Jugendlichen. Opladen 1989

Bohnsack, R.: Gruppendiskussion. In: Flick, U./Kardorff, E. von/Steinke, I. (Hrsg.): Qualitative Forschung. Ein Handbuch. Reinbek 2000, S. 369-383

Bohnsack, R.: Rekonstruktive Sozialforschung – Einführung in Methodologie und Praxis. 3. überarb. u. erw. Aufl., Opladen 1999

Bohnsack, R.: Rekonstruktive Sozialforschung. Einführung in qualitative Methoden. Opladen 2003[5]a

Bohnsack, R.: Rekonstruktive Sozialforschung. Opladen 1991

Bohnsack, R: Qualitative Methoden in der Bildinterpretation. In: Zeitschrift für Erziehungswissenschaft 5 (2003b), H. 1

Bois-Reymond, M. du/Büchner, P./Ecarius, J. u.a.: Teenie-Welten. Aufwachsen in drei europäischen Regionen. Opladen 1998

Bois-Reymond, M. du/Büchner, P./Krüger, H.-H. u.a.: Kinderleben. Modernisierung von Kindheit im interkulturellen Vergleich. Opladen 1994

Bois-Reymond, M. du/Hübner-Funk, S.: Jugend und Jugendforschung in Europa. In: Krüger, H.-H. (Hrsg.): Handbuch der Jugendforschung. Opladen 1993, S. 63-88

Bois-Reymond, M. du/Oechsle, M. (Hrsg.): Neue Jugendbiographie? Zum Strukturwandel der Jugendphase. Opladen 1990

Bois-Reymond, M. du/Sünker, H./Krüger, H.-H. (Hrsg.): Childhood in Europe. New York/Washington u.a. 2001

Bois-Reymond, M. du: Der Verhandlungshaushalt im Modernisierungsprozeß. In: Büchner, P. u.a.: Teenie-Welten. Aufwachsen in drei europäischen Regionen. Opladen 1998, S. 83-112

Bois-Reymond, M. du: Die moderne Familie als Verhandlungshaushalt. Eltern-Kind-Beziehungen in West- und Ostdeutschland und in den Niederlanden. In: Bois-Reymond, M. du/Büchner, P./Krüger, H.-H. u.a.: Kinderleben. Modernisierung von Kindheit im interkulturellen Vergleich. Opladen 1994, S. 137-220.

Bois-Reymond, M. du: Jugendkulturelles Kapital in Wissensgesellschaften. In: Krüger, H.-H./Wenzel, H. (Hrsg.): Schule zwischen Effektivität und sozialer Verantwortung. Opladen 2000, S. 235-254

Bois-Reymond, M. du: Kindheit und Jugend in Europa. In: Krüger, H.-H./Grunert, C. (Hrsg.): Handbuch Kindheits- und Jugendforschung. Opladen 2002, S. 371-390

Bois-Reymond, M. du: Zum Wandel der Beziehungen zwischen Eltern und Heranwachsenden – ein Generationenvergleich aus niederländischer Sicht. In: Büchner, P./Krüger, H.-H. (Hrsg.): Aufwachsen hüben und drüben. Opladen 1991, S. 297-306

Bonfadelli, H.: Freizeitverhalten von Kindern und Jugendlichen und Medienkonsum. In: Sachverständigenkommission 8. Jugendbericht (Hrsg.): Lebensverhältnisse Jugendlicher. München 1990

Bonfadelli, H.: Lesen im Alltag Jugendlicher. Umfang und Motivationen, Modalitäten. In: Hohmann, J. S./Rubinich, J. (Hrsg.): Wovon der Schüler träumt. Leseförderung im Spannungsfeld von Literaturvermittlung und Medienpädagogik. Frankfurt a.M. 1996, S. 51-66

Bortz, J./Döring, N.: Forschungsmethoden und Evaluation. Berlin 1995

Bos, W. u.a. (Hrsg.): IGLU. Einige Länder der Bundesrepublik Deutschland im nationalen und internationalen Vergleich. Münster/New York/München/Berlin 2004

Bos, W./Lankes, E.-M./Prenzel, M./Schwippert, K./Walther, G./Valtin, R.: Erste Ergebnisse aus IGLU. Schülerleistungen am Ende der vierten Jahrgangsstufe im internationalen Vergleich. Münster/New York 2003

Bos, W./Straka, G.A.: Multivariate Verfahren zur heuristischen Analyse kategorialer Daten. Eine Inhaltsanalyse von Lesebüchern der chinesischen Grundschule. In: Bos, W./Tarnai, C. (Hrsg.): Angewandte Inhaltsanalyse in Empirischer Pädagogik und Psychologie. Münster 1989, S. 61-72

Boudon, R.: Education, Opportunity, and Social Inequality. Changing Prospects in Western Society. New York 1974

Bourdieu, P.: Die feinen Unterschiede. Kritik der gesellschaftlichen Urteilskraft. Frankfurt a.M. 1982

Bourdieu, P.: Ökonomisches, kulturelles und soziales Kapital. In: Ders.: Die verborgenen Mechanismen der Macht. Hamburg 1992, S. 49-75

Bourdieu, P./Passeron, J.-C.: Die Illusion der Chancengleichheit. Untersuchungen zur Soziologie des Bildungswesens am Beispiel Frankreichs. Stuttgart 1971

Bowlby, J.: Mütterliche Zuwendung und geistige Gesundheit. München 1973

Brake, A./Büchner, P.: Kindsein in Ost- und Westdeutschland. Allgemeine Rahmenbedingungen des Lebens von Kindern und jungen Jugendlichen. In: Büchner, P./Fuhs, B./Krüger, H.-H. (Hrsg.): Vom Teddybär zum ersten Kuss. Wege aus der Kindheit in Ost- und Westdeutschland. Opladen 1996, S. 43-66.

Brake, A./Büchner, P.: Bildungsort Familie: Die Transmission von kulturellem und sozialem Kapital im Mehrgenerationenzusammenhang. Überlegungen zur Bildungsbedeutsamkeit der Familie. In: Zeitschrift für Erziehungswissenschaft 6 (2003), H. 4, S. 618-638

Brake, A.: Wohlfühlen in der Familie. Wie Mütter und 8- bis 9jährige Kinder ihr Zusammenleben bewerten. In: Alt, Ch. (Hrsg.): Kinderleben – Aufwachsen zwischen Familie, Freunden und Institutionen. Bd. 1: Aufwachsen in Familien. Wiesbaden 2005, S. 45-62

Braun, F. u.a.: Jugendarbeitslosigkeit, Jugendkriminalität und städtische Lebensräume. Literaturbericht zum Forschungsstand in Belgien, Frankreich, Grossbritannien und der Bundesrepublik Deutschland. München 1990

Breidenstein, G./Kelle, H.: Geschlechteralltag in der Schulklasse. Ethnographische Studien zur Gleichaltrigenkultur. Weinheim/München 1998

Brettschneider, W.-D./Kleine, T.: Jugendarbeit in Sportvereinen. Anspruch und Wirklichkeit. Abschlussbericht. Paderborn 2001

Breuer, Ch./Rittner, V.: Gutachterliche Stellungnahme. In: Landessportbund Nord-rhein-Westfalen (Hrsg.): Jugendarbeit in Sportvereinen – Anspruch und Wirk-lichkeit. Expertenmaterial zur Brettschneider-Studie. Duisburg 2001, S. 36-47

Breyvogel, W. (Hrsg.): Pädagogische Jugendforschung. Erkenntnisse und Perspekti-ven. Opladen 1989

Breyvogel, W./Krüger, H.-H. (Hrsg.): Land der Hoffnung – Land der Krise. Jugend-kulturen im Ruhrgebiet 1900-1987. Berlin/Bonn 1987

Bronfenbrenner, U.: Die Ökologie der menschlichen Entwicklung. Stuttgart 1981

Bronfenbrenner, U.: Ökologische Sozialisationsforschung. Stuttgart 1976

Bronfenbrenner, U.: Recent Advances in Research on the Ecology of Human Devel-opment. In: Silbereisen, R.K./Eyferth, K./Rudinger, G. (Eds.): Development as Action in Context. Berlin u.a. 1986, S. 287-309

Brüdigam, U.: Strukturale Aspekte moderner Bildungsprozesse. Das Beispiel der Star-Trek-Fans. Opladen 2001

Bryk, A.S./Raudenbusch, S. W.: Toward a more appropriate conceptualisation of re-search on school effects. In: Bock, R. D. (Hrsg.): Multilevel Analysis of Educa-tional Data. San Diego 1989, S. 159-204

Büchner, P. u.a.: Teenie-Welten. Aufwachsen in drei europäischen Regionen. Opla-den 1998

Büchner, P./Chisholm, L./Krüger, H.-H (Hrsg.): Kindheit und Jugend im interkultu-rellen Vergleich. Opladen 1990

Büchner, P./Chisholm, L./Krüger, H.-H. (Hrsg.): Growing up in Europe. Contempo-rary horizons in childhood and youth studies. Berlin u.a. 1995

Büchner, P./Chisholm, L./Krüger, H.-H./Brown, Ph. (Hrsg.): Childhood, youth and social change. A comparative perspective. London u.a. 1990

Büchner, P./Fuhs, B./Krüger, H.-H. (Hrsg.): Vom Teddybär zum ersten Kuss. Wege aus der Kindheit in Ost- und Westdeutschland. Opladen 1996

Büchner, P./Fuhs, B./Krüger, H.-H.: Transformation der Eltern-Kind-Beziehungen? Facetten der Kindbezogenheit des elterlichen Erziehungsverhaltens in Ost- und Westdeutschland. In: Zeitschrift für Pädagogik. 37. Beiheft (1997), S. 35-52

Büchner, P./Fuhs, B.: Außerschulisches Kinderleben im deutsch-deutschen Vergleich. In: Aus Politik und Zeitgeschichte 1993, S. 21-31

Büchner, P./Fuhs, B.: Der Lebensort Familie. Alltagsprobleme und Beziehungsmu-ster. In: Büchner, P./Fuhs, B./Krüger, H.-H. (Hrsg.): Vom Teddybär zum ersten Kuß. Wege aus der Kindheit in Ost- und Westdeutschland. Opladen 1996, S. 159-200

Büchner, P./Fuhs, B.: Kinderkulturelle Praxis: Kindliche Handlungskontexte und Ak-tivitätsprofile im außerschulischen Lebensalltag. In: Bois-Reymond, M. du /Büchner, P./Krüger, H.-H. u.a.: Kinderleben. Modernisierung von Kindheit im interkulturellen Vergleich. Opladen 1994, S. 63-136

Büchner, P./Koch, K.: Von der Grundschule in die Sekundarstufe. Bd. 1, Opladen 2001

Büchner, P./Krüger, H.-H. (Hrsg.): Aufwachsen hüben und drüben. Deutsch-deutsche Kindheit und Jugend vor und nach der Vereinigung. Opladen 1991

Büchner, P./Krüger, H.-H./Chisholm, L. (Hrsg.): Kindheit und Jugend im interkultu-rellen Vergleich. Opladen 1990

Büchner, P.: „Die woll'n irgendwie nich..." Wenn Kinder keinen Anschluss finden. In: Büchner, P./Bois-Reymond, M. du /Ecarius, J./Fuhs, B./Krüger, H.-H.: Teenie-Welten. Aufwachsen in drei europäischen Regionen. Opladen 1998, S. 261-272

Büchner, P.: Aufwachsen in den 80er Jahren - Zum Wandel kindlicher Normalbiographien in der Bundesrepublik Deutschland. In: Büchner, P./Krüger, H.-H./Chisholm, L. (Hrsg.): Kindheit und Jugend im interkulturellen Vergleich. Zum Wandel der Lebenslagen von Kindern und Jugendlichen in der Bundesrepublik Deutschland und in Großbritannien. Opladen 1990, S. 79-94.

Bühler, Ch./Hetzer, H.: Zur Geschichte der Kinderpsychologie. In: Brunswik, E. (Hrsg.): Beiträge zur Problemgeschichte der Psychologie. Jena 1929, S. 204-224

Bühler, Ch.: Das Seelenleben des Jugendlichen. Versuch einer Analyse und Theorie der psychischen Pubertät. Jena 1921

Buhren, C. G./Witjes, W./Zimmermann, P.: Veränderte Kindheit und Jugend – Schwierigere Schülerinnen und Schüler? In: Rolff, H.-G./Holtappels, H. G./Klemm, K./Pfeiffer, H./Schulz-Zander, R. (Hrsg.): Jahrbuch der Schulentwicklung. Daten, Beispiele und Perspektiven, Bd. 12, Weinheim, München 2002, S. 323-378

Bundesministerium für Familie, Senioren, Frauen und Jugend (Hrsg.): 10. Kinder- und Jugendbericht. Bericht über die Lebenssituation von Kindern und die Leistungen der Kinderhilfen in Deutschland. Bonn 1998

Bundesministerium für Familie, Senioren, Frauen und Jugend (Hrsg.): 12. Kinder- und Jugendbericht. Bildung, Betreuung und Erziehung vor und neben der Schule. Berlin 2005

Bundesministerium für Familie, Senioren, Frauen und Jugend (Hrsg.): Beteiligung von Kindern und Jugendlichen in der Kommune. Ergebnisse einer bundesweiten Erhebung. Bonn 1999

Bundesministerium für Jugend, Familie und Gesundheit (Hrsg.): Verbesserung der Chancengleichheit von Mädchen in der Bundesrepublik Deutschland. Sechster Jugendbericht. Bonn 1984

Busemann, A.: Jugend im eigenen Urteil. Eine Untersuchung zur Jugendkunde. Langensalza 1926

Butz, P./Gaedicke, J.: Längsschnittstudien in der Jugendforschung. In: Merkens, H./Zinnecker, J. (Hrsg.): Jahrbuch Jugendroschung. 2001, S. 399-420

Case, R.: Neo-Piagetian theories of child development. In: Sternberg, R.J./Berg, C.A. (Eds.): Intellectual development. Cambridge 1992, S. 161-196

Cavalli, A.: Wie europäisch sind die jungen Italiener? In: DISKURS (1990), S. 12-16

Chisholm, L./Büchner, P./Krüger, H.-H. u.a.: Growing up in europe. Berlin/New York 1995

Christen, F./Vogt, H./Upmeier zu Belzen, A.: Typologische Einstellungsausprägungen bei Grundschulkindern zu Schule und Sachunterricht und der Zusammenhang zu ihrer Interessiertheit. In: Heinzel, F./Prengel, A. (Hrsg.): Heterogenität, Integration und Differenzierung in der Primarstufe. Jahrbuch Grundschulforschung 6. Opladen 2002, S. 216-221

Claessens, D.: Familie und Wertsystem. Berlin 1962

Clarke, J. u.a.: Jugendkultur als Widerstand. Frankfurt a.M. 1976

Colberg-Schrader, H.: Institutionen für Kinder. In: Deutsches Jugendinstitut (Hrsg.): Was für Kinder. Aufwachsen in Deutschland. München 1993, S. 346-353

Dehn, G.: Proletarische Jugend. Lebensgestaltung und Gedankenwelt der großstädtischen Proletarierjugend. 2. Aufl., Berlin 1930

DeMause, L.: Hört ihr die Kinder weinen. Eine psychogenetische Geschichte der Kindheit. Frankfurt a.M. 1977

Denzin, N. K.: The Research Act. Chicago 1978

Deutscher Bildungsrat: Strukturplan für das Bildungswesen. Stuttgart 1970

Deutscher Kinderschutzbund (Hrsg.): Hilfe statt Gewalt. Hannover 1989.

Deutsches Jugendinstitut (Hrsg.): Schüler an der Schwelle zur deutschen Einheit. Politische und persönliche Orientierung in Ost und West. Opladen 1992

Deutsches Jugendinstitut (Hrsg.): Was für Kinder. München 1993

Deutsches Jugendinstitut (Hrsg.): Was tun Kinder am Nachmittag? Ergebnisse einer empirischen Studie zur mittleren Kindheit. München: Deutsches Jugendinstitut 1992

Diamontoppoulos, A./Siguaw, J. A.: Introducing LISREL. London 2000

Dieckmann, A.: Empirische Sozialforschung. Reinbek 1995

Diefenbach, H.: Familienstruktur und Bildung. In: Zeitschrift für Erziehungswissenschaft 3 (2000), H. 2, S. 169-187

Diezinger, A. u.a.: Zukunft mit beschränkten Möglichkeiten. Entwicklungsprozesse arbeitsloser Mädchen. 2 Bde., München 1983

Diezinger, A.: Biographien im Werden. Qualitative Forschung im Bereich von Jugendbiographieforschung. In: König, E./Zedler, P. (Hrsg.): Bilanz qualitativer Forschung. Bd. 2, Weinheim 1995 (1995), S. 265-289

Diezinger, A.: Frauen: Arbeit und Individualisierung. Chancen und Risiken. Opladen 1991

Dinse, R.: Das Freizeitleben der Großstadtjugend. Berlin 1930

Dippelhofer-Stiem, B.: Sozialisation in ökologischer Perspektive. Eine Standortbestimmung am Beispiel der frühen Kindheit. Opladen 1995

Ditton, H.: Mehrebenenanalyse. Weinheim/München 1998

Dodge, K.A./McKlaskey, C. L./Feldmann, E.: Situational approach to the assessment of social competence in children. In: Journal of Consulting and Clinical Psychologie 53 (1985), S. 344-353

Döring, N.: Lernen und Lehren im Internet. In: Batinic, B. (Hrsg.): Internet für Psychologen. Göttingen 1997, S. 359-393

Dudek, P.: Jugend als Objekt der Wissenschaften. Geschichte der Jugendforschung in Deutschland und Österreich. Opladen 1990

Ecarius, J./Grunert, C.: Ostdeutsche Heranwachsende zwischen Risiko- und Gefahrenbiographie. In: Büchner, P. u.a.: Teenie-Welten. Aufwachsen in drei europäischen Regionen. Opladen 1998, S. 245-260

Ecarius, J./Grunert, C.: Verselbständigung als Individualisierungsfalle. In: Mansel, J. (Hrsg.): Glückliche Kindheit – schwierige Zeit? Opladen 1996, S. 192-216

Eckert, R./Drieseberg, T./Willems, H.: Sinnwelt Freizeit. Jugendliche zwischen Märkten und Verbänden. Opladen 1990

Eckert, R./Reis, C./Wetzstein, T.: „Ich will halt sein wie die andern". Abgrenzungen, Gewalt und Kreativität bei Gruppen Jugendlicher. Opladen 2000

Eckert, R./Willems, H.: Jugendproteste im internationalen Vergleich. Jugendliche Strukturbildung, städtische Gewaltpotentiale und staatliche Reaktion. Eine vergleichende Untersuchung von Eskalationsbedingungen. Opladen 1990

Eisenstadt, S.N.: From generation to generation. Age groups and social structure. Glencoe 1956

Elias, N.: Über den Prozeß der Zivilisation. Soziogenetische und psychogenetische Untersuchungen. 2 Bde. 1936, Bern/München 1969

Elschenbroich, D.: Weltwissen der Siebenjährigen. München 2001

Emnid: Jugend zwischen 15 und 24. Emnid I. Bielefeld 1953

Emnid: Jugend zwischen 15 und 24. Emnid II. Bielefeld 1955

Emnid: Wie stark sind die Halbstarken? Emnid III. Bielefeld 1956

Engelbert, A./Herlth, A.: Sozialökologie der Kindheit: Wohnung, Spielplatz und Straße. In: Markefka, M./Nauck, B. (Hrsg.): Handbuch der Kindheitsforschung. Neuwied u.a. 1993, S. 403-415

Erikson, E.H.: Identität und Lebenszyklus. Frankfurt a. M. 1973

Erler, M.: Die Dynamik der modernen Familie. Empirische Untersuchung zum Wandel der Familienformen in Deutschland. Weinheim/München 1996.

Ernst, A./Stampfel, S.: Kinderreport. Wie Kinder in Deutschland leben. Köln 1991.

Esser, H.: Gesellschaftliche „Individualisierung" und das Schicksal der (Bindestrich-) Soziologie. In: Markefka, M./Nave-Herz, R. (Hrsg.): Handbuch der Familien- und Jugendforschung. Bd. 2, Neuwied/Frankfurt a.m. 1989, S. 197-216

Faulstich-Wieland, H./Nyssen, E.: Geschlechterverhältnis im Bildungssystem. In: Rolff, H.G. u.a. (Hrsg.): Jahrbuch der Schulentwicklung. Bd. 10, Weinheim/München 1998, S. 163-199

Feierabend, S./Klingler, W.: Fernsehnutzung von Kindern. In: Hoppe-Graff, S./Oerter, R. (Hrsg.): Spielen und Fernsehen. Über die Zusammenhänge von Spiel und Medien in der Welt des Kindes. Weinheim/München 2000, S. 123-132

Feierabend, S./Klingler, W.: KIM-Studie 2003. Kinder und Medien, Computer und Internet. Basisuntersuchung zum Medienumgang 6- bis 13-Jähriger in Deutschland. Baden-Baden 2003

Feil, Ch.: Kinder im Internet: Angebote, Nutzung und medienpädagogische Perspektiven. In: Diskurs 1 (2000) – Quelle: http://www.dji.de/www-kinderseiten/ angebot.htm (05.08.2002)

Fend, H.: Der Umgang mit der Schule in der Adoleszenz. Bern u.a. 1997

Fend, H.: Identitätsentwicklung in der Adoleszenz. Lebensentwürfe, Selbstfindung und Weltaneignung in beruflichen, familiären und politisch-weltanschaulichen Bereichen. Bern/Stuttgart/Toronto 1991

Fend, H.: Sozialgeschichte des Aufwachsens. Bedingungen des Aufwachsens und Jugendgestalten im zwanzigsten Jahrhundert. Frankfurt a. M. 1990

Fend, H.: Sozialgeschichte des Aufwachsens. Frankfurt a.M. 1988

Fend, H.: Vom Kind zum Jugendlichen. Der Übergang und seine Risiken. Bern 1990

Ferchhoff, W./Neubauer, G.: Jugend und Postmoderne. Analysen und Reflexionen über die Suche nach neuen Lebensorientierungen. Weinheim/München 1989

Ferchhoff, W.: Die Wiederverzauberung der Modernität? Krise der Arbeitsgesellschaft, Wertwandel, Individualisierungsschübe bei Jugendlichen. In: Kübler, H.D. (Hrsg.): Jenseits von Orwell. Analysen zur Instrumentierung der Kultur. Frankfurt a.M. 1984, S. 94-168

Ferchhoff, W.: Jugend an der Wende des 20. Jahrhunderts. Lebensformen und Lebensstile. Opladen 1993.

Ferchhoff, W.: Jugend an der Wende vom 20. zum 21. Jahrhundert. Lebensformen und Lebensstile. Opladen 1999

Ferchhoff, W.: Zur Pluralisierung und Differenzierung von Lebenszusammenhängen bei Jugendlichen. In: Baacke, D./Heitmeyer, W. (Hrsg.): Neue Widersprüche. Jugendliche in den 80er Jahren. Weinheim/München 1985, S. 46-85

Fischer-Rosenthal, W./Rosenthal, G.: Narrationsanalyse biographischer Selbstpräsentationen. In: Hitzler, R./Honer, A. (Hrsg.): Sozialwissenschaftliche Hermeneutik. Opladen 1997, S. 133-164

Flammer, A.: Psychologische Entwicklungstheorien. In: Krüger, H.-H./Grunert, C. (Hrsg.): Handbuch Kindheits- und Jugendforschung. Opladen 2002, S. 43-64

Flick, U./Kardorff, E. von/Steinke, I. (Hrsg.): Qualitative Forschung. Ein Handbuch. Reinbek 2000

Flick, U.: Qualitative Forschung. Reinbek 1995

Flick, U.: Triangulation in der qualitativen Forschung. In: Flick, U./Kardorff, E. von/Steinke, I. (Hrsg.): Qualitative Forschung. Ein Handbuch. Reinbek 2000, S. 309-318

Flitner, A.: Eine Wissenschaft für die Praxis. In: Zeitschrift für Pädagogik 24 (1978), H. 2, S. 183-193

Flitner, A.: Soziologische Jugendforschung. Darstellung und Kritik aus pädagogischer Sicht. Heidelberg 1963

Flösser, G./Otto, H.-U./Tillmann, K. J. (Hrsg.): Schule und Jugendhilfe. Opladen 1996

Fölling-Albers, M./Hopf, A.: Auf dem Weg vom Kleinkind zum Schulkind. Eine Langzeitstudie zum Aufwachsen in verschiedenen Lebensräumen. Opladen 1995

Fölling-Albers, M.: Entscholarisierung von Schule und Scholarisierung von Freizeit? In: Zeitschrift für Soziologie der Erziehung und Sozialisation 2 (2000), H. 2, S. 118-131

Fölling-Albers, M.: Kindheitsforschung und Schule. Überlegungen zu einem Annäherungsprozeß. In: Behnken, I./Jaumann, O. (Hrsg.): Kindheit und Schule. Weinheim/München 1995, S. 11-20

Forschungsgruppe Schulevaluation: Gewalt als soziales Problem an Schulen. Opladen 1998

Fournés, A.: Entwicklung der Grundschule. Von der Unterstufe (Ost) zur aktuellen grundschulpädagogischen Diskussion. Frankfurt a. M. 1996

Friebertshäuser, B.: Übergangsphase Studienbeginn. Eine Feldstudie über Riten der Initiation in eine studentische Fachkultur. Weinheim/München 1992

Fried, L.: Kindergarten. In: Markefka, M./Nauck, B. (Hrsg.): Handbuch der Kindheitsforschung. Neuwied u.a. 1993, S. 557-566

Friedrich, J.: Methoden der empirischen Sozialforschung. Opladen [13]1985

Friedrich, W./Griese, H.M. (Hrsg.): Jugend und Jugendforschung in der DDR. Weinheim/München 1991

Friedrich, W./Kossakowski, A.: Zur Psychologie des Jugendalters. Berlin 1962

Friedrich, W.: Zur Geschichte der Jugendforschung in der ehemaligen DDR. In: Krüger, H.-H. (Hrsg.): Handbuch der Jugendforschung. Opladen [2]1993, S. 31-42

Fromme, J./Vollmer, N.: Mediensozialisation oder Medienkultur? Lernprozesse im Umgang mit interaktiven Medien. In: Fromme, J./Kommer, S./Mansel, J./Treumann, K.-P. (Hrsg.): Selbstsozialisation, Kinderkultur und Mediennutzung. Opladen 1999, S. 200-224

Fuchs, W.: Biographische Forschung. Eine Einführung in Praxis und Methoden. Opladen 1984

Fuchs, W.: Jugend als Lebenslaufphase. In: Jugendwerk der Deutschen Shell (Hrsg.): Jugendliche und Erwachsene '85. Generationen im Vergleich. Opladen 1985, Bd. 1, S. 195-264

Fuchs, W.: Jugendbiographie. In: Fischer, A. u.a. (Hrsg.): Jugend '81. Opladen 1982, S.124-345

Fuchs, W.: Jugendliche Statuspassage oder individualisierte Jugendbiographie? In: Soziale Welt 34 (1983), H. 3, S. 341-371

Fuchs-Heinritz, W./Krüger, H.-H. (Hrsg.): Feste Fahrpläne durch die Jugendphase? Jugendbiographien heute. Opladen 1991

Fuchs-Heinritz, W.: Zukunftsorientierungen und Verhältnis zu den Eltern. In: Jugendwerk der Deutschen Shell (Hrsg.): Jugend 2000. Bd. 1, Opladen 2000., S. 23-92

Fuhs, B.: Kindheit, Freizeit, Medien. In: Krüger, H.-H./Grunert, C. (Hrsg.): Handbuch Kindheits- und Jugendforschung. Opladen 2002, S. 637-652

Fuhs, B.: Das außerschulische Kinderleben in Ost- und Westdeutschland. In: Büchner, P./Fuhs, B./Krüger, H.-H. (Hrsg.): Vom Teddybär zum ersten Kuß. Wege aus der Kindheit in Ost- und Westdeutschland. Opladen 1996, S. 159-200

Fuhs, B.: Fotografie und qualitative Forschung. In: Friebertshäuser, B./Prengel, A. (Hrsg.): Handbuch qualitative Forschungsmethoden in der Erziehungswissenschaft. Weinheim/München 1997, S. 265-285

Fuhs, B.: Qualitative Interviews mit Kindern. Überlegungen zu einer schwierigen Methode. In: Heinzel, F. (Hrsg.): Methoden der Kindheitsforschung. Weinheim/München 2000, S. 87-104

Funk, H.: Mädchen in ländlichen Regionen. Historische Klärungen und aktuelle Untersuchungen. München 1993

Furstenberg, F. F.: Reflections on the sociology of Childhood. In: Qvortrup, J. (Ed.): Childhood as a social phenomenon. Eurosocial Report 47 (1993), Wien 1993, S. 29-43

Furtner-Kallmünzer, M./Hössl, A./Janke, D./Kellermann, D./Lipski, J.: In der Freizeit für das Leben lernen. Eine Studie zu den Interessen von Schulkindern. Opladen 2002

Garz, D.: Die Welt als Text. Frankfurt a.M. 1994

Geier, A./Korfkamp, J. (Hrsg.): Jugend und Neue Medien. Eine empirische Untersuchung an Schulen in Nordrhein-Westfalen mit Beiträgen zur Informationsgesellschaft. Duisburg 1998

Geiling, U./Heinzel, F. (Hrsg.): Erinnerungsreise. Kindheit in der DDR. Baltmannsweiler 2000

Gerhards, M./Grajczyk, A./Klingler, W.: Programmangebote und Spartennutzung im Fernsehen 1995. Daten aus der GfK-Programmcodierung. In: Media Perspektiven 11 (1996), S. 572-576

Gerris, J. R./Grundmann, M.: Reziprozität, Qualität von Familienbeziehungen und die intergenerationale Transmission von Beziehungskompetenz. In: Zeitschrift für Soziologie der Sozialisation und Erziehung 22 (2002), S. 20-34

Geulen, D.: Die historische Entwicklung sozialisationstheoretischer Ansätze. In: Hurrelmann, K./Ulich, D.: Neues Handbuch der Sozialisationsforschung. 4. völlig neu bearb. Aufl., Weinheim/Basel 1991, S. 21-54

Geulen, D.: Sozialisationstheoretische Ansätze. In: Krüger, H.-H./Grunert, C. (Hrsg.): Handbuch Kindheits- und Jugendforschung. Opladen 2002, S. 83-99

GfK Oline-Monitor: 7. Untersuchungswelle. Quelle: http://www.gfk.cube.net

Gillis, J. R.: Geschichte der Jugend. Weinheim/Basel 1980

Glaser, B. G./Strauss, A. L.: The discovery of grounded theory. Strategies for qualitative research. Chicago 1967

Gogolin, I.: Kinder und Jugendliche mit Migrationshintergrund: Herausforderungen für Schule und außerschulische Bildungsinstanzen. In: Sachverständigenkommission Zwölfter Kinder- und Jugendbericht (Hrsg.): Kompetenzerwerb von Kindern und Jugendlichen im Schulalter. Materialien zum 12. Kinder- und Jugendbericht. Bd. 3. München 2005, S. 301-388

Gogoll, A./Kurz, D.: Gutachterliche Stellungnahme. In: Landessportbund Nordrhein-Westfalen (Hrsg.): Jugendarbeit in Sportvereinen – Anspruch und Wirklichkeit. Expertenmaterial zur Brettschneider-Studie. Duisburg 2001, S. 48-57

Gotschlich, H.: Ausstieg aus der DDR. Junge Leute im Konflikt. Berlin 1990

Griese, H.M.: Sozialwissenschaftliche Jugendtheorien. 2. erw. Aufl., Weinheim/Basel 1982

Groffmann, A. C.: Das unvollendete Drama. Jugend- und Skinheadgruppen im Vereinigungsprozess. Opladen 2001

Grundmann, M./Lüscher, K. (Hrsg.): Sozialökologische Sozialisationsforschung. Konstanz 2000

Grunert, C./Krüger, H.-H.: Biographieforschung und pädagogische Kindheitsforschung. In: Krüger, H.-H./Marotzki, W. (Hrsg.): Handbuch erziehungswissenschaftliche Biographieforschung. Opladen 1999, S. 227-242

Grunert, C.: Kompetenzerwerb von Kindern und Jugendlichen in außerunterrichtlichen Sozialisationsfeldern. In: Sachverständigenkommission Zwölfter Kinder- und Jugendbericht (Hrsg.): Kompetenzerwerb von Kindern und Jugendlichen im Schulalter. Materialien zum 12. Kinder- und Jugendbericht. Bd. 3. München 2005, S. 9-94

Grunert, C.: Qualitative Methoden in der Kindheits- und Jugendforschung. In: Krüger, H.-H./Grunert, C. (Hrsg.): Handbuch Kindheits- und Jugendforschung. Opladen 2002, S. 225-248

Grunert, C.: Vom Pionier zum Diplom-Pädagogen. Lebensgeschichten und Berufsperspektiven von ostdeutschen Studierenden im Diplomstudiengang Erziehungswissenschaft. Opladen 1999

Günther, C./Karig, U./Lindner, B.: Wendezeit - Kulturwende? Zum Wandel von Freizeitverhalten und kulturellen Lebensstilen bei Heranwachsenden in Ostdeutschland. In: Büchner, P./Krüger, H.-H. (Hrsg.): Aufwachsen hüben und drüben. Opladen 1991, S. 187-201

Gutschmidt, G.: Alleinerziehende Väter und Mütter sind keine Randgruppe mehr. In: Frankfurter Rundschau: 26.5.1988, Nr. 121

Haarmann, D./Horn, H. A.: Innovative Tendenzen in den Lehrplänen der Grundschulen. In: Brügelmann, H./Fölling-Albers, M./Richter, S. (Hrsg.): Jahrbuch Grundschule. Seelze/Felber 1998, S. 139-150

Hanesch, W./Krause, P./Bäcker, G.: Armut und Ungleichheit in Deutschland. Reinbek 2000

Hanewinkel, R./Niebel, G./Ferstl, R.: Zur Verbreitung von Gewalt und Aggression an Schulen – ein empirischer Überblick. In: Valtin, R./Portmann, R. (Hrsg.): Gewalt und Aggression: Herausforderungen für die Grundschule. (Arbeitskreis Grundschule) Frankfurt a.M. 1995, S. 26-38

Hansen, R./Pfeiffer, H.: Bildungschancen und soziale Ungleichheit. In: Rolff, H.-G. u.a.: Jahrbuch der Schulentwicklung. Bd. 10, Weinheim/München 1998, S. 51-87

Hansen, R./Rolff, H.-G.: Abgeschwächte Auslese und verschärfter Wettbewerb. In: Rolff, H.-G. u.a. (Hrsg.): Jahrbuch der Schulentwicklung, Bd. 6, Weinheim/München 1990, S. 45-81

Heidtmann, H.: Lesen und neue Medien. Veränderungen der Lesekultur in der Mediengesellschaft. In: Universum (2002), Nr. 673, S. 723-732

Heinritz, Ch.: Autobiographien als erziehungswissenschaftliche Quellentexte. In: Friebertshäuser, B./Prengel, A. (Hrsg.): Handbuch Qualitative Forschungsmethoden in der Erziehungswissenschaft. Weinheim/München 1997, S. 341-353

Heinritz, Ch.: Erlebnis und Biographie: freie Aufsätze von Kindern. In: Behnken, I./Zinnecker, J. (Hrsg.): Kinder. Kindheit. Lebensgeschichte. Seelze-Velber 2001, S. 102-114

Heinz, W.R. (Ed.): From education to work. Cross – National Perspektives. Cambridge 1999

Heinz, W. R. u.a.: „Hauptsache eine Lehrstelle". Jugendliche vor den Hürden des Arbeitsmarktes. Weinheim/Basel 1985

Heinz, W. R./Krüger, H.: Jugendliche vor den Hürden des Arbeitsmarktes. In: Bois-Reymond, M. du/Oechsle, M. (1990), S. 79-93

Heinzel, F. (Hrsg.): Methoden der Kindheitsforschung. Ein Überblick über Forschungszugänge zur kindlichen Perspektive. Weinheim/München 2000

Heinzel, F./Prengel, A. (Hrsg.): Heterogenität, Integration und Differenzierung in der Primarstufe, Opladen 2002

Heinzel, F.: Kinder im Kreisgespräch. Habilitationsschrift. Halle 2003

Heinzel, F.: Kinder in Gruppendiskussionen und Kreisgesprächen. In: Heinzel, F. (2000), S. 117-131

Heinzel, F.: Kindheit und Grundschule. In: Krüger, H.-H./Grunert, C. (Hrsg.): Handbuch der Kindheits- und Jugendforschung. Opladen 2002, S. 541-565

Heinzel, F.: Methoden und Zugänge zur Kindheitsforschung im Überblick. In: Heinzel, F. (Hrsg.): Methoden der Kindheitsforschung. Weinheim/München 2000, S. 21-36

Heitmeyer, W. (Hrsg.): Was treibt die Gesellschaft auseinander? Frankfurt a. M. 1997

Heitmeyer, W. u.a.: Gewalt. Weinheim/München 1995

Heitmeyer, W./Olk, T. (Hrsg.): Individualisierung von Jugend. Gesellschaftliche Prozesse, subjektive Verarbeitungsformen, jugendpolitische Konsequenzen. Weinheim/München 1990

Heitmeyer, W.: Entsicherungen. Desintegrationsprozesse und Gewalt. In: Beck, U./Beck-Gernsheim, E. (Hrsg.): Riskante Freiheiten. Individualisierung in modernen Gesellschaften. Frankfurt a.M. 1994

Helfrich, H.: Methoden und Ergebnisse der kulturvergleichenden Kindheits- und Jugendforschung. In: Krüger, H.-H./Grunert, C. (Hrsg.): Handbuch Kindheits- und Jugendforschung. Opladen 2002, S. 249-282

Helmke, A./Weinert, F. E.: Die Münchener Grundschulstudie SCHOLASTIK. In: Weinert, F. E./Helmke, A. (Hrsg.): Entwicklung im Grundschulalter. München 1997, S. 1-12

Helsper, W. (Hrsg.): Jugend zwischen Moderne und Postmoderne. Opladen 1991

Helsper, W. u.a.: Jugendliche Außenseiter. Zur Rekonstruktion scheiternder Bildungs- und Ausbildungsverläufe. Opladen 1991

Helsper, W. u.a.: Jugendliche Übersiedler zwischen vordergründiger Integration und Ausschlusserfahrung. In: Büchner, P./Krüger, H.-H. (Hrsg.): Aufwachsen hüben und drüben. Opladen 1991, S. 267-285

Helsper, W. u.a.: Schulkultur und Schulmythos. Rekonstruktionen zur Schulkultur. Opladen 2001

Helsper, W./Böhme, J.: Jugend und Schule. In: Krüger, H.-H./Grunert, C. (Hrsg.): Handbuch Kindheits- und Jugendforschung. Opladen 2002, S. 567-596

Helsper, W./Böhme, J.: Rekonstruktionen zu einer Mythologie der Schule – zur Konstruktion pädagogischen Sinns. In: Kraimer, K. (Hrsg.): Die Fallrekonstruktion. Frankfurt a.M. 2000, S. 239-274

Helsper, W./Krüger, H.-H.: Politische Orientierungen von Schülern im Rahmen schulischer Anerkennungsbeziehungen. In: Diskurse zu Schule und Bildung. Werkstatthefte des ZSL 2004, H. 22, S. 103-137

Helsper, W./Krüger, H.-H. u.a.: Unpolitische Jugend? Eine Studie zum Verhältnis von Schule, Anerkennung und Politik. Wiesbaden 2006

Helsper, W.: Jugendliche Gegenkultur und schulisch-bürokratische Rationalität: Zur Ambivalenz von Individualisierungs- und Informationsprozessen. In: Breyvogel, W. (Hrsg.): Pädagogische Jugendforschung. Opladen 1989, S. 161-181

Helsper, W.: Okkultismus. Die neue Jugendreligion? Die Symbolik des Todes und des Bösen in der Jugendkultur. Opladen 1992

Hengst, H.: Kinderalltag im internationalen Vergleich. In: Hengst, H. (Hrsg.): Kindheit in Europa. Zwischen Spielplatz und Computer. Frankfurt a.M. 1985, S. 9-16

Hengst, H.: Ein internationales Phänomen: Die neue soziologische Kindheitsforschung. In: Soziologie (2002), H. 2, S. 57-77

Hennig, W./Friedrich, W. (Hrsg.): Jugend in der DDR. Daten und Ergebnisse der Jugendforschung vor der Wende. Weinheim/München 1991

Herrmann, U.: „Innenansichten" Erinnerte Lebensgeschichte und geschichtliche Lebenserinnerung, oder Pädagogische Reflexion und ihr „Sitz im Leben". In: Berg, Ch. (Hrsg.): Kinderwelten. Frankfurt a.M. 1991, S. 41-67

Herzberg, I.: Kinderfreundschaften und Spielkontakte. In: DJI (Hrsg.): Was tun Kinder am Nachmittag? München 1992, S. 75-126

Hock, B./Holz, G./Wüstendörfer, W.: Folgen familiärer Armut im frühen Kindesalter – Eine Annäherung anhand von Fallbeispielen. Frankfurt am Main 2000.

Hoffmann-Lange, U. (Hrsg.): Jugend und Demokratie in Deutschland. Opladen 1995

Holtappels, H.G.: Grundschule als „Volle Halbtagsschule". In: Brügelmann, H./Fölling-Albers, M./Richter, S. (Hrsg.): Jahrbuch Grundschule. Seelze/Felber 1998, S. 181-186

Honig, M.-S./Lange, A./ Leu, H.R. (Hrsg.): Aus der Perspektive von Kindern. Zur Methodologie der Kindheitsforschung. Weinheim/München 1999

Honig, M.-S./Leu, H. R./Nissen, U.: Kindheit als Sozialisationsphase und als kulturelles Muster. Zur Strukturierung eines Forschungsfeldes. In: Honig, M.-S./Leu, H. R./Nissen, U. (Hrsg.): Kinder und Kindheit. Weinheim/München 1996, S. 9-29

Honig, M.-S.: Forschung „vom Kinde aus"? Perspektivität in der Kindheitsforschung. In: Honig, M.-S./Lange, A./Leu, H.R. (Hrsg.): Aus der Perspektive von Kindern. Weinheim/München 1999, S. 33-50

Honig, M.-S.: Vom alltäglichen Übel zum Unrecht – Über den Bedeutungswandel familialer Gewalt. In: Deutsches Jugendinstitut (Hrsg.): Wie geht's der Familie. Ein Handbuch zur Situation der Familien heute. München 1988, S. 190-202

Hopf, Ch. u.a.: Familie und Rechtsextremismus. Familiale Sozialisation und rechtsextreme Orientierungen junger Männer. Weinheim/München 1995

Hopf, Ch.: Die Pseudo-Exploration – Überlegungen zur Technik qualitativer Interviews in der Sozialforschung. In: Zeitschrift für Soziologie (1978), H. 7, S. 97-115

Hopf, Ch.: Frühe Bindungen und Sozialisation. Eine Einführung. Weinheim/München 2005

Hopf, Ch.: Qualitative Interviews – ein Überblick. In: Flick, U./Kardorff, E. von/Steinke, I. (Hrsg.): Qualitative Forschung. Reinbek 2000, S. 349-359

Horn, W.: Umgang mit familialer Gewalt. Reaktionen zwischen Kontrolle und Unterstützung. In: Mansel, J. (Hrsg.): Glückliche Kindheit – Schwierige Zeit? Über die veränderten Bedingungen des Aufwachsens. Opladen 1996, S. 113-127

Hornstein, W.: Aspekte und Dimensionen erziehungswissenschaftlicher Theorien zum Jugendalter. In: Neidhardt, F. u.a.: Jugend im Spektrum der Wissenschaft. München 1970, S. 151-202

Hornstein, W.: Ein halbes Jahrzehnt „Pädagogische Jugendforschung". Überlegungen am Ende eines Forschungsprogrammes. In: Breyvogel, W. (Hrsg.): Pädagoigsche Jugendforschung. Opladen 1989, S. 227-257

Hornstein, W.: Jugend als Problem. In: Zeitschrift für Pädagogik 25 (1979), H. 5, S. 671-696

Hornstein, W.: Jugendforschung – Kennt sie die Jugend? In: Deutsches Jugendinstitut (Hrsg.): Immer diese Jugend? München 1985, S. 351-362

Horstkemper, M.: Schule, Geschlecht und Selbstvertrauen. Eine Längsschnittstudie über Mädchensozialisation in der Schule. Weinheim/München 1987

Huhn, N. u.a.: Videografieren als Beobachtungsmethode in der Sozialforschung – am Beispiel eines Feldforschungsprojekts zum Konfliktverhalten von Kindern. In: Heinzel, F. (Hrsg.): Methoden der Kindheitsforschung. Weinheim/München 2000, S. 185-202

Huinink, J./Grundmann, M.: Kindheit im Lebenslauf. In: Markefka, M./Nauck, B. (Hrsg.): Handbuch der Kindheitsforschung. Neuwied 1993, S. 67-78

Huinink, J./Mayer, K. U.: Lebensverläufe im Wandel der DDR-Gesellschaft. In: Joas, H./Kohli, M. (Hrsg.): Der Zusammenbruch der DDR. Frankfurt a.M. 1993

Hummel, A.: Kindersport in der DDR. In: DJI (Hrsg.): Was für Kinder. Aufwachsen in Deutschland. München 1993, S. 314-316

Hurrelmann, B./Hammer, M./Niess, F.: Leseklima in der Familie. Eine Studie der Bertelsmann Stiftung. Lesesozialisation, Bd. 1. Gütersloh 1993

Hurrelmann, B.: Fernsehen und Bücher – Medien im Familienalltag. Über die Hintergründe verhinderter Lesebereitschaft. In: Behnken, I./Jaumann, O. (Hrsg.): Kindheit und Schule. Weinheim/München 1995, S. 83-94

Hurrelmann, K./Mansel, J.: Individualisierung in der Freizeit? In: Zentrum für Kindheits- und Jugendforschung (Hrsg.): Wandlungen der Kindheit. Theoretische Überlegungen zum Strukturwandel der Kindheit heute. Opladen 1993, S.77-93.

Hurrelmann, K./Wolf, H. K.: Schulerfolg und Schulversagen im Jugendalter. Fallanalysen von Bildungslaufbahnen. Weinheim/München 1986

Hurrelmann, K.: Einführung in die Sozialisationstheorie. Über den Zusammenhang von Sozialstruktur und Persönlichkeit. Weinheim/Basel 1986

Hurrelmann, K.: Familienstreß, Schulstreß, Freizeitstreß. Weinheim/Basel 1990

Hurrelmann, K.: Lebensphase Jugend. Eine Einführung in die sozialwissenschaftliche Jugendforschung. Neuausgabe. Weinheim/München 1994

Hurrelmann, K.: Einführung in die Sozialisationstheorie. Weinheim/Basel [8]2002

Hurrelmann, K./Bründel, H.: Einführung in die Kindheitsforschung. Weinheim/Basel/ Berlin [2]2003

Ingenhorst, H.: Jobben in Westdeutschland. In: Hengst, H./Zeiher, H. (Hrsg.): Die Arbeit der Kinder. Kindheitskonzept und Arbeitsteilung zwischen den Generationen. Weinheim/München 2000, S. 133-142

Jaide, W./Wurzbacher, G.: Die junge Arbeiterin. München 1958

James, A./Jenks, C./Prout, A.: Theorizing childhood. Cambridge 1998

Joas, H.: Kreativität und Autonomie. Die soziologische Identitätskonzeption und ihre postmoderne Herausforderung. In: Barkhaus, A. u.a. (Hrsg.): Identität, Leiblichkeit, Normativität. Frankfurt a. M. 1996, S. 357-369

Joas, H./Knöbl, W.: Sozialtheorie. Frankfurt a.M. 2004

Joos, M./Meyer, W.: Die Entwicklung der relativen Einkommensarmut von Kindern in Deutschland 1990 bis 1995. In: Mansel, J./Neubauer, G. (Hrsg.): Armut und soziale Ungleichheit bei Kindern. Opladen, 1998, S. 19-33

Jugendwerk der Deutschen Shell (Hrsg.): Jugend 2000. 2 Bde., Opladen 2000

Jugendwerk der Deutschen Shell (Hrsg.): Jugend '81. Lebensentwürfe, Alltagskulturen, Zukunftsbilder. 5 Bde., Hamburg 1981

Jugendwerk der Deutschen Shell (Hrsg.): Jugend '92. 4 Bde., Opladen 1992

Jugendwerk der Deutschen Shell (Hrsg.): Jugend '97. Opladen 1997

Jugendwerk der Deutschen Shell (Hrsg.): Jugendliche und Erwachsene '85. 5 Bde., Opladen 1985

Kabat vel Job, O.: Zum Wandel familialer Lebensformen in Ostdeutschland. In: Büchner, P./Krüger, H.-H. (Hrsg.): Aufwachsen hüben und drüben. Deutschdeutsche Kindheit und Jugend vor und nach der Vereinigung. Opladen 1991, S. 59-68

Karutz, A.: Erziehung in staatlichen Kinderkrippen und Kindergärten in der DDR. In: Benz, U./Benz, W. (Hrsg.): Deutschland, deine Kinder. München 2001, S. 49-66

Kauke, M.: Kinder auf dem Pausenhof. Soziale Interaktion und soziale Normen. In: Behnken, I./Jaumann, O. (Hrsg.): Kindheit und Schule. Weinheim/München 1995, S. 51-62

Keupp, H.: Bedrohte und befreite Identitäten in der Risikogesellschaft. In: Barkhaus, A. u.a. (Hrsg.): Identität, Leiblichkeit, Normativität. Frankfurt a. M. 1996, S. 380-409

Kieper, M.: Lebenswelten „verwahrloster" Mädchen. Autobiographische Berichte und ihre Interpretation. München 1980

Kirchhöfer, D./Steiner, I./Zilch, D. u.a.: Rückblick auf FDJ und Junge Pioniere. In: Jugendwerk der Deutschen Shell (Hrsg.): Jugend '92. Bd. 3: Die neuen Länder: Rückblick und Perspektiven. Opladen 1992, S. 111-114

Kirchhöfer, D.: Arbeit der Kinder im Kindheitskonzept der DDR-Gesellschaft. In: Hengst, H./Zeiher, H. (Hrsg.): Die Arbeit der Kinder. Weinheim/München 2000, S. 189-208.

Kirchhöfer, D.: Aufwachsen in Ostdeutschland. Weinheim/München 1998

Kirchhöfer, D.: Die kindliche Normalbiographie in der DDR. In: DJI (Hrsg.): Was für Kinder? Aufwachsen in Deutschland. München 1993, S. 294-296

Kirchhöfer, D.: Kinder zwischen selbst- und fremdbestimmter Zeitorganisation. In: Fromme, J./Kommer, S./Mansel, J./Treumann, K.-P. (Hrsg.): Selbstsozialisation, Kinderkultur und Mediennutzung. Opladen 1999, S. 100-112

Kirchhöfer, D.: Tageslaufanalyse als biographische Erkenntnismethode. In: Behnken, I./Zinnecker, J. (Hrsg.): Kinder, Kindheit, Lebensgeschichte. Seelze-Velber 2001, S. 115-128

Klafki, W.: Schule: Regelschulen, Reformschulen, Privatschulen. In: Krüger, H.-H./Rauschenbach, T. (Hrsg.): Einführung in die Arbeitsfelder des Bildungs- und Sozialwesens. Opladen ^{3}2000, S. 31-62

Klein, T.: Geschwisterlosigkeit in Ost- und Westdeutschland. In: Nauck, B./Bertram, H.: Kinder in Deutschland. Lebensverhältnisse von Kindern im Regionalvergleich. Opladen 1995, S. 121-136.

Klemm, K.: Zur demographischen Entwicklung in Deutschland. In: Böttcher, W./Klemm, K./Rauschenbach, T. (Hrsg.): Bildung und Soziales in Zahlen. Weinheim/München 2001, S. 15-20

Kohl, E. M.: Schreibspielräume für Kinder. In: Heinzel, F. (Hrsg.): Methoden der Kindheitsforschung. Weinheim/München 2000, S. 217-230

König, E./Zedler, P. (Hrsg.): Bilanz qualitativer Forschung. Bd. 2: Methoden. Weinheim 1995

König, H. D.: Tiefenhermeneutik. In: Flick, U./Kardoff, E. v./Steinke, J. (Hrsg.): Qualitative Forschung. Ein Handbuch. Reinbek 2000, S. 556-568

Kötters, C.: Wege aus der Kindheit in die Jugendphase. Biographische Schritte der Verselbständigung im Ost-West-Vergleich. Opladen 2000.

Kötters, C.: Wege aus der Kindheit in die Jugendphase. Erste biographische Schritte der Verselbständigung im Ost-West-Vergleich. In: Bock, K./Fiedler, W. (Hrsg.): Umbruch in Deutschland. Politik, Utopie und Biographie. Wiesbaden 2001, S. 121-146

Kohlberg, L. (Hrsg.): Zur kognitiven Entwicklung des Kindes. Frankfurt a.M. 1974

Kramer, R.-T./Letzel, J.: Die Familie in Ostdeutschland. In: Krüger, H.-H./Ecarius, J./Grunert, C. u.a.: Kindheit in Ostdeutschland. Familiale Generationsbeziehungen und kindliche Biographieverläufe. Projektbericht. Halle (Saale) 1993, S. 15-26

Kränzl-Nagl, R./Wilk, L.: Möglichkeiten und Grenzen standardisierter Befragungen unter besonderer Berücksichtigung der Faktoren soziale und personale Wünschbarkeit. In: Heinzel, F. (Hrsg.): Methoden der Kindheitsforschung. Weinheim/München 2000, S. 59-76

Krappmann, L./Oswald, H.: Alltag der Schulkinder. Beobachtungen und Analysen von Interaktionen und Sozialbeziehungen. Weinheim/München 1995

Krappmann, L./Oswald, H.: Fremde, Gleichaltrigengruppen, Geflechte. Die soziale Welt der Kinder im Grundschulalter. In: Fölling-Albers, M. (Hrsg.): Veränderte Kindheit – veränderte Grundschule. Frankfurt a.M. 1989

Krappmann, L.: Die Sozialwelt der Kinder und ihre Moralentwicklung. In: Edelstein, Wolfgang/Oser, Fritz/Schuster, Peter (Hrsg.): Moralische Erziehung in der Schule. Weinheim/Basel 2001, S. 155-173

Krause, C.: Familiale Sozialisation von Jungen und Mädchen in Ostdeutschland. In: Büchner, P./Krüger, H.-H. (Hrsg.): Aufwachsen hüben und drüben. Opladen 1991, S. 89-96

Kreppner, K./Klöckner, Ch.: Kinder in ihrer Familie: In: LBS-Initiative Junge Familie (Hrsg.): Kindheit 2001 – Das LBS-Kinderbaromter. Was Kinder wünschen, hoffen und befürchten. Opladen 2002, S. 211-236.

Kreutz, H.: Neuere Theorien zum Jugendverhalten. In: Markefka, M./Nave-Herz, R. (Hrsg.): Handbuch der Familien- und Jugendforschung. Bd. 2, Neuwied/Frankfurt a.M. 1989, S. 169-195

Kreutz, H.: Wohnungsnot unter Studierenden: Realität oder ideologische Anklage? Nürnberg 1981

Kromrey, H.: Empirische Sozialforschung. Opladen ³1983

Krüger, H.-H. (Hrsg.): Handbuch der Jugendforschung. 2. erw. Aufl., Opladen 1993

Krüger, H.-H./Ecarius, J./Grunert, C.: Kinderbiographien: Verselbständigungsschritte und Lebensentwürfe. In: Bois-Reymond, M. du/Büchner, P./Krüger, H.-H. u.a.: Kinderleben. Modernisierung im interkulturellen Vergleich. Opladen 1994, S. 221-271

Krüger, H.-H./Grundmann, G./Kötters, C.: Jugendliche Lebenswelten und Schulentwicklung. Opladen 2000.

Krüger, H.-H./Grunert, C.: Biographische Interviews mit Kindern. In: Behnken, I./Zinnecker, J. (Hrsg.): Kinder, Kindheit, Lebensgeschichte. Seelze-Velber 2001, S. 129-142

Krüger, H.-H./Grunert, C.: Geschichte und Perspektiven der Kindheits- und Jugendforschung. In: Krüger, H.-H./Grunert, C. (Hrsg.): Handbuch Kindheits- und Jugendforschung. Opladen 2002, S. 11-42

Krüger, H.-H./Grunert, C.: Jugendforschung in Deutschland von der Nachkriegszeit bis zum Beginn des 21. Jahrhunderts. In: Götte, P./Gippert, W. (Hrsg.): Historische Pädagogik am Beginn des 21. Jahrhunderts. Essen 2000, S. 181-202

Krüger, H.-H./Kötters, C.: Schule und jugendliches Freizeitverhalten. In: Krüger, H.-H./Grundmann, G./Kötters, C./Pfaff, N.: Jugendliche Lebenswelten und Schulentwicklung. Opladen 2000, S. 111-146

Krüger, H.-H./Pfaff, N.: Einführung in die quantitative und qualitative Forschung in der Erziehungswissenschaft. Erscheint in englischer Sprache in: Pedagogika. Danzig (Polen) 2006

Krüger, H.-H./Pfaff, N.: Jugendkulturelle Orientierungen, Gewaltaffinität und Ausländerfeindlichkeit. Rechtsextremismus an Schulen in Sachsen-Anhalt. In: Aus Politik und Zeitgeschichte. Beilage zur Wochenzeitung Das Parlament. B 45/2001, S. 14-23

Krüger, H.-H./Pfaff, N.: Rechte jugendkulturelle Orientierungen, Gewaltaffinität und Ausländerfeindlichkeit als Probleme für die Schule. In: Krüger, H.-H. u.a.: Jugend und Demokratie – Politische Bildung auf dem Prüfstand. Opladen 2002, S. 75-102

Krüger, H.-H./Pfaff, N.: Triangulation quantitativer und qualitativer Zugänge in der Schulforschung. In: Helsper, W./Böhme, J. (Hrsg.): Handbuch der Schulforschung. Wiesbaden 2004, S. 159-182

Krüger, H.-H./Reinhardt, S./Kötters, C. u.a.: Jugend und Demokratie. Politische Bildung auf dem Prüfstand. Opladen 2002

Krüger, H.-H.: Einführung in Theorien und Methoden der Erziehungswissenschaft. Opladen 1997.

Krüger, H.-H.: Geschichte und Perspektiven der Jugendforschung – historische Entwicklungslinien und Bezugspunkte für eine theoretische und methodische Neuorientierung. In: Krüger, H.-H. (Hrsg.): Handbuch der Jugendforschung. Opladen ²1993, S. 17-30

Krüger, H.-H.: Stichwort: Qualitative Forschung in der Erziehungswissenschaft. In: Zeitschrift für Erziehungswissenschaft (2000), H. 3, S. 323-342

Krüger, H.-H.: Zum Wandel von Freizeitverhalten und kulturellen Lebensstilen bei Heranwachsenden in Westdeutschland. In: Büchner, P./Krüger, H.-H. (Hrsg.): Aufwachsen hüben und drüben. Deutsch-deutsche Kindheit und Jugend vor und nach der Vereinigung. Opladen 1991, S. 203-222

Krüger, H.-H.: Zwischen Computer und Teddybär – Kindheit von 1980-2000. In: Larras, P. (Hrsg.): Kindsein kein Kinderspiel. Halle/S. 2000, S. 77-92

Kuckartz, U.: Methoden erziehungswissenschaftlicher Forschung. In: Lenzen, D. (Hrsg.): Erziehungswissenschaft. Reinbek 1994, S. 543-567

Kultusministerkonferenz (KMK): Schüler, Klassen, Lehrer und Absolventen der Schulen 1994 bis 2003. In: Statistische Veröffentlichungen der Kultusministerkonferenz. Dokumentation Nr. 174 – Mai 2005

Küppers, W.: Mädchentagebücher in der Nachkriegszeit. Stuttgart 1964

Lahy, B.: Untersuchungen über die Ansichten und das Verhalten der Jugend. Französ. Oberkommando in Deutschland, Abt. f. öff. Erziehung I., Jan. 1948

Lang, S./Bruer, S.: Die Verlässlichkeit von Angaben acht- bis zehnjähriger Kinder über den Beruf des Vaters. In: Zeitschrift für Soziologie der Erziehung und Sozialisation 18 (1985), H. 4, S. 403-422

Lang, S.: Lebensbedingungen und Lebensqualität von Kindern. Frankfurt/New York 1985.

Lange, A.: Der Diskurs der neuen Kindheitsforschung. In: Honig, M.-S./Lange, A./ Leu, H.R. (Hrsg.): Aus der Perspektive von Kindern. Weinheim/München 1999, S. 51-68

Lange, A.: Kindsein heute: Theoretische Konzepte und Befunde der sozialwissenschaftlichen Kindheitsforschung sowie eine Explorativuntersuchung zum Kinderalltag in einer bodenseenahen Gemeinde. Konstanz 1996

Langeveld, M.: Studien zur Anthropologie des Kindes. Tübingen 1964

Lazarsfeld, P. F./Leichter, K.: Erhebung bei Jugendlichen über Autorität und Familie. In: Horkheimer, M. u.a.: Studien über Autorität und Familie. Paris 1936, S. 353-456

Lazarsfeld, P. F.: Jugend und Beruf. Jena 1931

LBS-Initiative Junge Familie (Hrsg.): Kindheit 2001 – Das LBS-Kinderbarometer. Opladen 2002.

LBS-Kinderbarometer NRW: Stimmungen, Meinungen, Trends von Kindern in Nordrhein-Westfalen. Ergebnisse der Erhebung im Schuljahr 2003/2004. Institutsbericht zum siebten Erhebungsjahr. Februar 2005

Ledig, M.: Vielfalt oder Einfalt – Das Aktivitätsspektrum von Kindern. In: DJI (Hrsg.): Was tun Kinder am Nachmittag? München 1992, S. 31-74

Leithäuser, T./Volmerg, B.: Psychoanalyse in der Sozialforschung. Opladen 1988

Lenhardt, G./Stock, M.: Bildung, Bürger, Arbeitskraft. Schulentwicklung und Sozialstruktur in der BRD und der DDR. Frankfurt a.M. 1997

Lenz, K.: Alltagswelten von Jugendlichen. Frankfurt a.M./New York 1986

Lenz, K.: Die vielen Gesichter der Jugend. Jugendliche Handlungstypen in biographischen Portraits. Frankfurt a.M. 1988

Lenz, K.: Jugend im Plural. Theoretische Grundlagen, Methodik und Ergebnisse aus einem Forschungsprojekt. In: Bois-Reymond, M. du/Oechsle, M. (Hrsg.): Neue Jugendbiographien? Opalden 1990, S. 115-134

Lenz, K.: Prozeßstrukturen biographischer Verläufe in der Jugendphase und danach. Methodische Grundlagen einer qualitativen Langzeitstudie. In: Combe, A./Helsper, W. (Hrsg.): Hermeneutische Jugendforschung. Opalden 1991

Lenzen, D.: Moderne Jugendforschung und postmoderne Jugend: Was leistet noch das Identitätskonzept? In: Helsper, W. (Hrsg.): Jugend zwischen Moderne und Postmoderne. Opalden 1991, S. 41-56

Lessing, H./Liebel, M.: Jugend in der Klassengesellschaft. München 1974

Leu, H. R.: Selbständige Kinder – Ein schwieriges Thema für die Sozialisationsforschung. In: Honig, M.-S./Leu, H. R./Nissen, U. (Hrsg.): Kinder und Kindheit. Soziokulturelle Muster – sozialisationstheoretische Perspektiven. Weinheim/ München 1996, S. 174-198

Leuzinger-Bohleber, M./Garlichs, A.: Früherziehung West-Ost. Zukunftserwartungen, Autonomieentwicklung und Beziehungsunfähigkeit von Kindern und Jugendlichen. Weinheim 1993

Leuzinger-Bohleber, M./Garlichs, A.: Theoriegeleitete Fallstudien im Dialog zwischen Psychoanalyse und Erziehungswissenschaft. In: Friebertshäuser, B./Prengel, A. (Hrsg.): Handbuch qualitative Forschungsmethoden in der Erziehungswissenschaft. Weinheim/München 1997, S. 157-176

Lewin, K.: Behavior and development as a function of the total situation. In: Carmichael, L. (Ed.): Manual of child psychology. New York 1946, pp. 791-844

Lex, T.: Berufswege Jugendlicher zwischen Integration und Ausgrenzung. Weinheim 1997

Liebau, E./Huber, L.: „Die Kulturen der Fächer". In: Neue Sammlung, Themenheft 3 (1985), 314-339

Lindner, B.: Erst die neuen Medien, dann die neuen Verhältnisse. In: Hennig, W./Friedrich, W. (Hrsg.): Jugend in der DDR. Daten und Ergebnisse der Jugendforschung vor der Wende. Weinheim/München 1991, S. 89-103

Lippitz, W./Meyer-Drawe, K. (Hrsg.): Lernen und seine Horizonte. Frankfurt a. M. 1986

Lippitz, W./Rittelmeyer, C. (Hrsg.): Phänomene des Kinderlebens. Bad Heilbrunn 1989

Lipski, J.: Schule und interessegeleitetes Lernen. In: Furtner-Kallmünzer, M./Hössl, A./Janke, D./Kellermann, D./Lipski, J.: In der Freizeit für das Leben lernen. Eine Studie zu den Interessen von Schulkindern. Opalden 2002, S. 113-124

Lorenzer, A.: Zur Begründung einer materialistischen Sozialisationstheorie. Frankfurt a.M. 1972

Lost, C.: Der Kindergarten in der DDR. In: Larras, P. (Hrsg.): Kindsein kein Kinderspiel. Halle/S. 2000, S. 191-206

Lüders, C./Mack, W.: Jugendliche als Akteure ihrer Selbst. In: Merkens, H./Zinnecker, J. (Hrsg.): Jahrbuch Jugendforschung. Opalden 2001, S. 121-135

Lüders, Ch.: Beobachten im Feld und Ethographie. In: Flick, U./Kardorff, E. von/Steinke, I. (Hrsg.): Qualitative Forschung. Reinbek 2000, S. 384-401

Lukesch, H.: Veränderungen von Erfahrungen und Handlungsräumen durch Fernsehen. In: Hoppe-Graff, S./Oerter, R. (Hrsg.): Spielen und Fernsehen. Über die Zusammenhänge von Spiel und Medien in der Welt des Kindes. Weinheim/München 2000, S. 107-121

Lutz, M./Behnken, I./Zinnecker, J.: Narrative Landkarten. Ein Verfahren zur Rekonstruktion aktueller und biographischer erinnerter Lebensräume. In: Friebertshäuser, B./Prengel, A. (Hrsg.): Handbuch qualitative Forschungsmethoden in der Erziehungswissenschaft. Weinheim/München 1997, S. 414-435

Mack, W.: Auf dem Weg zu einer lebensweltorientierten Schule: In: DJI Bulletin (1999), S. 49, S. 6-9

Mannheim, K.: Das Problem der Generationen. In: Kölner Vierteljahreshefte für Soziologie 7 (1928), S. 157-185

Mansel, J. (Hrsg.): Glückliche Kindheit – Schwierige Zeit? Über die veränderten Bedingungen des Aufwachsens. Opladen 1996

Mansel, J. (Hrsg.): Reaktionen Jugendlicher auf gesellschaftliche Bedrohung. Untersuchungen zu ökologischen Krisen, internationalen Konflikten und politischen Umbrüchen als Stressoren. Weinheim/München [2]1994

Mansel, J./Hurrelmann, K.: Alltagsstress bei Jugendlichen. Eine Untersuchung über Lebenschancen, Lebensrisiken und psychosoziale Befindlichkeiten im Statusübergang. Weinheim/München 1991

Mansel, J./Brinkhoff, K.-P. (Hrsg.): Armut im Jugendalter. Soziale Ungleichheit, Gettoisierung und die psychosozialen Folgen. Weinheim/München 1998

Markefka, M./Nauck, B. (Hrsg.): Handbuch der Kindheitsforschung. Neuwied u.a. 1993

Markefka, M./Nauck, B.: Vorwort. In: Markefka, M./Nauck, B. (Hrsg.): Handbuch der Kindheitsforschung. Neuwied u.a. 1993, S. IX-XIII

Markefka, M./Nave-Herz, R. (Hrsg.): Handbuch der Familien- und Jugendforschung. Bd. 2: Jugendforschung. Neuwied/Frankfurt a.M. 1989

Markefka, M.: Jugend und Jugendforschung in der Bundesrepublik. In: Markefka, M./Nave-Herz, R. (Hrsg.): Handbuch der Familien- und Jugendforschung. Bd. 2: Jugendforschung. Neuwied/Frankfurt a.M. 1989, S. 19-40

Marotzki, W./Meister, D. M./Sander, U. (Hrsg.): Zum Bildungswert des Internet. Opladen 2000

Marotzki, W.: Forschungsmethoden und -methodologie der Erziehungswissenschaftlichen Biographieforschung. In: Krüger, H.-H./Marotzki, W. (Hrsg.): Handbuch erziehungswissenschaftliche Biographieforschung. Opladen 1999, S. 109-133

Martin, B./Pettinger, R.: Frühkindliche institutionalisierte Sozialisation. In: Zimmer, J. (Hrsg.): Erziehung in früher Kindheit. Enzyklopädie Erziehungswissenschaft. Bd. 6, Stuttgart 1984, S. 235-252

Mauthe, A./Pfeiffer, H.: Schülerinnen und Schüler gestalten mit. In: Rolff, H.-G. u.a. (Hrsg.): Jahrbuch der Schulentwicklung, Bd. 9, Weinheim/München 1996, S. 221-260

Mayr, T./Ulrich, M.: Wohlbefinden im späten Kindes- und frühen Jugendalter – Wie erleben Kinder/Jugendliche Familie, Freunde und Schule. In: LBS-Initiative Junge Familie (Hrsg.): Kindheit 2001 – Das LBS-Kinderbarometer. Was Kinder wünschen, hoffen und befürchten. Opladen 2002, S. 45-70

Mayring, P.: Qualitative Inhaltsanalyse. Weinheim 2000

Mead, G. H.: Geist, Identität und Gesellschaft. Frankfurt a.M. 1968

Meister, D./Sander, U.: Einleitung. In: Meister, D./Sander, U. (Hrsg.): Kinderalltag und Werbung. Zwischen Manipulation und Faszination. Neuwied/Kriftel/Berlin 1997, S. 8-16

Meister, D.M./Sander, U./Grunert, C./Hammerschmidt, D.: Schulen im Netz in Sachsen-Anhalt. Forschungsergebnisse zum Interneteinsatz an Schulen in Sachsen-Anhalt. Halle 1999

Melzer, W./Lenz, K./Ackermann, F.: Gewalt in Familie und Schule. In: Krüger, H.-H./Grunert, C. (Hrsg.): Handbuch der Kindheits- und Jugendforschung. Opladen 2002, S. 837-864

Melzer, W.: Osteuropäische Jugend im Wandel. Ergebnisse vergleichender Jugendforschung in der Sowjetunion, Polen, Ungarn und der ehemaligen DDR. Weinheim 1991

Merkens, H./Zinnecker, J. (Hrsg.): Jahrbuch Jugendforschung, 1. Opladen 2001

Meulemann, H.: Älter werden und sich erwachsen fühlen. Über die Möglichkeiten, das Ziel der Jugend zu verstehen. In: Jugendwerk der Deutschen Shell (Hrsg.): Jugend '92. Lebenslagen, Orientierungen und Entwicklungsperspektiven im vereinigten Deutschland. Opladen 1992; Bd. 2, S. 107-126.

Meves, B.: Die erwerbstätige Jugend. Eine statistische Untersuchung. Berlin/Leipzig 1929

Mey, G.: Qualitative Forschung und Prozessanalyse. Überlegungen zu einer „Qualitativen Entwicklungspsychologie". In: Forum Qualitative Sozialforschung/Forum: Qualitative Social Research (Online-Journal) 1 (2001), Quelle: http://www. qualitative-research.net/fqs/fqs.htm

Meyer, W.: Die demographische Entwicklung in den neuen Bundesländern und ihre Auswirkungen auf Kinder. In: Bien, W. (Hrsg.): Familie an der Schwelle zum neuen Jahrtausend: Wandel und Entwicklung familialer Lebensformen. Opladen 1996, S. 196-204

Michailow, M.: Individualisierung und Lebensstilbildung. In: Schwenk, O. G. (Hrsg.): Lebensstil zwischen Sozialstrukturanalyse und Kulturwissenschaft. Opladen 1996, S. 71-98

Mierendorff, J./Olk, Th.: Gesellschaftstheoretische Ansätze. In: Krüger, H.-H./Grunert, C. (Hrsg.): Handbuch Kindheits- und Jugendforschung. Opladen 2002, S. 117-142

Mollenhauer, K.: Grundfragen ästhetischer Bildung. Weinheim/München 1996

Möller, K.: Rechte Kids. Weinheim/München 2000

Moritz, K. Ph.: Anton Reiser. Ein psychologischer Roman (1785). München 1997

Muchow, M./Muchow, H. H.: Der Lebensraum des Großstadtkindes (Hamburg 1935). Bensheim 1980

Muchow, M.: Zur Frage einer lebensraum- und epochaltypischen Entwicklungspsychologie des Kindes und des Jugendlichen. In: 59. Beiheft der Zeitschrift für angewandte Psychologie (1931), S. 185-202

Münz, R.: Rentnerberg und leere Schulen. In: Krappmann, L./Lepenies, A. (Hrsg.): Alt und jung. Spannung und Solidarität zwischen den Generationen. Frankfurt a. M. 1997, S. 49-65

Nauck, B.: Kinder als Gegenstand der Sozialberichterstattung – Konzepte, Methoden und Befunde im Überblick. In: Nauck, B./Bertram, H. (Hrsg.): Kinder in Deutschland. Lebensverhältnisse von Kindern im Regionalvergleich. Opladen 1995, S. 11-90.

Nauck, B.: Sozialstrukturelle Differenzierung der Lebensbedingungen von Kindern in West- und Ostdeutschland. In: Markefka, M./Nauck, B. (Hrsg.): Handbuch der Kindheitsforschung. Neuwied u.a. 1993, S. 143-164

Nentwig-Gesemann, I.: Gruppendiskussion mit Kindern. Die dokumentarische Interpretation von Spielpraxis und Diskursorganisation. In: Zeitschrift für Qualitative Bildungs-, Beratungs- und Sozialforschung (2002), H. 5

Neubauer, G./Ferchhoff, W.: Jugendsexualität im Wandel. Zur Karriere einer offenen Zweierbeziehung. In: Heitmeyer, W./Olk, Th. (Hrsg.): Individualisierung von Jugend. Gesellschaftliche Prozesse, subjektive Verarbeitungsformen, jugendpolitische Konsequenzen. Weinheim/München 1990, S. 131-158

Nickel, H./Petzold, M.: Sozialisationstheorien unter ökologisch-psychologischer Perspektive. In: Markefka, M./Nauck, B. (Hrsg.): Handbuch der Kindheitsforschung. Neuwieds u.a. 1993, S. 79-90

Niemeyer, A. H.: Grundsätze der Erziehung und des Unterrichts für Eltern, Hauslehrer und Erzieher (Halle 1796). Paderborn 1970

Nissen, U.: Modernisierungstendenzen im Kinderalltag. In: DJI (Hrsg.): Was für Kinder? Aufwachsen in Deutschland. München 1993, S. 294-296

Nissen, U.: Raum und Zeit in der Nachmittagsgestaltung von Kindern. In: DJI (Hrsg.): Was tun Kinder am Nachmittag? München 1992, S. 127-170

Nittel, D./Marotzki, W. (Hrsg.): Berufslaufbahn und biographische Lernstrategien. Eine Fallstudie über Pädagogen in der Privatwirtschaft. Baltmannsweiler 1997

Nittel, D.: Gymnasiale Schullaufbahn und Identitätsentwicklung. Eine biographieanalytische Studie. Weinheim 1992

Oerter, R./Montada, L. (Hrsg.): Entwicklungspsychologie. Ein Lehrbuch. Weinheim ⁴1998

Oerter, R.: Sozialisation im Jugendalter: Kritik und Neuorientierung. In: Montada, L. (Hrsg.): Brennpunkte der Entwicklungspsychologie. Stuttgart/Berlin 1979, S. 231-252

Oevermann, U.: Das Verstehen des Fremden als Scheideweg hermeneutischer Methoden in den Erfahrungswissenschaften. In: Zeitschrift für Qualitative Bildungs-, Beratungs- und Sozialforschung (2001), H. 1, S. 67-92

Oevermann, U.: Die Methodologie einer objektiven Hermeneutik und ihre allgemeine forschungslogische Bedeutung in den Sozialwissenschaften. In: Soeffner, H.-G. (Hrsg.): Interpretative Verfahren in den Sozial- und Textwissenschaften. Stuttgart 1979, S. 332-433

Oevermann, U.: Eine exemplarische Fallrekonstruktion zum Typus versozialwissenschaftlichter Identitätsformation. In: Brose, H.-G./Hildenbrand, B. (Hrsg.): Vom Ende des Individuums zur Individualität ohne Ende. Opladen 1988, S. 234-286

Office for Official Publications of the European Communities (Hrsg.): Young Europeans in 1987. Luxembourg 1989

Olk, Th.: Gibt es eine Krise der Jugendverbände? Herausforderungen der Jugendverbandsarbeit durch den Strukturwandel der Jugend. In: Benseler, F. u.a. (Hrsg.): Risiko Jugend. Leben, Arbeit und politische Kultur. Münster 1988, S. 199-216

Olk, Th.: Jugend und gesellschaftliche Differenzierung. Zur Entstrukturierung der Jugendphase. In: Zeitschrift für Pädagogik. 19. Beiheft (1985), S. 290-301

Olweus, D.: Gewalt in der Schule. Bern 1995

Opaschowski, H. W.: Pädagogik der freien Lebenszeit. Opladen 1996

257

Orthmann, C./Issing, L. J.: Lernen im Internet - ein integrativer Ansatz. In: Marotzki, W./Meister, D. M./Sander, U. (Hrsg.): Zum Bildungswert des Internet. Opladen 2000, S. 83-96

Otto, H.-U./Merten, R. (Hrsg.): Rechtsradikale Gewalt im vereinigten Deutschland: Jugend im gesellschaftlichen Umbruch. Bonn 1993

Panofsky, E.: Studien zur Ikonologie. Köln 1997

Parsons, T.: The Social System. Glencoe 1951

Pasquale, J./Behnken, J./Zinnecker, J.: Pädagogisierte Kindheit in Familien - Ethnographische Fallstudien. In: Renner, E. (Hrsg.): Kinderwelten. Weinheim 1995, S. 65-94

Pekrun, R./Fend, H.: Schule und Persönlichkeitsentwicklung. Ein Resümee der Längsschnittforschung. Stuttgart 1991

Permien, H./Zink, G.: Endstation Straße? Straßenkarrieren aus der Sicht von Jugendlichen. München 1998

Petermann, F./Windmann, F.: Sozialwissenschaftliche Erhebungstechniken bei Kindern. In: Markefka, M./Nauck, B. (Hrsg.): Handbuch der Kindheitsforschung. Neuwieds u.a. 1993, S. 125-142

Petillon, H.: Das Sozialleben des Schulanfängers. Die Schule aus der Sicht des Kindes. Weinheim 1993

Piaget, J.: Das moralische Urteil beim Kinde. Frankfurt a.M. 1973

Piaget, J.: Psychologie der Intelligenz. Zürich 1948

Piaget, J.: Urteil und Denkprozeß des Kindes. Düsseldorf 1972

Pinquart, M./Silbereisen, R. K.: Die Rolle der Umwelt in der Entwicklungspsychologie. In: Lantermann, E. D./Linneweber, V. (Hrsg.): Enzyklopädie der Psychologie, Themenbereich C, Serie IX Ökopsychologie, Bd. 1: Grundlagen, Paradigmen und Methoden der Umweltpsychologie.

Planck, U. u.a.: Die Lebenslage der westdeutschen Landjugend: Meinungen und Verhaltensweisen der ländlichen Jugend. München 1956

Pollock, F. (Hrsg.): Gruppenexperiment – Ein Studienbericht. In: Frankfurter Beiträge zur Soziologie, Bd. 2, Frankfurt a.M. 1955

Postman, N.: Das Verschwinden der Kindheit. Frankfurt a.M. 1983

Prenzel, M./Baumert, J./Blum, W./Lehmann, R./Leutner, D./Neubrand, M./Pekrun, R./Rolff, H.-G./Rost, J./Schiefele, U. (Hrsg.): PISA 2003. Der Bildungsstand der Jugendlichen in Deutschland – Ergebnisse des zweiten internationalen Vergleichs. Münster/New York/München/Berlin 2004

Preuss-Lausitz u.a.: Kriegskinder, Krisenkinder, Konsumkinder. Zur Sozialisationsgeschichte seit dem Zweiten Weltkrieg. Weinheim/Basel 1983

Preyer, W.: Die Seele des Kindes. Beobachtungen über die geistige Entwicklung des Menschen in den ersten Lebensjahren. Leipzig 1882

Projektgruppe Jugendbüro und Hauptschülerarbeit: Die Lebenswelt von Hauptschülern. Ergebnisse einer Untersuchung. München 1975

Projektgruppe Jugendbüro: Subkultur und Familie als Orientierungsmuster. Zur Lebenswelt von Hauptschülern. München 1977

Purcell, P./Stewart, L.: Dick und Jane in 1989. In: Sex Rolls 22 (1990), S. 177-185

Qvortrup, J.: Childhood as a social phenomenon revisited. In: Bois-Reymond, M. du/Sünker, H./Krüger, H.-H. (Hrsg.): Childhood in Europe. Approaches – trends – findings. New York 2001, S. 215-242

Qvortrup, J.: Die soziale Definition von Kindheit. In: Markefka, M./Nauck, B. (Hrsg.): Handbuch der Kindheitsforschung. Neuwied 1993, S. 109-124

Rabe-Kleberg, U.: Öffentliche Kindererziehung: Kinderkrippe, Kindergarten, Hort. In: Krüger, H.-H./Rauschenbach, T. (Hrsg.): Einführung in die Arbeitsfelder des Bildungs- und Sozialwesens. Opladen ³2000, . 93-110

Randoll, D.: Schulwirklichkeiten. Baden-Baden 1997

Rauschenbach, T./Schilling, M.: Soziale Dienste. In: Böttcher, W./Behlenberg, G./Klemm, K. (Hrsg.): Bildung und Soziales in Zahlen. Weinheim/München 2001, S. 207-272

Reichertz, J.: Objektive Hermeneutik und Wissenssoziologie. In: Flick, U./Kardoff, E. v./Steinke, I. (Hrsg.): Qualitative Forschung. Ein Handbuch. Reinbek 2000, S. 514-524

Reichwein, S./Freund, T.: Jugend im Verband - Karrieren, Action, Lebenshilfe. Opladen 1992

Reis, O./Meyer-Probst, B.: Scheidung der Eltern und Entwicklung der Kinder: Befunde der Rostocker Längsschnittstudie. In: Walper, S./Schwarz, B. (Hrsg.): Was wird aus den Kindern? Chancen und Risiken für die Entwicklung von Kindern aus Trennungs- und Stieffamilien. Weinheim/München 1999, S. 49-72

Reiß, W.: Die Kinderzeichnung. Wege zum Kind durch seine Zeichnung. Neuwied u.a. 1996

Renner, E.: Kutlurtheoretische und kulturvergleichende Ansätze. In: Krüger, H.-H./Grunert, C. (Hrsg.): Handbuch Kindheits- und Jugendforschung. Opladen 2002, S. 165-186

Reuband, K.-H.: Aushandeln statt Gehorsam. Erziehungsziele und Erziehungsprakti-ken in den alten und neuen Bundesländern im Wandel. In: Böhnisch, L./Lenz, K. (Hrsg.): Familien. Eine interdisziplinäre Einführung Weinheim/München 1997, S. 129-154

Richard, B./Krüger, H.-H.: Welcome to the Warehouse. In: Ecarius, J./Löw, M. (Hrsg.): Raumbildung, Bildungsräume. Opladen 1997, S. 147-166

Richter, R.: Qualitative Methoden in der Kindheitsforschung. In: Österreichische Zeitschrift für Soziologie 22 (1997), H. 4, S. 74-98

Rieker, P.: Ethnozentrismus bei jungen Männern. Weinheim/München 1997

Roessler, W.: Jugend im Erziehungsfeld. Düsseldorf 1957

Röhner, Ch.: Freie Texte als Selbstzeugnisse des Kinderlebens. In: Heinzel, F. (Hrsg.): Methoden der Kindheitsforschung. Weinheim/München 2000, S. 205-216

Rolff, H.-G./Zimmermann, P.: Kindheit im Wandel. Eine Einführung in die Sozialisation im Kindesalter. Weinheim/Basel 1985

Rolff, H.-G./Zimmermann, P.: Kindheit im Wandel. Eine Einführung in die Sozialisation im Kindesalter. Weinheim/Basel 1997

Roppelt, U.: Kinder - Experten ihres Alltags? Eine empirische Studie zum außerschulischen Alltag von 8- bis 11-jährigen Kindern aus dem Bleiweißviertel. Nürnberg 2003

Rossbach, H.-G.: Effekte qualitativ guter Betreuung, Bildung und Erziehung im frühen Kindesalter auf Kinder und ihre Familien. In: Sachverständigenkommission Zwölfter Kinder- und Jugendbericht (Hrsg.): Bildung, Betreuung und Erziehung von Kindern unter sechs Jahren. Materialien zum 12. Kinder- und Jugendbericht. Bd. 1. München 2005, S. 55-174

Roth, L.: Die Erfindung des Jugendlichen. München 1983

Rousseau, J.-J.: Emile (1772). Hrsg. von Ludwig Schmidts. Paderborn 1971

Rülcker, T.: Veränderte Familien, selbständigere Kinder? In: Preuss-Lausitz, U./Rülcker, T./Zeiher, H. (Hrsg.): Selbständigkeit für Kinder - die große Freiheit? Weinheim/Basel 1990, S. 38-53

Salisch, M. von/Seiffge-Krenke, I.: Freundschaften im Kindes- und Jugendalter: Konzepte, Netzwerke, Elterneinflüsse. In: Psychologie, Erziehung, Unterricht 43 (1996), H. 2, S. 85-99

Schäffer, B.: Die Band. Stil und ästhetische Praxis im Jugendalter. Opladen 1996

Schelsky, H. (Hrsg.): Arbeiterjugend gestern und heute. Heidelberg 1955

Schelsky, H.: Arbeitslosigkeit und Berufsnot der Jugend. Köln 1952

Schelsky, H.: Die skeptische Generation. Eine Soziologie der deutschen Jugend (1957). Düsseldorf/Köln 1963

Scherr, A.: Individuum/Person. In: Schäfers, B. (Hrsg.): Grundbegriffe der Soziologie. Opladen [4]1995, S. 120-125

Schilling, M.: Der Beitrag der Sekundäranalyse zur Jugendhilfeforschung in Kindertageseinrichtungen. In: Schweppe, C./Thole, W. (Hrsg.): Sozialpädagogik als forschende Disziplin. Weinheim/München 2005, S. 161-174

Schmidt, Ch.: Analyse von Leitfadeninterviews. In: Flick, U./Kardorff, E. von/Steinke, I. (Hrsg.): Qualitative Forschung. Reinbek 2000, S. 456-467

Schmidt-Kolmer, E.: Pädagogische Aufgaben und Arbeitsweisen der Krippen. Berlin 1968

Schneider, H./Landwehrkamp, A.: Wirtschaftliche und demographische Entwicklung Sachsen-Anhalt. In: Braun, K.-H./Krüger, H.-H./Olbertz, J. H. u.a. (Hrsg.): Schule mit Zukunft. Opladen 1998, S. 267-284

Schneider, J. K.: Einschulungserlebnisse im 20. Jahrhundert. Weinheim 1996

Schneider, N./Krüger, D./Lasch, V./Limmer, R./Matthias-Bleck, H.: Alleinerziehen. Vielfalt und Dynamik einer Lebensform. Weinheim 2001

Schneider, S.: Schulfreude und Schulangst. Wie es 8- bis 9-jährigen Kindern in der Grundschule geht. In: Alt, Ch. (Hrsg.): Kinderleben. Aufwachsen zwischen Familie, Freunden und Institutionen. Bd. 2: Aufwachsen zwischen Freunden und Institutionen. Wiesbaden 2005, S. 199-230

Schoeps, J./Sturzbecher, D. (Hrsg.): Einstellungen Jugendlicher in Brandenburg zu Juden und zum Staat Israel. Schriftenreihe zur politischen Bildung. Brandenburgische Landeszentrale für politische Bildung. Potsdam 1995

Scholz, G.: Kinder lernen von Kindern. Baltmannsweiler 1996

Schönpflug, K./Fraczek, A.: Kindheit in Ost- und Westeuropa. In: Markefka, M./Nauck, B. (Hrsg.): Handbuch der Kindheitsforschung. Neuwied 1993, S. 165-176

Schorb, B./Stiehler, H.-J. (Hrsg.): Neue Lebenswelt - neue Medienwelt? Jugendliche aus der Ex- und Post-DDR im Transfer zu einer vereinten Medienkultur. Opladen 1992

Schorb, B.: Kinder rezipieren, be- und verarbeiten Gewaltdarstellungen im Fernsehen. In: Schorb, B./Stiehler, H.-J. (Hrsg.): Medienlust – Medienlast. Was bringt die Rezipientenforschung den Rezipienten? München 1996

Schröder, H.: Jugend und Modernisierung. Strukturwandel der Jugendphase und Statuspassagen auf dem Weg zum Erwachsensein. Weinheim/München 1995.

Schubarth, W./Melzer, W. (Hrsg.): Schule, Gewalt und Rechtsextremismus. Analyse und Prävention. Opladen 1995

Schulze, H.-J./Künzler, J.: Funktionalistische und systemtheoretische Ansätze in der Sozialisationsforschung. In: Hurrelmann, K./Ulich, D. (Hrsg.): Neues Handbuch der Sozialisationsforschung. Weinheim/Basel 1991

Schütze, F.: Biographieforschung und narratives Interview. In: Neue Praxis 13 (1983), S. 283-293

Schütze, F.: Organisationszwänge und hoheitsstaatliche Rahmenbedingungen im Sozialwesen: ihre Auswirkungen auf die Paradoxien des professionellen Handelns. In: Combe, A./Helsper, W. (Hrsg.): Pädagogische Professionalität. Frankfurt/M. 1995, S. 183-275

Seiffge-Krenke, I. (Hrsg.): Krankheitsverarbeitung bei Kindern und Jugendlichen. Berlin/Heidelberg/New York u.a. 1990

Seiffge-Krenke, I.: Chronisch kranke Jugendliche und ihre Familien: Belastung, Bewältigung und psychosoziale Folgen. Stuttgart/Berlin/Köln 1996

Shaw, C.R.: The Jack-Roller. A Delinquent Boy's Own Story (1930). Chicago/London [5]1966

Silbereisen, R./Vaskovics, L./Zinnecker, J. (Hrsg.): Jungsein in Deutschland. Opladen [5]1996

Spranger, E.: Psychologie des Jugendalters. Heidelberg 1924

Statistisches Bundesamt: Allgemein bildende Schulen Schuljahr 2002/03. Wiesbaden 2003 (Fachserie 11/Reihe 1)

Statistisches Landesamt Sachsen-Anhalt: Quelle: http://www.statistik.sachsen-anhalt.de/Internet/Home/Daten_und_Fakten, Zugriff 24.10.2005

Stecher, L./Zinnecker, J.: Kind oder Jugendlicher? Biographische Selbst- und Fremdwahrnehmung im Übergang. In: Zinnecker, J./Silbereisen, R. K.: Kindheit in Deutschland. Opladen 1996, S. 175-194

Steiner, I.: Growing up in twelve cities: the families in which pupils live. In: Chisholm, L./Büchner, P./Krüger, H.-H. u.a. (Hrsg.): Growing up in Europe. Berlin 1995, S. 73-84

Steiner, I.: Strukturwandel der Jugendphase in Ostdeutschland. In: Büchner, P./Krüger, H.-H. (Hrsg.): Aufwachsen hüben und drüben. Deutsch-deutsche Kindheit und Jugend vor und nach der Vereinigung. Opladen 1991, S. 21-32

Steinke, I.: Kriterien qualitativer Forschung. Ansätze zur Bewertung qualitativ-empirischer Forschung. Weinheim/München 1999

Stelmaszyk, B.: Jugendliche Übersiedler. Zwischen Familien- und Gesellschaftsgeschichte. Opladen 1999

Stern, D.: Die Lebenserfahrung des Säuglings. Stuttgart 1998

Stiftung Lesen (Hrsg.): Leseverhalten in Deutschland im neuen Jahrtausend. Mainz 2001

Strauss, A./Corbin, J.: Grounded Theory. Grundlagen der qualitativen Sozialforschung. München 1996

Strauss, A.: Grundlagen qualitativer Sozialforschung. München 1994

Strehmel, P.: Von der Geburt bis ins Erwachsenenalter – ein Überblick über die internationale Längsschnittforschung. In: Merkens, H./Zinnecker, J. (Hrsg.): Jahrbuch Jugendforschung 2. Opladen 2002, S. 267-284

Stückrath, F./Welzel, E.: Vom Ausdruck des Kindes. Lübeck/Hamburg 1962

Sturzenhecker, B.: Wie studieren Diplom-PädagogInnen? Studienbiographien im Dilemma von Wissenschaft und Praxis. Weinheim 1993

Sünker, H./Swiderek, T.: Kinder, Politik und Kinderpolitik. In: Krüger, H.-H./Grunert, C. (Hrsg.): Handbuch Kindheits- und Jugendforschung. Opladen 2002, S. 703-718

Sünker, H.: Kindheit heute – die Zukunft von Kinderpolitik. In: Güthoff, F./Sünker, H. (Hrsg.): Handbuch Kinderrechte. Münster 2001, S. 68-80

Sünker, H.: Kindheit zwischen Individualisierung und Institutionalisierung. In: Zentrum für Kindheits- und Jugendforschung (Hrsg.): Wandlungen der Kindheit. Opladen 1993, S. 15-31

Tenbruck, F. H.: Jugend und Gesellschaft. Freiburg 1962

Terhart, E.: Entwicklung und Situation des qualitativen Forschungsansatzes in der Erziehungswissenschaft. In: Friebertshäuser, B./Prengel, A. (Hrsg.): Handbuch qualitative Forschungsmethoden in der Erziehungswissenschaft. Weinheim/München 1997, S. 27-42

Teubner, M. J.: Brüderchen komm tanz mit mir ... Geschwister als Entwicklungsressource für Kinder. In: Alt, Ch. (Hrsg.): Kinderleben. Aufwachsen zwischen Familie, Freunden und Institutionen. Bd. 1: Aufwachsen in Familien. Wiesbaden 2005, S. 63-98

Thiersch, H. u.a.: Leistungen und Grenzen der Heimerziehung. Ergebnisse einer Evaluationsstudie stationärer und teilstationärer Erziehungshilfen. Stuttgart u.a. 1998

Thole, W.: Familie, Szene, Jugendhaus. Alltag und Subjektivität einer Jugendclique. Opladen 1991

Thomae, H.: Der Lebenslauf und die biographische Methode. In: Haseloff, O. W./Stachowiak, H. (Hrsg.): Moderne Entwicklungspsychologie. Bd. 1, Berlin 1956, S. 132-142

Thomas, W. I./Znaniecki, F.: The Polish Peasant in Europe and America. 2 Bde. (zuerst 1918-1922), New York 1958

Tietze, W. u.a. (Hrsg.): Wie gut sind unsere Kindergärten. Neuwied u.a. 1998

Tietze, W./Viernickel, S. (Hrsg.): Pädagogische Qualität in Tageseinrichtungen für Kinder: ein nationaler Kriterienkatalog. Weinheim [2]2003

Tietze, W./Rossbach, H.-G./Roitsch, K.: Betreuungsangebote von Kindern im vorschulischen Alter. Stuttgart 1993

Tietze, W.: Institutionelle Betreuung von Kindern. In: Krüger H.-H./Grunert, C. (Hrsg.): Handbuch der Kindheits- und Jugendforschung. Opladen 2002, S. 497-518

Tillmann, K. u.a.: Die Entwicklung von Schulverdrossenheit und Selbstvertrauen bei Schülern der Sekundarstufe. In: Zeitschrift für Sozialisationsforschung und Erziehungssoziologie 4 (1984), H. 4, S. 231-249

Trapp, E. Ch.: Versuch einer Pädagogik (Berlin 1780). Paderborn 1977

Traub, A.: Ein Freund, ein guter Freund ... Die Gleichaltrigenbeziehungen der 8- bis 9-Jährigen. In: Alt, Ch. (Hrsg.): Kinderleben. Aufwachsen zwischen Familie, Freunden und Institutionen. Bd. 2: Aufwachsen zwischen Freunden und Institutionen. Wiesbaden 2005, S. 23-62

Trotha, T. v.: Zur Entstehung von Jugend. In: Kölner Zeitschrift für Soziologie und Sozialpsychologie (KZfSS). 34 (1982), H. 2, S. 254-277

Trotha, T. von: Zum Wandel der Familie. In: Kölner Zeitschrift für Soziologie und Sozialpsychologie (KZfSS), 42 (1990), H. 3, S. 452-473

Turkle, S.: Life on the screen. New York 1995

Unger, N.: Alltagswelten türkischer Jugendlicher in Deutschland. Opladen 2000

Valtin, R.: Mit den Augen der Kinder. Reinbek 1991

Van Onna, B.: Jugend und Vergesellschaftung. Frankfurt a.M. 1976

Vaskovics, L. A.: Sozialökologische Einflussfaktoren familialer Sozialisation. In: Vaskovics, L.A. (Hrsg.): Umweltbedingungen familialer Sozialisation. Stuttgart 1982, S. 1-24

Vollbrecht, R.: Ost-Westdeutsche Widersprüche. Ostdeutsche Jugendliche nach der Wende und im Westen. Opladen 1993

Wagener, H.: Der jugendliche Industriearbeiter und die Industriefamilie. Münster 1931

Wagner-Willi, M.: Videointerpretation als mehrdimensionale Mikroanalyse am Beispiel schulischer Alltagsszenen. In: Zeitschrift für qualitative Bildungs-, Beratungs- und Sozialforschung (2004), H. 1, S. 49-66

Walper, S./Schwarz, B.: Risiken und Chancen für die Entwicklung von Kindern aus Trennungs- und Stieffamilien. In: Walper, S./Schwarz, B. (Hrsg.): Was wird aus den Kindern? Chancen und Risiken für die Entwicklung von Kindern aus Trennungs- und Stieffamilien. Weinheim, München 1999, S. 7-22

Walper, S./Tippelt, R.: Methoden und Ergebnisse der quantitativen Kindheits- und Jugendforschung. In: Krüger, H.-H./Grunert, C. (Hrsg.): Handbuch Kindheits- und Jugendforschung. Opladen 2002, S. 189-224

Walper, S./Wendt, E.-V.: Nicht mit beiden Eltern aufwachsen – ein Risiko? In: Alt, Ch. (Hrsg.): Kinderleben. Aufwachsen zwischen Familie, Freunden und Institutionen. Bd. 1: Aufwachsen in Familien. Wiesbaden 2005, S. 187-216

Walper, S.: Ökonomische Knappheit im Erleben ost- und westdeutscher Kinder und Jugendlicher: Einflüsse der Familienstruktur auf die Befindlichkeit. In: Klocke, A./Hurrelmann, K. (Hrsg.): Kinder und Jugendliche in Armut. Wiesbaden ²2001, S. 169-187

Waterkamp, D.: Handbuch zum Bildungswesen in der DDR. Berlin 1987

Weidenfeld, W./Piepenschneider, M.: Junge Generation und europäische Einigung. Einstellungen, Wünsche, Perspektiven. Bonn 1990

Weiler, S.: Computernutzung und Fernsehkonsum von Kindern. In: Media Perspektiven 1 (1997), S. 43-53

Weiler, S.: Mit dem Computer durch die Kindheit. In: Ludes, P./Werner, A.: Multimedia-Kommunikation. Theorien, Trends und Praxis. Opladen 1997, S.141-170

Weiller, K. von: Versuch einer Jugendkunde. München 1800

Weinert, F. E./Helmke, A. (Hrsg.): Entwicklung im Grundschulalter. München 1997

Wensierski, H.-J. von: „Mit uns zieht die alte Zeit". Biographie und Lebenswelt junger DDR-Bürger im Umbruch. Opladen 1994

Wepp, E. J./Cambell, D. T./Schwarz, R. P./Seekrest, L.: Unobtrusive measure. Chicago 1966

Widerek, T.: Partizipation von Kindern – ein Beitrag zur Demokratisierung der Gesellschaft. In: Güthoff, F./Sünker, H. (Hrsg.): Handbuch Kinderrechte. Münster 2001, S. 114-139

Wilk, L./Bacher, J. (Hrsg.): Kindliche Lebenswelten. Eine sozialwissenschaftliche Annäherung. Opladen 1995

Wilk, L./Beham, M.: Familienkindheit heute: Vielfalt der Formen - Vielfalt der Chancen. In: Wilk, L./Bacher, J. (Hrsg.): Kindliche Lebenswelten. Eine sozial-wissenschaftliche Annäherung. Opladen 1994, S. 89-160

Wilk, L.: Die Studie „Kindsein in Österreich". In: Honig, M.-S./Leu, H. R./Nissen, U. (Hrsg.): Kinder und Kindheit. Weinheim/München 1996, S. 55-76

Witzel, A.: Verfahren der qualitativen Sozialforschung. Überblick und Alternativen. Frankfurt a.M. 1982

Wouters, C.: Informalisierung und der Prozeß der Zivilisation. In: Gleichmann, P. u.a. (Hrsg.): Materialien zu N. Elias' Zivilisationstheorie. Frankfurt a.M. 1979, S. 279-298

Wurzbacher, G.: Sozialisation, Enkulturation, Personalisation. In: Wurzbacher, G. (Hrsg.): Der Mensch als soziales und personales Wesen. Stuttgart 1963

Youniss, J.: Die Entwicklung und Funktion von Freundschaftsbeziehungen. In: Edelstein, Wolfgang/Keller, Monika (Hrsg.): Perspektivität und Interpretation. Frankfurt a.M. 1982

Youniss, J.: Soziale Konstruktion und psychische Entwicklung. Frankfurt a.M. 1994

Zeiher, H./Zeiher, H.: Orte und Zeiten der Kinder. Soziales Leben im Alltag von Großstadtkindern. Weinheim/München 1994

Zeiher, H./Zeiher, H.: Organisation von Raum und Zeit im Kinderalltag. In: Markefka, M./Nauck, B. (Hrsg.): Handbuch der Kindheitsforschung. Neuwied 1992, S. 389-401

Zeiher, H./Zeiher, H.: Wie Kinderalltage zustande kommen. In: Berg, Ch. (Hrsg.): Kinderwelten. Frankfurt a.M. 1991, S. 243-269

Zeiher, H.: Die vielen Räume der Kinder. Zum Wandel räumlicher Lebensbedingungen seit 1945. In: Preuss-Lausitz u.a. (Hrsg.): Kriegskinder, Krisenkinder, Konsumkinder. Weinheim/Basel 1983, S. 176-194

Zeiher, H.: Hausarbeit: zur Integration der Kinder in die häusliche Arbeitsteilung. In: Hengst, H./Zeiher, H. (Hrsg.): Die Arbeit der Kinder. Weinheim/München 2000, S. 45-70

Zeiher, H.: Modernisierungen in den sozialen Formen von Gleichaltrigenkontakten. In: Geulen, D. (Hrsg.): Kindheit. Weinheim 1989, S. 68-87

Zeiher, H.: Öffentliche Freizeitorte und individuelle Zeitdisposition. In: Behnken, I./Jaumann, O. (Hrsg.): Kindheit und Schule. Weinheim/München 1995, S. 119-130

Zeiher, H.: Von der Natur aus Außenseiter oder marginalisiert? In: Zeiher, H./Büchner, P./Zinnecker, J. (Hrsg.): Kinder als Außenseiter. Weinheim/München 1996, S. 7-27

Zeijl, E./Bois-Reymond, M. du: Freizeitmuster von Kindern und Jugendlichen in den Niederlanden. In: Bois-Reymond, M. du/Büchner, P./Ecarius, J. u.a.: Teenie-Welten. Aufwachsen in drei europäischen Regionen. Opladen 1998, S. 213-233

Zenke, K./Ludwig, G.: Kinder arbeitsloser Eltern. Erfahrungen, Einsichten und Zwischenergebnisse aus einem laufenden Projekt. In: Mitteilungen aus Arbeitsmarkt und Berufsforschung. MittAB 2/1985

Ziegler, K.: Psychosoziale Bewältigung von Streß im Kindesalter. In: Mansel, J. (Hrsg.): Glückliche Kindheit – schwierige Zeit? Opladen 1996, S. 40-83

Ziehe, T.: Gegen eine soziologische Verkürzung der Diskussion um den neuen Sozialisationstyp. Nachgetragene Gesichtspunkte zur Narzißmusproblematik. In: Häsing, H./Stubenrauch, H./Ziehe, T. (Hrsg.): Narziß, ein neuer Sozialisationsty-pus? (1979), Bensheim ³1980, S. 119-136

Ziehe, T.: Pubertät und Narzißmus. Sind Jugendliche entpolitisiert? Frankfurt a.M./Köln 1975

Zimmer, J.: Der Situationsansatz als Bezugsrahmen der Kindergartenreform. In: Zimmer, J. (Hrsg.): Erziehung in früher Kindheit. Bd. 6 der Enzyklopädie Erzie-hungswissenschaften. Stuttgart 1984, S. 31-38

Zinnecker, J./Behnken, I. u.a.: Nullzoff + voll busy. Die erste Jugendgeneration des neuen Jahrhunderts. Opladen 2002

Zinnecker, J./Molnár, P.: Lebensphase Jugend im historisch interkulturellen Ver-gleich: Ungarn 1985 – Westdeutschland 1954 – Westdeutschland 1984. In: Ferchhoff, W./Olk, Th. (Hrsg.): Jugend im internationalen Vergleich. Wein-heim/München 1988, S. 181-206

Zinnecker, J./Schwarz, B.: Hänseln in der Schule. Täter und Opfer von Schülerge-walt. In: Zinnecker, J./Silberweisen, R. K.: Kindheit in Deutschland. Wein-heim/München 1996, S. 315-330

Zinnecker, J./Silbereisen, R. K. (Hrsg.): Kindheit in Deutschland. Aktueller Survey über Kinder und ihre Eltern. Weinheim/München 1996

Zinnecker, J.: Forschen für Kinder – Forschen mit Kindern – Kinderforschung. In: Honig, M.-S./Lange, A./Leu, H. R. (Hrsg.): Aus der Perspektive von Kindern. 1999, S. 69-80

Zinnecker, J.: Fünf Jahrzehnte öffentliche Jugendbefragung in Deutschland. Die Shell-Jugendstudien. In: Merkens, H./Zinnecker, J. (Hrsg.): Jahrbuch Jugendfor-schung. 1 Opladen 2001, S. 243-278

Zinnecker, J.: Jugend im Raum gesellschaftlicher Klassen. In: Heitmeyer, W. (Hrsg.) Interdisziplinäre Jugendforschung. Weinheim/München 1986, S. 99-132

Zinnecker, J.: Jugendforschung in Deutschland. In: Zeitschrift für Erziehungswissen-schaft 4 (1993), H. 8, S. 96-110

Zinnecker, J.: Jugendkultur 1940 - 1985. Opladen 1987

Zinnecker, J.: Kindersurveys. Ein neues Kapitel Kindheit und Kindheitsforschung. In: Clausen, L. (Hrsg.): Gesellschaften im Umbruch. Frankfurt a.M./New York 1996, S. 783-795

Zinnecker, J.: Kindheit, Jugend und soziokultureller Wandel in der Bundesrepublik Deutschland. In: Büchner, P./Krüger, H.-H./Chisholm, L. (Hrsg.): Kindheit und Jugend im interkulturellen Vergleich. Zum Wandel der Lebenslagen von Kindern und Jugendlichen in der Bundesrepublik Deutschland und in Großbritannien. Op-laden 1990, S. 17-36

Zinnecker, J.: Literarische und ästhetische Praxen in Jugendkultur und Jugendbiogra-phie. In: Jugendwerk der Deutschen Shell (Hrsg.): Jugendliche und Erwachsene '85, 1985, S. 143-348

Zinnecker, J.: Pädagogische Ethnographie. In: Behnken, J./Jaumann, O. (Hrsg.): Kindheit und Schule. Weinheim/München 1995, S. 21-38

Zinnecker, J.: Soziale Welten von Schülern und Schülerinnen. In: Zeitschrift für Päd-agogik 46 (2000), H. 5, S. 667-690

Zinnecker, J.: Soziologie der Kindheit oder Sozialisation des Kindes? In: Honig, M.-S./Leu, H. R./Nissen, U. (Hrsg.): Kinder und Kindheit. Weinheim/München 1996, S. 31-54

Zinnecker, J.: The Cultural Modernisation of childhood. In: Chisholm, L./Büchner, P./Krüger, H.-H. (Hrsg.): Growing up in Europe. Berlin 1995, S. 85-94

Zinnecker, J.: Vom Straßenkind zum verhäuslichten Kind. In: Behnken, I. (Hrsg.): Stadtgesellschaft und Kindheit im Prozeß der Zivilisation. Opladen 1990, S. 142-162

Zwiener, K.: Geschichte der Krippenerziehung in der DDR. In: Deutsches Jugendinstitut (Hrsg.): Was für Kinder. München 1993, S. 300-305

Autor und Autorin

Grunert, Cathleen, geb. 1972, Dr. phil., wissenschaftliche Assistentin für Allgemeine Erziehungswissenschaft an der Martin-Luther-Universität Halle-Wittenberg. Arbeitsschwerpunkte: Kindheits- und Jugendforschung, Biographieforschung, Professions- und Arbeitsmarktforschung, Geschichte und Theorien der Erziehungswissenschaft

Heinz-Hermann Krüger, geb. 1947, Dr. phil. habil., Professor für Allgemeine Erziehungswissenschaft an der Martin-Luther-Universität Halle-Wittenberg. Arbeitsschwerpunkte: Kindheits- und Jugendforschung, Bildungs-, Schul- und Biographieforschung, Theorien und Methoden der Erziehungswissenschaft

UTB-Lehrbücher beim Verlag Barbara Budrich

In der UTB erscheinen Einführungen und Grundlegungen, die sich ausgezeichnet für Studium und Lehre an der Hochschule eignen. Durch die besonders strukturierte Aufbereitung der Inhalte und die gute Lesbarkeit eignen sich die Bände auch für Interessierte, die eine Einstiegshilfe für die jeweilige Thematik suchen.

Unter erscheint im Verlag Barbara Budrich die UTB-Lehrbuchreihe:

Einführungstexte Erziehungswissenschaft
herausgegeben von Prof. Dr. Heinz-Hermann Krüger

Die Reihe ist so konzipiert, dass sie Studierenden in erziehungswissenschaftlichen Hauptfachstudiengängen an Universitäten und Fachhochschulen im Grundstudium sowie Lehramtsstudierenden eine Einführung in Geschichte, Grundbegriffe, theoretische Ansätze, Forschungsergebnisse, Institutionen, Arbeitsfelder, Berufsperspektiven und Studienorte der Pädagogik/Erziehungswissenschaften sowie der verschiedenen Studienschwerpunkte und Fachrichtungen gibt. Die einzelnen Bände sind so strukturiert, dass sie sich als Grundlagentexte für einführende Lehrveranstaltungen eignen. In der Reihe erscheinen z.B. folgende Bände:

Band 4:
Jürgen Wittpoth: Einführung in die Erwachsenenbildung
UTB L. 2., aktualisierte Auflage 2006. 224 S. Kart.
UTB-ISBN 3-8252-8244-9
Die Einführung vermittelt die zentralen Aspekte der Erwachsenenbildung und hilft, Positionen und Ansätze zu verstehen und einzuordnen. Nun in zweiter, aktualisierter Auflage.

Band 6:

Rolf Arnold/ Philipp Gonon:
Einführung in die Berufspädagogik

UTB L. 2006. 252 S. Kart.

UTB-ISBN 3-8252-8280-5

Das Buch führt in den Diskussionsstand der modernen Berufspädago-gik ein, stellt dabei zugleich ihre traditionellen Begrifflichkeiten sowie historischen Leitstudien und Leitkonzepte dar.

Band 7:

Elke Wild/ Judith Gerber
Einführung in die Pädagogische Psychologie

UTB L. 2006. 224 S. Kart.

UTB-ISBN 3-8252-8327

Das Buch gibt einen Einblick in die Forschungsgebiete der Pädago-gischen Psychologie. Studierenden der Pädagogik, Sonderpädagogik und Sozialwissenschaften wird gezeigt, wo pädagogisch-psychologi-sches Fachwissen Anwendung findet.

Band 9:

Ingrid Gogolin/ Marianne Krüger-Potratz
Einführung in die Interkulturelle Pädagogik

UTB L. 2006. 262 S. Kart.

UTB-ISBN 3-8252-8246-5

Das Buch bietet einen Überblick über das Aufgabengebiet der Inter-kulturellen Pädagogik in Deutschland als Einwanderungsland.

Weitere Bände und Neuauflagen in Vorbereitung.

FachZeitschriften
im Verlag Barbara Budrich

BIOS
Zeitschrift für Biographieforschung, Oral History und
Lebensverlaufsanalysen
BIOS erscheint halbjährlich mit einem Jahresumfang von rund 320 Seiten.
BIOS ist seit 1987 *die* wissenschaftliche Zeitschrift für Biographieforschung,
Oral History Studien und – seit 2001 – auch für Lebensverlaufsanalysen. In ihr
arbeiten über Disziplin- und Landesgrenzen hinweg Fachleute u.a. aus der
Soziologie, der Geschichtswissenschaft, der Pädagogik, der Volkskunde, der
Germanistik.

ZBBS
Zeitschrift für qualitative Bildungs-, Beratungs- und Sozialforschung
Die ZBBS erscheint halbjährlich.
Das Team der HerausgeberInnen setzt sich aus den Vorstandsmitgliedern
des Magdeburger Zentrums für Bildungs-, Beratungs- und Sozialforschung
zusammen und gewährleistet durch diese Konstellation die Repräsentanz der
wichtigsten an der qualitativen Forschung beteiligten Fachdisziplinen.

Zeitschrift für Familienforschung
Beträge zu Haushalt, Verwandtschaft und Lebenslauf
Die Zeitschrift für Familienforschung erscheint dreimal jährlich.
Die Zeitschrift für Familienforschung will die interdisziplinäre Kommunikation
und Diskussion fördern. Dies geschieht durch die Veröffentlichung von
Beiträgen zur Familien- und Haushaltsforschung aus den Fachdisziplinen:
Familiensoziologie, Familiendemographie, Familienpsychologie,
Familienpolitik, Haushaltswissenschaft, historische Familienforschung sowie
aus Nachbargebieten. Die Zeitschrift für Familienforschung möchte auch ein
Forum sein für die Diskussion über Familie und Gesellschaft bzw. Familie in
der Gesellschaft. Dabei sollen auch aktuelle Entwicklungen hinsichtlich der
Familienformen und der Lebenslagen von Familien aufgegriffen werden.

Weitere Informationen unter www.budrich-verlag.de

„Kindheit und Jugend" im Verlag Barbara Budrich

Pädagogik im Verlag Barbara Budrich

Jutta Ecarius
Barbara Friebertshäuser (Hrsg.)
Literalität, Bildung und Biographie
Perspektiven erziehungswissenschaftlicher
Biographieforschung
2005. 297 Seiten. Kart. 33,00 € (D)
ISBN 3-938094-55-9

Brigitte Latzko
Werteerziehung in der Schule
Regeln und Autorität im Schulalltag
2006. 99 Seiten. Kart. 12,90 € (D)
ISBN 3-938094-35-4

Heike Solga
Christine Wimbauer (Hrsg.)
„Wenn zwei das Gleiche tun ..."
Ideal und Realität sozialer (Un-)Gleichheit in
Dual Career Couples
2005. 269 Seiten. 23,90 € (D)
ISBN 3-938094-06-0

In Ihrer Buchhandlung oder direkt bei

Verlag Barbara Budrich
Barbara Budrich Publishers

Stauffenbergstr. 7. D-51379 Leverkusen Opladen
Tel +49 (0)2171.344.594 • Fax +49 (0)2171.344.693 • info@budrich-verlag.de
28347 Ridgebrook • Farmington Hills, MI 48334 • USA • info@barbara-budrich.net

www.budrich-verlag.de • www.barbara-budrich.net